TWELVE WHO RULED:
The Year of Terror
in
the French Revolution

法国大革命的
至暗时刻

[美] R. R. 帕尔默 著 曹雪峰 周自由 译

Robert Roswell Palmer

上海三联书店

雅众文化 出品

普林斯顿经典历史文库版序言

自1941年出版以来,《法国大革命的至暗时刻》一直在加印。至少在法国大革命研究的领域,这样的常销书殊为罕见,但不难找到解释。20世纪80年代,一些杰出的历史学家又重新发现了强叙事性(strong narrative)的优点(在20世纪50年代,由于历史学家们偏爱分析研究,叙事,或言"事件史"成了过时之物),而早在此之前,R. R. 帕尔默已精心叙述了一段引人入胜而又令人信服的历史,这段历史对于理解大革命至关重要。

本书出版以来的六十余年,其中有将近一半时间,我都在课堂上用它。因而,我也一再反复阅读,其中最精彩的部分也许读了有二十次,从未厌倦。反过来,无一例外,学生们也反应热烈。给予《法国大革命的至暗时刻》好评的不仅有新接触法国大革命史的本科生,也有更老到的研究生,甚至(有实例)还有一些抱有强烈兴趣、思想深刻的"终身学习者"。所以,本书的出版史和我个人的教学经历都表明，它的魅力超越了不停更变的史学时尚，超越了变幻莫测的政治环境，超越了人们的注意力周期。

★

这本真正经典之作的主题到底是什么呢？在其出版轨迹里，这本书曾经有过两个副标题：一个是"恐怖统治时期的救国委员会"，另一个是"法国大革命里的恐怖岁月"。（1989年终于得以出版的法语版，名字恰当地叫作《恐怖统治：救国委员会岁月》。）以法兰西共和国风起云涌的共和二年（1793—1794）为中心，这本书讲述的是"二次革命"推翻波旁王朝之后，1792年选出的国民公会所创造的革命独裁。这段时期一般被称为"恐怖统治"（Reign of Terror），这是因为在1793年夏天，革命激进分子们鼓噪着要"让恐怖成为时代秩序"。在这种胁迫之下，国民公会做出了让步，然后中止新实施的民主宪法、所有的选举活动，以及各种普通的民众权利，直到取得和平。而这三项是定义1789年法国大革命的因素。

在第五年的夏天，大革命面临着多重困境，其中有一些是其自身造成的，共和国实有被颠覆之虞。外敌在五个战场同时发动战争，大部分的共和国军队都被击败。3月，在法国西部的旺代地区，叛变分子到处发动残酷的游击战。严重的食物短缺和通货膨胀威胁到了城镇居民的生存和国家军队的供给。这又导致了巴黎绝望情绪的不断升级，使得激进分子们转而反对国民公会的可能性出现。面对这种种情况，国民公会手足无措，内部分歧种种，革命领导者内部出现了"吉伦特派"和"山岳派"相互攻讦的党争局面。

考虑到当时环境的复杂性，帕尔默明白所有其他问题的背后都潜藏着一个问题：如想克服危机，一个充分团结、强大和合法的政府是必需的，不管首先付出的代价是什么。这就是本书的主旨。1793年6月，国民公会屈服于巴黎大众的压力，对主要的吉伦特派代表做了清洗之后，取得了"以分离求团结"的效果，他们才犹犹豫豫地得出了这个结论。这时，国民公会就放心大胆地开始实施各种严厉的紧急状态法，最后导致了临时的革命独裁。虽然名义上还有控制权，但公会已经将很多权力都让渡给了救国委员会。这个委员会的关键地位人们一直都很清楚，但是一直到1941年，它还从未成为过历史研究的对象，得以彻底梳理。

完成这样一项任务既需要个人视角，也要思维开放。R. R. 帕尔默遵循的是自由民主制的道德准则，相应地，在他的讲述里，共和二年革命独裁，或者说雅各宾独裁既是必需的又是有瑕疵的，既是成功的又是灾难性的。帕尔默发现接下来的那一年里所发生的种种事情太可悲叹，但他也认识到了国民公会所作所为背后的逻辑。救国委员会要力挽狂澜，它的权力与其所要承担的责任就要相符。在最开始阶段的人事调动结束之后，救国委员会的委员们终于都是一些愿意做出艰难的、存在道德风险的抉择的人了，他们可以在内部争论一番之后，团结一心执行所做出的决定。毫不奇怪，救国委员会这样一支坚定无畏的领导队伍会成为后来铁杆革命者的楷模。

救国委员会成为了事实上的战时内阁，委员们获得了近乎独裁的权力。帕尔默既把它当作一群截然不同、意志坚强的个体，又视它为一个全新的机构将之写入史书。从个体而言，这十二人具有完全不同的背景、经历和禀性，尤其是最后两位委员，科洛·戴布瓦（Collot d'Herbois）和比约-瓦雷纳（Billaud-Varenne）9月被选入之后，国民公会里两位最为激进的代表进入了政府，这样他们就不会置身其外肆意攻讦。只是除了罗伯斯庇尔（Maximilien Robespierre）和让邦·圣安德烈（Jeanbon Saint-André），对于其他人，帕尔默所能提供的传记资料很是有限，但是他对这十二位的描写深刻而具启发意义。

拉扎尔·卡诺（Lazare Carnot）、贝特朗·巴雷尔（Bertrand Barère）、圣茹斯特（Saint-Just）等其他人的传记研究领域相应地出现了马塞尔·雷纳尔（Marcel Reinhard）、列奥·格西（Leo Gershoy）和贝尔纳·维诺（Bernard Vinot）等优秀学者。毫无疑问，他们丰富了帕尔默之前所讲内容的肌理。[1] 不过，在军事工程师卡诺如何成为委员会"胜利组织者"这点上，帕尔默仍显出洞见卓识。读者们可以看出来，在十二人里，帕尔默最欣赏的就是卡诺。至于巴雷尔，帕尔默从未相信过流传甚广、围绕在这位天资过人的律师身上的不好传言，"断头台上的阿那克里翁"是别人对他的称呼，他常常站在国民公会的讲席上代表救国委员会讲话，当时的人就鄙视他为彻头彻尾的机会主义者，这种说法留传至今。帕尔默预见到了格西对巴雷尔更平和的刻画，一个"不情愿的恐怖统治者"。在帕尔默的讲述当中，圣茹斯特的形象也十分突出，他既是来到前线的无情特派员，也是一个理论家。有关圣茹斯特的传记研究后来出了很多成果，超出了帕尔默的描绘程度，但他抓住了这位年轻革命家忠诚和狂热的一面。

《恐怖统治》有个非常显著的特点，即它不仅关注个人，也将制度作为焦点。在法国大革命的标准年表里，帕尔默将一个被忽略的转折点凸显了出来。不像大部分改变大革命发展轨迹的戏剧化的、由大众推动的"特殊的日子"，这个关键的时刻发生得悄无声息，那就是共和二年霜月十四日（这是新的革命历法，也就是1793年12月4日）国民公会通过了由救国委员会提议的一则法令。霜月

---

1. Marcel Reinhard, *Le Grand Carnot*, 2 vols. (Paris, 1950–1952); Leo Gershoy, *Bertrand Barère: A Reluctant Terrorist* (Princeton, 1962); Bernard Vinot, *Saint-Just* (Paris, 1985).——作者注（本书脚注除注明者外均为译注。）

十四日法令从法律上规定，救国委员会的权力在各省政府之上，在国民公会其他委员会之上，最重要的一点是，在国民公会外派的代表、掌管一方的特派员之上；事实上直到此时，这些人的权力都处于不受约束的状态。帕尔默认为这条法令起到了相当于新权力机关宪章的作用，一个集权的革命独裁政府由此出现。亚历克西·德·托克维尔（Alexis de Tocqueville）将救国委员会置于路易十四、拿破仑同一谱系之下，视之为法国历史里不可避免的中央集权增长之时，便是对帕尔默论述的支持。

★

帕尔默为写作这本书所做的研究工作全部完成于普林斯顿大学图书馆。1939—1940年间，法国的文献资料与图书馆对一个美国学者而言根本遥不可及。另一方面，在他漫长的学术生涯当中，帕尔默极少沉浸于资料研究当中。但这本书的完成仍主要基于第一手史料。就像牛顿站在前人的肩膀上一样，没有阿方斯·奥拉尔（Alphonse Aulard）的工作，帕尔默也写不出本书来。作为索邦大学首位法国大革命历史教授（此教席由巴黎市创设于1889年），奥拉尔对第三共和国及其革命遗产推崇备至。与此同时，他也赞成历史研究的职业化，对不断扩充的基本资料做实证、客观的学科建设。为完成此项使命，奥拉尔主持了规模庞大、至关重要的和法国大革命有关的资料的出版工作。奥拉尔的《汇编》（Recueil）资料被用英语译成了《救国委员会法令及其与特派员通讯汇编》（Collection of the Acts of the Committee of Public Safety and of Its Correspondence with the Respresentatives-on-Mission），这厚厚的二十八卷资料在帕尔默动笔写作之前很久就已经出版了。

有人批评奥拉尔是法国大革命的"官方历史学家",为其极端行径辩护或者打马虎眼。这种指控某种程度上是合理的,但不管他的动机是什么,《汇编》作为一项浩大的工程,至少是在实证主义历史学领域建立起来的一座里程碑,弗朗索瓦·孚雷(François Furet)曾尖锐地称之为矛盾的雄心,因为奥拉尔此举将历史变成了一门研究特别对象的科学。但是一旦印行于世,这套精心编辑的原始资料汇编本就获得了自己的生命,任何人都可以对其进行重新解释。不管是辩护者还是批评者,有关1793—1794年间危机的编年史和细节的爬梳对于任何一个大革命史研究者都有必要。不管别人怎么评说奥拉尔,帕尔默的讲述绝不是什么"官方史"或者辩解词。恰恰相反,这本书厘清了当时的变化形势,成功展现出了几种角逐的力量,列出了各色人物的动机、行为及其结果的谱系。这是一本体大思深的研究作品,它没有陷入谴责或者辩护的死板立场。《恐怖统治》所展现的是当时救国委员会的委员们和派往各省的特派员们所面临的艰难抉择,而有时候这种选择就是无可选择。帕尔默没有回避对不公之事做出严厉的判定,比如在里昂和南特所发生的暴行,还有牧月二十二日法令,这项法令将革命法庭在1794年6月变成了死刑流水线。但到最后,他又给读者们留下了空间,请他们自己对共和二年做出一个总体判断,这也是学生们对本书到现在还反应热烈的原因。

★

救国委员会看似自由实则深陷包围,身处这种困境当中,这个政府机关杀伐决断毫不手软。罗伯斯庇尔宣布,革命政府"是自由对暴政的专制。武力只是用来保护犯罪的吗?我们用法律诉讼手段来对付阴谋分子。暴政诉诸武力而自由诉诸论理"。到了共和二年，论理之声已息，而武力之势将起。

记住这一点将有助于我们理解全书，即从一开始帕尔默的叙述就很清楚：恐怖统治于三个不同层面展开。首先，统治针对的是名副其实的革命敌人：旺代地区"天主教和保王派的军队"，里昂、马赛这些南方城市里的"联邦党人"，反雅各宾分子和叛乱分子。对这些人而言，被驱逐的吉伦特派是他们能够抓住的最后一根稻草。作为一种思维方式和方针策略，恐怖统治将大部分人明显改变了，使得他们可能以恐怖的手段去镇压叛乱，在极端时导致血腥的屠杀和恐怖的暴行。

其次，统治意在胁迫普通公民遵从力度前所未有又人人讨厌的各种法律，这些法律有关招募新兵、征用物资、调控物价，都是关系到军备的大事。而且，在更普遍的意义上，人们要对机关、官员以及共和国的各种象征物在言行举止上表现出尊敬。作为这些公民责任的自然结果，革命政府利用这个稀有的机会推进平等主义议程，既注重意义也落实实际操作。这就导致了一个明显自相矛盾的结果：共和二年，民主空间既大为扩张但同时又被压缩了。一方面，民主扩张是指在例如公共福利、公共教育和军事组织上因为实行前所未有的平等主义，民众的主动性大受鼓励；而另一方面，民主被压缩是指中止选举、减少公民基本自由，以及整体上实施预防性拘留（preventive detention）即即决审判（summary justice）。[1]

再者，在巴黎和国民公会的革命领导层内部，救国委员会以更加精简的方式，利用恐怖统治清除异见者或者后起之秀，因为此时

---

[1]. Isser Woloch, "The Contraction and Expansion of Democratic Space during the Period of the Terror," in *The French Revolution and the Creation of Modern Political Culture*, vol. 4, *The Terror*, ed. K. Baker (Oxford, 1994), pp. 309–325.——作者注

不管左右（右派是丹东和其他温和的宽容派，左派是埃贝尔和其他的激进革命者），都仍有异见者存在。在坚持革命政府需要一个"思想核心"的前提下，救国委员会所操纵的大清洗先从激进派下手，再收拾宽容派。与之前处理吉伦特派一样，大清洗以告发遣责开始，以匆匆审判和处决收尾。革命依旧在"吞噬它的儿女"，最终也会毁灭罗伯斯庇尔。

★

一本六十多年前的老书，又从未做过修订，《恐怖统治》似乎确实有点过时了。但好像又不尽然。帕尔默写作本书时对当时相关的学术研究和学术争议了如指掌，他曾在《现代历史期刊》(*Journal of Modern History*)上撰文做过详述，也在书里列了一张比较简单的文献目录。虽然在书里没有做什么脚注，但他也明确表示有兴趣的读者可以按照日期去翻检《汇编》本里的相关文件，包括奥拉尔整理的其他有关雅各宾俱乐部的文件大合集。1989 年，在普林斯顿大学出版社为法国大革命两百周年所出的特别纪念版里，帕尔默增补了文献目录，对 1940 年以来出版的一些著作做了强调，但他还是没有修订他的文本。

除了前面已经提及的十二人的传记之外，本书之后的学术研究里，有两种作品值得注意。第一种是地方研究。当帕尔默将视线从位于巴黎的救国委员会的"绿房间"转到各省时，他其实是在强调恐怖统治的影响力取决于各个具体环境，尤其是被派往各省担任特派员或者总督的代表们的个性，他们是国民公会的手脚和耳目。1941 年之后，这个领域的研究取得了很多成绩。法国历史学以其对地方的深度研究而知名于世，恐怖统治时期亦不例外。只举一个杰出的例子：科林·卢卡斯（Colin Lucas）的专著《恐怖统治的结构：以雅沃格和卢瓦尔省为例》(*The Structure of the Terror: The Example of Javogues and the Loire*, Oxford, 1973）。卢卡斯以详尽的事例为帕尔默的论点做了解释，也就是特派员的个性能发挥重大影响。作为性情最反复无常、最教条主义的特派员之一，雅沃格是抱着报复惩罚之心来到卢瓦尔省的，因为这个地区与反叛国民公会的中心里昂相邻，所以遍地皆是镇压的机会。但是在对雅沃格投入了足够的关注之后，卢卡斯开始聚焦当地状况（例如，本地山地居民和低地居民之间的传统敌对），本省那些负责镇压的机关的底线，以及那些充斥其间、好斗成性的主顾们的品行。质言之，卢卡斯带我们深入到了卢瓦尔省这个地方所发生的一切的细微之处。

有人可能会因此错误地得出结论说，这样一笔丰富详细的当地资料，而且是在以倍数增长，也许会使得像帕尔默那样宏阔的叙述变得不可能。随着高质量的地方研究成果的积累，翻检各种差异颇大的细节资料成为必需，以一种统观全局的视角来写法国大革命着实让人犯难。然而归根到底，如果想让我们的理解有所增进，这样的研究就是不可或缺的板块。另外一方面，帕尔默对特派员的关注已然为米歇尔·比亚尔（Michel Biard）所接续，他在一组非正式学生研究者的协助之下，出版了一系列的研究成果和人物志，在此议题上树立了新标杆。

1941年以来，还有一个领域的研究大大加深了我们对于国民公会和巴黎激进分子之间关系的理解，正是后者大力促成了共和国向恐怖统治的转向。20世纪50年代后期到60年代早期这段时间，阿尔贝·索布尔（Albert Soboul）和理查德·科布（Richard Cobb），与其他人一道，将巴黎的"群众运动"放在了革命研究的版图之上。作为法国革命历史学里的马克思主义和雅各宾传统研究的激进典范，索布尔全面分析了共和二年巴黎四十八个区的政治史。他有关巴黎无套裤汉的里程碑式论文将1793—1794年间的交战状态写进了历史,并对其人员、组织、态势和计划做了分析。与此同时,科布则完成了一项同样宏大的研究,对以"革命军"(Armées Révolutionnaires,不要和共和国的正规军相混淆)之名而为人所知的无套裤汉准军事组织做了梳理。巴黎地区和外省市镇的"恐怖工具"(这是科布对其的称谓)——"是为人民而武装的人民"——他们以武力支持革命激进分子的要求,与其一起进入城区周边的乡村,去镇压充满敌意的农民和当地权贵。虽然科布与索布尔的视角(精神上是民粹主义和无政府主义者,方法论上却一点也不马克思主义)完全不同,两者的工作却共同说明了无套裤汉们的性格和力量,自主性和脆弱性。在帕尔默的叙述中,他对"埃贝尔派"给救国委员会的极左压力着墨甚多。但是索布尔和科布的作品出来之后,这个术语便过时了,人数达到六千左右,由各区和准军事组织的激进无套裤汉组成的"激进的少数派",完全是自己闯入历史成为焦点的。[1]

★

最后,说说马克西米连·罗伯斯庇尔这个人,帕尔默的书里到处都能看到他的身影。从一开始,罗伯斯庇尔就与巴雷尔一起成了革命当中的风云人物。作为1789年的国民公会代表,罗伯斯庇尔以他早熟的民主主义和平等主义情感,以及反对保王党人和反革命

---

[1] 尤见 Albert Soboul, *The Parisian Sans-Culottes and the French Revolution, 1793–1794*, trans. Gwynne Lewis (Oxford, 1964),以及 Richard Cobb, *The People's Armies*, trans. Marianne Elliott (New Haven, Conn., 1987)。——作者注

分子的热情而为人所知。但是他真正的影响力则始于国民公会，尤其是在他成为救国委员会的主要战略决策者以及意识形态领袖之后。从此之后，罗伯斯庇尔就成了一个极端的人物。截至热月（1794年7月）被驱逐为止，他已经成为革命第二阶段各种污名的人格化身。基于同样的理由，左翼的革命传统往往从一开始就视他为英雄。两百余年来，围绕罗伯斯庇尔所产生的争论反反复复，循环不断。尽管罗伯斯庇尔把革命当作一个"阵营"在尽力维护，尽管是他对1792年"二次革命"的热情才使法国真正开启了民主共和国时期，奥拉尔却不喜欢罗伯斯庇尔，反而视丹东为英雄人物。与之相反，继承奥拉尔教席的社会主义者阿尔贝·马迪厄（Albert Mathiez），在其整个职业生涯中都在赞美罗伯斯庇尔，视他为革命理想和劳苦的化身。（马迪厄所建立的致力于法国大革命研究的学术协会今天仍然叫作罗伯斯庇尔研究协会，即便后来到了20世纪80年代，在弗朗索瓦·孚雷领导下的修正主义历史学派将罗伯斯庇尔当作革命事业里走入歧途的典范，而且不仅仅是1793年的歧途，1789年他就犯错了。）

到了1941年，奥拉尔与马迪厄之间的冲突已经消退，自从那时起，罗伯斯庇尔又一再被写，往往是从强烈肯定或者强烈否定的视角说起，但争论的范围没多大改变，也没多少新材料可说。[1] 可以理解的是，这位革命苦行者成了恐怖统治各种矛盾和悖论的人格化形象。帕尔默所描绘的这幅肖像既不是起诉书也不是辩护状，而只是一种内心的对话，它以一种不带偏倚的洞见重现了这些矛盾，这样的能力至今仍无人能及。读者们也许会发现自己想知道更多有关罗

---

1. 例如，可见 George Rudé, *Robespierre: Portrait of a Revolutionary Democrat* (London, 1975)，该书对罗伯斯庇尔赞誉有加；另可见 Norman Hampson, *The Life and Opinions of Maximilien Robespierre* (London, 1974)，该书更为中立，批评色彩浓厚。——作者注

伯斯庇尔的事情，会去翻找或新或旧的传记，与这位革命大剧里的中心人物的复杂形象缠斗一番。帕尔默的叙述将会为他们标出最好的方向，带领他们走下去。

伊塞尔·沃洛克[1]

2004 年 8 月

---

1. 伊塞尔·沃洛克（Isser Woloch），哥伦比亚大学历史系荣誉教授。

大革命两百周年版序言

本书写于约五十年前，年纪比其作者小一些。书一直在印，现在是1989年了，值法国大革命两百周年之际，又同时重出了一个英国版和美国版，而且还第一次出现了一个法语版。文本还是1941年第一版的文本。我做了一些细微的改动。

这些改动就是去掉当时写作本书时，盘桓在所有人脑子里的一些用典，也就是"二战"、德国纳粹、法国的陷落，以及第三共和国的崩溃。这些用典都是以插句插入的，删掉了倒也不会影响这本书的基调。而参考书目，在看过了主要的几个资料编印本之后，又加入了1940年之后新出版的条目，在写本书时还不可寻。

本书采用的是叙事体，讲的是在风云多变的一年里的故事，所以几乎没有反映出过去半个世纪里历史写作的新变革，这变革中有定量方法的运用，对人口统计学、地方史、女性史、心理史学、大众文化，以及"来自底层的"无法清楚表达自己的平民的更多关注。

这些在本书中都绝少出现。尽管平民在 1793 年和 1794 年里一点也算不上没有自我表达，他们在书里也没受到任何忽视，但是本书主要还是"从上面"看待法国大革命。它给世人展现的是十二位法国人，他们被国民公会奇妙地聚合到一处，组成了一个委员会，即救国委员会，然后在革命、战争、内战、崩溃和外敌侵略的浪潮中勠力统治法兰西。

救国委员会掌权的这一年即恐怖之年、断头台之年。这是第一个可辨认的现代革命独裁之年。也是在这年，许多民主思想尽管没有实现，但至少得到了定义，开始出现于这个世界当中。是法国的革命者在 1793—1794 年第一次以推崇的语气使用了民主一词，来描述他们所追求的一种社会。罗伯斯庇尔明确地提出了一个代议制的方案来取代群众活动家所鼓吹的直接民主。救国委员会的政权因为与这些群众活动家的结盟而兴起，在失去他们的支持之后，也走向了失败。

我现在仍念念不忘早先的序言里所感谢的那些人，但是他们中的大部分人不再需要这份感谢词了；无论如何，这本书得到了比我们最初所预料的更广泛的传播，我还是要对那些在普林斯顿大学出版社，以及其他地方为它工作的人表达一下我的谢意。

R. R. 帕尔默

新泽西，普林斯顿

1989 年 1 月

十二委员人物小传

> 这样陌生的云彩驱赶者,世界从未见识过。
> ——卡莱尔,《法国大革命》,1837 年

贝特朗·巴雷尔,生于 1755 年,"断头台上的阿那克里翁",一个律师家庭出身的律师,为人随和、亲切,工作勤恳,有辩才。

让-尼古拉·比约-瓦雷纳,生于 1756 年,律师,也是一个律师之子,作家、宣传家,脾气急躁,喜欢大喊大叫。

拉扎尔·卡诺,生于 1753 年,军官、工程师、数学家、坚定的爱国者,"胜利组织者"。

让-马里·科洛·戴布瓦,生于 1750 年,演员、剧作家,自学成才,

粗俗、易激动。

乔治·库东，生于1756年，律师、人道主义者，有家室、瘫痪、不能行走。

马里-让·埃罗-塞谢勒，生于1759年，贵族，律师，有才智但装腔作势。

罗贝尔·兰代，生于1743年，稳重、理智、中年人。

科多尔的普里厄（克劳德-安东尼·普里厄-迪韦努瓦），生于1763年，军官、工程师，前途远大的年轻人。

马恩的普里厄（皮埃尔-路易·普里厄），生于1756年，律师。

马克西米连·罗伯斯庇尔，生于1758年，律师，律师之子，内省却自以为是，理想主义者，"不可腐蚀者"。

安德烈·让邦·圣安德烈，生于1749年，新教牧师，做过一段时间的船长，勤奋而专横。

路易-安托万·德·圣茹斯特，生于1767年，"死亡天使"，十二人中最年轻者，法律系毕业，为人专横，但有洞察力。

　　……救国委员会就是一个奇迹，它的精神仍在取得战斗的胜利。
　　——约瑟夫·德·迈斯特，《论法国》，1797年

共和历与公历对照表

共和二年	公元 1793 年
葡月 Vendémaire (Vintage)	9 月 22 日—10 月 21 日
雾月 Brumaire (Fog)	10 月 22 日—11 月 20 日
霜月 Frimaire (Frost)	11 月 21 日—12 月 20 日
雪月 Nivôse (Snow)	12 月 21 日—翌年 1 月 19 日
	公元 1794 年
雨月 Pluviôse (Rain)	1 月 20 日—2 月 18 日
风月 Ventôse (Wind)	2 月 19 日—3 月 20 日
芽月 Germinal (Budding)	3 月 21 日—4 月 19 日
花月 Floréal (Flowers)	4 月 20 日—5 月 19 日
牧月 Prairial (Meadows)	5 月 20 日—6 月 18 日
获月 Messidor (Harvest)	6 月 19 日—7 月 18 日
热月 Thermidor (Heat)	7 月 19 日—8 月 17 日
果月 Fructidor (Fruit)	8 月 18 日—9 月 16 日

共和二年	公元 1793 年
葡月十日	10 月 1 日
雾月十一日	11 月 1 日
霜月十一日	12 月 1 日
	公元 1794 年
雪月十二日	1 月 1 日
雨月十三日	2 月 1 日
风月十一日	3 月 1 日
芽月十二日	4 月 1 日
花月十二日	5 月 1 日
牧月十三日	6 月 1 日
获月十三日	7 月 1 日
热月十四日	8 月 1 日
果月十五日	9 月 1 日

目 录

第一章　　十二委员是谁 / 1

第二章　　革命的第五个夏天 / 22

第三章　　组织恐怖 / 45

第四章　　胜利的开始 / 79

第五章　　"外国阴谋"和霜月十四日 / 109

第六章　　微型共和国 / 132

第七章　　里昂末日 / 154

第八章　　阿尔萨斯特派员 / 178

第九章　　布列塔尼特派员 / 203

第十章　　命令式经济 / 226

第十一章　寻找窄路 / 255

第十二章　风月风波 / 282

第十三章　高潮 / 307

第十四章　欧洲热潮 / 337

第十五章　垮台 / 362

结 束 语 / 389

索　引 / 399

第一章
十二委员是谁

施行恐怖统治的这两年里,谁有什么事要去革命政府,都得到杜伊勒里宫去。那是法国历代君王的旧宫,矗在塞纳河的右岸,位于卢浮宫和杜伊勒里花园之间。花园当时就和现在一样,是孩子们玩耍的乐园,到4月里栗树上就开满了花儿。穿过杜伊勒里花园,走向对面这座宫殿前院时,访者就会看出这个政府不那么自信的一些迹象来,宫殿大门口就架着两尊大炮,守着一队士兵。过了卫兵,再踏上后来叫作"王后台阶"的阶梯,他便看到一排谈话室,里面挤满了各色人等,有忙这忙那的职员,有拿着文件去找里面大人物签字的文书,有部队军官和政客,有等着接见的承包商,还有小杂役、门房和靴子上还沾着边远外省泥巴的送信人。如果来人办的是急事,或者本人很有来头,他就会最终来到这列房间的最后一间,路易十六曾用它做私人办公室,再过后几年,拿破仑也是这么用的。

如果访客在此独处一会儿，他也许会省思一下过往和现在。凭窗而望，他见到的是杜伊勒里花园或叫公园，而走到树林后面再过去，大约有半英里，便是开阔的路易十五广场，欧洲最有气势也最为讲究的广场，这也是波旁王朝末期在城市规划上取得的一点胜绩。他也许会想起来，这地方现在叫作"革命广场"——这是名副其实的，因为在这个新式广场（我们现在称其为"协和广场"）的中央地带，除了新修的香榭丽舍大街和马德莱娜教堂尽收眼底之外，还耸立着一座王朝晚期才发明出来、现在已经象征着新秩序的物件——断头台。

视线回到宫殿室内，访者还能看到王朝最后一位国王路易十六留下的更多印迹，几个月以前，国王本人已在那座断头台上人头落地。大钟上的铭文"钟匠致国王"，地上富丽堂皇的地毯，还有光可鉴人的镜子，以及头顶上光彩熠熠的枝形吊灯都能让人感受到昔日的王家风范。但房间内的主要摆设却是极为实用的，一张椭圆形的大桌上面铺盖着绿色的桌布，倒和墙壁上贴着的绿色墙纸有着某种呼应，散放于桌上的几个墨水瓶和几沓纸张表明有几位人士坐在这儿办公。这就是救国委员会的会议桌，其中一位委员即将出来接见我们这位访者，因此就让我们和访者告别吧。

在纷乱的恐怖统治时期，也就是法兰西第一共和国新生的头两年，救国委员会是法兰西的实际统治者。委员会有十二位委员，从1793年9月到来年的7月27日，用革命的新话说，则是热月九日，委员会里一直是这十二人。十二位委员从未同时在这绿桌子上坐全过，其中一位不久就永久性地缺席了，因为他被其他几位判处了死刑。另有几位长年驻外，有的在布列塔尼，有的在阿尔萨斯或佛兰德斯。但是人们都能感觉得到他们的存在，经常有他们的急件寄来，还有大量的信件，这些都是留在巴黎的人不得不处理的。而那些坐在绿房间里的人里面,虽然没选出主席,也不认为他们当中有谁是首领,但是出了这个门,人们都知道他们当中最有影响力的是罗伯斯庇尔。

委员会任何时间都在运转、办公,但是真正有用的会议都是在夜里开的闭门会。没人准确知道这些秘密会议上发生过什么事。今天有兴趣的人们能读到委员会签发的大号字体印刷文件,各种法令、声明,以及写着命令、建议和指示的信函,数量达到几千份。但没有人可以说清楚在决议形成之前,绿桌子上发生过什么。除了当时出于政治目的编造的一些讽刺笑话和失检的言行、大量的谣言,以及两三位幸存者几年之后写下的一些回忆录,历史没有留下任何相关证据。可以确定的是,会上的争论相当热闹,十二委员有着太多秘密。他们相互争吵辩驳,有时在政策上意见相左得厉害,精疲力尽时大家都容易着急上火,心里面却一直燃烧着革命的激情。就个人气质而言,他们几乎都是独裁者,嫉妒心强,急躁易怒。但快到末了时,他们会放下异见,设法像一个人一样去行动。

公共安全委员们治下的法国在大革命的激浪里度过了第五个年头。国民公会声称拥有最高权力,但是全国半数地区不予承认。西部、南部的社会在内战的枪炮声里陷入崩溃,在革命早期,也应该是更理智的时期,定下的方案都已失败。偏远地区的政府不再听命于中央政府,它们成为各地独立和叛乱的中心。各种政治俱乐部和革命委员会都乘势而起,发号施令。巴黎陷入骚乱当中。街头演说家、煽动家,政府和反政府的密探,以及各种各样的激进分子和反革命势力,都在街头游荡。军队里的逃兵、假扮的教士、可疑的外国人和狂热的爱国者、自封的民族救星相互角力。边界上,英国、荷兰、西班牙、普鲁士和奥地利的军队正在闯入法国境内。港口事实上已经被英国海军封锁了。战场之外,整个欧洲都视法国为仇雠,煽动仇恨的包括法国的流亡贵族、各国保守派，他们害怕得快歇斯底里了，还有教皇和整个天主教会的教士，以及俄国的叶卡捷琳娜二世，这位即将拱墓的老妇人虽然不发一卒，却极力督促反法联军。

国内陷入无政府状态，国外有敌人入侵。一个国家会被外来的压力压垮，也会被内部的张力分裂瓦解。革命正值高潮。战争。通胀。饥饿。恐惧。仇恨。破坏。无限的光明。崇高的理想。但有一个可怕的现实，现在掌握权力的人们也知道，如果失败，他们就是弑君者，就会下大狱被判死罪。所以一方面，他们心里怀着恐惧，害怕革命的成果终会失去；另一方面，他们又信念坚定，如果得胜，他们就能将自由、平等、博爱带到全世界。

这就是十二位委员来绿房间掌权时的形势。那么十二委员他们是谁？

整体来说，他们还真不是什么特别出色的人物，在旧制度中只能说是十二个相当典型的臣民，却被一场任何人都无法控制的时代剧变席卷到了显耀位置。当他们隔着绿桌怒目相视时，他们应该有时会思忖一下将他们聚到一处的时局。他们的处境很奇特，之前没有哪个聪明人能够预想得到。不久之前，这十二人彼此还是陌生人，散居于法国各地，政治前途光景黯淡，从政经历基本为无，每个人显然都注定拘缚在各自职业的无聊日常当中，所有人都对那位"好王路易"忠心耿耿，虽然现在他的无头尸体已在墓地里腐烂。

看到法国的统治落入一群"下层人"手中，贵族的欧洲惊骇不已。在他们开始大冒险之前的和平年代里，他们是谁，当时又在从事什么职业呢？

在阿拉斯，多佛海峡的附近，那里在革命爆发前有一位律师，三十岁左右，名叫马克西米连·罗伯斯庇尔。他是一位能干的律师，为人正直，受人尊敬。他的案子大多数之所以能赢下来，有部分原因是他愿意为明显遭受不公的受害者做辩护。罗伯斯庇尔坚定地信奉社会进步和理性的胜利，他曾经有过一位客户因为架设避雷针这样对神不敬的物件惹下官司，他打赢了那场官司，证明了自己的信念。罗伯斯庇尔在巴黎待过，他在那里度过了自己的大学时光，接受了当时法国能够提供的最好教育。跟很多人一样，他也不满于现状，尽管他自己从没失去过机会。

自从少年时代起，罗伯斯庇尔的家庭生活就处在不安之中，但有两个姑姑把他抚养得很好，而且还能够供他上学读书。最后，他成了一个极为严肃且落落寡合的人。他的妹妹告诉我们，他的脸上总是挂着微笑，但是从未开怀大笑过。他基本不沾酒，未婚，童男一个，有点像清教徒。他经常沉思因而极为心不在焉，在大街上走路认不出对面是谁，这为他赢得了高傲的名声。和众人一起时，如果交谈变得东拉西扯，他就会走神。他的内心执着于一个幻象，在他看来，恶能够轻易地改正过来，一个没有残忍没有歧视的世界必将到来。他是如此人道，乃至反对死刑；他永远同情受压迫者；他对平等的信念是严肃而深刻的。

一个自诩真理在手、性格内向的人具有的缺点，罗伯斯庇尔都有。别人与他意见不同，他就会断然视其为错误，遇到这种情况，他要么固守自己的想法，要么就怀疑别人意见背后的动机。他很善于以自私自利来指控别人，而在这一点上，他觉得自己是无可指摘的。一个没有他参加的统一行动，于他而言就是阴谋。他有审判者的优点，也有审判者的缺点。他爱人类，却无法以同情的眼光去理解自己身边人的想法。

阿拉斯有一个文学社，成员们除了给彼此朗诵演说词和颂歌之外，还常常讨论一些公共问题。他们的讨论往往停留于纸面，比较抽象，原因在于这些人在官僚主义的君主制之下，从未有过什么实际事务经验。这样的文学社在当时的法国遍地开花。这些人的情感和理想目标在后来革命者的实际行动中得到阐释，但是他们在议会路径方面什么都没有提供。罗伯斯庇尔在阿拉斯是一位积极分子。他在俱乐部里面认识了一位军官，是驻扎当地的工程兵上尉。他们的相识在当时只是偶然事件，但是几年之后，这两位将在救国委员会里成为同僚。

这位军官名叫拉扎尔·卡诺，后来被称为"胜利组织者"。他是勃艮第人，但是长年都在各地军营岗位上奔波。他跟罗伯斯庇尔还真是有很多共同之处。平常他也是一副不苟言笑的样子，对于朋友之外的其他人，他则是相当冷漠。与别人在一起时，他也是恍恍惚惚，沉浸在自己的问题里。业余时间里，他全身心投入数学研究，在此领域，他也就是比天才差点儿。他写过几本深奥的书籍，著名的拉格朗日承认卡诺曾经预见到他的一个发现。这位上尉也不是一台不停想问题的机器。他能适时地放松一下。他作的诗就很受当地文人欣赏。他还曾出于好心，利用罗伯斯庇尔的职务之便，做过一件让他们俩都高兴的事情。卡诺一名穷苦的女佣继承了一笔意外的财产，罗伯斯庇尔受卡诺委托，在法庭上从前到后提供了帮助。

在那些年里，卡诺没参与什么政治。在一个正常的时代里，他很可能仅仅以学者的身份为人所知，就像后来飓风一过，他的两个儿子所做的那样。可是18世纪80年代发生的很多事情，就算是最不关心政治的军官都不能漠然视之。

军队在当时几乎成了贵族子弟们的专有物。平民出身的人根本不可能当上军官，只能担任一些技术知识必不可少的工程类职位。而且这种出身歧视还愈演愈烈。

如果卡诺展望一下将来，他就会明白他的职业前途已受到限制。他的上尉军衔，已经是平民能够升到的最高官职了。而回首一下过去，他也会记起社会现实下的各种荒谬限制。为了进入军校，他不得不去证明他的家族几代人都"活得高尚"，没有下贱到去从事任何商业工作。他也许会想起他的老师蒙日[1]，只比他大几岁，也是他现在的朋友。蒙日因为家庭背景不够硬，被学校拒之门外。他虽然很有能力，后来也只能受聘做教师，去教那些在当时世人眼里以他的身份本不该去平等交往的小孩。

长久而闲适的戍守生活让卡诺有了思考问题的充足时间。他设计了一揽子方案让军衔对有功者开放，目的是让军队更加国家化。这就是他当时所想到的确定的改革想法。他太沉浸于自己的事务里面，不可能走极端。革命在这方面让他改变很大。后来掌管共和国十四支方面军的他是一个完全不同的人。

罗伯斯庇尔和卡诺都是北方人，又都认真到不讲情面。而在遥远的南面，比利牛斯山脚下，有一位典型的米迪[2]人，贝特朗·巴雷尔。他跟罗伯斯庇尔一样，也是律师家庭出身又做了律师，但在个性上，两人却是迥异。他善交际，人情练达，招人喜欢，生活讲究，见多识广。彬彬有礼而又温和恭谨，虽然有点拘束，但他到了巴黎的会客厅里，也还是相当潇洒自如，他待人滴水不漏，简直就不像一个外省来的。他太喜欢人了，那些和他意见不能一致的，他才不会认为就是恶人坏蛋。

巴雷尔在革命中作为政客以善变而为人所知。事实上，他也不

---

1. 加斯帕尔·蒙日（Gaspard Monge，1746—1818），法国数学家、化学家和物理学家。生于博恩的平民家庭，父亲做过小贩、磨刀人。
2. 原文是米迪之子（son of the Midi）。米迪是连接加龙河与地中海的运河，建于 1667 年至 1694 年之间，也叫南运河。在法语里，Midi 也可以代指南方。

是一个狂热的党徒。

巴雷尔自称为"巴雷尔·德·维厄扎卡"[1]，当时这种风气还在流行。他的母亲有贵族血统，家里也拥有一些地产，其中就有维厄扎卡庄园，那里的雇农都要给他家交封建税。这些地产后来到革命时都被剥夺了。年轻的巴雷尔还能享受到一些其他特权并从中获利。他十五岁时被特许进入图卢兹的一所法律学校学习，早于规定年龄好几年。他有望继承塔布法庭的一个法官席位，这也是家族资产的一部分。

不过他得到的机会跟他自身的能力倒也相当。他很快就成为一个执业律师。他的记忆力惊人，事事都能牢记不忘，又能以有趣的方式讲给旁人来听。几乎跟所有人一样，他也是下了苦功夫才练就了口若悬河的本事——这个能力以后将成就巴雷尔本人，但差点儿毁了革命。他还加入了众人梦寐以求的图卢兹花冠会[2]，这是最古老最著名的文学俱乐部之一。

"太糟糕了，"花冠会社长在巴雷尔发表入会演说后说，"他已经吸到现代哲学的脏奶了。看看吧，这个律师是一个危险分子。"

巴雷尔危险？在一个为了自身利益而立下清规戒律的俱乐部里，他可能确实如此。巴雷尔随时都在准备妥协和应对策略。他不会去构想一个理想世界。他不是个领袖人物，任何一个成功的团体都会得到他的赞成，这当然是他的弱点。不过即便在左右摇摆时，他也是一个自由主义者。在被法律正式废除之前，他就主动放弃了维厄扎卡领主的权利。他所想要的是公民权，并以此身份参与政府管理，压制贵族和教会的地位。这些要求在当时环境里足以使一个

---

1. Barère de Vieuzac，意为"维厄扎卡的巴雷尔"，是贵族的叫法，将封地放在姓名最后。
2. Academy of Floral Games，花冠会是一种诗歌竞赛游戏，获胜者的奖品就是花束。

人成为危险分子。但是对于法国,后来证明也是对于全世界来说,真正的威胁是那些信念不可动摇的人,那些不接受任何改变的保守派,还有那些更加热血的爱国者,他们不能容忍他们完美的理念出现一点点瑕疵。

就在巴雷尔和罗伯斯庇尔争论法律、卡诺冥思他的数学难题之时,皮卡第省的一个小镇上,一个年轻人正开始拿他的人生做实验。路易-安托万·德·圣茹斯特日后成了革命的"死亡天使"。但在革命前,他不过是一个坏小孩。粗鲁、任性而不受管教的他和寡妇母亲,还有妹妹们一起生活。他外表英俊,脾气火暴而自负。在学校里他就明显是一个不听话的孩子。十九岁时,他偷了他母亲的一些银器跑到了巴黎。他卖了其中的大部分,换来的钱花得很快,没几天就只能求救了。他母亲借此让警察把他给逮捕了,秘密逮捕令[1]签发之后,又将他置于保护性监禁之下。没过多久,她又放他出去学法律。在兰斯他得了个学位,但是丝毫没有表现出去执业的意向,反而无所事事地待在家里寻花问柳,最后写了一首长叙事诗。就在法国的政治风浪走向高潮时,他又跑去巴黎为他的长诗找出版商。当时他还不到二十二岁。

1789 年 5 月,革命这时可以说已经开始了,圣茹斯特的诗集出现在书摊里。作者和出版商的姓名都没出现。这本名为《奥尔冈:诗二十章》(*Organt, poem in twenty cantos*)的作品是一些陈词滥调和色情文学的古怪混合。很少有人会去翻这书,但是那些读过的人发现寓目尽是些男欢女爱,里面还有性侵修女的事和对性快感权利的一些评论。作者倒是毫不掩饰自己的看法。他在书里詈骂国王、朝臣、将军和教士,对法国王后也以粗俗露骨之词做了一番嘲弄。

---

1. 革命前,法国国王不经法律手续而签发的逮捕令。

后世好心的传记作者想从《奥尔冈》里找到政治哲学的萌芽，但即便有的话，一个以如此笔调写出文章的人，也很难让人想到日后会成为政治家。

然而他就成了政治家，或者至少是一位领袖。革命改变人，但圣茹斯特的变化没人能比。这个头脑顽固的孩子变成了一个坚持原则、意志坚定的人。原先那位自我放纵的年轻人，竟然还有如此坚强的性格，这可能是他母亲没有想到的。

年轻的圣茹斯特，这位蹩脚文人、花花公子到底是如何打动了当时的一个新教牧师，寻思起来也是颇为有趣的，后者将是他未来的一个同僚。让邦·圣安德烈不会褒许任何轻浮之举，但是有一点他和圣茹斯特很像。禀性里他有一种教条的和断然不容分说的东西，那种无可怀疑的气势有时让人生气。这些话都是那些曾经考虑让他来做牧师的新教徒留传给我们的。

法国新教徒占当时总人口的5%，大部分在南方。让邦·圣安德烈来自距离图卢兹不远的蒙托邦。1787年之前做一个新教徒在法律意义上是非法的。这也是为什么让邦跟其他胡格诺牧师一样，要改变名字，加上一个"圣安德烈"。尽管有法律限制，不过一段时间以来，新教徒倒也没怎么受到迫害。他们公开兴教，虽然不能涉足公职和其他上等行业，但是在商业和制造业上也能有一番作为。让邦家族古老而保守。1789年的让邦·圣安德烈年近四十，人生阅历丰富。他曾经与耶稣会士一起学习过，经过商，当过船长，还入了瑞士的新教神学院读过书，在现在这个行当上，他也做了几年了。

圣安德烈对国王的政府抱有最大的敬意。他期望新教徒们能得到政府的保护，不被天主教的教士和暴民欺压、迫害。从性情上说，他是政府的人，虽然法律禁止他参与任何公共事务，但他总能看明白官方的意见。在一个地方问题上，他和他的信众发生了争执，因为他不想为难王家政府。他承认，胡格诺教徒早些年在法国酿成了骚乱，现在作为争取宽容的举措，他勉力抑制己方信众的宗教热情。必须"避免和天主教神父或者其他人在教纲上发生一丝一毫的争论"，他如此说道。对圣安德烈来说，宗教教义已经变得不值一争。加尔文的教义在他身上稀释成基本的道德规范。他不喜欢宗教热情，因为它会妨碍公共秩序，他之所以为新教徒要求宗教宽容，不是因为这是权利，而是为了让全体法国人民能在世俗问题和国家问题上步调一致。

和法国当时很多的自由主义者一样，圣安德烈也认为教会不应该独立于国家而存在。对他们这辈人来说，有一个开明政府的监管，宗教只会从中受益。他建议说，波旁王朝应该在准许宗教宽容的同时，为新教神职人员建立管理和审批制度。这种思想对于老派的加尔文主义者来说就是大逆不道，他们对世俗政府满腹怀疑，反复宣扬国王邪恶，灌输不敬神者会下地狱，但圣安德烈不属此列。如果他是的话，后来就会跑到反革命阵营里去了，就像那些更为虔诚的神职人员，不管是新教的还是天主教的，最后都去反对革命了。圣安德烈真正的兴趣所在是实际事务，虽然他之前经历过漫长且极为不同的职业生涯，但有一点始终没变，他永远信赖强有力的政府，永远支持稳定。

比约-瓦雷纳恰恰和圣茹斯特相反，他是在革命的过程当中成为革命者的。比约一开始就是一个激进派。在革命前，比约是个无用的漂泊者。读完了当律师（他自称为德·瓦雷纳，为的是和他那同样是律师的父亲区别开来）所需的学业，年轻的比约却发现在他的家乡拉罗谢尔找不到缺。他创作了一出喜剧却以失败收场。他当起了教师，又写了几出喜剧，但是没有演员愿意接受剧本。学校校长发现他几乎不懂拉丁文，而他在个人习惯上是无可指摘的。

二十八岁时，他用父亲给的钱去了巴黎，进了巴黎律师行。但是很少有客户能找得到他。三年以后的1787年，他写了一本哲学论著《对偏见和迷信的最后一击》(The Last Blow Against Prejudice and Superstition)，目标是教会。对政府的抨击紧接而来。两本书在内容上都没什么新鲜货。值得注意的是作者的语调和姿态，这本直到1789年才得以出版的《最后一击》，清楚说明了在某些方面完全成形的革命者有什么样的思想意识。相比较十二委员中的其他人，比约更明显地表现出他将要成为一个什么样的人。

"截肢虽然痛苦，"他讨论教会时写道，"但如果有肢体得了坏疽，而我们又想保命，那我们就不得不牺牲它。"这个坏疽的肢体的致命比喻就像病毒一样在五年里传遍了法国政治活动圈。它在雅各宾俱乐部成员们的嘴里都快嚼烂了，最终为断头台做了有力的辩护。

比约对于宗教的看法在1787年就和1793年差不多一样激进了。他笃定地认为天主教教会就是一个彻头彻尾的骗子，如何对其进行改革，他的想法已经有了一个大概。教会的财产要全部没收。神职人员都要受国家管制，如有可能就废除掉主教这个职位。教区和堂区的界线要重新划分。教义留下一条即可，也就是讲灵魂不死的那一条"有用"。宗教礼仪尽量简化，让最无知的看客都能看懂，这样神职人员就不会对人民趾高气扬了。婚誓应该禁止。神职人员可以允许结婚。神父不应该有别于"公民"。基督教义里所有那些不是来自自然或耶稣的几句简单的话的东西，都应被视为迷信不再当真，这些都是狡诈的神父们用来讹取权势的。

我们现在不是以哲学家的身份，而是以未来处理全国的天主教问题的政治领袖的身份在看待比约。看一看他的结论：

"毫无疑问，邪恶的利益，在愚蠢无知的助力之下，是有可能敢于反对如此先进的改革的；但是它的动机究竟是太卑鄙了，任谁也听不下去它的鼓噪。人民要听的唯一的呼声是对良心的追问、对真理的追求。"一个平素就如此对待和他意见相反的人，到了风雨欲来、人心动荡的时代，他会对他们处以极刑也就毫不奇怪了。

乔治·库东是来自奥弗涅山区的外省律师。他性格温和，是一个人道主义者，风度翩翩、彬彬有礼的他，很受大众喜欢和信任。库东在1787年的短命省议会里有过一阵从政经历。同时身为共济会会员和克莱蒙费朗文学社社员的他，与那些深受当时思想影响的人们交往起来毫无障碍，他们都自豪于18世纪所取得的知识进步，对政治改革持乐观态度。在文学社里，他对"忍耐"的探讨引来一片叫好之声。革命领袖们一般都缺乏这项品质。库东在政治上并不善于忍耐，但是他性格里的善良即便在恐怖统治期间，也没有完全将他抛弃，而他个人对病痛的忍受也许能给他赢得耐心的名誉。

革命迫近之时，库东却变成了一个瘸子，到了1793年，他已经不能走路。1792年的时候，医生们就给他诊断出了脑膜炎，现代的专家们在重新核查证据之后，也认同这个结论。库东告诉他的医生们，他在早年间沉迷性事。他认为他的瘫痪可能是无节制所致。有一次偷情，他被女孩的父亲给碰见，为了躲避，他在女孩冷冽的窗外受了寒，之后不久有只腿就没了用。他去洗温泉浴，做电击治疗，但问题还是越来越严重，另外一只腿也不行了。1793年，他高兴地结了婚，没有办法，婚礼那天只能坐在椅子上被人扛来扛去。

十二人当中有三位，我们只知道名字就可以了，他们在革命前的人生是什么样的，我们完全不清楚。罗贝尔·兰代、皮埃尔-路易·普里厄是律师，克劳德-安东尼·普里厄-迪韦努瓦跟卡诺一样是军队里的工程师。这两位普里厄并没有亲戚关系，人们以他们的老家来区别两人，一位是马恩的普里厄，一位是科多尔的普里厄。生于

1743年的兰代，是十二人中年纪最长的；克-安·普里厄则是除圣茹斯特外年纪最小的。这三位在18世纪80年代都过着忙碌而不起眼的日子，可以说是革命发生前无名之辈中的典型。

我们的第十一位主人公是在旧制度下唯一引人瞩目的一位。十二人里他是唯一一个贵族。贵族出身其实也没什么特别，法国当时的贵族包括了那些英国人称之为绅士阶层的大部分人，人数已经达到四十万，其中包括男子、妇女和小孩。但是埃罗家族还是不一样，他们家的贵族血统说起来可以追溯至1390年。

马里-让·埃罗出生时父亲已经下世，所以在摇篮里便拥有了这份古老的财富。富贵的他，在众妇人手中长大，得了诸多宠溺。长相好，人又早熟，他成了各种社交场合中的贵客。十八岁时，他就成了巴黎法庭的御用律师——这自然是拜特权所赐，当时获得律师资格须年满二十五岁。所有的大门都向他敞开。他做的每一件事似乎都能成功。

生活没有忧愁也没风浪，又享受着财富和地位所带来的自由，所以他除了提升修养之外无事可做。他为人善良，待人和气，完全不以道德取人，别人在他眼里，就是用来降尊纡贵、博取好感的对象。为此目的，他很用心地去学习雄辩术。他对他的嗓子也非常在意。他会站在家里的大镜子面前苦练仪态。他进教会的兴趣是学习布道的滔滔不绝之词。他写了一本书名为《雄辩思考录》(*Reflections on Declamation*)。而在另一本书《野心论》(*Theory of Ambition*)里，他暴露出藏在那张笑脸下面的是一颗利己主义者的灵魂。在书里，他倒没以搔首弄姿隐瞒自己，创造了种种法则教人如何获得与之并不相称的声望；他自满，乐观，完全以自我为中心。

要把埃罗当作鉴赏家，所品鉴的对象甚至包括他本人在内，才能完整地理解这个人。任何东西，只要能满足他敏锐的鉴赏力，他都会上瘾。他通晓美酒、衣服、女人、声调、书籍、思想，对于这些东西，他都极为挑剔。为了亲手摸一摸孟德斯鸠的手稿原件，他专程去了趟波尔多，为了卢梭的《新爱洛伊丝》手稿本，他访遍各地，终于在荷兰花了两万四千里弗购得。很难想象，世上会有人比这位自负而纵欲的俗物更不像卢梭了，一位富有洞见的传记作者称他为"奇技圣手"，埃罗希望通过挥舞几个手势就能说服别人。

新思想吸引着这位年轻的御用律师。他对相面术深信不疑，这在当时流行一时，是门显学。他把自己的肖像画送给拉瓦特，请他为自己看相，后者是当时这门所谓学科里的头号专家。拉瓦特说了很多阿谀之词，同时又含糊地（也是准确地）预言说，他以后会"受很多苦"。他又找到了法国当时最著名的真正的科学家和年迈的博物学家布封，在对别人一番嘲讽挖苦之后，他告诉布封他的写作计划，他将重估"人的所有权利，所有法律，将之相互比较、衡量之后，最终建立新的大厦"。

这座新大厦他后来确实在纸面上竖了起来，他是1793年共和国宪法的主要起草者，但是这部宪法从未生效过。

我们已经介绍过的十一人里，除了比约和圣茹斯特两人之外，其他人在1789年时，都在受人尊敬的行业里有所建树。称比约为律师、教师、戏剧家或者宣传家，都有点抬举他，而圣茹斯特则是还没完全成人。第十二位委员让-马里·科洛（他自称科洛·戴布瓦）则不是这样，他是所有人当中最接近于普通人的。

科洛是巴黎人。他十七岁首次登台演出，是一个职业演员。他长年都在外省巡回演出。在那个年代，演员是社会贱民。法律、风俗和宗教都歧视他们。科洛作为演员很成功，但是心里有太多不满。布尔乔亚家庭的大门虽然对他敞开，但总摆出一副看不起他的样子，眼里看他还是低贱的戏子。经历多了人不免就有点抑郁，性情上也变得暴躁起来。他想获得社会承认，却又害怕抛头露面。他想让别人接纳，却又担心表现得太过心急。对于自己所依赖的布尔乔亚，他开始冷眼相看，没有好话了。

科洛尝试写作，作家要受人尊敬得多，但是他的剧本只是取得了一定程度的成功。最后时来运转，他当上了剧院经理，先在日内瓦填了个缺，后来又去了里昂。好运气也就到此为止。他的能力是够了，但这两次尝试还是失败了，错不在他，如果个性难相处不算原因的话。

从各种记载来看，科洛是一个容易激动的人，处处对人设防，又心怀怨恨，常常觉得自己遭人迫害。因为屡被轻视，他的火气很大，动作经常过头，说话也容易得罪人。他不怕事大，喜欢高潮，在人前发表长篇大论。他这种不知节制的人，在那类更有品位的人眼里绝对是粗俗之辈。他一边渴望受人敬仰，一边又对名声嗤之以鼻。他对全世界都有怨言。他的政治思想属于最含糊不清的那种，但是相比较他将来的十一位同事而言，在革命之前，他的个人挫败感是最严重的。

由这十二位委员的生活只能窥见革命前法国的一斑，非常局限。教会和贵族阶层基本都没提及，埃罗-塞谢勒只是巴黎的一个律师和花花公子，在几千个贵族世家当中，根本算不上典型。尤其是农民，他们占到了人口的五分之四，也一点没有说到。圣茹斯特的祖父倒是个农场主，但到他父亲就开始在城里定居，而他自己所梦寐以求的是成为一个文人。

十二人中没有一位是靠体力吃饭的。除了科洛·戴布瓦，没有一位体验过经济窘迫。也没有一位在1789年会担心受穷，即便是科洛，经过努力，也到达了演员这行的上层。埃罗出身富贵之家；

巴雷尔生活小康；兰代、卡诺和科多尔的普里厄在革命前拥有的财产都将近五万里弗。1781年的罗伯斯庇尔和他姐姐共同拥有一份三千里弗的小资产。这是笔小钱，尤其是对于两个人来说。投资主要在土地上，但也有一些在养老金上，一般有5%的收益。

除了埃罗，其他人都是中产阶级。但十二人里，只有圣安德烈短暂经过商。他们所有人对于工业都没有任何个人知识。他们也不跟工薪人群打交道，除了雇过职员、家仆或者偶尔一些工匠。对于巴黎的无产者、里昂的丝绸工人、勒克鲁佐的钢铁工人，他们能知道些什么呢？巴黎的常住人口超过了六十万，里昂是十万多；除了出生在巴黎的科洛和住在巴黎的埃罗之外，法国将来的这些统治者都是外省人，习惯于在小镇过日子。

这些人当中只有科洛没有接受过充分的正规教育。但即便是科洛，他掌握的学力也足以让他成为作家了。其他人在学校里不仅学习过修辞和哲学，而且还完成了职业学习。其中八位通过教育拿到了律师身份。两位是工程师。圣安德烈在洛桑研究过神学。显然，他们都不是无知之辈。

他们不缺衣少食，也没受过政治迫害。没人剥夺过他们舒适而惬意的生活。很可能他们中的大部分人过得都比他们的父辈要好。他们不像雇农和城市工人中的很多人，会汲汲于物质需求。那么，他们为何成了激进的革命者呢？

要回答这个问题，我们需要更多的心理学知识，更多剖析法国革命的原因，但终究没有人敢说就他知道。

相对来说，这帮人年纪都不大。革命开始时，只有罗贝尔·兰代四十多岁。他们中有四位年龄在三十岁以下。也许他们所有人都觉得，他们在职业上仍然可以有一番作为。但是卡诺和克-安·普里厄的升职路已经被堵死。圣安德烈作为一个新教徒，在众多事件前面只会是一个看客。科洛触过霉头。比约一事无成。而他们当中居然有八位是律师！律师在他们这类人里一般都是领袖或意见人士，说起话来令人信服，容易见到政府的阴暗面，有投身于公共事务的意愿，甚至也可能会关心司法的改善。

这十二位都是知识分子。他们服膺 18 世纪哲学，当时这种思想体系影响范围之广，就连新教牧师和舞台上的演员都很难避开。他们都敏锐意识到了变化。商业已经发展了一个世纪；每一个领域都在涌现出新的发明成果。思想家们对多种进步理论做了详细阐述。变化似乎轻易就能发生；最顽固的风俗经过理性的启蒙，都能被改变。社会就是一件人工产品，我们所要做的就是让它更自然。这个社会是混乱的，它只不过是过去传下来的一样东西；我们必须赋予它一个崭新而有目的的"章程"。历史还从未像现在这样，有过如此自信的社会改造方案。

在法国，有成千上万受过教育、生活优渥的人意识到了自身具备的力量，不满于政府的家长主义作风，痛恨那些妨碍他们的法律和规矩。中产阶级厌恶贵族们的特权。自由、平等在人们口中传颂已不是一天两天。这个国家的国民意识已经出现。巴雷尔和罗伯斯庇尔都是法国人，那么他们为什么不能在比利牛斯山脚下和多佛海峡岸边实行统一的国法？圣安德烈和巴黎的主教一样忠于国王，为什么新教徒就该备受怀疑？卡诺比罗尚博伯爵更有学识，那凭什么所有荣誉都归伯爵？兰代和埃罗都是律师，那又为什么只能埃罗有好工作，兰代却只能对他毕恭毕敬？埃罗自己也没答案。许多贵族对于当时的社会体制也失去了信心。

与此同时，在 18 世纪哲学的影响下，很多受过教育的人开始疏远天主教会。比约的《对偏见和迷信的最后一击》只不过是众多同类书籍中的一本。教会失去了过去在智识和道德上享有的领导地位；许多人都认为作为一种组织化的力量，教会在政治上的权力过大；人们还普遍认为，教会控制了比它实际拥有的更多土地；而作为公共团体，它已不能有效履行职责；他们都期望出现一个开明政府，改造并领导教会。哲学风靡一时，那些持哲学思维方式的人士，除了坚持国家至上之外，对于所谓启示也疑心重重，不再聆听那些知名教士说了什么，宗教游行队伍里的华丽服饰，圣饼的祝圣仪式，乃至叮当作响的钟铃，都被他们嗤之以鼻。他们更愿意选择一种更自然的宗教，它以一种纯粹而简单的形式激发人们的社会观念，使他们理解自己的公民义务，同时仍保留"抚慰人心的教义"：上帝既存在于现世，又存在于不那么清晰的来世。

这些宗教观念将使革命的知识分子与大部分法国人为敌，包括农民和其他仍然尊敬神父的人群。

知识分子们对他们所生活的世界没有认同感，他们中很多人在情感上都更关心他们想象出来的世界。他们向往美国，那里有十三个民风淳朴、可树为道德榜样的小共和国；他们记得一些古代文明史，或者说是把一些道德故事当作了历史；他们还看到了更加理想化的共和国：高雅的雅典市民，严厉的斯巴达爱国者，还有罗马早期的不可腐蚀的英雄。他们没想过要在法国复制这些社会形式。他们甚至对共和国没什么实际信心。但是依靠着理想，他们构建起了有关政治家的观念。他们理想中的政治家不是能将各种派系拢到一处，迫使他们成为一体的战略家、妥协者和高超的组织者，而是人格高尚的人，知道自己站在正义一边，在诽谤和误解丛生的世界里犹如一块俯瞰众生的丰碑；他不会和犯下错误的党徒打交道，他会像布鲁图斯[1]一样，为了坚持原则而牺牲自己的子女。

---

1. 卢修斯·朱尼厄斯·布鲁图斯（Lucius Junius Brutus），罗马共和国第一任执政官，罗马共和国的主要缔造者。

从卢梭那里捡拾来的思想并不更适合于鼓励和解。在《社会契约论》里,"人民"或"国家"都是抽象的道德概念。它本质上是善,它的意志就是法律,是一个坚实而不可分割的整体。人民内部可能产生分歧,这个想法在卢梭那儿一闪而过。《社会契约论》的信奉者们因而以一种高度简单化的方式来看待政治环境。所有的斗争都发生在人民和非人民,国家和反国家、外国之间。一方是公共利益,不证自明,正直人士完全不用怀疑;另一方则是个人利益,自私、邪恶、非法。卢梭的信徒们毫不怀疑他们属于哪一方。这就难怪,他们不仅不和任何保守派利益作任何妥协,就是在他们自己当中,当意见不能统一时,也不能容忍自由讨论,或者说,对于彼此的动机没有信心。革命开始后的最初几周里,罗伯斯庇尔已经在(用他自己的话说)"撕下国家敌人们的面具"。

但是所有这些思想、希望和野心,虽然我们把它们归因于我们这十二位主人公,以及和他们一样的其他人身上,但其实这些也许根本就不足以使他们成为革命者。1789年之前,他们中没人有明显的革命倾向。19世纪以前还没出现过职业革命家——法国大革命之后才有了榜样。旧制度正漂向它的尼亚加拉瀑布而不自知。在它的内部,一些最为躁动不安的人正在头脑中重建社会,但是有计划、有组织的摧毁旧秩序的运动,他们是没有的。人们希望变化。但他们只希望旧秩序的堡垒在理性的号角面前就能崩塌。

政府的崩溃和伴随的混乱使得这些乐观主义者有机会参与到革命中来。波旁王朝在重重债务(主要是因为支持美国独立战争)下痛苦呻吟,它的税务体制像一台过时的机器般,每个零件都嘎吱作响,加上银行家也不愿向它放贷,它就这么被逼上了绝路。于是一场大选举行了,这是古老的三级会议中断175年以来首次召开。去凡尔赛的代表里就有十二委员中的三位:罗伯斯庇尔、巴雷尔和马恩的普里厄。

形势发展迅速。先是建立了君主立宪制,但是运转不起来,它的制度根本不现实,因为法国要打仗,物价在飞涨,国王和保王党人,教士和劳工阶级,没人满意自己的新处境。1792年8月10日,巴黎爆发了一场规模浩大的暴动。政府妥协了,签署了自己的死刑执行令,召集议会重新起草宪法。

选举在几周以后举行。到此时,我们的十二位主人公即便没能在巴黎活跃起来,也至少已经成为地方上响当当的政治人物,他们和其他七百多人一起,成了会议代表。

1792年9月20日,议会召开大会。两天以后,科洛·戴布瓦提出废除君主制的提案,国民公会通过了决议。国民公会的"公会"(convention)一词便取法于先前在美国出现的制宪会议(constitutional conventions)。经比约-瓦雷纳提议,1792年9月22日国民公会宣布法兰西共和国成立,并称其为"统一且不可分割的",尽管还存在各种可能导致分裂的势力。翌年1月,随着路易十六被处决,国民公会代表们所信奉的事业就无回头路了,他们此举不仅挑战了欧洲的所有王室,也让法国国内对革命开始闻之色变。而国民公会的几个代表势必成为风云人物,从他们成为革命少数派的当时,到他们希望创造的未来,都是如此。我们现在就身处那个未来世界之中,他们的历史地位将取决于我们这些后代做出的判决。不管我们能不能给出一个公平的判决,我们至少要努力去理解他们。

第二章
革命的第五个夏天

想象在各个时期利用不同材料以相悖风格建成的一幢大屋。主人们决定改造一下房子；工人来了，搭起了脚手架。现场很快就忙成了一团，但是工人们却没有什么合作。他们有的人把斧头挥向了老木材，快活地喊叫着推翻了老烟囱。另外有些人则急急忙忙地拉来了新木料、刚打的砂浆和新出炉的砖块。工头站在蓝图前发号施令，但是蓝图却和现场情况有出入。几个怪人只蜷在他们自己的小角落里干活。一大群人坚决维护着别人打算拆毁的东西。还有人什么建设性的工作都不做；部分罢工的工人们、发现改造出来并不如意的主人们，他们现在都跑来给那些运砂浆的使绊子，还要从木匠手里抢夺工具，把改造方案涂抹一气。困惑的工人们大吵大闹，都在指控别人和那些麻烦制造者是一伙。工头们呼吁团结合作，但是他们自己也陷入争吵不休的境地里。与此同时，在远处，可以看见一伙武装的袭击者正在靠近,是暴徒还是警察还不清楚,不过他们显然意在阻止整个施工进程。

革命第五个年头的法国就是这样一幢房子。那渐渐靠近的人马就是欧洲国王们的军队。那些施工现场困惑的人群就是由革命者、反革命者、保王党人和共和派、立宪派和暴动者、正式合法的教士、不愿就范的教士、反水投敌的教士、贵族和平民、雅各宾党人、吉伦特派、旺代人、"纨绔派"[1]、联邦党、温和派和"忿激派"各色人等组成的嘈杂人群。

1793年1月21日,路易十六死在了断头台上。2月1日,国民公会对英帝国和荷兰共和国宣战。此前,法国已经和奥地利、普鲁士开战,这两个国家的军力在18世纪仅次于法国,现在随着对英国和荷兰宣战,法国的敌人又多了两个国家,当时这两个国家在航运、金融和信贷方面领先于全世界。国民公会别无选择,在1792年将近年末时,与荷兰、英国的战争已经不可避免,当时法国不仅侵略了比利时,还宣称会支持一切国家的革命者。荷兰和英国的政府原本在得知路易十六被处死之后,正要为本国该不该发兵支持而做出决定。一波(不是很持久的)恐惧浪潮将整个欧洲的舆论都团结起来反对法国的弑君者们。

在法国,国王的死导致了新的分裂。"朕即国家",路易十四如是说,某种意义上他的话是对的。几百年来,法国都是在王权之下实现了统一。布列塔尼和郎格多克地区,贵族和平民,巴黎和数十万个村庄里的人们,他们之间唯一的共同点就是都奉国王为核心。君主制在当时就是国家的含义,它让阶级和地区的差别都变得次要。

---

1. 纨绔派(Muscadins),字面意义为"洒麝香香水的人",指代法国大革命中那些出身优渥、穿着花哨的年轻反革命者。他们在"热月政变"中成了街头士兵,散播"白色恐怖"。

当时全世界没有哪个地方能让 2500 万人生活在一起而不依赖于这种个人效忠。18 世纪的思想家们质疑这种可能性，他们都认为共和国必须是小的。随着路易十六的离世和君主制的废除，组成法国的各种力量难道不会分崩离析吗？

1793 年，差一点儿法国确实就瓦解了。在西边，爆发了旺代战争。那里的雇农们起来反对征税，反对征兵，反对中央政府那不再披有神圣家族权威外衣的法律。受神父和贵族挑唆，他们为王室和教会而斗争。在南方和诺曼底，异见也在酝酿。中产阶级在这里领头，省会城市里的布尔乔亚不愿意受到巴黎和它的暴民的影响。这些背叛者被称为"联邦党"，与当时这个词在美国的意义完全相反。在这里，它更多意味着反中央集权，要求权力分散。究其动机而言，法国的联邦党既不是保王派，也不是反革命分子。联邦党是共和派里的异见者，但他们是最反对"统一且不可分割的共和国"的势力。

军队也生了乱。法军的主力还是旧制度留下的职业军人。所宣扬的军队传统和军人道德，都服务于君主。特别是军官，其中又以高级军官为甚，虽然可能会认为路易十六不适合做君王，但从心底来说还是保王派，所以都把对他的处决视为罪大恶极的谋杀。许多人都拒绝穿戴共和派的军服，或者只是在上操时才穿，在军营里，他们身上还是波旁王朝的白色外套和金色肩章。军官们不能维持军纪。他们在士兵面前反对政治煽动，而士兵们已经被巴黎的革命者鼓动了起来。将军们不信任政府，政府也不相信他们。逃兵很多。迪穆里埃，和前一任的拉法耶特一样，这位在比利时的总司令，宣布脱离革命，投向反法联军。就是这一位迪穆里埃，十年以后将帮助英国组织抵御拿破仑的入侵。

法军朝低地国家的进军停滞不前，使"瓦尔米奇迹"[1]得以发生的力量已经退去。联军开始以持续渐进，但似乎不可阻挡的态势朝法国边境开进。数千人正在边境线上等着被他们解放。如果共和国失败会怎么样？国王路易十六的兄弟，阿图瓦伯爵和普罗旺斯伯爵会回来展示波旁王室的神圣权利，曾沦为阶下囚的王后会得意扬扬地高踞于她的劫持者之上。神父们会对不敬神者施以惩罚，数以十万计的流亡贵族又会涌回巴黎的大街小巷，重新巩固他们的阶级特权。事情只会比没发生革命时更糟糕，王权复辟时，迫害和报复的怒火将是之前的旧制度所未曾体验过的。

现在所有希望都寄托在国民公会身上。没有任何其他实体可以代表共和国的统一力量。自1791年的宪法废止之后，没有任何其他实体可以对全国施行权力。但即便国民公会本身也面临着分裂。路易十六之死导致了致命的后果。国民公会有一半的代表拒不批准死刑。如果王朝复辟成功，有些代表无疑会被绞死，其他人则会拒绝为此判决承担任何责任。有些人会被判处弑君之罪，有些人不会。相互的怀疑胜过了同僚之谊，所以每到要就重大问题做出决议之时，这种猜忌又有加深。国民公会里形成了两种派系，一为吉伦特派，一为山岳派，国王之死不是两派形成的原因（两派分歧在1月21日之前就已出现），也不是两派的意见分歧所在（一些吉伦特派人赞成死刑，一些山岳派人认为该缓刑），但在此事上的唱名表决造成了不可挽回的致命后果，使得两派人马水火不容，国民公会里的每一个代表都要公开宣布他对"暴君"的判决。

吉伦特派远远不是一个行动一致的政党。他们这派甚至连一个名字都没有。"吉伦特派"是后来被用来指代罗兰、布里索的跟随者，

---

1. 瓦尔米是法国马恩省的一个市镇，1792年9月，法军在此大胜普奥联军。

以及联邦党和温和派的集合。吉伦特派也不是真正的温和派。我们不应认为吉伦特派是国民公会的右派，山岳派是左派，而温和派代表们（被称为"平原派"）就是中间派。平原派的投票决定了哪一派的革命领袖有权批准相关法律的施行，仅在这个意义上它占据了中间位置。

吉伦特派在一年前还有强势的作为，现在却在敌对势力面前畏葸不前了。他们不愿意采取紧急措施，而目前这种紧急状况大部分是由他们自己引发的。他们曾是吵得最凶的主战派，但他们反对战时管制的扩展。1792年8月以前，他们给立宪政府造成了种种麻烦使其难以运转，然而现在他们却要求施行立宪的做法。他们是第一批反对暴政、使君主制失效的人，现在却不愿承担废除国王的职责。他们为达到自己目的利用了巴黎民众的暴力，现在却谴责其为危险的激进主义。他们曾经赞许过他们所任命的迪穆里埃的爱国主义；而迪穆里埃现在站到了奥地利人那边。

山岳派不比吉伦特派更团结。这派的领袖是罗伯斯庇尔、丹东和马拉。他们现在控制了雅各宾俱乐部，吉伦特派就不来了。雅各宾派在圣奥诺雷大街开会，那里距离国民公会开会的杜伊勒里宫几步之遥。他们的晚间会议成了山岳派的高层会议。我们的十二位委员里面，罗伯斯庇尔、库东、圣安德烈、科洛·戴布瓦、比约-瓦雷纳非常勤恳于俱乐部的事务。这家巴黎的俱乐部在全国有数千家附属机构，有的是大众团体，有的则是当地的俱乐部。事实上，雅各宾俱乐部成了一个成员人数达到百万之众的庞大组织，成员之间彼此交流文学，互派代表，监管公共事务官员，推选官员，告发可疑活动，对他们所在地的所有人员的思想动态进行汇报。

山岳派、吉伦特派里面的大部分人都是中产阶级，但是国民公会里的山岳派主要人士代表的是巴黎的各个选区，而吉伦特派的力量来源于外省。吉伦特派一直保持着他们的中产阶级看法，对"人民"有一种哲学上的信任，但是对于大字不认的工人一点也不亲近，对一群被唤醒但是不为他们所领导的民众，他们有充分理由感到害怕。山岳派对于来自首都的刺激做出了反应。他们愿意和巴黎城里那些出身卑微的革命领袖们合作，愿意向工人阶级的组织者们让步，同意他们的要求，他们还通过保障首都的首善之区地位，来加强全国的统一。这就有了著名的巴黎公社[1]。

法国当时有大约 4 万个公社。这是当时在城乡的基本自治单位。与之前的旧省（province）被重新分成的 83 个新省（department）一起，大部分的公社都被视为"合宪机关"（constituted authorities），这么叫也是 1791 年宪法的规定，这部宪法在当地政府仍然有效。这种合宪机关及其数千个公用办公室，就像一棵枝丫丛生的大树一样，各种鸟儿都来栖息。新省的官员们有强烈的联邦主义倾向。而公社的官员，从制造业中心到安静的街道，各色人等都有，有最狂热的激进分子，也有教会和国王的虔诚追随者。

虽然在当时的新话里，巴黎公社也叫合宪机关，但它并不是一个真正的合宪机关。它发源于去年 8 月的暴动。废黜国王、废除宪法和选举国民公会，革命公社起到了主要的推动作用。

巴黎公社下辖 48 个区，或者说选区（wards）。这些区是革命的源泉所在。这里有真正的无套裤汉，他们都不穿上层社会那种长至膝盖的短裤。在公社实行直接的民众政府。在选区内，所有公民（年满二十一岁的男子）都能参与议政和投票。每一选区平均有公民三千人左右，但是只有一小部分参会。当巴黎市长当选时，他在

---

[1] 法文为 Commune de Paris，法国历史上建立过两个巴黎公社，这是第一个。第二个巴黎公社就是普法战争结束之际，1871 年巴黎市民建立的掌管巴黎政权的巴黎公社。

这个人口超过60万的城市里只获得了14137张选票——平均每个选区议会票数还不到300张。市议会的有些议员代表当选时获得的选票少到只有20张。公社的助理检察官、后来成为无产阶级运动代言人的埃贝尔，凭借所在选区里的56张选票获得了公职。检察官、埃贝尔的追随者肖梅特获得了53张。

甚至在巴黎，不到五分之一的人关心选举，这些人里也有很多不愿费这个事去参加地区议会，一旦落座后发现自己属于少数派，他们就会招来一顿讥笑嘲骂，被当作贵族斥责一通，进而被视为可疑分子。劳动人民工作了一整天之后也没时间来参与政治。即便在1793年，商店老板们也不得不待在店里，中产阶级们也得操劳自己的工作。有人如果想获得影响力、政治同盟或者迅速变化的时政新闻，他就不得不在业余时间里，去他所在区的大会里多待上几个小时。因此区事务就被一群把革命变成他们自己生意的人给把持了。

区通过委员会来执行权力。起初，每一个区只有一个"民政委员会"，在公社的领导下完成一般的行政工作。1793年3月，依据国民公会的法律成立了"监察委员会"（committee of surveillance）。法律授权该委员会对外国人进行监察，但是他们很快就承担起了更广泛的职责。随着他们职能的扩大，他们开始被称作革命委员会或者救国委员会。他们对每一个人都实施监视，追查神父和贵族，搜查私人住宅质询居住者，向警方告发他们所怀疑的对象，或者不走任何程序就把人关进监狱。他们监管新聘人员，征收未经授权的税收，分发食物，散发共和国宣传品。四十八个革命委员有时会一起开会讨论征求意见，事实上成了一支与公社、国民公会竞争的力量。

各区的情形都极为糟糕，经济成了最大的民怨所在。巴黎遭受着饥饿的折磨，还有更多的对饥饿的恐惧。物价腾贵，货币贬值，在革命大发展的形势下，就业却是一片凋敝，席卷全国的动乱中，农业衰退了，随着战争的进行，法国一直以来所依赖的粮食进口，也变得不稳定了。老百姓心里都在怀疑，为什么自由和平等不能适用于他们急需解决的日常生活问题。出身卑微的领袖们在区里说教鼓吹。他们的教义写不进书里。那些词句根本就不成文，叫人读不下去，也就没能进入史料，所以历史学家要复原也不容易。其内容无非就是无产者对于有产者的抗议和控诉，不过在动荡的当时，这些话语开始变得杀气腾腾。被吓坏的中产阶级革命者称这些人为"忿激派"。

某种意义上，正是公社促成了国民公会，在这之后，它又继续施压，逼迫高层不断左倾。走中间路线的代表们，或者说他们是拿不定主意的，便顺从地跟在那些呼吁采取激进措施的人后面——尤其是当那些狂热的看客在走廊上厉声尖叫时，还有在公社或者雅各宾派的组织之下，一些外表粗俗的人列队走过大厅，自称为人民，而跟会议主席滔滔不绝地辩论之际。暴力威胁之外，又加上了理性的辩论，或者说，是理性、绝望和恐惧的古怪混合物。但是法国必须统一为一个国家，非如此不能赶走外国人。群众还在为此目的不停疾呼要求采取措施。许多代表在向暴力屈服之后，也会信誓旦旦地说，迫使他们屈服的是他们自己的意见。就这样平原派站到了山岳派的队伍里。

国民公会一步步建造起了自己的屋子——一幢哲学梦想气质荡然无存的房子。它任命一个治安委员会（Committee of General Security）作为最高警察部门。它成立革命法庭审判新秩序的敌人。它授权当地革命者成立监察委员会。它所派出的"特派员"对不冷不热的军队司令和顽固不化的外省官员拥有无限权力。1793年4月6日，它创立了救国委员会（Committee of Public Safety）。

有人提议，新机构应该叫作行政委员会（executive commission）。

巴雷尔

但是国民公会对立法权和行政权的分立是有哲学信念的，让自己的代表再去担任行政官员，这一点他们连自己也说服不了。新成立的委员会职责就是"监督、鞭策"下辖六部的政务委员会（executive council），这套行政体制自从去年8月继承下来后运转一直不太有效。救国委员会法律意义上属于国民公会下设机构，国民公会可以随意撤换其人员，每月对其进行一次权力确认。

来自比利牛斯的律师巴雷尔，是第一位被选上的救国委员会委员。次日，罗贝尔·兰代的位子本来另有其人，可是这人不愿就职，所以他就递补上了。丹东和山岳派里的其他六位丹东派也当选了。丹东派在委员会一直坐到7月10日。委员会的首任委员里，只有巴雷尔和兰代一直属于在位的十二人。

公众一般不知道兰代是谁，他刚开始时主要是在前线奔波，跑去里昂、诺曼底镇压联邦党的叛乱，最终却成功成为一名管理者，被助手们围拥着，埋头于巴黎成堆的文件报告里。

巴雷尔成了国民公会里的一颗明星。他的口若悬河正合听众们的心意。别的人到危机来临时才会出头来讲上一通，但巴雷尔是任何一般话题给他，都能讲得头头是道——战斗、阴谋、断头台上的死刑、统计报告、民主思想——永远是那么滔滔不绝，永远是那么铿锵有力，永远是那么让人心头痛快，有时他很冷静，分析得清清楚楚，有时又激情澎湃。他的观点更接近平原派。相比较党派的得失，他更关心革命，他愿意加入任何一个掌权的团体，或者抛弃任何一个走向毁灭的党派。巴雷尔可以依次成为吉伦特派、丹东派和罗伯斯庇尔派——但是也可以说脱离就脱离。他看不惯党派为各自的利益钩心斗角，惹怒了他们所有人。更激进的人视他为浅薄的政客。但是国民公会相信他，选举救国委员时，他获得的票数比别人都多，4月6日投票日，他赢得了360票，当天由于缺席人数激增，150票就能当选。能从全体国民公会赢得绝大多数代表信任的，十二人中也就巴雷尔。

丹东领导下的救国委员会权力并没有多大的扩张，对于国内事务和军事形势都没有控制力。吉伦特派和国民公会继续攻击彼此，5月4日，国民公会赢下一局，他们对面包实施了第一次限价。丹东自己主要是对外交事务感兴趣，他当时正寻求和谈的可能性。山岳派希望通过推出一部宪法来平息事态。为了起草这份宪法，5月30日救国委员会里又添入了五位新委员。这里面包括了圣茹斯特、库东和埃罗-塞谢勒。

次日，也就是5月31日，巴黎就爆发了叛乱。三十三个最激进的区攻占了市政厅，控制了巴黎公社的官员，让他们的候选人昂里奥掌握了国民卫队，这是当时巴黎城里城外唯一的武装力量。接下来是两天的骚乱。6月2日，国民卫队士兵炮弹上膛、枪上刺刀，武装包围了国民公会。杜伊勒里宫附近有八万人转来转去。暴动者闯进大厅里来，要求逮捕二十二位吉伦特派代表。山岳派欢迎暴动者的到来，但希望他们在削弱吉伦特派的同时，能尊重公会的形式。

过去的贵族埃罗-塞谢勒主持大局。他根本控制不了局面。国民公会通过投票向救国委员会递交了公社要求。几分钟之后，巴雷尔转达了委员会的匆忙决定，建议那二十二人主动辞职。当其中有人拒绝，表示不会向武装势力投降后，巴雷尔建议国民公会全体一齐从大厅出发游行，以示自由。代表们在埃罗-塞谢勒带领下，还真出来游行了。但是刺刀一点也没让步。沮丧的国民公会又重新开会。

乔治·库东站起来发言，他当时已身有残疾，忍受着瘫痪之痛，他得自己转着轮椅穿过喧闹的人群，在轮椅不能过去的地方还得让人背过去。但是他的心灵跟过去一样火热，他决意挽回国民公会的脸面，就在三天之前，他刚被其任命为救国委员。

"公民们，"他说道，"所有国民公会的代表们都应该确信他们的自由。你们刚刚向人民进军了；你们已经发现人民无不是善良、慷慨的，威胁不到他们代理人的安全，但是对于那些想奴役他们的人却是义愤填膺。既然你们认为自己是思想自由的人，我提议……针对这二十二人通过一项谴责性法令……"

二十二个吉伦特派被逮捕了。一直有一种说法，国民公会是自由的，人民是善良的。

国民公会内部的清洗行动就这样开始了，未来还要持续一年多。事实上，这种对于人民代表的阶段性清洗行为后来一直在间歇性地持续进行，直到1799年，还是在政客的默许和士兵们的协助之下，波拿巴将军终结了民选政府时为止。

肢解国民公会的直接后果就是联邦党的内战之火殃及的地方更多了。里昂在5月29日就已推翻了雅各宾派的统治。马赛一听到巴黎传来的消息也如法炮制。6月2日之后，从首都逃出的吉伦特派成员已经散布法国全境，到处宣讲他们凄惨的故事，讲述全体法国人选出的国民公会现在是如何落在了巴黎的暴民手里。两周内，叛乱的省份就超过了六十个。省会的官员、不满的政客，以及生活惬意、害怕出现更多暴力的布尔乔亚，还有对城里人把戏颇为疑虑的消极的农民们，他们都倾向于同情叛乱运动。上千个大众俱乐部一般还是站在国民公会一边，到处传达上层的最新指示——国民公会在自由行动，听取人民意愿。

"人民是崇高的，"罗伯斯庇尔在6月14日说，"个人是软弱的。然而在一场政治抗争中，在一次革命风暴当中，集中的核心是必需的。大众中的人民不能自我约束。集中的核心必定在巴黎……"

"人民，"他随后又说道，"全都是善良的；因此在波尔多，在里昂，在马赛所发生的这些不幸，我们只能归罪于合宪机关……"说归罪于合宪机关，也就是说在革命早期掌权的地方官员们要为联邦党的反叛担负很大责任，这倒是事实。可罗伯斯庇尔得出这个结论不是基于事实观察，而是基于人民不可能为恶这条不证自明的公理。

这是山岳派们的基本原则（也是吉伦特派的原则。他们得势时也是雅各宾派，而且一直是卢梭主义者）：人民，真正的人民是不可分裂的。在他们看来，斗争发生于爱国者和公众福利的敌人之间，发生于人民和各式各样软弱的个人、私人利益和错误信条的供应商之间。但是山岳派所看到的人民，在吉伦特派眼里就是一个小集团；而吉伦特派所吹捧的人民中的精英，反过来也被山岳派视为一伙谋取私人利益的阴谋家。

为了安抚惊恐的省份，山岳派加快了宪法的制定。5月30日任命的五位救国委员在6月2日的骚乱之后就着手工作。库东就提了些建议。二十六岁的圣茹斯特，在经历了一番锤炼之后，已经从一个毛头小伙子成长为一位精力旺盛、咄咄逼人的男人，在讨论时更有影响力。埃罗－塞谢勒付出最多，是他将所有的讨论结果付诸笔端。八天后，他写就全文，将他当初向布封吐露的梦想变为了现实。救国委员会接受了五位委员的工作成果，6月10日向公会做了报告，国民公会也没做什么大的改动，6月24日采用了最终稿。"几天之内，"巴雷尔向代表们宣布说，"我们汇集了古往今来所有的成果。"有人质疑这项工作有点草率，得到的回答是明白无误的真理不需要冗长的讨论。话是这么说，但在国民公会，有关宪法问题的辩论已经持续了几个月。

新宪法所传达的理念非常民主。它确认了男性公民的普选权，对人的自然权利做了扩充，出于公众利益的考量，对财产权做了限制，另外又加上了生存权和反抗压迫的权利。雅各宾派一方面想讨好大众，另一方面，又想说服反叛的联邦党人与他们言和，为了不显得极端，他们真是煞费苦心。库东在巴黎寄出的信里说，从此没人能够称我们为无神论者、反宗教者和共产主义者，因为宪法承认最高主宰（Supreme Being），赋予公民信仰自由、财产权受法律保护，也认为社会的基础是道德，担保公债。

但是忿激派和劳工阶级不以为然。山岳派的这部宪法和名誉扫地的吉伦特派所提出的那部其实极为相似。事实上，此时的罗伯斯庇尔在他的日记本里写道，革命剩余的最主要威胁是布尔乔亚。但是他也远远算不上是无产阶级的发言人。这些煽动家，比如大名鼎鼎的雅各宾党人沙博，更关心如何利用贫穷而非施予救助。这些人指着日渐严重的物资短缺和不断上涨的物价，抱怨新宪法没有给无套裤汉提供任何保护。他们把食物短缺归罪于奸商、囤积居奇者和垄断者。罗伯斯庇尔认为责任在政治挑唆者，他把布尔乔亚温和派和无产者里的极端分子都包括在内。

不听一下部分演讲内容是不能感受到当时的氛围的。

6月10日，在雅各宾俱乐部，罗伯斯庇尔宣布制宪工作已经完成。

"在法国人民的命运风雨飘摇之际，"他说，"一伙阴险狡诈之徒密谋篡夺摇摇欲坠的政府机关，他们招呼专制君主们过来协助他们的罪恶计划。所有善良的公民们都呼吁一部宪法，他们担心他们的要求无法满足。就在今天上午，宪法颁布了，人民的愿望实现了！"实际上，当天上午，宪法只是呈递给了国民公会。

"我们现在给全天下奉献了一套宪法准则，与所有既有道德和政治制度相比，它具有无可比拟的优越性。这套制度毫无疑问还能完善，但尤为重要的是，它为公众福祉打下了必需的基础，为法国未来的重生提供了庄严而宏伟的图景。今天也许还有诽谤飞出它的毒镖。而这部宪法将是爱国的代表们的回应,这是山岳派的作品(掌声)……

"国民公会已经寻得那些纯粹的人,他们证实了好制度不是靠阴谋者的狡诈伎俩盘算出来的,而是来自人民的智慧。这部宪法八天之内从风暴中破壳而出,成为人民可以团结而不再使自己受压迫的核心。"

演讲内容很是详备,全面阐述了罗伯斯庇尔的标志性思想,到做结语时,他提议雅各宾派借着新宪法的东风,到各省去走访民意。现场有一位代表指出大部分在场的人都还没读过这份宪法。沙博站起来发言了。

"今天你们看到的这份宪法方案,"他说,"毫无疑问应该得到你们最高的赞美,因为它超过我们直到现在所得到的一切;但是山岳派在人民的福祉得到保障之前,就在这里热情赞颂这个方案,这样做究竟对不对?人民的命运没有得到足够的重视,这正是呈递给我们的这份宪法议案所缺乏的东西!它没有确保面包能给到那些饿肚子的人们。它没有将乞讨从共和国清除。"(掌声)

罗伯斯庇尔含糊地回答了一下,表示愿意听听讨论。让邦·圣安德烈来给他解围,声明"现实存在的这些辛苦和不幸的状况不是山岳派的本意"。所有人都同意人民应该获得幸福。

接下来的几天,这件事在雅各宾俱乐部就没人怎么讨论了。有太多的问题需要他们去关注。如上所述,国民公会于6月24日就正式通过了这部宪法。第二天,前教士、著名的忿激派分子雅克·鲁向公会递交了一份抗议书。然后鲁就跑到了科尔德利俱乐部,这是一个和雅各宾俱乐部竞争的对手,但也有些雅各宾派在里面。鲁在那里斥责一些著名的雅各宾派为人民之敌。这把雅各宾派给惹怒了。

他们在6月28日的晚上正式讨论了此事。

"雅各宾派、山岳派和科尔德利派,"罗伯斯庇尔喊道,"这些自由的老运动员们,现在都遭到了诽谤!一个披着爱国者外衣却居心叵测的家伙侮辱了庄严的国民公会。他借口宪法没有针对垄断者的法律,就下结论说宪法不适合为他们而立的人民。

"那些热爱人民而不会说出口的人,那些不知疲倦为人民利益工作而毫不夸口的人,他们听到他们的工作被指控为反人民的、伪装的贵族政治,他们会多么惊讶。"

他继续讲述鲁是如何跑到科尔德利俱乐部那里,然后在那里重复"那套爱国的叫骂,这些让人作呕的话之前他就用来骂过宪法"。

"你们这些人坐在这里为人民付出一切,却统统被骂作人民的敌人。"

这番疾呼过后,他又继续讲道:

"这位给奥地利人做内应的神父,他咒骂最优秀的爱国者,你们认为他可能有什么纯洁的看法或者正当的目的?"(鲁并没有做奥地利人的内应。不管是谁,只要他和山岳派的路线不一致,罗伯斯庇尔就会直接认作是外国的奸细。)他又补充说,如果雅克·鲁已做过四年的爱国主义先锋,他早就动摇立场了。他只是一个暴发户,一个革命的新手。

科洛·戴布瓦,一个性格暴躁的人,他痛斥鲁是要"制造混乱,再陷国家于无政府状态"。

很明显,山岳派老资格的领导们在6月2日确立了他们的权力地位之后,开始用一种古怪的保守的语言鼓吹秩序的优点,他们用惊讶而又痛苦的眼神怀疑地打量着那些仍未满足的人。

这起风波里最尴尬的地方在于当鲁在痛声控诉之时,科尔德利俱乐部的主席鲁西永,也是一位雅各宾派,却真的兄弟般地去亲吻了这个无赖汉。雅各宾派里的其他人也在场。既然在罗伯斯庇尔领导下的大俱乐部正式弃绝了鲁，这些骑墙的雅各宾派人士就急忙掩饰起来，竭尽全力地维护他们作为正统的声誉。

鲁西永承认在拥抱鲁这件事上他犯了错误。"……事发之时，我失去了以前为人所知的力量。原因是我前些日子在大会上饱受屈辱，整个人受到了严重的打击。贵族们针对我的攻讦我不在乎，可是一个爱国者的最轻微的指责也能让我掉入绝望的境地。

"我是被迫拥抱了雅克·鲁，但我从未如此苦涩地亲吻过一个人。"这次会议就以这样的变调结束了。雅各宾派暂时确立了路线。

与此同时，联邦党人的反叛也在快速退潮，救国委员会很明智地允许罪犯们公开认错，却让巴黎陷入了梦魇般的恐惧里，这种恐惧感也侵漫到外省各地。联邦党人里的顽固分子在自己原本的事业走到末路之时，和保王派联起手来反对国民公会。兰代去里昂的使命没有完成，和马赛、波尔多一样，这座城市正与中央政府处于战争状态。共和国也失去了旺代的控制权。巴黎到处都是阴谋者，在革命者的眼里，现在谁都是反革命分子。他们认为，联邦党人以鞋带为标记寻找彼此。前克雷基公爵衣衫褴褛地走在大街上，后面跟着一群形迹可疑的随从，平等花园（也就是巴黎王家宫殿[1]）的地下咖啡馆里，军队的逃兵和外逃贵族们的仆役摩肩接踵。联军越来越逼近，证明了丹东寻求和平协议的努力毫无效果。爱国者们现在指责丹东就是一个失败主义者，一个媾和者。经济危机愈发严重，沙博抱怨说，他去救国委员会协商问题，被当作极端分子给打发了。

7月10日，当每月确认一次委员会权力架构的问题被搬上桌面时，丹东模式就结束了，换而言之，丹东和他的跟随者连任失败

---

1. 地处卢浮宫旁，最早为17世纪红衣主教黎塞留的私人住宅，他去世之后，正式成为王家宫殿。

了，但即便如此，由于党派路线相当含糊，丹东的一些朋友还是留了下来。

新选出的人员里有七位是将来掌权的十二人里的。领头的是巴雷尔，192 票——国民公会自 4 月 6 日之后人数已明显减少。前新教牧师让邦·圣安德烈也得到了 192 票，他被公认为是一个彻底的雅各宾派，一个讲常识的人。按照所获票数多少的次序，接下来依次是加斯帕兰、库东、埃罗－塞谢勒、蒂里奥、马恩的普里厄、圣茹斯特和兰代。加斯帕兰几天之后就辞职了。蒂里奥跟其他人比起来，是一个坚定的丹东派，但无论是丹东派还是罗伯斯庇尔派，都还没因为个人所追随的人不同而彼此成为敌手。

新委员会还没走马上任，就发生了刺杀马拉事件。年轻的诺曼底姑娘夏洛特·科黛受吉伦特派唆使，趁着马拉在浴缸里做药浴之际，用刀刺死了他。山岳派得到了一个烈士，吉伦特派也增加了一个烈女，因为这位清秀的夏洛特马上就为自己的胆大妄为付出了代价。雅各宾派惶惶不可终日，他们中有人说，巴黎到处是夏洛特·科黛，"满腔怒火的野兽们就等待着有利时机，好扑到爱国者身上咬断喉咙"。刺杀的画像很快就上市销售。爱国者们恐惧地看着他们血染的英雄的肖像。保王派和纨绔派也买下同样的画像，带回家里尽情欣赏他们的慈悲天使。

7 月 10 日成立的委员会里没有一位是全国皆知的人物，他们中没有人可以主导或左右革命的思想。丹东已经失宠。马拉死掉了；当然在任何情况下，他都不会接受公会授予的职位。罗伯斯庇尔的机会来了。四年的革命时间里，他还没掌权过。

此时的罗伯斯庇尔还没有具体或者细化的计划。他的经济理念还未成形。他所表达出来的是所有爱国者们最能引起共鸣的情绪：赞美和崇拜人民，号召对贵族和叛徒实施复仇，驱动政府进行人员清洗，给中产里的温和派和无产里的不满者都扣上反革命的帽子。雅各宾俱乐部里他的声音为众人所期待，国民公会尊他为民主主义者，对于他那群难驾驭的支持者来说，他不是主人而是偶像，同时他的崇拜者们也让他生出了一种力量感。

他有一种身为政府人的责任感。在他成为委员之前，他就在不停地为救国委员会辩护。他抵制时人的一些狂热建议，比如他们建议说现有权力机关应该大幅度地精简，或者雅各宾派应该给委员会传达请愿书和建议，又或者委员会在所有公民都能听到它建议的公共场合，应该谨慎行事。在别人身上，他看到毫无根据的随意指控的习惯，这种雅各宾派最令人不安的癖性让他警惕，它会侵蚀信心和安全感。在别人身上，他也见识到了辞藻华丽的演说术，对"无休止的夸张和烂俗、毫无意义的比喻"的运用。他相信，"新人们，今天的爱国者们，需要在人民的眼前让他们的老朋友声誉扫地"。对于秩序、权威、信心、统一和效率的吁求，让罗伯斯庇尔不再是最初意义上的革命者。"革命的"这个词语本身在经历着变化。1793年，当人们要求采取革命的措施时，他们是在说迅速和有效的手段，而不是横扫一切的革新。"革命的"此时所指的是对一个已完成的现实——革命——的稳固。

罗伯斯庇尔7月27日加入了委员会，他对雅各宾派和无套裤汉的控制力能加强救国委员会的力量。委员们对于他们新来的同僚看法不尽相同。经常出席雅各宾派会议的圣安德烈对他赞佩有加。圣茹斯特很久以前就把他奉为偶像。库东对罗伯斯庇尔没什么印象；在这及之后十二个月里的大量信函里，库东只在很偶然的时候，因为关联才不经意地提到过他三四次。唯美主义者、美食家埃罗-塞谢勒在革命者的队伍里是一个另类，常以讽刺的眼光看人看事，因此身边坐着的这位拘谨严肃的小个子，不是把他吓着，就是把他逗乐了。巴雷尔从没对罗伯斯庇尔有过仰慕之情，以前还提醒众人不要"给侏儒抬基座"，说的就是罗伯斯庇尔；巴雷尔还称其为"小里小气的革命生意人"。而罗伯斯庇尔这里呢，则公开说巴雷尔是个好爱国者却是个怯懦的人。因此能展开合作，两人都值得肯定。

另外两位，比约-瓦雷纳和科洛·戴布瓦，此时还没进委员会，他们鼓动人们对经济问题采取措施。遭遇连连挫折的演员科洛，早就恨透了生活惬意的布尔乔亚。在写了几年的激进小册子之后，比约在他的《共和主义的要素》里贡献出了大革命时期里最激进的文献之一。他在文章里要求重新分配财富，主张人人都有工作的权利。和其他人一样，这两位眼看着这个夏季过半，痛苦愈发加深。他们知道夜深时的巴黎，街上的马车会被抢劫，知道家庭主妇们清晨起来去面包店门前排队，等了半天却空手而回。他们知道面包限价法令根本无法执行；虽然自己是一个激进派，比约也指出说，如果强迫农场主们以太低的价格出售农产品，他们就会把东西都藏起来。他们相信自由市场的经济学。在他们看来，罪魁祸首就是市场不是自由的，自私的农民、自私的省会官员、自私的投机者，还有奸商、囤积居奇者以及垄断者都在囤积生活必需品，不上市销售。

比约和科洛因此于7月26日，在国民公会强行通过了一部最宽泛意义上的反囤积法。这是1793年夏季最重要的经济法规，它把限制商品流通或任其腐坏称为囤积行为，指令所有公社和选区选派专员进行搜查和没收。

这部法律所引发的问题和所解决的问题一样多。当地任命的专员基本上都是文盲，做事也不公平。检举告发囤积行为的个人，如果案件坐实，能分得所没收商品的三分之一；因此执法逐渐沦为满足个人贪欲和公报私仇的机会。另一方面，由于死刑是唯一的判决结果，所以后来都不等法庭来审判了。最糟糕的是，这项针对囤积商品不予立即销售的法规极大地挫伤了政府所依赖的批发商。内政部的一名密探报告说，除非这部法律修改得有利于食品批发商，否则短缺的情况会变得比实施法律前更加严重。"我们会在几个月后，"他说，"就面临弹尽粮绝的危险。"

紧随国内政策失败的是战场前线传来的灾难性失利。法军在莱茵兰地区撤退；雅各宾派对刚带兵征战即折戟的屈斯蒂纳产生了怀疑，于7月22日将其抓捕了起来。法军从比利时退到了法国境内的要塞。奥地利人于7月26日接受了瓦朗谢讷的投降，稍作肃清之后，就会直接威胁通往巴黎的瓦兹河谷。瓦朗谢讷的守军根据投降协议，可以自由去留，这些人对于共和政府一无用处，却多是保王派的同情者。恐慌的不安传遍了整个首都。有些演说家们宣称北方的城镇防卫工作都不充分；因为说了这么些话，他们就被视为反革命分子。另外一些演说家，可能就是同样的人，催促巴黎的公民们奔赴前线。他们也被当成了阴谋家，因为这是要爱国者们赤手空拳地上屠宰场。

救国委员会里没有一位是有军事经验的。只有国民公会的代表才能列席顾问，而公会里几乎就没有职业军人。虽有两位，但都背负使命在外，都是工程兵上尉，都是坚定的共和派——拉扎尔·卡诺，罗伯斯庇尔几年前就知道卡诺（他在一份报告中基于政治原因反对对卡诺的任命），还有一位年轻的来自科多尔的普里厄，他刚刚从诺曼底联邦党人囚禁他的监狱里出来。

委员会要求卡诺和普里厄为其所用，公会做了任命，两位上尉在接近8月中旬的时候进入了杜伊勒里宫的那幢绿房间。他们还是上尉，也没希望自己的军衔能有提升。共和国的民选色彩仍然很浓厚，救国委员们对于政治信仰抱有温情，视人民代表为最高职位。

8月初期的巴黎挤满了来自全国各地的代表，新宪法就要在他们面前庄严颁布了。整个夏天民众投票一直都在汇集，最后官方结果宣布是1801918票对11610票，总数占到了有选举权人口的四分之一。山岳派无意让他们新设计的政府马上就成为现实。他们的宪法其实就是张政治说明书，用来安慰公众的远景图。在一场盛大的爱国仪式上，这部宪法适时地在各省代表面前公布了，举止庄重的埃罗-塞谢勒主持了仪式。但是何时实行宪法无人知晓。

那么，将宪法从云端的理想变成地上的现实政府，如何才能成为可能呢？山岳派如何才会允许举行一次新选举呢？现在的国民公会如何才能解散呢？在6月2日以后，公会虽然应该已经扫除干净共和国的敌人，变得很纯粹了，但弑君者们还是担心新选举的风险。自由选举会太准确地反映出国家的现状，反映出各种令人震惊的不同意见，进而置政府于五年革命剧变所造成的巨大分歧和不可弥合的隔阂当中。1793年的法国没有一个真正意义上的多数派去支持什么，除了支持驱逐外国人这件事，甚至究竟如何才能驱逐，也没有一个多数派意见。

革命的巴黎人庆祝新宪法，为它所带来的正义和自由的前景而欢欣鼓舞，亦被从法国各地赶来的代表们的博爱所感动，但与此同时，飞涨的物价、面包店里空空如也的货架让他们大动肝火，阴谋家们鬼鬼祟祟的伎俩让他们义愤填膺，渐渐逼近的来犯之敌的阴影让他们焦虑万分。整个巴黎陷入了歇斯底里当中，执政当局失去了人民的信任，甚至连救国委员会也备受指责。人民看不到求助的希望，只见到自己掀起的一波波巨浪。"应该把全法国当作一个大委员会。"有爱国者这么喊。"让人民时刻保持清醒，"另一个叫道，"让我们用他们正面临的危险来恐吓他们！"这人还建议说，应该把威胁表现得更加恐怖，因为只有夸大才有安全——当然也只有夸大，山岳派的权力才能抓牢。

"让我们丢掉那些至今还在误导我们的博爱原则！让我们谨记为了好人的安全去牺牲叛徒才是真正的人性！"旺代的匪徒们应该像野猪一样被捕杀。贵族们应该六个一组地用链子锁起来，扔到军队的前列里去。或者把他们放逐出去，但先要在额头上用滚烫的烙铁打上标记。把雅各宾派的报纸印刷得浮皮潦草的阴谋家们应该为此而被逮捕。那些图谋不轨，教街上小孩唱保王派歌曲的人也要揪出来。

事情就这样发展下去。惊慌和害怕让革命者们紧张万分，巨大的希望眼瞅着就要落空，这使他们更为狂热。

"我们必须忘记人类不幸的爱是我们毁灭的原因……我们已在人类的祭坛上谋杀了我们的国家！"主张人道的人们向国家呼吁。

8月23日，在这种氛围下，出现了国家战时总动员，这个我们会回头来讲。出现的还有一些群众性的"节日"，像6月2日那样旨在向国民公会施压的暴动。巴黎各区的这种狂热冲动一再兴起，领导和利用它的人有公社里的埃贝尔、肖梅特，有比约-瓦雷纳、科洛·戴布瓦，还有雅各宾俱乐部，虽然自身派别林立，但是仍表决支持。罗伯斯庇尔和救国委员会做了一些抵制但毫无效用。雅各宾派宣布了"恐怖统治"的开始。9月4日凌晨，埃贝尔手下的人挨个儿造访手工作坊，强迫工人们离开，召集起暴动的武力。当天晚些时候，救国委员会证实了早已疯传的消息：土伦港和那里全部的地中海舰队，拜不满的法国人所赐，落入了英国人之手。

第三章
组织恐怖

1793年9月5日将近正午时,市政厅前的广场上聚起了一大帮人,他们准备去国民公会前游行。就在此时,巴黎和整个欧洲北部地区的上空都陷入了黑暗之中。由于日食,太阳的四分之三区域从巴黎看去,在11点47分时就开始慢慢陷入黑暗。而再往北走,就是日全食了。法国首都的人们就是在这样古怪的昏暗天色里准备他们的暴动的。这个打乱他们日程的变故惹得众人一片哗然,大家纷纷拿这事说笑。

这次日食有着多重的象征意义。巴黎人能拿日食说笑是颇有意味的。他们的爷爷辈遇到日食一般都会诚惶诚恐。太阳不见了,那辈人会认为这说明上帝不高兴,人们就会停下手中活计,或者胆战心惊地回家或者跑去教堂。1793年的人们,则是站在那里看了会儿,彼此说两句俏皮话,然后就各忙各的营生。启蒙运动开展五十年之后，即便站在街上没受过什么教育的人，他们也会把日食视为一种自然现象而已。过去的迷信现在没人信了，这个事实正是法国大革命发生的重要原因。

如果有全知者能俯瞰1793年的欧洲，他会把这次日食解释为预兆。9月5日这天，在很多历史学家的眼里，就是恐怖统治开始之日。一个比月亮的移动之影更长久更恐怖的阴影投到了法国人民的精神世界里，遮住了同情和人性的光辉，掩盖了自由和正义的身形。这个阴影也投到了欧洲的其他地方，一场无休无止的战争即将开始。在恐怖统治时期，法军收复了失地，共和国政府稳固了政权，而1793年还觉得凭借武力就能和平在望的欧洲联军，到了1794年却发现他们只能处于守势。恐怖统治之后，法兰西共和国是不可战胜的，但是它也不能按照自己意愿给欧洲一纸和平协议。战争几乎是没有停歇地打了二十年。

全知者如果想把这个象征再做更多演绎，也许会合理地推断说，天上的光失去了颜色，但是穿过昏暗的天色，他又会注意到，人造的灯光并没熄灭。恐怖统治的第二年，巴黎的街灯燃烧了整个可怕的冬天。那会儿的欧洲，能用的街灯还是一个新奇玩意，只有少数几个城市才有。长期以来，巴黎的公民们一直在提此要求。1793年9月，巴黎公社着手解决这个问题，虽然他们的解决方法没有什么分寸，但竟然让他们办成了。恐怖统治绝不是黑暗统治。恰恰相反，和许多其他事物一样，这不过是强迫民众接受新启蒙的又一次尝试。

然而这些想法，远不同于那些在贵族时代被称为"城市旅馆"（Hôtel de Ville），现在改叫作"民众之家"（巴黎公社所在地，也叫作市政厅）的大楼周围晃荡的人所在想的东西。前一天，他们约好了此时见面，这些人里面有雅各宾俱乐部违背罗伯斯庇尔意愿派出的人，也有市民领袖纠合起来的各种公民，还有一小部分真正的工人。很快，这群三教九流就欢呼雀跃起来，他们看见市长帕什和检察官肖梅特从大楼里走了出来，朝一英里外的杜伊勒里宫方向走去。队伍跟在他们后面，大喊大叫、兴奋不已的人们举着标语，上面写着"向暴君、囤积者和贵族宣战"。

这时的国民公会主席不是别人，正是罗伯斯庇尔本人，对他而言，一群不听话的人跑过来游行示威就是政治上的一次失败。救国委员会的权威岌岌可危。当日下午，绿房间里有四位委员在场：罗伯斯庇尔、圣安德烈、蒂里奥和巴雷尔。可能也有其他人在，但是没有留下任何记录；更可能的是，其他人在别处忙委员会的事务。而他们的对手，准备去支持暴动的人，则是一群可怕的革命演说家，其中有丹东，他正急于挽回濒于毁灭的声誉，还有比约-瓦雷纳，当天的骚乱里他获益最大。

示威者们到达之前，会议已经开得如火如荼。会议决定，革命法庭一分为四，同时展开工作，处理日益增长的叛国者审判工作。会议也讨论了面包店发行面包券的问题。为了更有效地领导各省征召来的部队，陆军部还通过了一项法令。

就在此时，来自公社的访客到了。他们举着标语涌入大厅。一些人进了房间就坐在了委员们的旁边，那些被驱除的吉伦特派的座位，还有在外执行任务的委员们的，都被坐得满满当当。另一些人涌到走廊上，或者就站在后头。公民和立法者亲切地交谈着。国民公会开始有点群众大会的意思了。喧闹声小了一点，大声打好招呼之后，到访者的发言人肖梅特读起了一份请愿书。

"诸位公民立法者，"他开始道，"巴黎的公民们已经不再想看到他们的命运飘摇不定了，他们希望能够最终一劳永逸地确定命运。欧洲的暴君们，还有国内的政敌还在负隅顽抗，穷凶极恶地妄图以他们那套恐怖手段饿死法国人民，无耻地强迫我们交出手中的自由和主权，换取一点点面包屑。这点我们决不答应！"

"决不！决不！"几百个人一齐在吼。

"新权贵相比较那些从封建废墟里站起来的老贵族，没有少半点残酷，没有少半点贪婪，没有少半点傲慢。他们买下或者租下老主子们的那些地产，继续走那条罪行累累的道路，算计公众的不幸，榨取油水，对暴政的颠覆者们施行暴政。"

肖梅特用来描绘阶级斗争的这些话，是后来社会主义者观点的预演。"这是富人对穷人发动的公开战争！"之前一天，他在公社里就如此说道；现在来到国民公会里，他的见解更见完整。但是这份请愿书的思想还远不是无产阶级性质的，还是18世纪哲学的熟悉的味道。

"立法者们，时候到了，"肖梅特继续读道，"该结束自然之子和那些抛弃自然的人之间这场不幸的战争了。"也许肖梅特说的是"民族之子"，两份同等权威的演讲记录在用这个词时发生了偏差。"自然"（nature）还是"民族"（nation），肖梅特说哪个词都有可能。巴黎的革命者们，包括肖梅特本人所代表的埃贝尔派，都视自己为人民，而不是某个经济上的阶级，他们要比那些误入歧途的对手更能代表民族和自然。

"不再宽大，不再饶恕叛变者！"

"不要，不要！"听众们呼应道。

"如果我们不击败他们，他们就会击败我们。让我们和他们之间树立起一道永恒的屏障！"更多的掌声响起。请愿书还在继续。巴黎的人民，他们只要一样东西："食物——要获得食物，就得用强力手段维护法律。"肖梅特这就说到了请愿书的核心要点，他要求立即组织起革命军，将一大帮无套裤汉武装起来，以准军事形式开往全国各地，强迫当地农民交出粮食，若有反抗当场处死。请愿书最后充满信心地下结论说,这样一位主人不会威胁到自由。房间里的每个角落都爆发出狂热的不停歇的欢呼声。谁要是不一起鼓噪那真是胆大包天了。

这个按照提议成立的革命军后来让法国陷入了空前的无政府状态,他们就是一群没有约束的流寇,由煽动家和审讯者领头,仗着枪杆子和断头台对着悲惨的农民放手胡来,巴黎的政府对他们起不到有效约束。国民公会的代表们意识到了这种危险,所以尽管几个月前,他们在压力之下投票支持成立这样一支军队,但是有关它的实质性工作,他们是一点也没有做。作为公会主席的罗伯斯庇尔,对于肖梅特的答复现在也是泛泛而谈,毫无实质意义,但是在当时这种形势下,恐怕谁也想不出更好的办法。

即便是团结一致,国民公会也难以抵挡侵犯者们的要求。更何况,与以往一样,国民公会里是各打各的算盘。有些代表是和暴动分子串通一气的,就像三个月前罗伯斯庇尔所做的那样。他们对于公会团结毫无概念,对一年前把他们选入公会的选举毫无敬意。他们看见,或者宣称看见,在他们周围真实存在的是具有主权的人民,所以在与暴民联手对付他们的公会同僚时,他们把自己描绘为人民意志真正的维护者。在过去的五年里,这出戏上演了不止一次。换的是角色,但是剧本几乎就没改过。

库东在6月2日的角色今天由比约-瓦雷纳来扮演。

"从人民那里汲取到力量之后,"比约宣布道,"我们将最终除掉革命的敌人……是时候来巩固革命的命运了,而且现在不仅仅是有天时;我们应该为自己感到庆幸,因为恰恰是人民的不幸唤醒了他们的力量,使我们得以摧毁我们的敌人……"

我们在这里是不是看到了大祸临头的迹象?比约是不是很轻率地暴露了自己的真实意图?这些人是不是把巴黎人的悲惨命运当作

比约·瓦雷纳

了推翻他们政治对手的手段？

"昨天我听说，"比约继续说道，"在巴黎只有三千位赤胆忠心的革命者。那么，我们让说这话的人看一看，全体人民和我们一样赤胆忠心，他们已经准备好向敌人进攻，从今天起，自由将无可撼动！"

他建议军政部部长接下来几小时之内，在当天国民公会休会之前，就给出一个革命军的行动计划来。他督促公会要让"爱国主义的激流"冲及全国各地。最后，他又要求成立一个新委员会来监管政府机关，维护国内的公众舆论。这是对救国委员会的直接挑衅。

让邦·圣安德烈接受了挑战。大厅里挤满了暴动者，他不得不小心点。

"我以救国委员的身份说两句。阴谋家和反革命把法国人民所拖入的残忍境地，委员会对于所看到的每一幕无不抱以最深关切……救国委员会正在写一份有关我们当下形势的报告，里面会有具体措施。你们今天提出来的建议都在里面。我们现在正要做的就是考虑如何更加完善。"

房间里一片不满的抱怨声。

"我说我们必须思考如何让它们更完善……委员会的报告人一个小时之内就能赶到。时间不会很久，但是我们需要采取的措施应该步调一致、相互协调，这一点很重要……"

"我们到这里来思考问题？真是好消遣啊！但我们必须行动！"比约大声道。现场的众人齐声应和。

"但是我觉得在你们行动时应该注意下……"圣安德烈就这样费尽口舌拖延时间，希望能够把群情平复下去，至少在巴雷尔现身陈述委员会的计划之前，阻止对手的进一步行动。

不一会儿，丹东走入了庭审现场。前几分钟，他都插不了话，欢迎的掌声拖了一会儿。他的演讲词里煽动和妥协一样多。

"我同意,"他说道,"几位代表的说法,尤其是比约-瓦雷纳(掌声)的意见。我们必须要知道如何运用人民的高尚的激情。我知道当人民表达出他们的需求时,当人民愿意向敌人奋勇前进时,除了人民自己所采取的措施,没有其他的措施可取;民族的天才们已经给了他们教导。我认为,让委员会来做一份报告也是好的,来讲一讲他们是怎么安排和计划工作方法的;但立即颁布一部革命军的法令,我也看不出有什么坏处。"

丹东还提了另外一个相当重要的提议。为了阻止巴黎下面的区议会落入贵族的手心里,鼓励真正的无套裤汉参加会议,他要求会议应该减少到一周举行两次,分别在周四、周日,那些缺钱的公民每次参会可以得到四十苏的补偿。这样贫穷的劳工只要履行一下公民权就能得到补助。有几位政治清教徒提出了反对意见却被推翻。丹东的第三项动议是给军政部拨出一亿里弗用于军火生产,他的结尾是演讲里通篇都在使用的"崇高的人民",然后就下来了。

宫殿四下里发出"共和国万岁"的欢呼声。所有的参会者都站起身来。他们挥动着胳膊,把帽子抛向空中,相互拥抱在一起。"热情无处不在。"《箴言报》如此评论。不消多说,丹东的三项提议全都通过了。

当会议的主题转到阴谋分子和嫌疑犯,讨论了将近半小时后,一个雅各宾俱乐部派出的代表团的到来打断了会议进程,他们和巴黎四十八个区的委员会坐到了一起。他们所传达的乃是一个凶兆,说尽管外敌凶残,但是国内的敌人与之相比,才是法国人民的心头大患。勇敢的无套裤汉在联邦党人的地牢里受苦,布里索的朋友,招摇过市的吉伦特派却毫发无伤地在巴黎的宫殿里悠闲地晃荡。这些恶棍都该受到审判。"总之,是时候让所有法国人享受到宪法所赋予的神圣的平等了；是时候以示范性的法律制裁行为将这一平等加诸叛徒和阴谋分子了。让恐怖成为时代秩序！"

罗伯斯庇尔在答复时承诺，所有的罪恶都会被铲除，代表团便在雷鸣般的欢呼声中列队穿过走廊离开了。

有一位公会代表激动得不能自已。他说，我们仁慈得太久了。"你们难道不是一直被叫作无赖、匪徒和谋杀犯？既然我们的美德、我们的自制、我们的哲学思想都毫无用处，那就让我们为了人民的利益成为匪徒吧——让我们成为匪徒！"他的讲话引发了众多抗议，要求他遵守秩序。但是他没停止，继续鼓动说，要忘记所有的怜悯。他的说话声几乎被不同意的嗓门给淹没了。

就在此时，蒂里奥冲上了讲坛，众人都停下来一声不响地听他说。

"公民们，革命所要造就的不是犯罪，而是美德的胜利。"热烈而持续的掌声迫使演讲者停了下来，"我们不要说我们是为法兰西而努力，我们是为了人类而努力。完成这个任务，我们就披上了永恒的荣耀。让我们不要再说什么法兰西渴望鲜血的胡话，法兰西所渴望的乃是正义！"他所说的每个字几乎都会引来震天的喝彩声。蒂里奥的发言无疑表达了国民公会大部分人的意见。他最后以振奋的口吻总结说，为了镇压反叛，任何破坏爱国者之间友爱和团结的行为都不能做。

尽管身为救国委员会委员，蒂里奥的讲话却不能真正代表他的同僚，他与丹东之间的亲密关系惹得其他委员无法信任他。所有人都同意法兰西渴望的乃是正义。但是他们对于正义的理解有所不同，他们认为正义必须凭强力获得，而蒂里奥妥协太多。

当公会代表们为连番演讲而热烈鼓掌、激动万分时，救国委员会的委员们却在杜伊勒里宫一间较为安静的房间内讨论民众暴动的危机。比约提出的成立新行政委员会的建议很幸运地在会上被忽略了。那个下午,救国委员会至少还无须为自己的存在辩护。它的注意力都在提议成立的革命军上面,这是肖梅特所读的那份请愿书里的一项具体要求。成立革命军会是对公社和雅各宾俱乐部做出的一个巨大让步。问题是如何控制一伙不再受约束的武装人员。

在国民公会,救国委员会的发言人一般都是巴雷尔。那天临近傍晚,巴雷尔终于露面了,他准备好应付吵吵闹闹、已经被先前的演讲灌得飘飘然的一群人。罗伯斯庇尔和圣安德烈无疑都松了口气。

巴雷尔先是亮出了官方的观点,贵族和外国的间谍一直在巴黎阴谋造反。他赞许了公社所炮制出的响亮口号"让恐怖成为时代秩序"。他承诺要让布里索和玛丽-安托万流血,把食品短缺归咎于阴谋。他解释说救国委员会不停地在工作,提议国民公会要采取两个举措。举措一是要把巴黎的军人都赶出去,这些人不在前线履行职责,却蜂拥到首都里插手政治。举措二是在救国委员会的监督下,征兵组建一支步兵 6000 人、炮兵 1200 人的革命军队伍。演讲技巧高超的巴雷尔,以一条精心选择的新闻结束了演讲:威廉·皮特[1]的侄子在一处法国城堡里藏身时被抓住了——皮特作为外国联军的策划人,在爱国者眼里就是魔鬼之首。披露的这则消息果然引发了如山崩一般的呼啸。

似乎是为了表现革命者脑袋里奇怪的观念联想能力,国民公会还得听听圣安德烈的事后聪明。圣安德烈说,某些女人有碍于共和国。"她们腐蚀你们的年轻人,非但没让他们变得孔武有力,可以媲美古代的斯巴达人,反而把他们变成了不可为自由服务的锡巴里

---

[1] 指时任英国首相小威廉·皮特(William Pitt the Younger,1759—1806)。

斯[1]人——我指的是那些到处卖弄风骚的下流女人。"已经精疲力尽的公会代表们又鼓起了掌。这事就交给救国委员会来处理了。

当天晚上的一次特别会议上,比约-瓦雷纳被选为接下来为期两周的公会主席。他的当选,虽然没有实权,但是和革命军的创建一样,说明了国民政府已经臣服于城市里的有组织的压力。当天发生的这些事情清楚地表明,国民公会不是真正的政府,面对危机,它下面最重要的委员会做不出决策,共和国的政策和长期以来一样,仍然是由雅各宾俱乐部、公社和一些不担任公职的公会代表决定的。

那晚绿房间里发生了什么事情我们不得而知。我们可以想象一下革命委员会热烈讨论时的情形,罗伯斯庇尔和圣安德烈给其他人回顾国民公会里发生的场景,也许有人正读着巴黎思想意识动态的政府报告,所有人都在评估那天下午展示出力量的那些势力的政治影响。他们的决议是委员会应该扩大,要成立联合政府,如果埃贝尔派和丹东派这样难分彼此的双方都能说有联合的话。救国委员会让麻烦制造者分担一部分责任,从而让他们闭嘴。

第二天,巴雷尔就向国民公会要求救国委员会里再增加三个人:比约-瓦雷纳、科洛·戴布瓦和格拉内。公会不仅提名了这三位,还在委员会的要求之外,更正了7月10日自己做出的决定,重新把丹东选了进来,理由是,就像一位代表所评论的那样,他有一颗"革命的脑袋"。但是丹东拒绝了这一任命,也许他知道他和罗伯斯庇尔无法共处,也知道从经验看,当时的问题根本不可能有解决的办法,相比较绿房间里夜复一夜要担负的沉重压力,他还是更喜欢新婚妻子的闺阁。作为丹东的朋友,格拉内也很快以健康为由提出了辞职。所以最后只增加了两位委员,比约和科洛,他们都是山岳

---

1. 古希腊城市,以享乐主义闻名。

派里的埃贝尔一支。

当时，科洛还在北方做特派员。过了差不多两周的时间，他才到巴黎履新。这段时间，尽管比约白天要在国民公会做主席，但是他很快就成为委员会晚间会议最积极的参与者之一。这两位都意气用事，做事喜欢冲动，不考虑后果。他们都是7月针对垄断和囤积的法令操刀者。在国民公会成立的最初阶段，差不多是一年之前，在与会的代表们犹豫是否要迈出那决定性的一步时，是比约和科洛推动了决议，使法兰西成为共和国。

一踏入政府的门槛，这两位带着烈焰与毁灭气息的人，虽然在革命之前一事无成，却惊人地显示出沉着勤恳的能力。很快，他们让自己发挥出了用处，库东和兰代分别在奥弗涅和诺曼底有特派员任务，两人的缺席给了他们更多机会。比约和科洛负责和各省政府的通信往来，这是份让人愉悦的工作，可以让革命的福音传到全国各地。整个9月和10月，不分工作日和星期天，他们不懈地工作着，论上班时间、专注程度，除了卡诺和巴雷尔，没人比得上他们。

通过肖梅特，埃贝尔派要求用"强力手段维护法律"。全体山岳派对此毫无异议。在当时的环境下，维护法律的强力手段是恐怖手段的委婉语。

在9月，恐怖已不是一个新事物了。暴力和不安全感在到处蔓延。区委员会随意抓人已经持续好几个月了。四百多人被革命法庭判处了死刑。联邦党人和雅各宾党人，旺代的保王党人和穿着蓝色外套的共和派相互屠杀起来毫不手软。科多尔的普里厄在8月份成为救国委员之前，在卡昂的联邦党人牢狱里待了两个月。暗杀和自杀持续发酵。刚过去的9月，监狱里发生了恐怖的屠杀，两千多位手无寸铁的男女被残忍地处决了。在此之前，回到革命爆发开始阶段，就有路灯杆上挂尸体、长矛尖上插头颅的景象。农夫们甚至到现在还没从 1789 年的大恐慌里回过神来，这场可怕的恐慌使得旧秩序的大部分东西遭受了灭顶之灾。革命爆发之前，法国的很多地方早就不太平；城市里的骚乱已经是见怪不怪；有些地区的农民沦为土匪流氓敲诈勒索的对象，鱼肉他们的还有乞丐、歹徒以及其他王家政府管束不了的各种骗子。

1793 年 9 月之后出现的新事物是有组织的恐怖，它第一次成了政府深思熟虑后的政策。这个国家已经对暴力习以为常，被猜忌搅得士气低落，被派系斗争撕裂无法愈合，有些恐怖行为也许是难以避免的。恐怖统治来自恐惧，来自人们已经生活于其中的恐怖，来自革命五年以来的惊惶动荡，也来自旧制度下的法治溃烂。是无政府状态导致共和国得不到稳定，是无政府状态导致法兰西即将输掉这场战争。

1793 年的秋天，战争是当务之急。爱国者、研究大革命的权威奥拉尔觉得这场战争是恐怖统治的主要原因，恐怖统治是国家面临危险时的合法防御。同样爱国但更富洞见的索雷尔认为，恐怖统治是对革命事业的可怕偏离，日后对反法联军的胜利与此毫不相干。索雷尔对革命政府的评价有失公允；奥拉尔则没有解释，如果法国人民是像他所想的那样爱国，那为何还要被如此恐吓一番才会去保卫他们的祖国。真相是，1793 年的法兰西根本就没有什么人爱国，如果我们所说的爱国是指愿意中止党派纷争，全力支持政府一致对抗外敌。对于很多法国人而言，这个政府才是最坏的敌人。支持这样的政府，只会给一群他们在天性上就讨厌的人以鼓励，这群人侮辱冒犯他们对王室的感情，迫害他们的宗教，扰乱他们的生意，让他们的产业没保障。

恐怖统治不是像索雷尔所说的那样，仅仅是激进分子怒火的一次爆发，但也不是如奥拉尔所认为的，只是革命者为了防范他们不应负责的危险。当时确实是形势所逼,但是造成这些形势的首要因素是革命所导致的国内混乱。恐怖统治是作为抗击侵略的手段开始的,但是侵略之所以成为威胁,是因为法国国内的分裂。

当然从实力上来说,联军也不可怕。他们还在为波兰争吵不休,1793年波兰第二次被瓜分。奥地利在这次列强瓜分行动中收获全无,它希望补偿自己,办法是实现它的外交长官长久以来的一个梦想:用它的比利时省交换得到巴伐利亚省,这一吞并将使哈布斯堡的领地更为紧密。普鲁士政府对这个加强奥地利国力的建议极为反感。普鲁士军队收到命令说,不要在战场上把法国逼得太紧,法国一旦溃败将让哈布斯堡王朝德意志的图谋得逞。奥地利人从自身立场说,也不愿意把全部军力都投放到西边去,他们担心普鲁士和俄国会趁机在瓜分波兰的基础上再作扩张。因此到了1793年夏季,反法联军就疲软了。

反法联军思忖他们可以等一等,他们觉得仍然处在革命混乱状态下的法国,在未来某个方便的时候轻易就能击败。首相们对波旁巨人的轰然倒下都颇为满意,他们看待新法国的眼光就像看待波兰的一样,一个被无政府主义搅得精疲力尽的国家,也许可以一举吞并其国土。他们当中流传着肢解路易十六的土地的计划,虽然对于末代法王的悲惨结局,他们声称无以言表的愤怒,予以谴责。有提议说,奥地利取阿尔萨斯、洛林和北至索姆河的法国北部。撒丁王国和西班牙被邀请去占领南方部分。海外殖民地归英国所有。所有这些领土要么被留下,要么被列强当作筹码进行复杂的交易。对于法国人来说这过程意味着什么,可以从诺尔省的遭遇窥见。奥地利人在该省打下几次胜仗之后,就忙着恢复被革命废除掉的什一税、封建税费以及其他负担。

出于对胜利的信心,联军拒绝了丹东在6月和7月两次提出的和平提议。联军在这个夏天既不愿讲和，也没在战场上团结一致起来。他们只是一味地乐观，满怀期待。但是法兰西终究不是波兰，7月至9月间逐渐成形的救国委员会，也不是华沙那群只会说忧道愁的无用爱国者。

罗伯斯庇尔对这场战争的感情有点复杂。他反对这种四处树敌的做法，不止一次地说共和国最主要的危险就是战争，和平是共和国政府成立并运转的先决条件。然而，当丹东在寻求和平之时，罗伯斯庇尔却没给他提供任何支持。不能肯定，罗伯斯庇尔究竟是不是有先见之明，能看出和平终究无法获得。在罗伯斯庇尔眼中，丹东这位雅各宾派、山岳派人对真正共和国的理念就是一种威胁，这个享乐主义的信徒只能做做谋士、跟敌人让步，对自由和平等毫无坚定信念，因而让其以和平使者的身份获得威望，进而成为共和国无可置疑的领袖，这是极其危险的。罗伯斯庇尔想要和平，但他更想要一个纯粹的法国，一个贵族和专制者都被粉碎的国度。他对扩张战争不抱什么希望；法国征服比利时和莱茵地区努力的结果，他早就预见到了；但是他又觉得其他国家人民正在邪恶的统治者手下呻吟受苦，所以一经鼓动，不用费力，他又能转而支持一场理念上的十字军征战。

这股鼓动的力量来自埃贝尔派，他们是"全面战争"（guerre à outrance）的党徒，要与人类的敌人血战到底。埃贝尔派分子，至少这个名字含义模糊的派别的部分人，是支持以无情暴力手段，向暴君、基督教徒和所有使人民饿肚子的人开战。持不同思想路数的历史学家一致认为他们就是煽动家。他们就像他们当中的比约-瓦雷纳一样，很高兴看到人们的不幸可以帮助他们消灭敌人。

比约和科洛将这股革命狂热烧到了救国委员会里。在他们周围，罗伯斯庇尔和库东都是审慎之人，其他人除了圣茹斯特，对于温和派路线都是嗤之以鼻的态度。但是也很难确切说这两位埃贝尔派人物对救国委员会的政策产生了多大的影响,毕竟比约、科洛和他们的同僚没有本质的区别。埃贝尔主义是一种极端主义,但其终究不过是1793年雅各宾正统派的极端版本而已。埃贝尔的信徒和罗伯斯庇尔的信徒也许可以打成一片。他们说的是同样的套话,也拥有共同的敌人。埃贝尔的计划对罗伯斯庇尔适用,反过来说,埃贝尔某一天取罗伯斯庇尔而代之也不是难以想象的。因此,委员会内部也存在着巨大的隐患。

不管是受了埃贝尔派的影响还是委员会的自主决定,也许两者兼而有之,9月5日之后,救国委员会对战争采取的就是埃贝尔派的意见,不再谋求与敌人媾和。事实上,甚至外交关系都中断了。委员会大概是只愿意和民主共和国打交道了,除了瑞士和美利坚合众国,部长和大使都被召回国来。在其他国家,只留了一些代办处理必要事务,还有一些情报人员来和欧洲各国的地下革命团体保持联络。对于战争目标,参与这场大规模冲突的双方各有各的说辞,法国方面声称这是一场反对暴君、争取自由的斗争,联军则说他们参战是为了维持秩序,不让欧洲毁于一旦。

8月23日,国民公会通过发动战时总动员(levée en masse)的法令,这是共和国的战争动员办法。法语词"levée"的意思就是征兵或者动员。法国全体人民将加入爱国主义的浪潮当中。未婚的年轻男性都要去参军,其他的要去兵工厂工作;妇女们去做护士或者缝制帐篷和衣服;儿童也要加入劳动,体力不济、不再年轻的男人要去发表爱国演说,让公众仇恨欧洲的君王,激发他们对共和国的爱戴之情。这个全民动员的想法是埃贝尔派想出来的。许多人包括罗伯斯庇尔在刚开始时都怀疑是否会奏效,担心其不过是无政府主义狂乱发作时的症状。事实上也是如此,如果国家仍如罗伯斯庇尔所说是政府残骸,它只会产生一场社会动荡。

正是救国委员会才使战时总动员真正成为一场全国范围内的政治运动,使得全国的人力物力得到组织和调配。卡诺和其他人让这个想法为革命所用;他们将其写成了法令,并让国民公会通过;接下来几个月,他们主要关心的就是如何执行法令里的具体条款。

第一次,世界上出现了一个全民武装起来的国家。战争变成了全民性的武装斗争——至少在原则上是如此实施的,一个清楚的事实是,1793年的法国人不会比1914年或者1939年的欧洲人更急于奔赴战场。至此,老一套的战争观念寿终正寝了。革命爆发前,战争是政府间或者几个统治家族间的冲突,打仗的也不过是相对规模较小的职业军人。有很多人会遭受战争之灾,但并不关乎这个民族本身的存亡。法兰西共和国引入了一种新体制。政府变成了人民的政府之后,政府的战争也变成了人民的战争,政府的军队变成了人民的军队。

我们将在下一章里讨论军队的征兵和管理。在组织起一支公民军队之前,救国委员会先要找到装备、军装和食物。所以救国委员会亟待解决的问题是经济,尤其是那个时候,巴黎在面临一场饥荒的威胁之际。

政府自己开始生产军火。丹东于9月5日提出动议拨款一亿里弗,分别用来建造工厂、雇用工人和购买原材料。军工集中在巴黎,一个无可辩驳的理由就是很多边远地区政治上不可靠,附加带来的好处则是让不安分的无套裤汉有工作可做。杜伊勒里宫和卢森堡公园的花园里开起了各种大商场。巴黎城工厂里做工的工人们被要求生产滑膛枪,救国委员会的期望产值是每天一千支。长矛也有生产,救国委员会甚至考虑过一个不知名的公民的建议,那人说,如有必要法国人可以用弓箭去战斗。对此也许连罗伯斯庇尔也是一笑置之。

外省没有被遗忘，也不会被遗忘。9月的头几天之内，每个省委员会都收到了一笔五十万里弗的款项，用来购买武器。救国委员会派出的巡视员到全国巡视，检查木材、煤炭的供应，确定钢铁的生产量，搜集产品成本和价格的数据统计，参观一些有名的铸造刺刀和剑的城市。还有一些巡视员是挨村挨镇地执行熔钟法案；该法规定，所有教堂里的钟都要化为铜铁，重新熔铸为枪炮。9月13日，所有的金属制品包括铅、铜、锡、铁，不管是在教堂还是那些流亡贵族家里发现的，都统一交到了军政部部长手里听凭处置。

政府的大部分需求，它自身是从事生产来满足的，也没这个心力来做。雅各宾派们的脑子里还远没有想到国有制这回事。在当时，国有制这个观念确实是无法想象的，大部分的制造业工序都是由散布于城乡的小手工艺者接力完成的。共和国政府不得不投入大量精力与各种中间商、承包商和批发商打交道，要不就是派人几乎一家家地去采购。不管哪种情况，他们都需要钱。政府的通常渠道弄不来钱。税收收入很少；富人们都是离心离德；因为前途不明，政府几乎就没信贷。就此而言，它和1776年的美利坚合众国没有两样。

如同在美国一样，在法国也是用纸币作为一个解决办法。但是和大陆议会[1]不同的是，法兰西共和国事实上非常富裕。它从教会和流亡贵族手里罚没的土地和房产价值五十亿里弗。但不动产不可以用来付款；因此，共和国还未成立时，从1789年时开始，革命政府就在发行纸币了，称其为"指券"。到了1793年时为止，指券就已成为完全的法币，用于民间交易和向政府纳税。指券持有者只要愿意，就可以用它来购买被罚没的土地；回到国库的指券则应根据落入私人手中的其所值的有地资产按比例销毁。

---

1. 大陆议会（Continental Congress），或译为大陆会议，美国创始十三州在1774年至1789年间组成的临时性联合议会，即美国国会的前身。

这个体制运转得不算糟糕。它的好处是让那些承担不起的农民或城市居民分得了房产。因此，一大群人成了革命的依附者。房产销售出去对于政府就意味着收入，因此就能够应付开销，甚至还上一大笔国债。颇有意味的是，革命领袖们虽然视波旁王朝为暴君，但是他们也没打算拒绝承认王室的债务。恐怖统治时的雅各宾派尽管做出过一些还债举措，但他们还是背着他们所痛恨的奢靡无度的王朝留下的巨大包袱举步维艰。这和后来的革命者形成对比，遑论20世纪一些更保守的政府了，也足以说明雅各宾主义不等同于共产主义。

等到了1793年夏，与黄金价格相比，指券已经贬值了50%。指券贬值物价上涨，其主要原因并非通货膨胀，因为大量指券已被依法销毁，流通的纸币数量减少，其价值足以担保未售土地的价值。大量的公共债务，不断攀升的战争开销，日益困难的税收，这些才是货币贬值的深层次原因。事实上，没人知道，共和国明年甚或下月究竟还在不在。

不管如何，政府要用指券应付开支，要在物价腾贵、工资上涨的情况下回款给和它做生意的承包商，支付工资给它的劳工和其他雇用的人员，有两条路可以选择：无限制地印指券，或者调控物价。救国委员会选择了第二条路。夏天过半时，控制物价的议题就在绿房间里摆上了日程。

长期以来，国民公会、忿激派、埃贝尔派以及巴黎的劳工都在要求控制物价，家庭日常必需品价格的上涨幅度都高于薪资的增幅。夏天的危局到了9月份依旧未得到纾缓。在埃贝尔派暴动之后的那一周，革命军在卡诺的指挥下，物资没找到多少，却使恐惧情绪散播得更广。有谣言说，这支军队要让所有公民解除武装，把他们赶进监狱里头，再来一场一年前的大屠杀。相信这个说法的人很多，救国委员会不得不让圣安德烈在公会上做了正式辟谣。

物资短缺、社会动荡的最大受害者是妇女。她们有时候在夜里去抢劫运送物资进城的大篷车；9月9日，20位妇女袭击了一辆运煤车还引发了骚乱。家庭主妇是每日在面包店门前排队的主力。常常可见的情形是，她们在一连排了几小时的队之后，却发现面包店里已经是空空如也，不能给家人买到东西吃，她们只能以泪洗面。此种情形下妇女对政府可谓是恨意满满。有些人加入了一个名为"女性革命者"的极端组织里头，这是一个让雅各宾派的政治家们都感到尴尬的组织。更多的女性则对整个政治动乱没有好感。有名政府代表无意中听到一位妇女说，如果说是这些做丈夫的发动了革命，那么做妻子的有足够的理由发动反革命，如有必要的话。

这些有家有口的妇女们的愤怒被一些更有政治头脑的男人们利用了。各种势力的煽动家都在活动。有些人鼓吹女性主义，声称女性应该有投票权，也应该在公共事务上与男人平起平坐。当局把这种宣传家归为邪恶分子和反革命分子。可能他们真是，但也有可能他们只是有点观念超前的无套裤汉。有群人不知是受谁的唆使组织，跑到街上鞭抽那些拒绝佩戴共和国帽徽的妇女。在市政厅、物资市场，没有佩戴这个徽章的女性还被刺伤了；如果她们在圣德尼门那里这样做，就会遭到殴打。当时的女性们有一种看法，只有娼妓才会穿戴三种颜色的东西。

那些在街上鞭打女性的男子可能是狂热的革命者，也可能是受雇于保王派给革命泼脏水的，或者就只是一些地痞无赖，在法纪崩溃之际，他们找到了发泄的机会，干出一些残暴的事情来。但这里面谁是真正的阴谋家、幕后主使？无人知晓。有一些夸张的解释，说是某一个凌晨，有人看见一辆英式马车驶遍了全城。坐在里面的是三个绅士，其中一个的左眼上戴着块黑眼罩，另一只眼睛则四下寻望，不怀好意地打量着在每家面包店门口等候面包的人。

和这位独眼人士一样的阴谋家大有人在，这当然丝毫没错，他们其中有些人是外国势力的密探。说雅各宾派只有挫败这类阴谋，他们才能确保自己的地位，大概也没错。雅各宾派错就错在他们相信这类阴谋就是动乱的真正原因。这就导致了一个致命的幻觉：那就是只要杀掉一些人，也许几百也许几千，国家就能得到安稳。

饥饿的巴黎市民，当他们看到面包店的货柜上没有面包了，他们不会想象到，那些陌生的千千万万农民，本来在过着自己的小日子，在如此不安定的年代里，他们中的每一个要么不愿意卖粮食，要么力图卖出一个尽可能的高价，这样也许能为自己购置上一块没收的土地。当热心的爱国者们发现许多年轻人都不愿意参军时，他们不会意识到，从十八到二十五岁的小伙子们，都有自己的事情要操心，对家对工作对恋人都有依恋，没人急着要变成一个英雄。

革命领袖认为革命的敌人（他们无疑存在）是当前社会风气不好的真正原因，这是领袖们给自己行方便。同样方便他们的是，认为问题的症结不在于他们自己的主观要求有多不合理，不在于他们的所作所为使得客观条件变得有多不利，也不在于人性生来就有自私和懒惰的趋向，而在于某些顽固分子、独眼人、邪恶分子、地下教士、投机商，还有皮特、科堡的密探以及心怀叵测的谍报人员，正在某处不为人知的地方密谋对共和国的保卫者们展开一场出其不意的攻势。

9月中旬的时事舆情由苏莱做了简练的总结，他是内政部部长的密探之一。以下是他一天的报告：

"一群不计其数的人在抗议征年轻人入伍。

"现在买面包还是有难度。

"贵族们在咖啡馆里碰头，似乎比以前更谨慎了。

"杜伊勒里宫区昨天开始逮捕可疑分子。"

反对去军队服役的年轻人毫无疑问是怀疑对象；那些急急跑去前线的人也受到了怀疑，至少在一些狂热的爱国者看来，这么急不可耐就是在刻意掩饰不忠行为。在平等学院（前身是路易大帝高中）——巴黎大学里仍在上课的一个学院，教授们对政府素无好感是出了名的，有人密告说他们在学生中挑唆造反。赌场和妓院明目张胆地做生意，只会让共和派不痛快，在他们眼中，这两处天然就是贵族和阴谋家藏身的场所。就是国民公会也不能被信任；一些山岳派人发现，当许多好雅各宾派出差在外时，右翼就得势了，也许得把他们清除掉才行。

治安委员会负责镇压反革命，但是并未取得显著的胜利。埃贝尔派暴动的几天之后，它的一个委员德鲁埃就在雅各宾俱乐部公开谴责说，他的某些同僚对于巴结讨好的宴会邀请太没抵抗力了。而另外一个公民则指控市场委员会和军队的承包商之间结成了腐败联盟。

第二天，也就是9月9日，德鲁埃在国民公会上提议治安委员会进行改组。公会同意了，于是在11日选举产生了九位委员的新委员会。与此同时，埃贝尔带头对所有的行政管理委员会发起了抨击。因此13日改组问题在国民公会上又被提了出来。有位代表指责市场委员会。丹东抓住这个指控，像埃贝尔在雅各宾俱乐部一样，要求所有委员会都进行改组。但是，他又提议说，救国委员会委员要维持不变，并且他们对其他委员会的人事具有提名权。国民公会如此照办了。9月14日，让邦·圣安德烈提交了一份十二人名单组成新的治安委员会。名单中只有三人在三天前国民公会所提议的九人里面。落选的人里面有沙博，他在6月里显示出了无产阶级倾向，委员会在7月份告诫他说别太过激进。虽说如此，圣安德烈的名单还是被采纳了。

这里面发生了什么？显然国民公会失去了对下属委员们的提名权。雅各宾俱乐部和埃贝尔派的攻击让重要职位的任命不再确定。然而权力并没转移到雅各宾派和埃贝尔派手里，而是到了救国委员会，虽说里面都是雅各宾派和部分的埃贝尔派，但它毕竟还是政府的组织机构。经过丹东这么一搅和，各个委员会的重要性大大加强了，他自己却没去任何一个委员会任职。

救国委员会因此开始任命其他委员会的委员。这是又向独裁统治迈开了一步。软弱的国民公会无法操纵权力，本来可以为雅各宾俱乐部所有，但是那只会引发相互攻讦，导致内讧，现在终于转移到一个也许可以拯救法兰西、团结众人的机构手里。

与此同时，有关对付反革命嫌疑分子的一整套措施正在逐渐完善。针对顽固神父、流亡贵族、囤积居奇者和垄断者的法令一部接一部通过。区委员、特派员和其他人经常拘捕一些行为上他们不认可的人。但究竟何为"嫌疑犯"，从没人给过法律解释，如何处置他们，也没有出台过有组织、受监管的方法。

9月17日通过的《嫌疑犯法》尝试弥补这些缺陷，它的主要新意是将事实上业已存在的情形体系化、法律化。

这部法律给嫌疑犯的定义模糊，反映出立法者们焦虑之下的任性。嫌疑犯有六种："那些在行为、人际、言语（无论口头还是文字）上表明他们是保王派、联邦党、自由之敌的"；"那些不能解释清楚自从去年3月21日起，自己是如何履行或者逃避公民义务的"；那些被区政府或者公社剥夺良好公民证的；被开除公职的政府雇员；未能向革命表示忠心不变的前贵族及其家人、家仆；流亡贵族，包括那些在早先法律许可下依法回到法国的。这几种归类里，第一种和范围稍小的第二种，太过宽泛以至于几乎所有人都可能发现自己洗脱不了嫌疑。

当地监察委员会,一般人都叫作革命委员会,平素的行径终于在法律上得到了认可。如何控制监察委员会,他们也想了办法。每一个委员会要列出所在地区的嫌疑人名单,将其人的文件保存起来,然后把人送到拘留所,如果无地方可送,那人就被监视着待在家里。但是只有七名委员都在场时委员会才能采取行动(因此任何个人过节将被避免),每一个监察委员会要向治安委员会呈递一份逮捕名单,陈述逮捕理由,以及在嫌疑对象住所搜查到的文件证明。就这样各地的监察委员会事实上成了中央政府的分支机构。

集中营对于法国大革命来说还是个遥远的东西;但是可以将"国家大厦"视为对等物,这是由各省直管的中心监狱,嫌疑犯被捕后一周之内就会被转移到此处。国家大厦里的囚犯可以使用自己的家具。监管囚犯的看守人员薪水和囚犯的日常开支由囚犯承担,经济优渥的囚犯还要资助经济困难的狱友。这种环境下偏袒不公时有发生,吃囚犯饭的看守们,在诱惑之下,很容易就会优待囚犯里的有钱人。法国大革命里的政治犯们很可能要比20世纪政治风暴里的落难者们的日子要好过许多。

人去房空的女修道院、城堡、学校,匆忙翻修的仓库,只要地方足够大,就都被辟为收押嫌疑人的住宿生活区。在这些房子里头,上演了一幕幕图画派历史学家所描述的情景:娴雅的淑女和端庄的绅士们一贫如洗,朋友之间音信全无,在无套裤汉手里饱受折磨,就等着冷酷无情的革命法庭的审判,然后一步步走向断头台。事实上,对大部分嫌疑犯,政府当局的目的只是收押他们。许多人都没接受过审判,只有一小部分被判处了死刑。比重之低也说明了被关人数之多,最后人数有十万之多。在巴黎,光一个9月,监狱在押人数就从1607变成了2365。

如果科洛·戴布瓦的想法能施行，会有更多的人死去。他在这个时间前后提议说，应该把嫌疑犯赶进矿坑里然后炸掉。有谣言说监狱真的就是矿坑，科洛的这个想法也传到了海外。后来科洛承认说是自己打消了这个念头。

十二人里科洛确实成了最疯狂最暴力的那个。《嫌疑犯法》颁布实行的第二天，他在国民公会上做了一个演讲。他猛烈抨击传播虚假消息的供应商。他说道，许多关在监狱里的反革命们其他坏事干不了却还在传播假消息。他们是无辜者吗？可以听之任之吗？当然不行，必须从法律上宣布他们这种犯罪行为。必须要给敌人的所有犯罪活动定下罪名。

"我还要说，"他继续说道，"现在是你们对商人贵族进行最后一击的时候了。就是这群贵族中止了革命的进程，阻止我们不能享受我们的牺牲所换来的果实。我要求你们把那些高价销售生活必需品的商人们列为嫌疑犯。"

提议引发了热烈的讨论。有人认为它太过随意，"高价"的含义太过含糊。罗伯斯庇尔的态度模棱两可，但是他又清醒地说，他们不能让义愤操控判断。他成功地搁置了科洛的两项动议。两人都相互说了些刻薄之词，足见救国委员会不是每次都会向公会递交一份一致赞同的议案的。

科洛对商人的攻击表明他真没有耐心，当时已有一个调控物价的调查组在工作了。救国委员会已经决定，不能无限制地继续印发指券了，必须进行物价管控。9月5日的暴动并没让巴黎公社在物质方面有什么收益。肖梅特那份请愿书的主要诉求是食物和使用暴力手段。现在新的暴力手段有了，但粮食仍然还是个问题。

我们注意到，中产阶级雅各宾派和靠薪水度日的家庭的需求此时发生了重合。对于雅各宾派而言，物价管控既能让他们摆脱财政困境，使他们手中的纸币购买力增强，也能在政治上得分，为他们赢得较贫困人群的支持，或者至少能让他们远离更为激进的埃贝尔派及其跟随者。除此之外，罗伯斯庇尔，也许包括当时不在巴黎的库东，对于困难群众真抱有一份同情。

利益、情感和爱国主义式的仇富相互作用下的结果便是在9月29日颁布实行了《全面限价令》（the General Maximum）。这是恐怖统治时期的基本法律武器之一。和《嫌疑犯法》一样，它的实质是把已经偶然发生的一些革命实践体系化和扩大化了。面包价格自从5月以后就实行管制了，各地政府和特派员也对其他商品进行了价格管控。9月29日法律的颁布使价格管控成了全国性法令。

限价令首先施行于一些必需品当中：鲜肉、咸肉、咸鱼、黄油和食用油，红酒、白兰地、食醋、果酒和啤酒，煤、蜡烛和肥皂，食盐、苏打、糖和蜂蜜，皮革、钢铁和铅铜，纸张、羊毛和各种布料，鞋子和烟草。这些商品大部分的最高价格定得比1790年当地价格的三分之一稍高。工资水平也定了下来：最高工资高于1790年相应工资水平的一半。这样赚钱养家的人像是得到了好处，赚得比1790年的二分之一多，但是买东西只要支付1790年的三分之一。然而要注意的一点是，这个工资是最高工资，不是最低工资；另外，拒绝上班的人要在监狱里关三天。

价格监管的措施迥异于雅各宾派的社会统治观念，以致他们自己只能靠想象背后有针对自己的阴谋才能理解这一举措的必要性。起草9月29日法令的是救国委员会下设的供给委员会（Subsistence Commission），他们对于自由放任经济学坚信不疑。"在正常年代，"其发言人如此说道，"物价是由买卖双方的利益交换自发形成的。这种平衡绝对正确。即便是最好的政府去干涉其中也不会有用。"

"但是，"他又说道，"当敌意、不忠和前所未有的愤怒勾结起来耍阴谋来打破这种自然的均衡，妄图饿死我们劫掠我们时，人民的福祉就成为最高规则。"因此，法律规定谁以高于限定物价的价格售卖商品，谁就以嫌疑犯论处。全面限价令大大扩大了严酷的9月17日法令的范围。

9月是无政府主义转变为专制主义的转折点。战时总动员的发布、革命法庭的扩大化、《嫌疑犯法》和《全面限价令》的颁布都是为了革命利益调控国家资源的措施。但是如果没有一个稳定团结的领导集体将它们整合起来发挥效用，那么这些措施也就流于形式。为了挽救他们自己，革命者们需要的是一个能凌驾于所有人之上的权威政府。救国委员会已开始满足这部分需求，但是雅各宾派、山岳派、埃贝尔派、丹东派等都不是轻易听任别人驾驭的。五年来法国就没有过一个可以有效管理的政府。此时还没人知道，一群习惯于做反对派，视权威为压迫，认为顺服于他人就是背叛民族乃至人类的人，现在能否承认一个凌驾于自己头上的权力，即便是一个理应代表他们自己的权力。

总而言之，一个严迫的政治问题，即如何统治管理，还没有解决。

9月20日，随着蒂里奥从救国委员会辞职，这种不确定性变明显了，它一直持续到了10月10日。蒂里奥的离去使在职委员变成了十二人。他们还能在这间房间里待多久，接下来的几天就会见分晓。

国民公会里批评救国委员会的声音也出现了。有些代表指责说清洗军队军官的政策太过极端；也有人反对说救国委员会一事无成。第二十五届国民公会上，救国委员会被指控打压新闻，公会还把一个叫作布里耶的人增补为第十三位委员作为顾问。比约-瓦雷纳为他那些缺席的同事辩护。二十天之前，他还是反对派的头子，现在却呼吁团结——"我们没有一点党派精神！"国民公会正式传唤救国委员们，要求他们出席。

罗伯斯庇尔、巴雷尔、圣安德烈和马恩的普里厄匆匆赶回来。熟悉内情的巴雷尔解释采取措施的理由。普里厄在巴雷尔发言的基础上补充了一些内容。罗伯斯庇尔当天作了那个重要的演讲。

"任何人如果想要贬损、分裂和麻痹国民公会，"他说道，"他就是我们国家的敌人，不管他是坐在这个厅堂里还是一个外国人。不管这么做是出于愚蠢还是恶意，他就是和我们开战的暴君一伙。这种诋毁的恶行确实存在……

"有人指控我们一事无成，但是他们意识到我们的处境了吗？我们要领导十一支军队，全欧洲的责任都在我们肩上，到处都有叛徒要我们去揭发，还要挫败那些拿外国势力金子的密探，那些不可靠的官员要有人盯防，再好的措施在执行过程中也无处不是障碍和困难，需要解决、克服，我们要对抗暴君，要震慑奸贼，那个阶层的几乎所有人，过去凭着他们的财富而权势冲天，现在则诡计多端——这些都是我们尽功用的地方！"

他宣称，没有国民公会的信任，委员会担当不了它所面临的艰巨任务。如果感受不到这种信任，现有的这个小组就该被取而代之。换句话说，罗伯斯庇尔、巴雷尔和圣安德烈为自己也为他们的同僚递交了他们的辞呈。面对反对派的威胁，他们结成了共同阵线，一个也许可以称为内阁的集体。他们这种努力没有白费。可怜的布里耶认为自己"才具有限，不能担任救国委员会委员"，拒绝了刚刚落到他头上的这项荣誉。在罗伯斯庇尔的一再坚持下，国民公会庄严宣布他们对救国委员会的信任。

十二委员仍然还是委员。每月举行一次选举，连续十个月，国民公会一直选这十二位来统治法国。

十二人独裁随着9月25日的公会胜利得以大大推进。罗伯斯庇尔的演讲明确了一点，即从此往后，对政府的严肃批评就是一件危险的事情。反对变成了"诋毁的恶行"，异议就是和外国势力暗通款曲。就像巴雷尔所说的那样，救国委员会是国民公会的精粹、提炼和缩影，就像国民公会和至高无上的人民之间的关系一样；因此给救国委员会出难题就类同于反革命。这十二人不是作为个人，不是出于个体领袖的原则，才被认为是国家意志的代表，而首先是因为他们是国民公会的代表，其次是因为他们还是那个受国民公会辖制的缩小版国民公会的委员。

但是到了这时救国委员会还没施行独裁，国民公会也不是一个傀儡摆设。委员会和所有在其位的政府机构一样，对此前出现的管理混乱都抱有一种深恶痛疾的态度。10月4日，委员会派比约拿了一份法令草约呈交公会。现在山岳派控制了局面，此前一天有一百多位代表被当作吉伦特派给驱逐出去了。比约敦促公会要尽快理清现有政府部门职能，禁止它们越权去干涉新权力部门的职责，彼此之间也不得相互串通搞团团伙伙；他还检举特派员之流，也就是外放的国民公会代表，到了他们各自的驻地，俨然就成了当地的土皇帝，本地事务他们想怎么样就怎么样，如何执法得听他们指示。

怀疑特派员工作的价值是对国民公会的侮辱，这是在暗示公会自己不能管理国家。在代表们的反对和抗议之下，国民公会为了显示独立性，打回了比约的提案，让救国委员会重新考虑。

这是救国委员会遭受的一次挫折。它之前的计划到此只能说是早产了；一直要到12月份，委员会才把特派员们控制在手里。

但是十二委员（或者说是剩下的七位，库东和兰代仍在外地，卡诺刚去了军队，圣安德烈和马恩的普里厄10月1日去了布列塔尼）决议要在政治上摊牌，将他们最近几周获得的权力体系化，将他们与国民公会的关系在法律上确定下来。于是他们又起草了一个新法案。将其递交给国民公会并做说明的任务,他们交给了圣茹斯特。

这位年轻人是大革命的一个谜。他倏忽而过,闪耀时间维持了两年不到,他性情热烈,年轻时一事无成没有方向,但是后来成熟起来后,假如他有真正成熟过的话,可以说是撼动了世界。他这时已经不愿意提起他的少作长诗《奥尔冈》,那是他在研读《革命精神》(*The Spirit of the Revolution*) 这部政治学作品之后的收获,他写作此诗的1791年,当时人们认为革命已经结束。这部作品显示出作者丰富的政治洞见,但是对于共和观念却没表现出一点兴趣。而《奥尔冈》的作者在卷入1792年的灾难之后,随着这个国家越来越激进,他的野心也一再膨胀,到了1793年,他已不再是两年前那个冷静的旁观者了。

在战时总动员和《全面限价令》颁布期间发生的决定性事件当中,圣茹斯特起到的作用很小。在组建新政府的几周里,圣茹斯特也很少参加救国委员会的会议,只签署了为数不多的几个法令。尽管他人在巴黎,或在国民公会或在雅各宾俱乐部,但是也不活跃。事实上,他的这段生活人们所知甚少,除了有流言说他和一个叫托兰的夫人有关系。他否认这种指控,还说他当时非常忙。

但是,他是一个惹人注目的人物。他比国民公会里的其他人都要年轻,却轻而易举就让其中大部分人听命于他。敏锐、机灵,一副沉着冷静的样子;冷淡而不易接近的表情,有时给人以故弄玄虚之感;而他自觉高人一等,七情六欲与他无关的神态让其崇拜者们觉得是看到了一个"神人"。他很像罗伯斯庇尔,能够和他所崇拜的这位英雄一起共事,成为同僚,他有不胜荣幸之感。罗伯斯庇尔爱慕虚荣,圣茹斯特则极度自负;罗伯斯庇尔为人呆板,圣茹斯特不知变通。圣茹斯特就是一个个性更为鲜明的罗伯斯庇尔,更有精神气儿,虽然喜怒不形于色,但举止更加鲁莽;他固然没有罗伯斯庇尔的口才，却也不像后者临事犹豫不决、内向且喜欢自我反思，罗伯斯庇尔难能可贵的善良与诚恳也与他无缘。

圣茹斯特成了一种由激情浇筑而成的理念。大革命中抽象、绝对和理念化的一切在他柔弱苗条的身体上获得了具象，写在了他年轻的面孔上，然后在他不知疲倦、有如神鬼附体一般的精力驱动下变得可怕骇人。他是卢梭的信徒，但是他与卢梭的共同点限于《社会契约论》里的斯巴达式严酷，不论《新爱洛伊丝》里柔弱的白日梦，还是《忏悔录》里的自我哀怜，他都少之又少。他不像科洛·戴布瓦似乎已经变成的那样喜欢流血。流血对他无关紧要。任何个人都与他的理想世界没有关联。曾经年少时让他受挫的火暴脾气在政治狂热的平静外表下还在继续燃烧。

10月10日这天，公会代表们发现就是这样一位让人惊恐的人物站在他们面前的讲台上。他的提案是一个折中意见书，对于特派员们，他提都没提。然而他要求救国委员会对革命军，对在军队里手握实权的将军们，对国家和权力机关的长官们行使监督权；提案还提出，救国委员会要有权在全国范围内对食品以及其他生活必需品进行征用和调配。就政治方面而言，圣茹斯特所递交的，也是后来公会所颁布的这个提议草案里最重要的乃是第一条：

> 法兰西临时政府将会一直革命，直到和平来临。

这份意见书对前几个月的革命举措进行了总结。救国委员会和其附属机构第一次被正式描述为政府。救国委员会开始成为公认的行政机关，虽然在理论上还受辖于国民公会，需要在每个月的10号这天重新获得它的批准，但是已经能够有组织地实施决议。新政府之所以被称为"革命的"是因为它的组成方式没有按照当时的法律观念。四个月前起草的宪法现在被完全搁置一边了。国民公会（最初是取法于美国的制宪会议），在其任务结束之际并没解散，它反而宣布仍将继续存在，而且是以"革命的"，也就是以非常规化和效率优先的方式存在。伊波利特·卡诺，拉扎尔·卡诺的儿子，他有一个非常深刻的观察，就是恐怖统治时期的法国统治者们对于法律太过尊敬，而不会把他们采取的行动方针归因于法律。

随着 1793 年 10 月 10 日政权的成立，"革命政府"有了专指，它不是也不应当是一个合法性的典范；但它也不是环境使然或者权宜之计的产物。革命政府所依据的是更高意义上的法律，高于一般法律的政治信条。圣茹斯特在跟国民公会介绍法令时对此政治信条有过清晰的表达。

"既然法国人民已经公开声明了他们的意志，"他说道，"那么任何反对的东西都是置其身于主权之外的。任何主权之外者都是敌人。"

这里就牵涉到《社会契约论》里所表述的"公共意志"。这个名词是什么意思呢？

它的意思是说在任何作为一个政治单位管理的国家都存在着一种叫作人民的东西，而人民有明确的意志。人民即主权。人民之意志非某一阶级或某一个人之意志，也不是各阶级或者所有个人意志的联合。任何个人或者政党，只要持有不同于人民意志的见解，就不属于人民。他们是在"主权之外"，不是真正的公民，仅仅是外邦人，无国籍者，无异于被社会遗弃的浪荡者。他们由于自身的冥顽不化而自绝于人民，那么也不能得到被他们所拒绝的法律的保护。

在一个稳定的政治秩序里，这种哲学里有某种切实可行，乃至必然的成分。一个社群的成员之间确实需要取得某种共识。他们必须觉得他们的共同纽带要胜过可能会导致他们分裂的利益冲突；在对政策产生意见分歧时，他们必须都要尊重决定政策产生的法律；他们必须接受和维护司法机关做出的司法决议，即便这些决议有悖于他们的个人意愿。只有出现了这样一种公共意志，一群人才能成为公民。拒绝这种底线共识就是在弃绝法治。

但是在1793年的法国，不存在这种团结，派系之间也不能相互包容，而就政府组成形式而言，从来没有一致意见，圣茹斯特所表达的观念，同时也是为很多人所认可的观念，是极为危险的。山岳派在法国不是大多数，他们有时候认为自己是大多数；但更多时候，他们认为自己是代表正义的一小部分人。无论如何，尤其是在圣茹斯特提议要把对革命无动于衷者和公开反叛者一起予以惩罚时，大部分的法国人是被山岳派排除在人民之外的。他们脱离在主权之外，并正如圣茹斯特所说的——这种说法带着马基雅维利或者希特勒时代的粗俗——主权之外即为敌人。

圣茹斯特早就认识到主权原理当中的危险。就在不久前的1793年4月，在和吉伦特派论战时，他还说道："这种公共意志的说法，"他这边是指吉伦特派对这个词的用法，"如果在世上得以大行其道，自由将不复存在。"而在此之前，在他那本1791年的著作里面，他严厉谴责了卢梭的一个严重的遗漏。卢梭认为，公共意志，无论想做什么，永远都是正确的；他让理性和权利完全依赖于政治权力，因此可以将其视为今天所谓的极权主义的始祖。圣茹斯特对此教义进行了修正。任何意志，圣茹斯特说，即便是公共意志，如果为邪恶所诱，都为无效。要成为主权，意志必须"公正合理"。圣茹斯特将理性和权利维持在一个高于主权的标准之上，使之不能妄加干涉。

圣茹斯特在1791年不相信，在1793年还是不相信，大部分的法国人会赞成革命政权。然而，他会同意卢梭所说的这句话："使意志成为公共意志的与其说是发出不同声音的民众人数，还不如说是使之团结起来的共同利益。"他还会加上一句：只有符合美德的意志才是至高无上的。他对自己的美德有绝对自信。罗伯斯庇尔和其他人也是如此，革命对他们而言，无异于一场道德的自我认可。《社会契约论》的教义和其中的道德寓意成了恐怖统治的理论。一群自以为正义的人，他们一方面将"主权之外"者视为敌人，另一方面又在正义和理性的名义下，自诩为神圣的主权意志，而后者曾被卢梭形容为不可灭、不可分、不可侵，永恒不变、永远纯粹。

第四章
胜利的开始

埃贝尔派9月5日的暴动似乎还不够耗费国民公会的精力，就在同一天，北方军团司令乌沙尔将军那里也传来了一个令人沮丧的消息。他是在3日写这封信的，当时他知道眼前有一场起决定性意义的恶战要打。信里全是他的一肚子苦水。他说，当他知道派给他做支援的军队人数比之前答应的要少一万人时，他的身子都发起抖来了。从邻省摩泽尔来的军队一门加农炮都没有。而已有的火炮情况也很糟糕，如果想让它们打运动战，必须另外配备六百匹马；但即便多了这些马，能不能派得上用场还值得怀疑，因为那些军中的马已经有十五天没吃上燕麦了，而且无论如何，在一个被树篱和运河分割成条条块块的田地上，骑兵和野战炮根本施展不开。军队里的粮食储备即将告罄，当地的政权机构根本不帮忙供应什么东西。雪上加霜的是，负责军需的将军刚刚受到检举，遭到了逮捕，接替他职位的是一个毫无经验的家伙。因此尽管巴黎给的一千万里弗已经到位，但是他的军队明天吃什么，乌沙尔将军对此心里一点谱也没有。

对于这么让人沮丧的来信，卡诺不得不写一个安慰性质的回复，虽然他本人此时正忙于执行国民公会的一个命令，要马上为巴黎无套裤汉所组成的军队起草一个计划出来。他终于就战略问题给乌沙尔写了一些能让他自己还算满意的东西，而后者虽然前景是一片迷茫，但不是没有心思打仗。

那天下午4点，当巴黎城里暴动正酣之时，乌沙尔坐在他的新总部里头（他想办法搬了进去）给他的上级们写另外一封书信。对敌情报系统已经建立；前哨已经交火了。但是乌沙尔将军还是高兴不起来。他手下的这些将军都害怕承担责任。他们一会儿声称自己不适合目前的工作，一会儿索性拒绝重要的任务，拿一些小困难为自己开脱，或者反对了事。乌沙尔在信里写道，他真希望自己能够在他的下属里找得出三个优秀的战区司令和六个优秀的准将。

乌沙尔将军所说的就是接下来三天这支赢得翁斯科特战役的军队的战备情况。这场战役是一个转折点，中止了反法联军自去年冬天以来的进军步伐。法军之后取得了一系列胜利，到了1794年，法军开始明确转入攻势。

胜利开始之时，恐怖统治还没开始，战时总动员还没生效，救国委员会还没获得统治地位。但在1793年9月，当时没有人能知道翁斯科特战役会是一个转折点；就当时法国的国内形势而言，没有一个独裁政府，根本就不可能取得胜利。

这年夏末，共和国大约有五十万武装人员。他们分别隶属于十一支军队，每支军队都以它所要求展开行动的地方为名。其中规模最大的四支被安排在北方的国界线上，分别在莱茵、摩泽尔、阿登和法国北部。这十一支军队没有一个统一的最高司令,甚至连一个总参谋部也没有,给他们发号施令的只有军政部和救国委员会。革命者们担心,若任命一名将军,他的权势会变得过大。

军队物资匮乏,而他们的种种表现也让人觉得军纪废弛、道德败坏。不管是在军队,还是在巴黎,很少有人会对高级指挥官们抱有信心;经验丰富的指挥官不是共和派,而政治上可靠的人却没怎么接受过军事训练。相应地,军官们也不信任自己手下的士兵。前朝的职业军人仍是军队的核心;而在爱国热情中报名参军的志愿兵们也有几千人马,他们的政治观点更趋激进;另外也有不少被强征入伍的心里就不愿服役,在这种空前自由的氛围里不好好接受训练;就这样随着日子一天天过去,总动员征召来一批批新兵,这些二十五岁以下的年轻人各怀心思,拥有不同的政治立场。

将军们总是抱怨——不仅仅是贵族将军们才如此——他们手下的士兵不听指挥。士兵们该训练时总不见人,他们泡咖啡馆,加入当地的雅各宾派俱乐部,组建他们自己的政治小组,阅读巴黎来的激进报纸,彼此讨论政治,与巴黎公社通信,向到访本地的特派员打他们上级的小报告。他们不爱惜自己的装备,昂贵的加农炮丢掉了就不再费力去找回来,这样就浪费了共和国的财物。如果一场战斗输掉了,常常会在新兵当中引发危险的恐慌,新兵们不和老兵编队,而是单独组成战斗单位。而一旦在战场上取得小胜,部队就要好好休息一下,认为长官要求继续推进的命令毫无必要,拒绝对敌发出致命打击,有时候,因为供给短缺,队伍作鸟兽散,变成了打家劫舍的匪帮。一个从"君主们的扈从"手里解放出来的法国村子,眼睁睁地看着自己的食物、床铺、指券和其他值钱的东西在它的解放者的穷凶极恶之下灰飞烟灭。在前贵族屈斯蒂纳被解除军职之后,北方兵团的军纪尤为败坏。

军人不讲军纪，部分原因是因为他们认为自己是自由人。共和国的这群人马迥异于被纠集起来和他们对阵的那伙人。奥地利、普鲁士、英国、荷兰、西班牙和撒丁王国的军队有一点是一致的，那就是人员由两个泾渭分明的阶级组成，一大群从乡镇街道上招募来的乡下人和倒霉蛋（在一些德国军队里甚至还有农奴），和一小撮贵族，后者出身优渥，在军队里发号施令。而在法国军队那边，从鼓手到将帅，他们都得敬称别人为"公民"。这种由此而生的亲切感也不一定就能转化为军力优势，但确实让法国人在面对卑贱的敌人时，觉得彼此之间横着一条鸿沟。

法国军营是爱国主义的温床。不是所有人在入伍时都是爱国主义者，但那些感到迷惑或者郁闷的人，他们无法一直抵抗那些意气风发者的影响，作为正常人，他们也不能长久漠视他们为之拿生命去冒险的事业。他们在哪里都听得到"自由""平等""共和国""国家"这些大词儿，还有如雷滚滚的《马赛曲》，以及节奏欢快的卡尔玛尼奥拉舞曲。他们在军营里每天都看着三色旗，到了战场上，这面旗帜将在他们情绪最为亢奋的时刻与之合为一体，能挽救他们于危难。一个脑筋清楚的人，他会发现他的中士会受提拔，他的中尉做到了将军；尽管一方面这造成他对这种出身的长官不会总是礼貌尊重，但是他也至少会想到，领导他的人和他是一类人。

无法无天的爱国者，目无法纪却又满腔热情，挫折失败让他们沮丧，将军们的无能无趣叫他们失望，他们高度讲政治却对政客们评价不高。8月里的军队，和全法国一样杂乱无章混作一团。法军在18世纪的历史进程中还是一个未知量，虽然未来在欧洲引起了革命性巨变，但在当时还没人清楚这点。

救国委员会对军队的管理，和它管理其他东西一样，或者说它尽力使管理方法一样。救国委员会主要让卡诺管军队的工作。

在十二名委员当中，时至今日，只有卡诺仍被视为法国民族英雄。他也是引起众多争议的人物之一。当代的保守主义者在把他迎进先贤祠的同时，也倾向于认为本质上他不是革命者。他们把他描绘为一个勤勉的爱国者，在世界颠倒，周围都是穷凶极恶的恐怖分子和嗜血者时，他强迫自己违背意志和那些他所鄙视的激进分子合作。共和派的卡诺没有了，只有作为胜利组织者的卡诺。

然而事实上，卡诺就是一个共和派、激进派和革命者，当然没有科洛那样残忍，也不像圣茹斯特那么教条主义，他相信革命的光荣取决于它所声称的原则而不是它所赢得的战斗。他从没去过雅各宾俱乐部，尽管他是其中的会员；他有一个持允之论，认为雅各宾派把时间都浪费在了无谓的口舌之争上。他待人接物比较平和，这一点和巴雷尔、圣安德烈相近，而有别于罗伯斯庇尔、圣茹斯特、科洛和比约。他没有什么变态心理、恐惧症和强迫症；也没有产生过伟大的幻觉；不像其他的狂热革命者，弥赛亚情结与他无缘。他不是党的领袖，所以能够像巴雷尔一样，安然度过政权的频繁变动。确实，他在政治上相当无知，这一点后来被一些比他更精明的脑袋给适时利用了。

军政部部长布硕特是卡诺的有力助手，他负责处理很多日常事务。布硕特所扮演的角色多少有点模糊不清。他经常由于革命性不强而备受指责，但就是在他的任内，军政部变成了埃贝尔派和激进派们的大本营。救国委员会认为他不可或缺，为他公开辩护。布硕特既有行政能力，也有建设的智慧。他对军事才能具备卓越的判断力。他可以拟定和执行长远的计划。在他的命令之下，法国军队第一次使用了热气球；也是他建设了第一条从巴黎到里尔的"电报"，在山顶上建信号装置，将两地之间的沟通时间缩短为几分钟。这件事得到了卡诺的全力支持，他支持这位发明者，在8月25日拨给了布硕特166240里弗用于此项支出。

救国委员会督导军队的行动是通过布硕特的密探们进行的，9月11日之后，密探们被要求直接向委员会报告，每周一次。对于更重要的事务，就直接通过公会巡回代表报告，他们的级别高过战场上的所有将军。有时候，委员会会派一两位委员去。8月份，马恩的普里厄和圣安德烈快速走访了北方各支军队。他们回来后不久，库东又为了镇压里昂的叛乱而出发了。然而通常来说，委员会通过一般的特派员来督导工作。这种工作关系的实质在萨尔特省的代表勒内·勒瓦索尔讲述的一段谈话反映了出来。

勒瓦索尔告诉我们说，他是如何接到了委员会的命令，然后单独去见的卡诺。很多年以后，他把这些都写了下来，也许对自己的谦虚有所夸大。

"北方军团，"卡诺说道，"在公然叛乱。我们需要一个牢靠的人去镇压叛乱。你是我们选中的人。"

"卡诺，我很荣幸。"勒瓦索尔说，"但是光人牢靠还不够啊，经验和军事能力也需要。我缺乏这些必需条件。"

"我们知道你，我们也知道怎么评估你。你备受人们尊敬，是自由之友，你一出现就足以叫回来那些走上迷途的人。"

"卡诺，但事实是我不够孔武有力。看看我的身材，你告诉我，我这样一个身材怎么能激励那些身材高大的士兵。"

"亚历山大大帝也是一个身材矮小的人。"卡诺答道，引用了拉丁文。

"是的，但亚历山大一生都是在军营里过的啊。有关军队的一切，他都学过。他知道如何激励士兵。"

"环境造就人。你的性格优点和对共和国的忠诚可以让我们放心。"

"非常好，我接受。虽然我没军队知识，但是我可以保证热情和勇气。我什么时候必须走？"

"明天。"

"可以。"

"明天你会收到国民公会的任命，还有政府特派员的武器以及制服。"

"给我的指示是？"

"指示都在你的心里还有脑子里，需要时它们就会出来。去吧，祝你成功。"

就这样勒瓦索尔走了，满怀着兴奋和渴望，随身带的行李箱里装着给军队特派员发放的一套古怪的制服。这套衣服的设计用意就是要让穿衣服的人显得突出，不会看上去太像军人。这套衣服是一件蓝色的大衣上扣着黄铜纽扣，上缀三色流苏，再加一顶三色冠羽软帽。

在卡诺看来，军队的主要问题还是人事。与之相比，甚至补给问题还在其次。最重要的是，政府要确保那些武装力量都是为政府而战。因此，有必要清洗大部分上了年纪的军官，然后在军队里大力宣传。虽然士兵们大多有些革命观念，但是并不都听命于在巴黎掌权的山岳派人。

根据雅各宾派的估计，尽管前几年有过几轮的移民潮，但仍然有数以千计的贵族出身的军官。这些人大部分都是非常爱国的，情感上都愿意为法国抵抗外侮，但是要作为雅各宾派意义上的爱国者，他们还不够格。这场革命早就超出了他们所能认可的范围。因而，他们很乐意卷入一些阴谋当中，对于战事却毫无兴趣，不愿为一个他们认为是在毁灭法国的政府去赢得胜利。更有甚者，他们讨厌被自己招募来的士兵监视，也不喜欢听命于那些戴着花色流苏的公民。

屈斯蒂纳7月22日遭到逮捕，8月27日就被判处了死刑。其他的将军们意志消沉，当失败就意味着断头台时，他们就不敢担当任何责任了。

对军队的军官们进行清洗是能将巴黎所有的派系团结起来的民意，所有的政治家们都认为这是可以挽救信心的灵药。然而，实施起来并不容易。布硕特全心全意扑在上面，但他又不得不小心，既要照顾国内严峻的形势，又要满足焦躁的雅各宾派。他清楚，检举告发往往是由于嫉妒心理、鸡毛蒜皮所生的嫌隙，还有个人恩怨。他知道，如果一下子把军官们全都免职，将很难找到这么多人来补缺，那便是一场自杀。因此，他采取拖延的手段。迟至9月7日，他只是把那些坚持穿戴波旁王朝军装的军官们撤职。之后不久，由于埃贝尔派的暴动，作为后果之一，所有贵族出身的军官立即被解职。11月4日，救国委员会在意识到这个问题已经日常化之后，就把监察军官忠心与否的任务转交给了治安委员会，把手里的大量有关材料交给了后者。

乌沙尔对下属将军的抱怨说明发现人才之难。他本人就是例证。他不是合格的屈斯蒂纳的继任者，对此他心知肚明。担心失败让他畏首畏尾，缺乏经验使他行动迟缓。但是在1793年7月以前，没人怀疑乌沙尔的政治纯洁性，他不是贵族，但家境优渥，在革命前还是当上了代理上尉。五十五岁的他，已经是一个经历了很多战役的老兵，但是直到革命前几个月才指挥上了一个连队，接连几个胜仗，让他连续升职为上校和准将。

乌沙尔在外貌上像极了保王党人最为忌惮的那种无套裤汉。他身高六英尺，举止粗俗性格暴躁，有德国身世的他法语也讲不流利。乌沙尔的脸庞比较可怕，上面有三道刀伤一处枪伤，嘴巴向左颊一歪，上唇却一分为二，右脸颊上刻有几道长长的伤口。然而乌沙尔却是个本性谦和的人,一个地地道道的老兵,喜欢大大咧咧地靠在手下们的肩膀上。这人很天真,有次他奉命统领法国北部,随随便便戴了顶硕大的帽子去视察军队。士兵们哄笑他,可怜的乌沙尔一脸尴尬。

但凡有点见识的人,见过乌沙尔之后都不会把他当作贵族,但就是这个人,刚刚受任指挥北方军团还没履新,就有人去告发他。斯特拉斯堡的雅各宾派反应尤为激烈,正如圣茹斯特后来发现的那样,他们陷入了极端情绪之中。乌沙尔离开他的家乡萨尔堡之前一天,当地的民兵组织谴责他为叛徒,威胁要拆毁他的屋子,吊死他的妻儿。普里厄和圣安德烈在他们的 8 月特派员之行中发现,那些狂热的爱国者已经不再相信乌沙尔了。被逼到绝境的他,工作上也力不从心,失去了人们的尊敬,陷入对未来的忧虑之中。

乌沙尔是救国委员会提拔到高位的第一个普通人,也是最不开心的一个。

利用这些招募来的士兵,共和国的人事采取了宣传的形式来建立对政府的忠诚。此前可能只有在一些宗教战争中,政府才能如此这般确保那些在战场拼命的人和政府团结一致。在敌军中就不会有这样的问题,他们那边的普通士兵基本没有政治意识,事实上通常都是文盲。共和国的士兵们,在一种新生的自由感激励下,觉得自己作为公民,拥有权利(《人权宣言》不就是这么说的吗?),他们中有一半人认得字,大部分人之前不久还是平民,许多都是志愿参军。他们不像职业军人,只会听从命令去卖命,他们知道为什么去打仗,也相信这场战争有利于他们的利益。

因此,一些现代法国民族主义者的理论乖谬至极,他们认为共和国的士兵是没有政治观念的,他们只是为法国的荣誉而战,一心想击败外敌,而巴黎城里则只有长舌头和刽子手。无论在哪种意义上，这些官兵都没有轻视法国的荣誉，但激发他们情感的是新法国而不是旧法国。他们是民族主义者，而"民族"这个词在那些日子里就是对旧制度的挑战。

在救国委员会的领导下，布硕特和军政部竭尽全力地在军队里鼓动革命热情。每一个兵营都有他们的密探。政府和入伍士兵站在一起打倒军官，和志愿者站在一起打倒腐朽的职业兵团制度。从6月到第二年的3月，布硕特利用救国委员会拨给他的资金，给军队狂买了15000份巴黎的报纸。他也给予埃贝尔帮助，大量买进了数千份埃贝尔尖酸刻薄的报纸《杜歇老爷报》（Père Duchesne），并在前线派发。附带《人权宣言》一起，布硕特散发出了40万份宪法。卡诺自己最后也创建了一份特刊，亲自编写，专给士兵读。

像勒瓦索尔这样的特派员，他们肩负的任务繁多，但其中最重要的莫过于传播革命的福音。他们从巴黎领来福音，他们鼓吹仇恨暴君，厌恶贵族，严酷对待嫌疑分子，对态度温暾和畏缩不前的人施以威胁。他们向士兵们呼吁，要对革命所带来的巨变产生感情，继而要从这种模糊的情愫中产生出一种更为坚定更为热忱的东西——对革命的忠诚。他们要士兵在思想上把共和国和山岳派视为一体，和清洗过的国民公会视为一体，和救国委员会视为一体。

1793年8月，对共和国而言，战争到达了它的谷底。

在南方，西班牙和撒丁王国威胁入侵。8月29日，土伦港已经被英国人占领。里昂和波尔多还未被征服。旺代血流成河。但是主要的威胁来自北方和东边，两处边界分别和奥属尼德兰、德国莱茵兰地区接壤。普鲁士人已经占领了美因茨，将莱茵军赶回了阿尔萨斯。奥地利军和英军分别在科堡亲王和约克公爵的率领下，攻取了孔代和瓦朗谢讷。北方军团看上去毫无还手之力。

孔代和瓦朗谢讷是两处相隔五英里的设防城镇，处于斯凯尔特河的上游，都属于边境地区，其实南距巴黎不过100英里多一点。而瓦朗谢讷距离向南流入峡谷的下游分水岭只有一步之遥。奥地利骑兵的侦察兵进入北方各省，有些甚至到了圣康坦。8月初，联军在摩泽尔省和北海之间的尼德兰边境的人马达到16万。而和他们对阵的法军不仅人数没这么多，也没这么集中。

从形势看，约克和科堡要把那些已经被夺取的一系列要塞置之一旁，集中优势兵力向主要目标巴黎进发。到达巴黎之后，他们可能会很快解散国民公会，取缔救国委员会；现在整个法国已经被无政府主义和内战所毁，只要团结一致，借由巴黎的主导地位，联军就可以按照他们的意思制订一个和平协议。这样就能扑灭革命，复辟的波旁王朝到手的将是一个衰弱和分裂的法国。假如这一切都会发生，那么接下来将是一个相对和平的时代；历史不会出现拿破仑；没有拿破仑，1800年后的历史毫无疑问都会改写，不仅法国如此，对于德国和中欧来说，情势也会更加不同。

事实上，让法国惊讶的是，约克和科堡没有采取如此手段。约克公爵收到的伦敦命令是攻占敦刻尔克，英国想在那里建立一块永久的大陆根据地。于是尽管科堡一再抗议，公爵只拿出他收到的命令敷衍，他让军队停止了进攻，仅仅参与了瓦朗谢讷附近为期几天的小规模战斗，8月12日就带着他的英国军队，还有汉诺威和黑森雇佣军，一起向大海方向回撤。奥地利人却转身回去威胁勒凯努瓦和莫伯日。至此，联军一分为二，离心离德，失去了兵力集中的战略优势。

这个巨大的错误，可以归咎于威廉·皮特和英国政治之必然性，挽救了法兰西共和国。清楚的是，联军和法军相比，在内部纠纷、军事无能和政治干涉方面的问题是同样的糟糕。最讽刺的是，如果当时约克和科堡能联手攻占巴黎，英国人很可能早就把敦刻尔克和

卡诺

其他战利品收入囊中了,而实际情况却是,由于他们的鲁莽和各自为战,最后失去了这个地方。

现在法国人有机会反击了。在十一支军队的总司令一职空缺的情况下,采取何种形式的反击,这个问题最后只能由救国委员会尤其是卡诺来回答了。因此,有些著者就把1793年的胜利归诸卡诺的战略思想。

然而,卡诺并没主动去制订战略计划。他甚至不赞同当时的先进军事思想。新一代的军事作家一直在呼吁一种新的战争体系。他们认为,应该抛弃过去以要塞为基础的战略,这种战略主张严防死守,储存辎重,占据战略要害位置如城镇、谷地、道路和桥梁。新的军事思想则是集结大规模的机动兵力,如有必要可以舍弃一些防御工事,暴露一些地点;这些大军的补给需要全国范围内下令强征;决战更多是以在单个地方集中兵力展开,而较少以小规模作战单位灵活机动作战。法国大革命和战争的全民动员形式使得这种战略变得可行。拿破仑的胜利便是最好证明。

卡诺是工程师出身,对堡垒有偏爱。还在旧军队里做上尉时,他就公然反对改革创新。卡诺既有技术上的理由,也有出于人道的考虑。他认为防御工事的原则必须坚持,因为在战争防御当中它极为有效,而且只有这种方式才算正义;防御工事将来犯之敌置于不利境地,杀戮可以减少到最低程度,而防御一方因为有食物补给、休息区和医院而不必太过艰苦。晚至1793年春天,卡诺在接受派遣前去支援孔代和瓦朗谢讷地区时,那会儿他还没成为救国委员,没有任何迹象显示他希望运用新的战略思想。

约克和科堡各自为战之际,法军又出了个方案,不过制订者不是卡诺,而是乌沙尔部下的职业军官们。方案要将北方军团扩充为新军事思想所推崇的强大的机动部队。莱茵和摩泽尔地区的军队要转移出来，他们都是些新兵和志愿军，暂时处于完全防御态势。卡诺表示了异议，他觉得北方军队已经足够庞大了。而委员会的其他人，巴雷尔、库东和圣安德烈都是站在新政策一边。在同僚、将军和特派员们的建议面前，卡诺让步了；救国委员会向莱茵和摩泽尔发出了命令。

为了强化北方军团的力量，几个市镇的驻军都撤防了。里尔和其他一些市镇抗议此举，居民都不适应新体制，当地的革命领袖都怀疑是不是里面有什么圈套。这些人都要特派员前去平息，截至那时，派驻北方军团的特派员人数不少于十二位。十二位最高权威人物很容易导致纷争事端，但是就当时一片混乱、怀疑一切的环境氛围而言，也只有派出公会代表才能解决。

卡诺对前线的跟进相当消极，他理智地不去干涉战场指挥。乌沙尔的军事会议先是决定打击位于梅嫩的荷兰人，然后向北取佛内，包围约克公爵，切断他从敦刻尔克的退路。如果成功，这个军事行动就能让荷兰人和英国人出局，法国人可以腾出手来转向南方对付奥地利人。但是最后一刻，乌沙尔改变了主意。对于疑虑重重、意志消沉的他而言，这项行动太过冒险，失败就会上断头台。而且，在之前的军事行动当中，军队显得难以有序调遣，在执行困难的任务时，他们很容易乱作一团，或者就是一有机会就去抢掠作乐。乌沙尔决定还是正面进攻英国人。

改变计划对于乌沙尔而言是致命的。卡诺9月5日收到了他的一封信，知道了他的决定。卡诺回信说，他对放弃包围英国人的计划表示失望，但还是让乌沙尔放手去做，重申对他的信心。卡诺要求乌沙尔不能分散兵力，并给了一句含糊的指示："要给敌人以致命一击，但是如果有一点点怀疑，就千万不要采取任何冒险的决定性行动。"

对于即将发生的情形，乌沙尔可以拿来为自己辩护的理由就是，卡诺过分强调解围敦刻尔克的意义了。在卡诺看来，敦刻尔克所拥有的地位和它的军事价值极不相称。虽然敦刻尔克是一个要塞城市，但它更是一个政治符号。和1793年其他的狂热革命者一样，他也夸大了英国发生的骚动的意义。他命令乌沙尔要更多从政治层面而不是军事意义上去考虑这场战役。如果约克公爵在敦刻尔克败下阵来，英国人民定会起来革命反抗乔治三世。

北方军团9月6日投入了战斗。他们的主攻方向是约克的"掩护部队"，里面是在敦刻尔克担任前线防卫的汉诺威人。法国人虽然在数量上超过了汉诺威人，双方人数比大于2∶1，但是战役持续了两天仍不见胜负。军事批评家们都一致认为这是乌沙尔分散了兵力所致。战役第三天，在翁斯科特附近一场激烈的战斗中，特派员勒索瓦尔和德布雷亲自上了火线，出现了一众英雄行为之后（有一名法军士兵，一条胳膊被砍断之后，还挥舞着另一条胳膊冲上前去，嘴里高喊："共和国万岁！"），汉诺威人退却了，他们损失惨重，溃不成军，向佛内逃去。

乌沙尔现在有两条路可选。他可以追击汉诺威人，拿下佛内，挡住约克公爵的去路，掩护部队一败退，公爵就准备后撤。或者他也可以派兵北上侵扰败退的英国人，他们正不得不沿着海岸线慌不择路地后撤。勒索瓦尔催促他向佛内进军。乌沙尔以一种不常见的尖刻答道："你不是军人。"勒索瓦尔受了他的这顿驳斥，就去做军事性没那么强的工作，整顿一下散漫的军营纪律。乌沙尔则宣布说，他的军队现在疲惫了，向佛内进军会有风险，加之沼泽地涨水后就断了去往大海的路，最后他什么都没做。汉诺威人没有受到追击，约克公爵的军队毫发无损地跑走了。

因此翁斯科特战役算得上是一场体面的胜利，挽救了敦刻尔克，几个月来第一次，联军遇到了挫折。如果卡诺的说法是正确的，如果英国人现在推翻了他们的政府，法国人在翁斯科特将会是场大丰收。然而尽管约克受了重创，在敦刻尔克墙下丢掉了大部分的辎重和军火，失去了汉诺威部队的大量人马，但是他的军队仍然存在。更高层次上的战略目标流产了。北方军团没有作为一个机动部队行动。考虑到人数上的优势，这种胜利算不上多荣耀。乌沙尔也没有集结起部队来，更没有发出致命一击。但是他也不全错，考虑到他部队的难以辖制，十二位特派员的在场也导致了权威的分裂，还有卡诺之前发出的不要做冒险之举的明确警告。事实上，这个结果他很满意，因为他本没指望还能胜利。

救国委员会庆贺了乌沙尔的"光荣胜利"。卡诺、布硕特和其他人却不满意。和勒瓦索尔以及其他一些在场的特派员一样，他们认为本来英军可以被一举俘获或者消灭的。几天后，当乌沙尔又陷入一场血腥胶着的战斗时，这种不满又加深了。尽管如此，翁斯科特之战还是在巴黎被当作一场胜利庆祝了两周。特派员们没有发出一句反对的意见——直到9月20日，他们中有位叫亨茨的来到首都控告乌沙尔叛变。两天之后，救国委员会下令对他免职。

罢免乌沙尔毫无疑问是明智之举。但是后面还有事情。

当一个建制成熟的政府要撤换一位将领时，它可以承认当初用人失误。革命政府可没这么容易就承认错误。只要救国委员会宣布说乌沙尔负担不起他所赋予的重任，真相就大白了。而在当时，法国的雅各宾派就会抨击委员会说他们无能，用人不当。如果委员会公布北方困局的原因之一是军纪涣散，这也是事实，他们有文件可以做证。但是在1793年9月，这就会造成政治上不利的局面，让公众对普通士兵生出诽谤谣言。爱国人士们一直相信他们的军队对暴君们怀着神圣的怒火，道德激情是取得胜利的重要法宝，失败只能解释为将领的不忠。

因而，乌沙尔受到的指控不仅是军事失利还有政治背叛。国民公会里有人对他被免职提出了异议。这些人担心罢免将领会威胁国家安全。他们的抗议导致了9月25日的公会危机。乌沙尔的倒台现在演变成了一个更严重的问题，就是救国委员会的稳定与否。巴雷尔、比约、罗伯斯庇尔还有圣安德烈，害怕委员会就此失去国民公会的信任，一致同意乌沙尔有罪。他们自己相信吗？也许会——时值《嫌疑犯法》出台。但也许不——就连科洛一时也在怀疑针对乌沙尔的证据所能说明的只是一个推测。

乌沙尔被指控在敦刻尔克战役当中，没有按照救国委员会的计划行事，而且由于违命，未能"将英国人赶到大海里"。问题到这里就复杂了。巴雷尔和其他人所声称的他们的计划并不是委员会提出来的；想出此方案的人是乌沙尔的一位助手巴泰勒米，现在他和他的领导一起遭到了逮捕。方案已经被委员会批准，那就成了政府的官方项目。显而易见的是，乌沙尔取得了至少特派员迪凯努瓦的同意，之后才改变了作战部署，决定直接攻击盆格鲁-汉诺威的军营。乌沙尔把变动告知了卡诺，也收到了卡诺多少有点勉强的批准。但是8月30日方案在军事会议上被改变之后，他一直等到了9月3日才把消息告诉给了卡诺。卡诺5日做了答复，但是乌沙尔在收到答复之前，已经发动了翁斯科特之战。回头来看，乌沙尔确实是有意在救国委员会之外独立裁决。卡诺认可了，但是他的认可与接下来发生的事情无关。

在国民公会声讨乌沙尔时，巴雷尔和其他人掩盖了一个事实，就是在翁斯科特之战前夕，他们的同僚卡诺同意了乌沙尔的新方案，还对乌沙尔的判断再三表示了信心。他们也掩盖了第一个方案的真正来源。因此，整件事被他们扭曲成了这个样子：一个不听话的将军导致了一个英明政府的失败。他们这么做有一个义正词严的理由是——如果可以称之为理由——共和国失去一个乌沙尔要强过共和国对救国委员会失去信心。为了政府的稳定，乌沙尔要被牺牲掉。

为了证明乌沙尔不仅不听指挥还有叛逆之心，救国委员会在他的司令部里找出了一堆书信。其中有些来信是霍亨洛赫亲王和其他几位外国司令官写给他的。信里说的都是诸如交换俘虏这类事情；其中有一封，是一个德国的小领主写来的，他提出了一个问题，在德国人不接受他们法国人的指券，法国政府又禁止货品出口的情况下，法国军队如何从德国境内购买供应。但是这些信是用旧制度下彬彬有礼的文辞写的。气愤的无套裤汉发现他们的公民将军居然是外国贵族的亲密朋友。很难相信那些国民公会和救国委员会里那些受过教育的人士会认同这种可笑的想法。

但是舆论起来了，"他是我们敌人的朋友！"他是新的屈斯蒂纳，新的迪穆里埃，虚伪者、人民的蛊惑者的行列里又多了一位。即便救国委员会知道——因为卡诺肯定知晓，乌沙尔的错误不是他自己犯下的，而只能归咎于那些决意找一位非贵族出身的将军的人士，他们匆匆忙忙地把他提拔到一个他无法胜任的职位上——他们也不能直面真相，还尽量不让公众知晓，这样委员会就不会暴露在爱国者的怒火之下，那样可能导致有人控诉委员会背叛。

乌沙尔去了监狱，他在那里发现了其他二十四位被羁押的将军。困惑的老兵抗议声称自己无辜，夸口他的平民出身，把他脸上、身上的伤口一一指给众人看，声称自己以前所希望的只不过就是当一个龙骑兵上尉。但这些都无济于事，11月5日，他出现在了革命法庭上，第二天就上了断头台。

他在北方仅仅指挥了六个星期。第一位平民将军的短暂实验就这样以一场悲剧和失败收场。

共和国现在要解决一个巨大的疑问。简单来说，如果率兵打仗是贵族的事情，一个将贵族制度正式予以废除的政权能赢得战争的胜利吗？有可能找到一位率领军队的平民吗？已经在各种其他领域取代了贵族的中产阶级，也可以在战场上取而代之吗？如果可以，那么在革命之前已经存在的贵族，就又失去了另外一个存在下去的理由。如果不可以，民主思想仍然还是一个梦。

很快合适的人就找到了。特派员们有时候会试探性地委任一些有前途的年轻军官做将军，就像中世纪的君主在战场上加封勇者为爵士。基于此，波拿巴在1793年年末成了准将。通过各地爱国者俱乐部发挥作用的布硕特情报人员有时候会给陆军部发来热情洋溢的报告。布硕特和卡诺比较评估消化吸收这些报告，肯定一些人事任命，纠正一些错误。不管如何，他们从恩宠、偏袒和怀疑的云雾当中发现了真正的才俊。在同等的时间内，世界上好像还没有其他政府能够取得同样的人事任命记录，截止到1793年年底，他们提拔到将军职位的包括（但不限于）波拿巴、儒尔当、沃煦、皮什格鲁、马塞纳、莫罗、达武、勒费弗尔、佩里尼翁、塞吕里耶、奥热罗、布律纳。他们中出了一位皇帝，其他八位成了他的元帅；余下的三位（沃煦、皮什格鲁、莫罗）也成了共和国旗下三位出色的指挥官。

这十二位全是崭新的人士。他们在1793年的平均年龄是三十三岁，比救国委员会的委员们还要小四岁。有几位论出身在波旁王朝的军队里也是当得上军官的。但是，他们没有人能在旧制度下升到高位。破除职业上的阶层壁垒，他们是第一批受益者。在此意义上，他们是乌沙尔的继任者，所以波拿巴掌权之后，就给乌沙尔恢复了名誉，给他的遗孀发放了抚恤金。

1793年9月儒尔当成为乌沙尔的职位继任者。尽管在年龄上比乌沙尔年轻二十四岁，儒尔当在率兵打仗方面却颇有经验，而且他是坚定的革命追随者，是革命使他摆脱了无聊的生活。他的父亲是一位外科医生，这门职业在当时开始引起争议。年轻的儒尔当曾经在一个做丝绸生意的叔叔手下做过事，十六岁那年跑去当了兵，在行伍里待了六年，参加了美国独立战争的五场战役，眼见着看不到前途，便退伍回到利摩日开了一片干货店。利摩日的革命者于1790年推举他做了民兵部队里的中尉。三年以后，他便已是少将。在翁斯科特他率领的是一个师，9月24日，三十二岁的他接受了北方军团的司令一职，随后麾下部队很快又加上了阿登军。儒尔当对自己的权力非常自信，对于革命充满热情，对于未来充满信念。若非如此，考虑到屈斯蒂纳和他现在接手的乌沙尔的命运，他就很可能会被人以随便一个理由给罢黜了。

儒尔当于25日晚上到达了他的新总部。卡诺已经从巴黎过来到那儿了，他要当面见见这人，救国委员会的希望都在此人身上了。儒尔当立即赢得了他的好感。这位年轻的将军彬彬有礼，尊重并听从救国委员会的判断，对于派驻平民特派员表示了欣赏。但是，他拒绝和卡诺立即制订作战方案。他需要时间。和乌沙尔一样，他发现整个军务都乱不堪。卡诺也就不再逗留，两天后就回了巴黎。

儒尔当没有办法知道他有多少人马，也说不清楚麾下有哪些将军。乌沙尔的大部分下属都被捕了。有些师一个准将也没有。骑兵也没司令。在莫伯日，这处被奥地利人虎视眈眈的要塞，总共有17000人，但是负责的四位将军里，其中一位受伤，一位被捕，还有一位卧病；而第四位将军，很多天以后儒尔当才知道有这么一位。当儒尔当想从敦刻尔克派出另一位前去时，那里的特派员却出面阻挠。

9月29日，奥地利人渡过了桑布尔河，包围了莫伯日。根据报告，当天法军有200匹战马饿死；在里尔发现了一起向联军叛变献城的阴谋；而在莫伯日，据那里的特派员说，士兵们的士气正在被各种阴谋诡计腐蚀。

解围莫伯日对于共和国来说至关重要。科堡亲王占领了瓦朗谢讷、孔代和勒凯努瓦。拿下莫伯日，他就把这些要塞连成一片，这样向巴黎进军也有了一个基础，至少有了一个在法国领土上过冬的地方。而科堡一旦成功，势必造成谴责救国委员会失败的舆论。如果科堡攻下莫伯日，救国委员会就破产了；温和派会指责它中止军官职务的政策；激进派又会第一千次地高呼"我们被背叛了！"；雅各宾派和公社又会来冲击国民公会，要求实施更多的恐怖统治，需要更有力的措施，让队伍更加纯洁——也许（谁知道呢）连罗伯斯庇尔也发现自己被贴上了暴君的奴隶这样的标签。简言之，政治和公众安全都要求救国委员会胜利。

然后派去打仗的是什么人呢？是13万无法归类的乌合之众——破衣烂衫和英雄，部队老兵和刚从田里跑来的小孩子。他们散布在从阿登一直到海边的前线上，统帅他们的是三十一岁的前一等兵和干货店老板。

10月7日卡诺来到佩罗讷重新和这位主帅会了面。他亲自体验了他的将军们所面临的困难。食物很难获得。军队的采购找遍了北方诸省，他们的竞争对手是巴黎公社的采购，双方都要农民的庄稼。常常是公社的密探们胜出；在卡诺外出的时候，救国委员会曾经下令，巴黎的征用令必须优先于军队的。经过巨大的努力，终于积聚了六周的军粮来给士兵，政府安危有赖于他们。

马匹是当下急需。没有马匹就没有骑兵，加农炮就不能使用，辎重就无法搬运。儒尔当和乌沙尔一样也要求增加800匹马。终于来了几百匹，但同时又死掉了一些，让人叫苦不迭的是新到的这批马匹里有相当一部分没有马具。救国委员会又任命了二十位特别委员专门在全国各地征用马匹。

弹药稀缺，许多士兵都没武器。卡诺派人去采购了15000把刺刀。抵达佩罗讷的第一天，他就跟巴黎写信要那边现有的毛瑟枪，催促应该派人去里尔的修理店里工作。因为缺乏马匹，火炮都无法运送。炮弹和子弹都少得可怜。一发现这个情况，卡诺就把负责人梅亨弗将军给逮捕了，指控他阴谋破坏即将到来的战役。梅亨弗在狱中很快就自刎了。十年之后，儒尔当已经没那么激进了，他在回忆录里说，梅亨弗其实就是无知，尽管在此形势下，很难想象这种无知能被宽恕。

衣装的问题比武器还要糟糕。很多军营都是破衣烂衫。最糟糕的是鞋子的短缺。有些鞋子都是假冒伪劣产品，这要拜政府代理人和承包商不和所赐。老兵们的鞋袜都穿坏了，新兵们有时候则穿着日常的木鞋。卡诺向救国委员会报告，四分之三的士兵都是光脚的。两天之后，军队收到了8000双鞋子。

战时总动员扩充了队伍，但是新入伍的没有太多价值。纪律涣散，未经训练，有时还没武器，彼此完全陌生，对上战场要去做什么一无所知，只有那些没有危险的地方，可以派他们去为那些更好的军队分担一下。他们中有一半到达军营后就跑路了。如果他们还高呼爱国的口号，那些经验丰富的士兵就会用鄙视的眼光看他们。衣衫褴褛的老兵看到新兵的整齐制服总会不满。常备军的士兵痛恨政府对于公民士兵的偏袒。卡诺在给救国委员会的信里写，这些新兵"一无用处，他们不比手里拿根棍子强多少；他们长得挺好看，却只是消耗极难获得的物资"。

有一起风波很好地说明了当时情况有多复杂，人们心里又有多恐惧，而救国委员会对于各种琐事又是如何严密监管。有谣言传到绿房间里说，最近送到北方的白兰地被人下了毒。罗伯斯庇尔、巴雷尔、埃罗给关心此事的特派员们发去了一封通函，要求他们悄悄地调查。很快迪凯努瓦就把可疑的白兰地从佩罗讷运到了巴黎。这些酒交给了化学家贝托莱和卡诺曾经的老师数学家蒙日。这两位当着科多尔的普里厄为救国委员会做了一番表演，宣称其根本无毒，他们自己也喝下了一些以证明他们所言不虚。救国委员会派出一名特派员将好消息告诉了佩罗讷。

与此同时，儒尔当一直在为战役打响做准备。法兰西的中流砥柱向莫伯日进军。在一群新将领的领导下，衣衫褴褛的 5 万人（剩下的 13000 人不是没用就是驻扎其他地方），带着消瘦的军马，炮兵和骑兵的将军都是匆匆找来的替补，进军和反进军磨蹭了一个星期以便找到一个有利地形，终于在 10 月 13 日，用儒尔当的话说，准备好"攻击那些奴隶，他们的勇气来自我们对他们攻势的微弱抵抗和我们首领的不忠"。科堡有大约 65000 人，包括约克公爵的军队以及奥兰治亲王率领的荷兰军队，后者并不怎么听令。在战役打响之后，法军指望被困于莫伯日城内的 17000 人能对敌人后方展开攻击。

战役前一天，儒尔当向军队宣读了救国委员会刚寄送来的公告。公告宣布了几天以前里昂的收复。这是一份现代战争宣传的早期样本，由十二位委员中所有当时在巴黎的成员签署。

巴黎，共和二年一月二十日
（1793 年 10 月 11 日）

共和派们，

共和国的军队已经胜利进入里昂。叛徒和造反分子已经被碎尸万段。自由的旗帜飘扬在里昂城的城墙之上，净化着里昂城。这是你们胜利的前兆！

胜利属于勇者。胜利属于你们。战斗吧，消灭那些暴君的追随者们！那些懦夫们！他们从不知道如何依靠力量依靠勇气去取得胜利，他们只有去收买叛徒。他们的身上是你们的血，将来还会沾上你们妻子你们孩子的血。战斗吧！不要让任何人逃脱开你们正义的复仇。你们的祖国看着你们，国民公会支持你们慷慨的忠诚。暴君们的时日不多了，共和国将把幸福和荣耀归功于你们。共和国万岁！

埃罗，科洛·戴布瓦，比约-瓦雷纳，B.巴雷尔，
圣茹斯特，罗伯斯庇尔

对于法军士兵来说，这样一份布道词出现得太及时了。他们感觉大后方稳若磐石，叛乱正被惩罚，而脑海里还有翁斯科特的胜利，对他们喜欢的儒尔当，他们十分信任，而且他们也看到卡诺，这位共和国的最高军事长官，不知疲倦地在他们当中辛劳着。全体法军士兵们豪情万丈、斗志昂扬，这种前所未有的士气和爱国主义热情对于奥地利的将军们来说是莫名其妙、歇斯底里的。

由于儒尔当战术运用得当，士兵们的狂热激情，再加上科堡的胆小和无能，不能利用对手的错误，法军所处的不利局面终于被扭转过来了。10月16日，他们赢下了著名的瓦蒂尼战役。这场战役持续了两天，最终科堡多此一举地借着浓雾撤退了。科堡的成功撤退意味着和翁斯科特一样，瓦蒂尼之役不具备决定性意义。尽管士兵们的爱国热情高涨，尽管他们一些年轻的将领誓能获胜，共和国的军队此时还是不能有效运转。误会意图和执行不力使得他们的胜利打了折扣。

弗洛芒坦和左翼发起的进攻很失败。儒尔当确切地报告说，此

人是爱国者，他"笃信国民公会雅各宾派的法庭上反复不停上演的一切，认为将军的整个才能就是不管敌人出现在哪里，他都要不顾一切地去进攻"。让情况更糟的是，卡诺置儒尔当的更好判断于不顾，命令后者提前进攻敌人中军。结果就导致无谓的屠杀，如果不是科堡没有抓住机会，当天的胜利很可能是属于他的。右翼的麻烦更多，格拉蒂安在收到进军命令之后反而退兵。这样毫无顾忌地违抗军令，卡诺抓他自然也不手软。革命法庭后来审判了他，但是他被宣判无罪。

对于法国军队来说，最糟心的是莫伯日的驻军没有前来接应。如果他们来了，联军可能就被切断了，其中大部分都会被消灭。之所以未能如此，是因为一听到远方的炮声，他们的将军们就下结论说，联军这是在引诱驻军进埋伏。那位被认为说服他人接受此想法而因此应当承担责任的当事人，后来很快上了巴黎的断头台。有理由相信此人确实是想让儒尔当孤军作战。

但是莫伯日转危为安了，就像之前的敦刻尔克一样，即使这场胜利还不能叫人完全满意，而敌人的无能是这种后果的主要原因。卡诺给国民公会写了一封热情洋溢的快信，赞扬军队，对儒尔当也是不吝赞美之辞。"我们进入了莫伯日，"他写道，"民众和我们派驻的守卫部队欢呼雀跃。"卡诺自己把这封信称为"简书"。这封简书不够坦率。

就在同一天，卡诺给救国委员会寄出了一份更加机密也更加坦诚的急件。"自由的胜利，共和国军队的荣耀！"开头他如此写道，但是他真正想说的话令人不安。似乎是莫伯日的人们不是很渴望被拯救。"莫伯日的公民对我们没有表现出对解放者理应展现出的狂喜。"他们算不上是很好的雅各宾派，甚至连合格的共和派也谈不上。"我们要在这些地区造起势来，重造公共精神。"这是在建议把恐怖统治带到莫伯日。

卡诺向救国委员会大大夸赞了儒尔当。儒尔当在给陆军部的报告里同样颂扬了卡诺。卡诺说，儒尔当是一个能力突出的才俊，"一个勇敢而忠诚的无套裤汉"。卡诺还继续道："他必须取得胜利，如果失利他就完蛋了；他已经遭人指控为叛徒，我同样如此，因为要将城里的守军调出来去和大军会合。"即便卡诺本人，也要提防着之前那道吞没乌沙尔的深渊，更不用说儒尔当了。这些人都是小心翼翼地走在悬崖边上，提心吊胆地过活；但是最直接的危险来自他们的革命同志，而不是反动派和外国势力。雅各宾派们只有赢得胜利，才能保住自己的性命，免遭他人的构陷。他们一方面得留心反革命，另一方面又得提防被人指控自己支持反革命。这种相互猜忌使得他们无情地变得越来越激进；就这样恐怖统治到达了高潮。

救国委员会 18 日晚上整整坐了一宿，等待北方传来的音讯，所有人都不知道下一步会发生什么，因为给里尔的电报还没结束。卡诺的两封信 6 点时一起到达。10 月的一个晚昏时分，救国委员会知道奥地利人在撤退了。听到这个消息之后，所有人都舒了一口气，除了比约都回家睡觉去了。卡诺的秘密报告被悄悄地记录了下来；几个小时以后，比约向集合起来的国民公会宣读了公告。国民公会对细节一无所知，甚至有多少军队参战也向他们刻意隐瞒，他们为这样一场人为的大胜狂热地鼓掌，颁布法令奖励北方军团。

在杜伊勒里宫看来，北方的战事虽然头等重要，但毕竟属于一个极为复杂的游戏的一环而已。每天的绿桌子上都摆满了来自全法国的急件，来自土伦、里昂、旺代，来自征收马匹或者征兵的委员，还有来自西边、莱茵、阿尔卑斯、东比利牛斯山的军队。在此背景下，瓦蒂尼战役变成了一场风波而已。和翁斯科特一样，最后什么都没定下来。

为了解围敦刻尔克、莫伯日，莱茵和摩泽尔的人马被转移了过来。那些地方的普鲁士军队开始借机活跃起来。几乎与联军撤退回佛兰德斯同时，一支普奥联军突破了维桑堡附近的法军防线。阿尔萨斯遭到了威胁。在北方被阻止的侵略似乎要在东边逼近了。那里的法军和其他地方一样，军纪涣散，武器装备差；饥一顿饱一顿，部分人缺衣少鞋，有的也是破衣烂衫；领军带队的也是糊涂的新手，当地的政客们也来指手画脚。

如何克服新危险，有几种方法可以选择。

一种方法是加强直接对抗。为此目的，救国委员会决定派出他们中的一位。10月17日，圣茹斯特派驻阿尔萨斯。

另外一条途径是创立一个对立的联盟来破坏这种联合。法兰西共和国过去在意识形态上太过纯粹，只在瑞士和美国保留了大使，现在回到老式的外交关系当中，他们和土耳其帝国开始了秘密协商。法军军官跑到君士坦丁堡来教导苏丹的无套裤汉。土耳其人拿到了四百万里弗，要求是他们要去攻击多瑙河沿岸的哈布斯堡王朝的领地。

第三种方法是延续瓦蒂尼的胜利，对科堡发动一场进攻性战役。也许这样孔代和瓦伦谢讷就能夺回来。这样至少奥地利-盎格鲁-荷兰-汉诺威的军队不可能去支援莱茵的联军。就这样，在瓦蒂尼战役之后一个星期，儒尔当就接到命令说，去追赶科堡但是不能冒险，围困敌人但是不要分散自己的兵力，展开强有力的攻击但是不要深入比利时腹地。儒尔当认为这些命令不切实际；特派员迪凯努瓦也是这种意见。军事史家们也是同样的看法。

救国委员会和瓦蒂尼胜利者之间的关系变紧张了。委员会要求行动；在杜伊勒里宫有理由比在佛兰德斯看到的大局更清楚；而且，就巴黎的骚乱和大众舆论而言，在政治上，委员会也不可能表现消极。儒尔当坚持北方军团要有冬季营地过冬。他详述了军队所遭受的折磨：逃兵现象仍在继续；痢疾暴发了，医生归咎于面包变质；医院里人满为患；无鞋可穿的士兵，天气变冷之后，只能用茅草裹脚。除此之外，和往年一样，佛兰德斯正在下雨；店面潮湿，街道无法通行。儒尔当声称如果是要他把人马送进屠宰场，他宁可辞职。

在此紧要关头，救国委员们不是有些历史学家所描绘的那样，是一群愚蠢的平民和顽固的独裁者。儒尔当的辞职申请被搁置一旁，视之为缺乏爱国者的责任心。他被赋予了更多的行动权力。11月17日，他的方案被批准了。军队进入了冬季营地休养生息以待来年春天。但是双方之间的紧张关系一直没变。救国委员会命令从北方军团调15000人去旺代，儒尔当迟迟不做配合，他一方面抱怨军队还很虚弱，另一方面也指出奥地利军队反击的危险。委员会不满了。他们给儒尔当写信，共和国现在供养的是你指挥的14万人。他们人在哪里？儒尔当只能回答说，不管陆军部的账目上怎么说，他手下怎么也没有这么多人，原因是逃兵、疾病还有财务错误。委员会批评他不及时汇报，谴责贪污腐化横行，又看到敌人的巡逻兵出现在圣康坦附近，便于1月10日将儒尔当逮捕了。卡诺签署了命令，虽然他在瓦蒂尼看到了儒尔当的优点。

很难明白撤换儒尔当有什么正当理由，他既有能力又忠心耿耿。有人说罗伯斯庇尔和其他人想让他们所中意的皮什格鲁取而代之，也许他们是对的。在此事务上，和很多其他事情一样，我们所了解的情况都来自谣言和指控。对于历史学家来说，法国大革命最令人沮丧的一点是，豪气冲天、党争不断而不择手段的革命者们是最不可靠的证人。

儒尔当没有重走乌沙尔的覆辙。他被打发退伍回了利摩日的老家，不仅有抚恤金，还被告知说，有可能会被重新任用。于是回到他那间干货店，据他人描述，他在店里的显眼位置摆上了任总司令时的佩剑和军装，等待着征召他重新披挂出征的那天。后来证明这一天并不久远。

翁斯科特和瓦蒂尼两场战役让救国委员会的位子更加稳固了。革命政府宣布 10 月 10 日要庆功。但是胜利只是一个开始，敌人还在法国的领土之上，政府仍然可以在全国范围内采取紧急手段来为统治正名。使恐怖统治有用的手段已经足够了，不过使其显得没有必要而多余的手段还没有出现。瓦蒂尼之战之后，山岳派人觉得战事没有那么吃紧了，他们可以在抵御敌人之外去做一些更有建设性的工作。虽有各种事情分心打岔，内部还要斗争，但他们采取的都是权宜之策；面对反革命的破坏和不敢掉以轻心的战事，他们还是多多少少开始建设他们所梦想的国家。

随着十二位委员的政治地位更加稳固，他们对雅各宾派和国民公会就不再那么提防了，他们中的有些人就很放心地掉头离开了巴黎。10 月底有一段时间，似乎巴黎城里只有五位委员，但事实上一直就没有少于六位过。8 月以来，库东一直在奥弗涅，兰代在诺曼底。9 月 25 日信任投票之后，圣安德烈和马恩的普里厄就去了布列塔尼。瓦蒂尼战役之时卡诺也在前线。他一回到巴黎，圣茹斯特和埃罗-塞谢勒就分别动身去了阿尔萨斯。科多尔的普里厄在南特待了几天。10 月 31 日，科洛·戴布瓦气冲冲地去了里昂。考虑到比约在其他时间也外派过，十二人里只有两位没有在外省履职过——罗伯斯庇尔，监管巴黎的政局他不可或缺；巴雷尔，他在救国委员会的日常行政中不可或缺。

我们在佛兰德斯已经看到了行动中的卡诺。接下来我们要跟随其他人去他们各自的目的地。在那里，我们会看到离开拥挤的巴黎舞台，他们作为个体的表现。我们会看到在恐怖统治时期，他们作为救国委员会使者在法国各地意味着什么。

与此同时,下一章中我们也会在必要时回到巴黎,和仍留在那里的人一起,主要是罗伯斯庇尔,也有巴雷尔和比约,时不时还有其他人,看看他们在做什么,直到1793年年底。

第五章
"外国阴谋"和霜月十四日

到了 10 月，救国委员会的工作就是稳定下来使其工作日常化。正常都是上午 9 点开始上班，一直工作到午夜。卡诺几乎是一直都在，其他人不停地来来走走。巴雷尔和比约在国民公会里待上几小时，那边都是下午开会。罗伯斯庇尔在重要时刻会去做演讲。兰代和科多尔的普里厄通常都在供给委员会就座。罗伯斯庇尔和科洛·戴布瓦在雅各宾里表现活跃，那里都是晚上开会，10 点才休会。他们在白天和自己的手下、秘书忙得不可开交。在这种情况下，不到深夜，救国委员会开不了一场正式的会议。

委员们没有闲暇，连睡觉的时间都没有，事实上家庭生活也没有。只有一位，富裕的埃罗-塞谢勒是一位老巴黎。其他人都来自外省，都是合伙租房或者住公寓。罗伯斯庇尔和科多尔的普里厄都是单身汉，圣茹斯特订婚了，巴雷尔对共和国的感情让他失去了妻子，其他人的妻子都不在巴黎。罗伯斯庇尔和他的朋友杜普莱一家简朴地在一起生活，就住在圣奥诺雷街366号，离雅各宾俱乐部不远。卡诺、巴雷尔和兰代跟他都是邻居，住同一条街上，走路也就几分钟。圣茹斯特和圣安德烈住在美国酒店，在几个街区外的盖隆街。

白天的工作分成了明确的几块。当下的问题首先讨论。然后接待外省议员和请愿者。为了尽可能地节省彼此的时间，委员们轮流执行这项接待公众的任务。收到的急件读完之后任务就赶快分配下去。接下来是大审议，评估重要信件，决定"公共安全"的措施，讨论翌日递交给国民公会的政令。至少9月23日的工作程序就是如上内容。这种程序证明能操作多久无人知晓。

每一位委员都分管一块专门的事项，但是他们的领域并没严格限定，其他人不在的时候，他们也得去代班。责任是属于集体的；每个人都可以签名同意任何事。因此就很难确定真正的劳动分工。但翻检原始手稿，还是可以发现每一条命令，是谁拟定的，或者是谁第一个签署的。英国的罗伯斯庇尔研究权威J. M. 汤普森先生，他就对9月23日以后四个月签发的920份文件做了这样的一份研究。在此期间，似乎是罗伯斯庇尔和巴雷尔主动承担警察事务的职责，卡诺、巴雷尔和科多尔的普里厄处理战事和军火，巴雷尔和圣安德烈是海军事务，兰代则是负责物资供给。920份文件里，卡诺执笔或者第一个签署的有272份，巴雷尔244份，科多尔的普里厄146份，兰代91份，罗伯斯庇尔77份。科洛那里数字掉到了29，圣茹斯特12，马恩的普里厄只有1份。

每一个人都有他的用处，或者在巴黎或者外派，但除了罗伯斯庇尔，作为一个政治专业人士，他给其他人提供了庇护使他们免受恶意攻击，十二委员当中最有价值的可能就是巴雷尔了。和卡诺一样，他起草了大量的命令和法令。但是和卡诺不同的是，很多事他都亲力亲为。他能把别人的思想付诸语言；他是会议桌上的骁将；他记忆力出众，口若悬河，常常能在夜深之时，大家都疲倦不堪、讨论没有条理之际，将大家的注意力拨回到问题的整体上面，总结论述，整理相关事实，指出需要决定的事项。不仅如此，他还是救国委员会联系国民公会的纽带，在国民公会，他做政策陈述、为军队发表颂词，滔滔不绝地说明恐怖统治如何必需，为此而得了一个"断头台上的阿那克里翁"的绰号。巴雷尔常常不会对国民公会讲述全部的实情。但就此说他不诚实着实冤枉，因为他所讲述的内容都是救国委员会的集体决定。

救国委员会仍然通过老的六人政务委员会工作。10月26日，救国委员会又设立了新的供给委员会，后者成了一个庞大的经济调控中枢。治安委员会，共和国的政治警察，虽然里面的委员们是由救国委员会任命的，此时仍是一个半自主的权力机关。这两个委员会又一起叫作掌权委员会。似乎是为了预防来自"治安委"同僚们的危险，"救国委"的卫士们在10月22日下令，两个委员会应该一周开一次会议；但是这个决议没怎么生效，在共和二年，这种联合会议只开了十二次。

救国委员会及其辅助机构在10月发展迅速。例如在4号那天，在那些部长通讯员的基础上，委员会又另外设立了十二位特别通讯员。整整一周之后，这个数字升到了三十。在楼下的院子里，六辆马车随时准备待命。办事员队伍迅速扩张，不得不占用杜伊勒里宫里的很多新房间。军政部已经是一个庞大的官僚机构，供给委员会很快就有了几百名雇员。

随着十二委员人员稳定下来开始统治法国的日常工作，他们彼此关系的和谐就成为必需了。他们是集体责任制；没有人是主席或者领袖；他们的重要决定都是在绿桌子的会议上达成的。委员会最后产生了致命的分裂。但是在 10 月份已经出现了裂缝。当时还不是致命的，但仍是一个预兆。

就在此时，一个诗人进入了故事，他就是法布尔·德·埃格朗蒂纳。

他是平民出身，但是在图卢兹的花冠会上曾经赢得过一次文学比赛（巴雷尔也曾获此荣誉），所以也收到了通常的奖品，一顶野蔷薇或者叫犬蔷薇纹饰的金冠。从此之后，他就把"埃格朗蒂纳"[1]加到了名字里。革命前几年，他就这么惹人注目地来到了巴黎。他写下了一些动听而多情的诗句，在法国文学里获得了一个永恒的地位。对于同时代人而言，他是一位戏剧家、演员，写出了一两部成功的"丑闻"作品的作家，一个为了出名不惜一切手段去毁人名誉的小人。革命发生后，他很快就参与了进来。被选为国民公会代表之后，他成了一个更激进的山岳派。与此同时，作为一个作家，他显示出的旺盛创作力引人注目，如果说不是令人怀疑的话。

野蔷薇诗人在政治当中扮演了重要的角色，他的诗歌才能也找到了表现的出口，革命日历由他完成了最后的一笔，使得偏向不可避免。

从一开始革命者就感觉到了新时代的气息。他们把 1789 年称为自由之年。后来，他们从 1792 年 9 月开始称 1792 年为共和元年，1793 年 1 月 1 日后称之为共和二年。然而这些表述只不过是言说方式。旧的日历仍在使用。

旧日历的缺陷是让人们仍想起基督教的传统。那是一个基督徒生活的框架，几乎无法逃避。星期天人们会想到教堂，星期五会想到斋戒，圣徒的节日会想到虔诚的模范，还有迷信。旧历从大斋首

---

1. 即野蔷薇（eglantine）的音译。

日到复活节的循环，还有基督降临节和圣诞节，都在时间上打上了宗教的印记。当然还有它的计算方法也暗示了基督的诞生是人类纪年当中最重要的大事。

1793年10月5日，国民公会为了公共目的在法国废除了基督纪元。这么做的实际目标是削弱天启宗教的影响。但其背后起支撑作用的则是一种深刻的信念：共和国是人类命运的真正转折点。除此之外，还有以理性设计的机构来取缔过去的风俗。在革命恐怖统治时期，9月、10月两月间，这个不可思议的国民公会开始制定法律，引入公制，不仅开创了一个新时代，甚至也提供了测量每天时间的十进制。

现在从法兰西共和国的第一天开始纪年，也就是通常所谓的1792年9月22日。共和二年因此开始于1793年9月22日。每一年分为十二个月，每月三十天（剩余五天，闰年多六天），每个月又分为三个十天（十天一周），每天有十个无名的部分，这十个部分再分为十段，"到最小的可测量时间单位"。这种一天当中时间的十进制没有立即被公共官员强制推行，也从未实施过。

"共和二年的第一个月的第三个十天的第五天"，这样的句子爱国者写了三个星期。但是这种贵格会式的无名之名让人极为困惑。法布尔·德·埃格朗蒂纳提供的诗意命名法让革命日历很快就广为人知。

法布尔将共和年分为四季，每一季都对应相应的自然季，由三个以自然特征命名的月份组成。一年开始是秋季的三个月份，葡月、雾月和霜月，各自表示葡萄酒丰收、雾和寒冷。后面是冬季，分别是雪月、雨月和风月。春季开始是芽月，开花的那个月叫作花月，土地苏醒可以耕种叫作牧月。给夏季打头的是获月，表示收获庄稼；然后是表示炎热的热月；最后是果月，果子和结果子的月份。果月结束之后便是剩余的五天，闰年是六天，称为"无套裤汉日"。

"十天"里的日子分别叫作日一（primidi）、日二（duodi）、日三（tridi），等等，直到日十（décadi），共和国的星期天。如同每一个基督教节日都是为了纪念某位圣徒，每一个共和国的节日都为了纪念自然物。大部分的日子都分给了植物界，但是日五（quintidis）都特别给了动物，而日十则是与农具有关。以1793年10月24日为例，将其改用共和历，就是共和二年雾月梨日，也就是日三。

对于法布尔的提议，罗伯斯庇尔在一个问题上提出了补充。就是"无套裤汉日"该如何命名？大家都同意这应该是节日。法布尔的提议依次有，天才节、劳动节、行动节、报酬节，以及意见节。罗伯斯庇尔反对。他说，应该有美德节，而且要在天才节之前。加图难道不比恺撒更优秀，布鲁图斯不比伏尔泰更卓越？国民公会在讨论了这个纠结的问题之后，接纳了罗伯斯庇尔的意见，取消了行动节，将美德节置于首位。

关于日历，最后要说的可能就是，意见节是共和国里让人激动的一天，革命的心理状态在此暴露无遗。这里所说的意见是公共意见，也可以转换为雅各宾派和无套裤汉们的意见，其他的意见都是个人意见。在意见节这天，公民们可以对公共事务发表任何他们想要表达的意见。

就像法布尔所说的那样，这是"歌曲、影射、漫画、讽刺、挖苦和嘲笑"的一天，简而言之，是一个非常法国式的情境。他继续说道，不必担心意见会出自个人恩怨或敌意，因为"意见本身会像一个受人尊敬的法官一样公平对待胆大妄为的诽谤者"。

但就是这位法布尔·德·埃格朗蒂纳，之前言之凿凿不会有诬告发生，10月中旬的一天来找罗伯斯庇尔和圣茹斯特，暗示他有重要事情报告。正在和治安委员会开会的二位接见了他。他前来告发的是一场外国势力的巨大阴谋，是虚伪的爱国者和外国间谍之间的一系列秘密交易。

就这样，外国阴谋的棘手问题开始出现并困扰着山岳派。让我们先把形势理一理。此时此刻的山岳派正达到胜利的顶峰。6月2日被逮捕的吉伦特派即将受审，他们在10月31日就要上断头台了。此外，大约有一百多位"温和派"被驱逐出国民公会，其中包括在一份为6月2日受难者说好话的请愿书上签名的七十几位，罗伯斯庇尔正在努力不让这些人上断头台。10月16日，瓦蒂尼战役当天，处决玛丽-安托万使得共和国得到进一步清洗。经过长期的斗争，山岳派取得了胜利。然而党争远没得到平息，反而越来越激烈。革命的忠诚拥护者们消灭了他们的旧敌之后，发现彼此身上有很多看不顺眼的地方。

外国阴谋是一个谜，但是后面所隐藏的是一堆历史学家都无法解开的阴谋。

罗伯斯庇尔和圣茹斯特两人都坚定地倾向于相信外国人有罪，他们听到什么阴谋的说法都会接受。法布尔·德·埃格朗蒂纳发现说服他们不需要花什么力气。这个故事表面看上去讲得通。所有人都知道间谍在出没活动。一个英国密探的文件被找到了，上面列有他已经贿赂的法国人名单。毫无疑问，巴黎也挤满了见不得人的国际冒险家，他们中许多人都交好于雅各宾派的头头脑脑们。

埃罗-塞谢勒很早就在培养一个神秘的叫"普洛里"的比利时人，有传言说他是奥地利大臣考尼茨的私生子。普洛里在埃罗的家里住过一阵子，埃罗在救国委员会任职期间，他还做过埃罗的秘书。普洛里是雅各宾派成员，很可能从他的朋友德福那儿听说了一些秘密，后者负责救国委员会的通信，而且还是科洛·戴布瓦眼前的红人。除此之外，西班牙贵族古斯曼，葡萄牙籍的犹太人佩雷拉，英国人拉特利奇和博伊德都有点不对劲——更不用说神秘的巴茨男爵,他是法国人却是保王党人、阴谋家。被奥地利王室封为贵族的两位犹太银行家弗雷兄弟与口无遮拦的激进分子沙博来往密切。9月份的时候,沙博娶了他们的妹妹,获得了一大笔嫁妆。但也有谣言说,是沙博自己用嫁妆的形式掩盖他自己的非法所得。

在外国人当中,有两位出身阶级不太一样的国民公会代表:天真的激进派、盎格鲁-美利坚人托马斯·潘恩,他现在发现革命的复杂程度超乎他想象,还有一位富裕的普鲁士人道主义者阿纳卡西斯·科洛茨,他一直把自己描述为人类的代表,鼓吹国际革命。

巴黎有这么多身份可疑的外国人让救国委员会相信实际上外国真有阴谋。这种信念又让委员会的战略家罗伯斯庇尔污蔑反对分子,称之为敌对势力的工具。

外国阴谋的背后是党派大佬之间的个人嫌隙和体系化勒索的肮脏故事。一些冠冕堂皇的雅各宾派人士,借一些有用的朋友如巴茨男爵之手打击私人工商业肥私。法布尔·德·埃格朗蒂纳就是他们中的一员。东印度公司、人寿保险公司、水厂、贴现银行都遭到了无情的榨取。惯用手法是先恐吓革命司法机关,然后敲诈贿赂,投机卖出股票。当8月份取缔股份公司时,贪婪的眼睛又转向资产清算当中可能流溢出来的利益。

这是一场危险的游戏。由于所声称的崇高原则,曝光可能更加致命。可以想象"不可腐蚀者"罗伯斯庇尔和绝大部分由廉洁的人构成的救国委员会将如何严厉对待此事。

法布尔·德·埃格朗蒂纳害怕了。作为丹东的盟友,他不得不担心埃贝尔派的告发,尽管不少埃贝尔分子也卷入了同样一起腐败案当中。埃格朗蒂纳决定先攻击一些埃贝尔分子。为了中伤他们却又不会损伤自己可能的利益,他又耍起了屡试不爽的惯用伎俩:控告他们与外国势力相勾结。于是埃贝尔派就面临着《嫌疑犯法》的严惩。而法布尔则可以从容应对，如果埃贝尔分子指控他贪污，他可以把自己表现为一位由于仇恨而受到污蔑的爱国者。法布尔利用自己在救国委员会负责印度公司事务的便利，伪造法令炮制该公司的清算方案，为自己和同伙牟取了50万里弗的赃款。这项阴谋十分成功以至于几周以后沙博跟罗伯斯庇尔告密，这起印度公司丑闻开始隐现之时，罗伯斯庇尔还相信这起财务阴谋只不过是阴险的外国阴谋的一部分，法布尔·德·埃格朗蒂纳和丹东都没有受影响。

印度公司丑闻是事实，外国阴谋是谣言。两者都对山岳派造成了打击，但是谣言的效果更为直接和显著。它为打压埃贝尔派提供了武器，代表着革命的转折点。过去五年来席卷一切政府机构的左倾风潮至此开始减弱。现在激进派们戴上了叛徒的致命标记。有件事意义尤为重大，由于外国阴谋而遭逮捕的第一批人当中就有众所周知的梅拉德，他是1789年10月凡尔赛妇女游行的领导者。

外国阴谋暂时地强化了革命政府，代价是分化了本是革命根基的山岳派。政府的权力落到了救国委员会的手里；但是它也给了委员会一剂不信任的毒药。法布尔对委员埃罗-塞谢勒提出了指控。

罗伯斯庇尔和圣茹斯特不喜欢埃罗-塞谢勒。他的贵族出身、他的财富、他的优雅仪态、他的轻率举止、他的讽刺、他的自负以及毫不避讳的享乐，都让他的两位同僚嗤之以鼻，中产阶级出身的他们实在欣赏不了。如果说埃罗的性格里还有什么真诚的成分——应该有过一些，既然他也为革命做出了牺牲——那上面也是抹了一层本应秘不示人的造作。当然，罗伯斯庇尔和圣茹斯特也没敏锐地觉察到这点，两个道德主义者和一个唯美主义者很难理解彼此。

罗伯斯庇尔和圣茹斯特听到法布尔对他们同僚的指控时，也许他们既不会感到惊讶也不会感到痛苦。罗伯斯庇尔早就担心救国委员会里出了叛徒。埃罗太有可能通过普洛里卖机密给奥地利人。他是为数不多的埃贝尔派没有攻击过的人，可以把他归为埃贝尔派。跟埃贝尔派一样，他似乎也支持扩张主义的战争。他自己花钱在瑞士请人做密探。他是卡里耶的朋友，后者是位激进派，很快就会以南特的恐怖统治者而闻名天下。

埃罗权力太大，无法遽然逮捕入狱。另一方面，法布尔对他的指控如果属实，埃罗也无法继续留在救国委员会里担任委员。10月下旬他被派去了上莱茵省担任特派员。在此问题上最重要的权威学者马迪厄声称委员会之所以派他前去就是为了摆脱他。巴雷尔在他的《回忆录》(Mémoires) 里说埃罗是主动申请的。如果救国委员会坚信埃罗是叛徒，很难理解为何要授他以全权，派他去战线边上的前线地区阿尔萨斯，还有与瑞士接壤的边境地区，他被怀疑在那制造阴谋。情况很可能是，察觉出苗头的埃罗要求去阿尔萨斯，而委员会的其他人，他们还是平等待他，批准了他的请求就此让他离开了巴黎。

埃罗、圣茹斯特和科洛的几乎同时离开使得十二人中只剩下五位还在巴黎，他们是罗伯斯庇尔、巴雷尔、卡诺、比约以及科多尔的普里厄。不久，从诺曼底回来的罗贝尔·兰代加入了他们当中。差不多一直到年底，这六位组成了事实上的救国委员会。他们一起经历了所谓"去基督教化"的危机，建立起了一种计划经济体制，在无政府状态通往秩序稳定的弯曲道路上又迈进了一步。

罗伯斯庇尔领衔负责去基督教化的工作。他在去基督教化之中看到了有外国阴谋从中作梗，无耻地歪曲革命原则，希望让共和国在世界面前丢尽颜面。他称之为"极端革命者"，意思指他们是一种反革命。对于那些想要掀起全球暴动、发动一场针对所有暴君的讨伐的人，他也认为是"极端"。他用相应的"温和"一词来形容那些认为革命已经过头的人。当然,"极端"和"温和"是相对而言的,罗伯斯庇尔比布里索激进,布里索比拉法耶特激进,拉法耶特比1789年很多认为自己是坚定革命者的人更激进。对于一些人而言,罗伯斯庇尔可能是"温和"的,缺乏革命的真正目标。然而他事实上也被人诟病说他支持一种过时的狂热。

我们从罗伯斯庇尔身上已经看到革命的真正常态和本质,除非我们故意对此视而不见(就像马迪厄认为的那样),否则很难理解去基督教化运动为何是极端革命的。去基督教化来自真正的革命源头雅各宾俱乐部和巴黎公社,这是雅各宾思想的自然产物。罗伯斯庇尔所反对的不是什么革命"之外"的东西,而是革命本身之中的一些东西。还有一点,如果革命意味着改变、破坏、革新,1793年的去基督教化者就是革命者,罗伯斯庇尔就是反革命的鼓吹者,或者至少他对政府机关主导下的有序变化是反对的。

废除基督教历法,减少付给主教的薪水,颁布禁止教士从事教育的法律,所有这些都在9月和10月发生了,表明此时的国民公会是坚定地反对教会的。1789年前后,随着对于个人和国家的强调,法国大革命的精神都是反对天主教会的权利要求的。在宗教是个人事务的理由之下,婚誓被禁止,隐修制度被打压,公开的集体崇拜也被严格限制。政治忠诚应该优先于宗教依附关系,神职人员已经像公职人员一样通过选举才能上任,而且需要宣誓效忠于国家。大部分的神职人员拒绝宣誓,教会成为反革命的坚定支柱。更多出于政治原因压迫神职人员的法律出台;在遍地无政府状态时,宗教信徒遭受了很多不为国民政府所支持的压迫。在此环境下,基督教从未被正式宣布为非法组织这个事实似乎也没那么重要了。

1793年的雅各宾派,包括罗伯斯庇尔,认为启示和迷信之间并无区别。他们最多认为耶稣是一个令人尊敬的道德主义者,一个善良的无套裤汉。你也许还记得，比约-瓦雷纳在革命前就写过一篇诅咒教会的文章。也有人注意到巴雷尔在花冠会上"已经吸到了现代哲学的脏奶了"。曾经的新教牧师圣安德烈现在是好斗的自然神论者。事实上几乎所有的救国委员现在都是自然宗教的信徒；他们把最高主宰放在一个远离我们的位置，详细阐述了人的自然美德的丰富可能性，视神职人员为骗子，把神秘启示看成幻觉。他们常常说，启示宗教正垂死挣扎，在理性目光的探视下很快就会消亡。

但是救国委员会承担统治国家的任务，他们看到出现了针对共和国的一些无谓的敌意。事实上，远在奥弗涅的库东和他的同僚们失去了联系，他就完全被去基督教化的狂热所吞没了。但巴黎的委员会的态度就不一样。一封由罗伯斯庇尔起草，并由他和卡诺、科洛以及《对偏见和迷信的最后一击》的作者比约-瓦雷纳联署的信，就说明了这种态度。

这封信是写给索姆河河畔的特派员安德烈·迪蒙的。"对我们来说，"信里写道，"在最近的行动里，你似乎对崇拜天主教的信众们打压得过火了……我们必须谨慎，不要给虚伪的反革命分子的任何诽谤之词落下借口，他们正要寻找点燃内战之火的火苗。到处挑事、不安分守己的教士必须严惩，但是神职的头衔不能当众剥夺。在叛乱和反革命的地区，暴力手段是必要的补救措施；但是在爱国热情还不够火热甚至陷于停滞的地区，这种手段就不能使用。"迪蒙对于这种指责感到义愤。

几天之后，巴黎的骚动达到了顶点。爱国者们放弃了他们的教名，代之以古典英雄或者革命烈士的名字，比如布鲁图斯、格拉古[1]或者马拉。有位狂热分子称自己为"无圣父"（Pas-de-bon-Dieu），

---

1. 格拉古，古罗马政治人物。

"bon"这个词暗示他可能承认上帝存在。一份在巴黎城里流传的请愿书要求取缔原有的神职,并且不再给教士们支付薪水。巴黎的主教戈贝尔带着他手下一些教士来到了国民公会,声称他已经明白新的教义,他公开放弃他的圣职,交出了他的牧杖和戒指,还特意戴上了自由帽。公会代表们报以掌声;他们当中之前接受过圣职的也都效仿起主教来。巴黎各地区议会一起关闭了全城的教堂,公社禁止它们重开;在巴黎的去基督教化的榜样示范下,各省也各自开启了同样的进程。

身处闹市的巴黎圣母院庄严古朴,现在却遭受着新宗教的传道者们的侵扰。雾月二十日(也就是11月10日),狄德罗和伏尔泰的学识和努力终于达到了受人欢迎的顶点。圣母院中殿竖立起了一座象征的山丘。在其峰顶是一座"献给哲学"的希腊神庙,半山腰的一块石头上则燃烧起一把"真理火炬"。举行仪式时,几位女子身穿缀有三色绶带的白衣,头戴花环和橄榄叶在山上游走,扮演自由女神的则是一位歌剧演员。国民公会(主席和秘书们公开信奉自由)宣布从此之后巴黎圣母院改称理性殿(Temple of Reason),然后和市政府官员们以及一大群民众一起来到了新的神殿。

罗伯斯庇尔将此表演称为荒谬可笑的假面舞会。他明白在天主教国家这是不友善的行为。他面前放着政府观察者的报告,文章声称这是流于表面的运动,同一群人在人群中是激进的民族主义者,回到家里就又掉回到老样,担心上帝会发怒,自己未受洗的孩子会夭折。

在这场暴力的去基督教化运动中,除了宗教自由的原则之外,还涉及一个严重的政治问题,就是国民政府、公社和爱国俱乐部之间的权力对比的老问题。圣母院的展览活动是城市领袖和国民公会之间的一场权力较量。跟往常一样,国民公会在热烈的掌声中屈服了。不负责任的狂热分子又把教会和共和国之间已经存在的裂缝给扩大了。罗伯斯庇尔认为让国民公会恢复理性是救国委员会的职责所在，而且要一劳永逸地控制公社，如果可以，也控制住雅各宾派。为了达到这个目的，"外国阴谋"这个东西比什么都有用。

从那时候起一直到现在，一代代的革命者都会利用外国阴谋，但不管后来者究竟如何想的，罗伯斯庇尔似乎是真信这个。

9月5日，酝酿革命激情的巴黎各区议会，在那个多事的日子里把会议缩减为一周两次。其中有些区议会把自己改为了大众俱乐部以免开会期间受到干扰。在两个法国人德福和迪比松，以及两个外国人普洛里和佩雷拉的倡导下，这些俱乐部又接受一个中央委员会在组织上的领导。紧接着，这个委员会和公社里的其他活跃分子，以及某些进步的传统派包括德国人阿纳卡西斯·克洛茨，一起支持反对神职人员的请愿书，唆使戈贝尔放弃神职。同样是这群人组织了雾月二十日巴黎圣母院的庆祝活动。

事实上，这些左翼人士确实让共和国在全世界面前声誉扫地。罗伯斯庇尔相信他们是有意为之。在他看来，他们受雇于敌对势力将革命置于可笑而毁灭性的极端境地。他说，人民并不是真在大众俱乐部里。这说得没错，巴黎的大众俱乐部都控制在几百个组织者手里。真正的人民，他又说，在圣奥诺雷街的雅各宾俱乐部。

在雅各宾俱乐部，他发动了进攻，11月21日，他发表了一生里最为重要的演讲。

"有些人以为，"他说道，"国民公会接受了公民的献祭（罗伯斯庇尔这么选择性地解释国民公会在巴黎圣母院的出现）之后就禁止了天主教。不，国民公会还没走出鲁莽的这一步，也永远不会。国民公会的目的是维护它所声称的宗教自由，同时镇压那些滥用自由扰乱公共秩序的人。它不允许安良的教士们遭受迫害，但如果有教士胆敢利用集会来欺骗公民，或传播偏见、为保王党站台反对共和国，就必须予以严惩。教士们已经因做弥撒而被谴责；如果有人尝试阻止他们，弥撒仍会继续。那些阻止教士的人比教士更疯狂。

"有些人走得更远。在打破迷信的幌子下，他们会制造一种无神论宗教。任何哲学家，任何个人就此问题都有他自己愿意接受的看法。任何一个将无神论视为犯罪的人都是疯子，而那些公务人员、立法者如果接受这种教义，更是疯狂一百倍。国民公会对此深恶痛疾。公会不是写书立说的作家，会创造什么玄学体系；它是一个大众政治团体，不仅保护法国人民的权利，而且也保护他们的人格。在最高主宰面前发布《人权宣言》不是没有原因的。也许有人会说我心胸狭隘、充满偏见，甚至把我说成一个疯子。前面已经说过我不是作为个人也不是以一个有体系的哲人在发言，而是作为人民代表在发言。无神论是贵族的东西；一个伟大的神在看守着受尽欺凌的众生，会严惩那些扬扬得意的犯罪，大众非常热衷这种观念。"

听到这里，雅各宾派们使劲鼓掌，在一段没有记录下来的对有神信仰的赞美词之后，罗伯斯庇尔继续说道：

"我重申：我们不需要担心什么狂热主义，我们所要担心的是那些领取了外国宫廷钱财的堕落分子，他们唤醒狂热主义，使我们的革命蒙上了堕落的外皮，怯懦而野蛮一如我们的敌人。"他说，外国宫廷养着两支军队：一支在前线，"另一支，更为危险，在我们中间；这一支军队就是间谍，这群受雇的无赖无孔不入，甚至连那些俱乐部的核心层也有"。他举了几个人名，包括普洛里。

"我要求本俱乐部将这群犯罪分子清洗干净！我要求把迪比松赶出俱乐部，还有两位阴谋分子，其中有位和普洛里同住一屋檐下，这两位你们都知道就是他的密探，我指的就是德福和佩雷拉。我要求法庭进行一场清洗审查，针对那些外国势力的所有密探，这些人受人保护潜入了俱乐部，我们要把他们找出来、赶出去。"

雅各宾派立即对这次有力的演讲做出了反应。被罗伯斯庇尔点到名的人都被赶出了俱乐部。风在往哪个方向吹已经显而易见，逮捕雅各宾派人士已经进行了一个多月（尽管法布尔·德·埃格朗蒂纳起了什么作用还不为人所知），很多革命弟兄都卷入了和外国人有关的财务丑闻。没有人能够确信《嫌疑犯法》不会让自己栽进去。一旦表现出害怕调查，没有人能承担得了后果。罗伯斯庇尔要求"清洗审查"的呼吁因此得到了众多响应，包括埃贝尔。埃贝尔声称阴谋分子挑拨他和"真理之友"罗伯斯庇尔之间的关系。他说自己不是无神论者，言之凿凿地声称一个好雅各宾派必须认同福音里的箴言，耶稣基督才是大众俱乐部的真正建造者。在此必须重申一点，埃贝尔不是党魁。以后他被提起时更像共产党里的托洛茨基，是一个"偏离分子"。他只是众人之一，之所以重要是因为他是巴黎市的官员，是火力最猛的报纸《杜歇老爷报》的编辑。

国民公会不久就通过了一项重申宗教自由的法律。

在雅各宾派内部，清洗审查马上开始，持续了几周时间。成员们依次走上俱乐部的法庭，接受公众的审查，所有人都可以横加评论。雅各宾派的心理使得这个程序不仅成为一个政治亮点还带上了点乐子。谴责之词都提前准备好，然后义正词严地提出。为了自证清白，俱乐部成员要对自己的职业生涯做一番回顾，详细阐述他们的目的和动机，说明自己既不是最近随大流的"新爱国者"，也不是老派的吉伦特派或者拉法耶特分子，不是在故意表演忠诚不贰。虚伪是最让人害怕的罪恶，只要有理由，在那个混淆颠倒的时代，当一个人的前后言行不完全一致，他就有可能进监狱或者上断头台，没有人知道其他人心底里相信的是什么。

那些在巴黎的救国委员们都成功通过了审查，尽管巴雷尔还是要罗伯斯庇尔保护，有人称其为摇摆不定者。罗伯斯庇尔、科洛·戴布瓦和比约-瓦雷纳是俱乐部往往声称最相信的三位——这说明总体而言，雅各宾派在思想上比救国委员会还要左。库东回巴黎之后不久，用他自己的话说，也通过了这场"严酷的考验"。他很高兴这些人以"接受末日审判的方式""在人民面前"陈述自我。可怜的克洛茨，来自莱茵的幻想家，却受到了罗伯斯庇尔的攻击，后者称他为外国暴君们的密探，普遍革命的鼓吹者，戴着"哲学面具"的去基督教化的元凶。他被驱逐了。埃贝尔过关了，还有法布尔·德·埃格朗蒂纳，他成功地让他的弟兄们相信他的荣华富贵都是靠笔头赚来的。

罗伯斯庇尔做完这个演讲后两天，雅各宾俱乐部"惊讶于除了雅各宾之外，巴黎竟然还有其他的俱乐部"，颁布法令称位于巴黎的爱国者俱乐部的中央委员会应该接受调查并就此解散，因为有位雅各宾成员说，它可能会成为"自由破坏者"。就这样，对公社的攻击开始了。与此同时，救国委员会也在发动同样的攻击。

如果革命政府要实行统治——例如，救国委员会要使其宗教政策有效——很显然，控制下属官员的个人热情非常必要。去基督教化只是一次症状发作：在全国各地都有公社、雅各宾俱乐部、特派员，对于革命的意义都有各自的理解。依照救国委员会的判断，他们肆无忌惮地反对宗教，给共和国造成了破坏。其他人，甚至是爱国者，都落后于巴黎的官方观点。甚至爱国者也不能够给予信任，而在那些口若悬河、好外露感情的爱国者组成的前线后面，是一大群不要共和国的法国男男女女，他们认为他们的新统治者是邪恶的弑君者。当权力在一些不听从指挥的人手里，或者统治哲学并不为人们普遍接受时（这两种情形现在都出现了），政府就必然变成或者堕落为独裁政府。

全国经济资源的调配计划也会使集中高效成为必需。只有军队供给不缺，食物充分且容易获得、足够便宜，能避免最穷的消费者暴动反抗，政府才能存在。为了满足这些需要，反囤积法和《全面限价令》施行了，后面又有《嫌疑犯法》做巩固；但是经济管控是最难实施的，在最好的情况下也是有些地方执行了，有些地方没有执行，有些地方错误地执行，以符合当地那些有影响的人物的政治观点。物资征用导致了无止无休的混乱；各省都声称很穷，以便为自己省下农产品；特派员、革命军，还有十一支正式军队的密探、八十三个省的以及巴黎和其他公社的密探，在全国各地南北奔走，尽其所能找到所需的物资供给，还要用计谋胜过对手，置全国整体需求于不顾，因为他们自己背后的压力太大。10月成立的供给委员会被授权在全国范围内进行计划生产和分配。我们可以确信，在和供给委员会开了几次长会之后，罗贝尔·兰代在救国委员会的夜间会议上指出了经济协作上几乎不可克服的障碍。

圣茹斯特的10月10日法令声称政府会不断革命直到和平，使得救国委员会获得了凌驾于现有各政治团体之上的某种特权。但是这一法令措辞含糊，效果也相当地不明确。零星的进步也是有的。11月25日，国民公会颁布法令称，所有代表在履行特派员职务时，必须不折不扣地遵守救国委员会的命令。12月4日，巴雷尔、比约在国民公会中赢得了另外一项胜利，挫败了巴黎公社集合各区革命委员会的图谋。甚至有些控制权还超过了雅各宾派。罗伯斯庇尔发起的清洗就是为了这个目标。救国委员会要求雅各宾俱乐部上交一份下属俱乐部的名单。有人表示反对，但是埃贝尔和丹东都支持救国委员会。而救国委员会拿到了名单，就此开始直接处理几千个爱国组织。

比约-瓦雷纳某种意义上已经成为内政部部长，他不仅负责与各省之间的通讯，而且主导了新的管理机关的组建。这个曾经的流浪汉、前学校教师和无能的律师，现在因为身居要职而变成完全不同的一个人。1789年，他是十二人当中攻击公权力最没节制的。现在他却要求当局拥有绝对的、不可置疑的权力。

11月17日，罗伯斯庇尔在国民公会做了他为数不多的又一次发言。这次是对全世界的挑战。"虽然全欧洲都与你们为敌，但你们要比欧洲更强大！法兰西共和国和理性一样不可战胜，它和真理一样永生。当自由征服了法兰西这样的一个国家，就没有什么人类的力量能将她赶出去。"这样大胆的宣言是宗教信仰的一次坦白。随后安排了实际行动。罗伯斯庇尔之后就是巴雷尔，他宣布第二天，比约-瓦雷纳就要传达救国委员会的一条重要消息。

于是，等到比约出面时，代表们早就急不可耐了。也许是因为过度劳累，在演讲结束之前，他还晕倒了，不过会议还可以进行下去。

比约开头便描述无处不在的无政府状态，他说这是新生的共和国的特征。法律到处都不管用。在有些地方，人们都不知道法律为何物。国民公会的英明决策到处都被当地的官员们歪曲了以实现他们的抱负。"只要法律，"他说，"能得以完全执行，排除下级部门的连续干预，那么这些下级部门都能成为法律的仲裁者；那些法律颁布之际最先领受法律的机关无疑比立法者更有权力，因为只要它愿意，它也可以中止或者取消法律的实施，进而破坏其存在与效力。"封建制的弊端就此显现，那是"合法的无政府状态"，"一种政治混乱"，形形色色的反革命可以在其中玩弄阴谋诡计。

比约提议权力应该严格集中。所有官员都应成为传递权力的"杠杆"；这种权力因为是国民公会和救国委员会赋予的，所以代表的是人民的意志。不管何人身居何位，都不应该因其地位而有豁免权。任何人，即便他是国民公会代表，只要阻碍了公共意志，就要逮捕起来。"没有人是不可侵犯的!"比约喊叫道。"我们都被叫作无政府主义者,"他说,"让我们证明这是污蔑,用革命的法律行为来取代我们的自由意志,来管束各种利益、人群、意志和感情的不停振荡摇摆,这种相互间的碰撞已让我们的国家四分五裂。当然,这个政府不会是铁腕专制,而是正义和理性的统治。"

不再有政治上的反对派了!在英国当然必须要有反对派,因为内阁大臣们是不被信任的。

"在我们这里,恰恰相反(引用比约在国民公会做演讲前两天在雅各宾俱乐部的讲话),统一的共和国要求不能有反对派存在。毫无疑问讨论是必须的,但是只讨论如何增进公共利益。在雅各宾或者其他大众俱乐部里有右派存在吗?显然没有。那么为什么国民公会里应该有呢?"是啊,为什么?六个月里已经清除了两拨右派分子,但是似乎新的右派又形成了。

在比约讨论的末尾,如何找人取代被中央罢免的民选官员这个问题被提出来了。最后达成的共识是不必再进行选举。刚从奥弗涅回来的库东找到了一条准则:"选举权本质上属于主权人民。破坏选举权就是犯罪,除非是为了人民福祉的特殊状况要求。现在,我们发现自己就处于这种极端状况之下……那些吁求人民权利的人其实是把忠诚于主权会错意了。当革命的机器还在运转之时,你让人民选举公共官员,这对他们其实是一种伤害,因为你让他们暴露于选举那些会背叛他们的人的危险之中。"会上决定,应该由国民公会,也就是救国委员会,来任命民选官员的继任者。

几乎是比约一提议就通过的霜月十四日(12月4日)法令,清楚地为革命独裁奠定了基石,它就是恐怖统治的宪法,而不再是转瞬即逝、无人听命的法律。其间所编订的《法律公告》(*Bulletin des lois*),一直用到了1929年,以此为据,才有了法兰西法律的正式出台。建立强大的中央政府，并设置渠道使巴黎的权威能从巴黎迅速地传达到边远的乡村，扫除一切阻碍或者扭曲政府政策的中间机构，这一切都让人想起长久以来国王和大臣们从封建制中建立秩序的努力，也预演了拿破仑对于现代法国的组织方式。霜月十四日法令，尽管就其颁布的环境而言是"特殊的"，却证明其蕴含着以革命联结过去和未来的深刻连续性。

根据新法，国民公会成为"政府动力的唯一中心"。伪造《法律公告》要判处死罪。那些歪曲自己负责执行的法律的官员要判处铁窗五年，没收一半财产。所有的合宪机关，各省、各区、各公社，1789年的革命者给了它们无限制的权力，但是现在处于两个主要委员会的严密监视之下。一群当地的民选行政管理者，或者是在依据新法进行的清洗中幸存下来的那些人，都成了"国民代表"，而他们的去留只看国民公会高兴与否。行政人员不得以任何理由举行集会；他们只能通过书信联系。没有经过国民公会批准的革命军都被解散了。监察委员会与经过政府认可的秘密机关合并了。只有经过国家法律的批准，才能成立武装力量、进行征税或贷款。所有官员个人或者官方机构不得改变自身的法定既有职能。所有这些规定的执行工作都交由救国委员会。

虽然经过这么一番加强，但革命政府仍然被认为是过渡性的。前年夏季的宪法，仍供奉在国民公会的大厅里接受膜拜，被视为政府的根基。但是雾月十四日法令的理念不是暂时性的。它们对于形成现代国家的贡献不亚于那些更加自由的哲学，更多人是通过后者而知道了大革命。现代国家建立在统一、秩序、服从和效率的理念之上，建立在法律是主权的意志的理念之上。20世纪的国家，不管民主的还是独裁的，都认同这些理念；这些理念都来自雾月十四日法令，法令公布时欧洲的其他地方主要还是封建制。

说雾月十四日法令和《人权宣言》一样，产生了永久性的重要意义也不为过。它们是两根不同的支柱，因为它们所针对的就是对立的两个极端，无政府状态和专制主义。二者所表达的都是基本要求，一个是要求公共秩序，另一个则要求个人自由。它们所呈现的二元论在政治科学中早已有之，而实际的评论也早已有之：最好的国家二者兼而有之，比1789年的人更合秩序，比1793年的人更为自由。

这项新的组织法是恐怖统治的工具，因为它所维护的政府是少数人，是那些意气风发的山岳派的产物。山岳派只不过是共和派里的一个党派，而共和派也不过是革命者中的一支，革命者更没有囊括所有的法国人。此时，以自由之名义统治法兰西的是一个前所未有的独裁政府，而以人民的名义，法兰西现在所建立的政治体制，很可能是其历史上所有体制中最不受人待见的。统治集团知道如果进行自由选举，他们无法获得支持。就真实反映来说，他们明白自己不代表人民的真实意愿。他们声称在象征意义上，他们代表着真正的人民的真正意志，代表着至关重要、未曾实现的、没有说出的根本愿望，这愿望属于现在的和未来的法国人、全人类，是他们的真正福祉。这就是革命信念。

与此同时，真实的法国人不得不被处理掉，他们是那些不认同此信念的人，或者虽然认同信念却在方法路径上各有所取的人。恐怖统治在愤怒中疲软下来。不管到哪里，都能听到要求统一的声音，但是分裂却成倍地无休止地出现；忠诚受人赞美，阴谋却也一刻不停手；信心被颂扬为社会最坚韧的纽带，而颂扬者却不信任何人，其人言行无一能取信于人。嫌疑犯潮水般涌入监狱，断头台上的人头如雨落地。死刑犯判处得越多，执法者害怕的敌人也就越多。政府愈严厉，反对就愈多，对于反对的回应似乎只能是更加严厉。恐怖统治持续得越久，当权者自己就被牵累越深，也就越担心让其他人而不是他们自己控制权力机器。

这年年底，根据所知最精确的数据，被革命法庭判处死刑的有4554人。其中3300人死在了12月，因为在这个月反叛的里昂受到了惩罚，旺代叛乱也遭到了镇压。很多旺代人被抓时还手拿武器，就是一个比共和国更温和的政府，也会判他们死刑。没有哪个阶级能例外；大部分被处决的旺代人都是农民，而总体上四分之三的受害者来自零售商、劳工和务农阶级，而不仅仅是贵族倒在了新秩序的刀锋之下。

在巴黎，在这一年还没结束时，连山岳派也在开始暗示需要温和。救国委员会仍自行其是。科洛·戴布瓦，他去了趟里昂回来后有十足理由害怕反抗，他的大嗓门在雅各宾派的长椅上回响：

"有些人希望节制一下革命运动。荒唐！风暴可以被控制吗？革命就是一场风暴。我们不能也绝不应中止运动。公民们，爱国主义必须永远高扬！如果它下降一会儿，它就不再是爱国主义了……"

恐怖统治的悲剧部分原因就在于对爱国主义的这种理解。

第六章
微型共和国

多姆山省是法国中部的一个省份,是原先奥弗涅省的一部分,面积大约是康涅狄格州大小的一半。在该省的西边有一绵延的山脉,在当地叫作"puys",本省的名字也由此而来。[1] 而该省的其他高山都在东边边界。在这两座山脉之间,躺卧着肥沃的利马涅平原,在 18 世纪,耕田和未开发林地互缀,葡萄园和小麦、黑麦地相连。1795 年当地的旅游手册介绍说,盆地主要长的是高大的柳树。法国举世皆知的几条公路都主要集中在利马涅,硬化的路面两边种着胡桃树,这是横贯在这个农民之国的文明之路,直通南方和地中海城市,还有条支路连着里昂,位于其以东七十英里。

在平原的西部边缘,有一片兀自独立的高地,克莱蒙费朗市便

---

1. 多姆山省法语原名为 Puy-de-Dôme。

坐落其间。在正常时期,这是一座安静的省会城市。但是一进入它的历史,它就成为世界风云的舞台,因为帕斯卡尔在此出生,他用气压计在本市和相邻的多姆山最高峰上证明了大气有重量。来此旅游的人对令人感到压抑的街貌不免会发一些议论,本地房子灰头土脸,是因为用了附近的火山岩作建材。建得最好的是一所大学,由18世纪30年代的耶稣会士所建。街道却一律灰暗、狭窄而歪七扭八。这里面集中了大量的作坊,革命期间,这里还有在帽子厂、袜子厂、羊毛制品厂、纸厂等工作的各种工匠,甚至连巴黎人也知道本地人储存水果有门道。克莱蒙费朗市的最大魅力在于它得天独厚的地理位置。站在绿荫大道上,观光者抬头就可以望到与克莱蒙大街海拔落差三千英尺,只有五英里之遥的多姆山,或者越过连绵的山谷,远眺山脊那头的峰顶,上面常常都覆有皑皑白雪。

克莱蒙有人口两万余,是当地的大都市。与它距离最近的竞争对手是蒂耶尔,这是一个繁忙的集镇,农夫来此赶集做买卖,当地也以出产的刀剪而闻名。住在山地上的农民,因为土地贫瘠,为了补贴家用就去镇上的五金店里打工。资本主义生产方式因此已经渗入本地;蒂耶尔镇的居民有资金,有信贷,还有市场知识,因此能指挥管理起一群农民做工,而后者也只要待在自家的房屋里就能赚钱。同样的情形在本省的第三大市镇里永也很常见,甚至一个叫昂贝尔的小地方也是如此。产业非常分散,仅仅昂贝尔的一个村,就生产纸张、大头针、筛子、吊袜带、毛织品和蕾丝。生产通常是在周边地区完成;而原材料、工资和生产指导都出自昂贝尔,最后产品也还是在昂贝尔销售。

多姆山省像八十多个省里的其他很多省一样。它不像奥弗涅的有些地方那样偏僻落后。多姆山省有一所大学,三个重要的城市,一个有教养的商人和职业阶层,一群有薪水可拿的打工者。当地有一些贵族绅士，不过他们一般都很穷，尽力避免引起革命政权的注意。这里还有一大群农民，这个人群里也分几种不同的经济阶层。总体而言，这里的农民要比北方的更贫苦、更无知，但比西部的宽裕。他们当中有自耕农，但是很多人的土地少得没法养活自己，他们跟那些一无所有的农民一样，或者租上几亩田，或者就租劳力给其他农民、前贵族的地主、拥有土地的市民，还有做餐具和纺织生意的商人资本家。这些农民对政治没兴趣，对于全国范围内的政治生活几乎就没概念。革命已经让他们很是不满，他们现在只想过个安稳日子。他们尊重传统，习惯村里的日常生活、多少年来的农耕作息和天主教。

1793年8月29日，这样一个小世界里来了三位人民特派员。

关于特派员，其中有些人已经出现在我们的故事里了。在接下来的这四章里，我们要说一说救国委员会里的那几位。

特派员总共有一百多位，这些国民公会代表被派往各个省和军队，在一个心思不一、内乱纷起的国家里四处传播共和国不可分割的理念。依据1791年的自由宪法，国家权力没有正常的传达渠道。雾月十四日法令把当地的官员变成了"国民代表"，但在此之前，出了巴黎，特派员就是事实上的中央政府唯一行动代表。作为齐聚全国之力团结一心的代表，雾月十四日法令之前，特派员们几乎拥有无上的权力。这种赋予他们的权力本是为了维护团结统一，现在却成了团结统一的威胁，因为有些特派员行动起来像任性的统治者，让人觉得他们就是要以一种特派员的新封建主义取代过去吉伦特派治下省份的封建主义。因此，就像我们看到的那样，救国委员会在10月份发布了一道针对他们搞独立王国的谴责通告。委员会12月获得的法律意义上的领导权并没有真正解决问题。最后，委员会和特派员之间的冲突导致革命政府的崩溃。

现在是很难想象"人民特派员"这个短语在1793年产生的效果。"人民"或"特派员"今天听来都不会让人激动丝毫。但在当时，这两个词却让人发自心底地信赖。人民特派员，对于第一共和国的法国人民来说，就是世界上最令人敬畏的人。

特派员们象征国家的权威，所到之处都反映出其荣耀和威严，就像罗马的总督、波斯的郡守一样。作为国民公会代表，他们是主权的直接行使者，人民力量的个人代表。他们凌驾于各种现有法律和机关之上，因为法律就是从他们这个源头流出来的，他们的行动似乎就获得了正义的某种神秘加持。他们中的大部分人都是普通人，不需要别人怎么溜须拍马，但是他们发现当地的雅各宾们接待他们时满嘴吹捧之词，一般人看他们也是饱含敬意，而反革命们表现出的那股尊崇的虚伪招摇劲儿则让人联想起王家做派。

派到多姆山省的三位特派员，国民公会特别授予了他们无上的权力。雾月十四日法令还属于将来，特派员可以做任何他们认为合适的事情。他们可以实施抓捕，建立革命法庭，指导判决，竖起断头台。任何法律效力他们都可以作废、延长或者缩短。他们可以就任何事项发布法令或公告。他们可以确定物价、征用物品、没收财产和征收税金。任何现有政府机关他们都可以清洗，或者如果他们愿意，可以解散整个政府，以他们提名的各种委员会取而代之。三位特派员一到，所有权力就回到人民手里，特派员们是人民可以直接接触、立马上报的代理人。

来多姆山省的三位地位很高，因为他们中有一位救国委员会委员乔治·库东。库东相较于他的两位同僚，律师迈尼昂和以前的贵族沙托纳德-朗东，地位更高。库东和迈尼昂是本省人，之所以派他们来是因为他们对多姆山省的影响力，而派沙托纳德-朗东是因为他懂军事。

乔治·库东

他们的使命就是组织军队参加对里昂的包围。在更深远意义上，这也是为了加强多姆山省对雅各宾派共和国的向心力。库东对自己的本乡本土很有感情。还在巴黎的时候，他就夸口过这里的爱国主义，保护了家乡。一直以来，他与本地的革命领袖们保持着频繁的书信往来。现在他希望这里可以成为全国的模范。回到家乡，他终于有片刻时间可以放手实现他的革命理想。他所做的也预示了救国委员会想在全法国境内要做的。在这里，我们可以近距离地观察革命恐怖统治。

如果一个人没有库东那么坚定的信念，多姆山省的前景怕是会让他失望沮丧了。省会的官员们，还有相当一部分民众，都同情里昂的叛乱。官员们和邻省的同僚们一起反对巴黎的领导权。事实上，他们就是国民公会的叛逆者，但凭着各种借口、托词，他们成功地掩饰了自己的态度。库东意识到了他们的真正态度，救国委员会也是如此。救国委员会几乎就要宣布多姆山省处于叛乱状态，库东说情阻止了这致命的一步；作为交换，委员会派库东自己去收拾局势。

多姆山省在派出士兵方面很是抵触。他们对国家征兵就没做出什么真正反应。库东到达之后发现当地部队只有550名新兵和4门加农炮，省里的官员们召集的这支部队本来是派去旺代的，但是一成立就留在了家门口保护他们自己。面对着这种阻碍，还有拿着镰刀和干草叉反抗征兵的农民，库东不得不实施战时总动员。

不仅如此，当年的庄稼也歉收，夏季几乎就闹了饥荒。商人们拒绝以限定价格来供应市场，城镇里都出现了暴民闹事，省政府却没采取任何有效措施。

库东和他的两位同僚到达的时候，克莱蒙正处于骚乱当中。雅各宾俱乐部里正是群情激愤。在他们开会时发生了让人恐惧的一幕：人们涌入俱乐部的大厅，殴打主持会议的官员，大声吼叫着他们不会去攻打里昂的兄弟。整个城里人心浮动。三位人民特派员不得不立即行动起来；他们在教堂召集了一次群众大会，"公开宣布祖国面临的危险"，声称里昂人要破坏整个革命。

过了两晚，一名慌慌张张的信使急匆匆地跑到了克莱蒙。他来自通向里昂的山区城镇昂贝尔的雅各宾俱乐部。他带来的消息十分可怕。在邻省，就相距几英里，雅各宾派司令和他的军队遭到纨绔派伏击而被俘。昂贝尔一片惊慌，那里的雅各宾派觉得受到了威胁；就是中立派或者没拿定主意的人也害怕出现最糟的情况。农民们尽管可能不关心这个问题，却担心他们的田园和家宅遭到劫掠。两百年来第一次，昂贝尔面临着发生内战的严峻形势。

第二天也就是9月2日上午，库东宣布启动战时总动员。每一个教堂里都敲响了报警的钟声。每一个市镇、每一个乡村的男人们都要武装起来，任何斧子、长矛或者干草叉都可以。谷物、面粉以及骑乘的和拉货的马都被征用。传递情报的驿站建了起来。税收官员截留他们的税金，不再上交给巴黎。所有的政府机关都要一直处于工作状态。

那天夜里，库东给救国委员会发去了一封热情洋溢的信，声称全省的爱国主义热情现在正在蓬勃发展当中，"多姆山省的岩石"将会马上滚向里昂的叛逆分子，将他们碾碎。

这种夸张之词当然与现实有出入，库东毫无疑问在自欺欺人。不过这也是革命领袖们的普遍特征，即便眼前有与之相反的明显证据，他们还是会狂热地相信在他们身后的人民。他们是靠信仰和希望而活的；他们所指的"人民"是一种比他们眼见的人民更加崇高、更加高贵的东西；如果眼前的事实让他们多产生了些摇摆，他们很可能就完成不了他们所做的事情。结果就是，在民意方面，特派员们很少能向他们的政府做出准确报告。

事实上所有可能的困难库东几乎都遇到了。既有的对兵役的抵制仍在继续。丰收季节就在眼前，这个时令非常不适合外出冒险。普通人，他们是很难从国家层面想问题的，就不明白奥弗涅的人为什么要跑去帮巴黎人打里昂人。有个村庄的农民们威胁说他们中谁响应"三色党"就杀掉谁。在另一个村庄里，警钟响了十天都没有人反应。种葡萄的人证明是最积极的，倒不是因为他们有多爱国，而是因为收葡萄的季节将近，他们希望他们的服役越快点结束越好。而对种粮食的人来说，收获的季节已经开始了，所以他们激烈反对。库东以大难临头相要挟；作为回应，政府的敌人则到处散布说，谁去参军谁就会破产。

迈尼昂和沙托纳德-朗东在昂贝尔建立了司令部，汇集新兵，将他们培训成有纪律的部队。他们遇到的问题层出不穷。他们的部队刚召集起来就又瓦解了。农民们不愿待在昂贝尔，在他们看来在这里就是坐吃山空，而几英里之外他们的田地却无人看顾，再加上土匪们——这多少出于想象——正威胁着他们的家人。三位特派员不得不承诺说会加强农村里的治安工作，应征者的妻儿老小都由公共财政赡养。

当然，这么多四肢健全的男人都去服兵役，维持经济产量就显得尤为重要。这种需要导致了很多让大众感到困惑的决定。为了让农场主们安心，库东宣布说农事里所需的马匹都不会征用；但是事实上农民的马匹没有不是用于农事的，而且这些马匹都已经被征用了，所以结果是一片混乱。迈尼昂和沙托纳德在昂贝尔发布公告称，五十岁以上的男子，以及磨坊工、面包师和枪炮匠都免服兵役。就在同一天，库东在克莱蒙却宣布说，免服兵役应包括所有家庭的父亲，以及"个人负责犁田的"，所有的面包师、磨坊工、马车夫，人数不等的鞋匠、裁缝、铁匠、马具匠以及其他"所在行业对共和国有用的"人，数量多少由当地政府决定。由于显而易见的地方偏袒倾向，库东的这条法令势必要将迈尼昂和沙托纳德极力维系的那支小军队打散掉三分之一。他们向库东指出了困难所在，后者承认了错误马上撤回了他的命令。但是所有人都被弄糊涂了，逃兵现象还在继续。

到9月中，昂贝尔本应有一万人马，但是实际人数只是这个数字的一小部分。两位军队统帅心急如焚，想早点向里昂进军，他们清楚手下这些人只要离家远点儿，逃跑的可能性就会降低。为了安心动身，解决后勤的后顾之忧，他们解散了昂贝尔地区除了治安法官之外的原来的所有机关，取而代之的是在当地建立一个"救国物资军事委员会"。此委员会拥有事实上的无限权力，由当地雅各宾派分子组成，也包括了刚刚被解除了民选官职的一些人。他们的职责就是充当多姆山省和里昂讨伐军之间的中间人。做好了这些安排，迈尼昂和沙托纳德就发兵了，9月17日到达了里昂城外的军事行动点。

所以在他们到达克莱蒙之后三个月，尽管存在着诸种缺陷，三位人民特派员还是打造出了一支能打仗的军队，虽然他们行动缓慢，缺乏经验，不情不愿。

库东没有立即跟上同僚们一块走。身体不佳，再加上本来就有瘫痪，使得他在行动上就没他们活跃。但他的任务更吃力。当这两位去昂贝尔训练手下人，完了又去里昂和之前的军队会合，库东一人留在了克莱蒙，他要负责给本省外征的军队提供补给，控制所有会导致麻烦的因素。

库东知道不可信任和他一起共事的人，省委员会对国民公会的不忠他已经写下证言。他可以随时把这个政府机构解散，然后把他们一个个送入监狱。只要他愿意，他可以利用那些对他大献殷勤的当地激进分子，把他们当工具，从中挑选一些看得上的人进行治理。

但他还是犹豫了。库东这人心眼不坏,他根本不在意个人恩怨。他尊重省里有些人的管理才能,当他还在克莱蒙做律师时就认识他们了。他需要他们的经验,认为只要他在场看看他们,这些人在政治上就没有什么妨害。但针对这些人的敌意没有停止。9月14日在巴黎,有人在国民公会提出要解除多姆山省当局的职权。9月22日库东终于行动了。他逮捕了省委员会里的十五名成员,但还坚持不要起诉他们。几位忠诚的雅各宾派取代了他们。

与此同时,他不知疲倦地发动、调配多姆山省的各种资源。虽然作为一个瘸子,在行动上几乎干不了什么事,他的手却伸到了农场和作坊里。附近有一个枪炮铸造厂,很幸运地,它在一个优秀的雅各宾派分子名下。这个工厂就成了库东施展拳脚的开端。小件武器的生产使得各种商店的生意日夜红火。但是工厂的产量仍然不够,库东命令铁匠、钳工和刀匠必须在9月底合力生产出6000把长矛。各种锡器、铜器也都被征用来做军队的炊具,斧头、鹤嘴锄和铲子征用来帮助扎营。鞋子送给士兵穿,亚麻布作绑带用。克莱蒙的医生们不得不将他们的医疗器械送给军医们。考虑到新兵们上前线时所配备的枪械五花八门,库东发出了一连串极为复杂的命令,规定了各种需要制造的子弹的尺寸和口径。因为不同地区征收粮食的价格不同,粮商就开始考虑中间的利润,看到问题出现,库东马上再次制定了一个全省的统一价。在此期间,他不停地向巴黎申请资金支持。

库东的主要助手是他在昂贝尔的同僚们所建立的救国委员会,这个机构的短暂历史说明不是所有的事情都要听命于上面的安排。这些当地的雅各宾派虽然在政治上比较死板,在某些方面却有新英格兰镇民大会的运作智慧。他们把补给转给军队,把里昂的消息递给克莱蒙。他们围捕逃兵,监视嫌疑犯。在他们的指挥之下,钳工们被组织起来修理枪炮，印刷工去印刷一般法令。酒馆受到了管制，所以那些往前线运送物品的车夫也就没什么理由抱怨了。他们组建了一家医院，还有辆救护车载伤员回来。由于身强力壮的人都不在家，便有武装巡逻人员在乡间维持治安。由于留在昂贝尔的许多预备军官仍然开小差，救国委员会便命令全部军队离开本省，让这些人离家远远的不方便回来。库东对这些措施都只能同意了事，他的肩头已经卸下了做决定的重任。

然而，有案可查的是，连这个高效的救国委员会也屈从于革命的恐怖。它开始自我清洗，正统者想清除政治有瑕疵的。这些头脑更加清楚的委员最后只有两位出局；但是如果委员会的存在更长一点，毫无疑问最后它的委员人数会更少。

库东也不能长久不去里昂，9月28日他终于离开了克莱蒙，四天以后到达了里昂附近的军营。在那里，作为一个中央救国委员，他管束起了这群组织涣散的官员，包括军队的司令官和特派员。10月9日，里昂投降。截止到目前这章内容，库东的作为在我们整个故事里还不起任何作用——除一件事之外。

多姆山省十五名不幸的官员，他们仍被羁押在后方的克莱蒙，等待命运的判决。里昂被攻下之后，他们的处境越发危险。里昂城里的文件记录暗示他们卷入了叛变。库东知道，暴烈的科洛·戴布瓦很快要取代他当里昂的司令。因此，他下令将这十五名罪犯马上押送到里昂，来接受革命法庭的宣判。法庭成员都是库东挑选的人。审判极为冗长，负责法官故意拖堂，把案情搅得云山雾罩，最后只有两名被告被判处死刑，其余十三人无罪。他们自然立马就脱离这政治的是非地。而库东这里，他人还没离开里昂，就有头脑狂热的爱国者以温和主义来指控攻击他。

11月初，库东和迈尼昂、沙托纳德-朗东回到了克莱蒙，受到了英雄凯旋般的欢迎。甚至连压根不知道什么人赢了的农民也很高兴，因为田里又回来人了。雅各宾派准备给他们的领袖颁予各种荣誉。人们为了抬着令人肃然起敬的伤员四处巡游这项殊荣而你争我抢。人们前呼后拥，各种各样的宴席和欢迎会依次轮候。俱乐部请来人民特派员做主席，举行特别会议展开讨论，在革命权力的阳光底下展示他们的才能。激动的妇女们参加合唱队。她们当中最奇怪的莫过于苏珊娜·米格诺，这位失望于婚姻的女子投身政治革命当中，简直把库东当成了共和国的神。她是催眠术的信仰者，利用催眠术，她为偶像的许多伤员尝试了治疗。为了接近偶像，她成了他妻子的亲密朋友。她跟着库东夫妇去了里昂，又随他们回到了克莱蒙的家里。据说她最终变成了疯子。其他的妇女，后来被称作"断头台的复仇女神"，都是一副红颜怒目、头脑不太清醒的样子，她们和街上的男人们一道喊叫着"库东万岁"的口号。

　　这些拥护的表象让库东深受鼓舞。巴黎期待他回去，但是他不急于回去。多姆山省还有事情要做。既然现在危机已经解除，既然现在不需要全副身心地去召集和维持一支公民的军队，他可以有更多精力来启动那项让他发挥想象力的任务，就是把自己的家乡变成模范省。他又待了三个星期。这个时间已经足够多姆山省向成为一个美好共和国的目标进发。

　　农民们一听到里昂被攻下就在教堂里唱起了赞美诗，他们没想到雅各宾的征服者会禁止他们的宗教仪式。几乎就在攻下里昂的消息传到多姆山省的同时，废止基督教历的消息也到了。然后就是其他省份宗教骚乱的谣言，包括富歇领导下的邻省涅夫勒，更往北走，还有安德烈·迪蒙领导下的地区。多姆山省的共和派自己也有迫在眉睫的宗教问题。奥弗涅山区里藏着几百位神父，他们悄悄从里面出来，以英雄般的气概，传播神圣教会的信仰，挑唆反对共和国的骚乱。去基督教化运动迅猛开展之后，一种紧张的态势就形成了。

库东情绪激昂地加入到对天主教会的攻击当中。如果他不是救国委员，也许早就让自己麻烦缠身了。救国委员会早在10月27日就批评了安德烈·迪蒙对天主教会实施的暴力行为。在罗伯斯庇尔的领导下，人们开始把去基督教化看作是由狡猾的外国势力挑拨的一场反革命运动。这种理论的空洞在库东身上显露无遗。库东几乎就是雅各宾派的一个典范，任何反叛的怀疑都不会落到他身上，他为人无私而仁慈，赤胆忠心，既不是埃贝尔分子，也不是煽动家或贪污分子。他之所以热忱地支持去基督化运动，是因为去基督教化与雅各宾的理想完全一致。他没有看到这里的政治牵连，因为早在9月5日埃贝尔派的暴动之前，他已经离开了巴黎。他没有意识到，有些去基督教化者不如他诚实，只有一些人（也许很少一部分人）改信了无神论，这场运动已经变成了巴黎公社和国民政府之间的角力。奇怪的是，如果救国委员会对它的宗教政策是严肃的，居然从没警告或者通知过他，以至于他一直被蒙在鼓里。但是他在11月里确实没有收到他同僚们的只言片语，至少没留下纸面的记录。所以，当救国委员会正在巴黎反对去基督教化运动时，他们中的一位委员却在多姆山省起劲地推动去基督教化。这整个情形显出政府当时仍处于混乱当中。

在此问题上，和罗伯斯庇尔一样，库东认为天主教教义是无知、欺诈和迷信的混合物。立宪派神父和反抗派神父在他眼里没任何区别，因为立宪派即便对革命一直忠心耿耿，但是对山岳派政权普遍不满。这时的库东已经超越了政治。他反对教会是因为他认为教会奴役人们的思想。

临近克莱蒙的小镇比永发生的一件小事，让库东加深了对教会的厌恶。从里昂返回的路上，他在此地停留时发现，本地居民引以为豪的一家主要教堂供奉着据说是基督耶稣的宝血。愤怒于竟然有这种事情，他召集当地的雅各宾派开了一个严肃的会议，一位本地医生当众将瓶子里装的东西进行了严格的化学分析。那瓶"宝血"结果证明是染了色的松节油。民众强烈抗议神父们的欺诈手段，更痛悔于几百年来的轻信。

四天之后，有一条法令从克莱蒙传到了多姆山省全境。它的开场白是革命领袖们所崇信的一套哲学陈述。它向天下公告了一个没有神职人员也没有神秘教义的宗教，一个卢梭主义者的信仰诞生了，它来自人类的善良天性，指向客观、超然而庄严的自然之神。和罗伯斯庇尔一样，库东对无神论也没好感，认为应该存在一个受人尊敬的宗教。

共和国二年雾月二十四日
（1793年11月14日）

人民特派员们：

如果所有有信仰的人是从他们的心底去认识世界造物主，那位维持自然界和谐，创造我们只能惊叹却无法想象的奇迹的造物主，那么去揣测这位善良、强大的神，除了他的孩子们的心府之外，他竟然还希望有别的祭坛，除了他所建造的世界，他竟然还希望有其他的庙宇，除了他给予我们的理智，我们竟然还有别的信仰，这些都是大逆不道的，有鉴于此……

理性和哲学今天启蒙了法国，它不久将统治世界，之前粉碎了国王们的权杖以后，也会同样将狂热盲信的魔鬼打倒在地，撕下骗子们的面罩，打破迷信的各种偶像，是它们将人们困于错误之中，冒犯上帝，贬

低了人,有鉴于此:

命令如下……

后面是具体的条款。主教、主教代理、神父职位都一律废除。神职人员不再领取薪水,那些无依无靠、没有产业的可以领取一份小额的补助金。教堂里的金器、铜器、锡器和铅器都调拨出来给国民公会以作他用。雅各宾俱乐部将教士们的法衣分发给那些表现出崇高道德和爱国情操的"年轻男女们"。教堂的大钟要拆除,尖顶要卸下。所有天主教祭仪上用到的东西都要摧毁。最后,星期天现在没有了教士们布道,但是有俱乐部挑选出的口才上佳的爱国者,他们每到共和历的日十就在境内巡回宣讲。

法兰西共和国如此才敢染指于上帝之国。接下来就是大搞破坏了。就像历史上经常发生的那样,无赖和疯子这时候就登场了,他们对教堂肆意妄为。而另一方面,旧宗教的卫道士们却只不过是那些家园被毁的乡下人。在这场肮脏粗俗的街斗之上却是两种不同的理想主义之争,此时是共和国一派的火焰势头更猛烈一些。对于库东这样的人来说,真正的共和国本身就是上帝之国。在现实中的共和国被党争撕裂、被暴力动摇的严峻形势之中,一个唯一而不可分割的共和国理想升起来了,在这个共和国里,人人都和平共处,公民、弟兄不分阶级,每个人都可以自由发表意见,每个人的精神都能做到独立,他们享有属于他们的自由、尊严和权利。"如果能见到我的国家自由、人民幸福,"库东甚至放言说,"我愿意为之去死。"

这部分法国人相信此种共和国合乎人性,只有邪恶的既得利益者才会反对,尤其是来自那些根深蒂固的神职人员和富人阶层的权力。不过在事实上,神职人员和富人不承认雅各宾派的共和国,不管是现实层面的还是理想意义上的,也是显而易见的事实。除此之外，多姆山省还面临着饥荒的威胁。9月份，库东下令进行的粮食统计显示，储备粮只够全省一半人口过冬。

因此，在发布宗教法令的同一天，针对食品运转的规定也出台了。委员们又对现有的谷类庄稼进行了统计。他们要求农场主们一个月之内完成脱粒，并且除了自己保留四个月的必需口粮，其余部分都得上交。他们希望用这种办法来提高农民们用限定价格卖粮食换纸币的积极性。现在市场上有粮食可投放了，但是商家们不愿意按照政府规定的价格来做分销，因此库东又进一步发布法令，规定市场按照征购价供应。这就意味着，公家要从农民手里以一个他们不愿意的价格买来农产品，然后再以一个私有贸易商无法满意的价格卖给消费者。任何违法、抗法的人都要被送往巴黎的革命法庭。

多姆山省因此陷入了阶级斗争所导致的分裂之中，或者更准确地说，这是一场食物生产者和食物消费者之间的斗争。法律的实施有利于消费者，尤其是穷困的消费者，他们承担不起那些所谓走私者的价格。小布尔乔亚和城镇里的打工者支持库东；但是地主、商人，还有那些拥有或者租用农场的农民，却更多地成了反对派。

对商人，库东在情感上尤其严厉。他们中有些人是富翁。因为生意，很多人和里昂的联邦党有关系。他们曾经对革命非常热情；不到一年前，在他们的帮助下，库东才被选进了国民公会。现在他们和他疏远了，他让他们感到恐慌，因为他还是不停地采取激进的措施。在他看来，他们都是革命的叛变者，挑起党派纷争，拦阻唯一一个可以救法国于水火的政府。他命令他们的商店在平常时间都要开门营业。如果他们跑回到自己在乡下的房产，他就命令他们回镇上来，这样雅各宾委员们可以更好地监察他们。他运用了《嫌疑犯法》以适应政治形势。监察委员会的委员们被赋予了自由裁量的大权：任何他们认为危险的人，他们就可以宣判为嫌疑分子，即便

9月17日法令没有包括他们的案例；任何被该法令牵涉的人，除了贵族和教士，以及那些被委员会认为应该忠诚于雅各宾派事业的人，他们都可以从嫌疑犯名单里剔除。可以想见，这为阴谋的产生大开了方便之门。

饥荒的威胁仍未解除。如果本省确实没有足够的食物过冬，那么内部再怎么调配都无济于事，得从外面调剂供应进来。但是上哪里去找到食品，又该怎么运进来，就像我们即将看到的那样，即便库东去了巴黎，这些仍然是他的主要关切之一。

库东角色之重要不允许他只安于一省长官一职。巴黎在呼叫——还有从杜伊勒里宫的绿房间里看到的广阔前景。然而他还是迟迟不走。他是一个顾家的男人。而且身有残疾，他也愿意待在家里；他不想带着年幼的孩子去首都。在多姆山省，他是君王、立法者，在所有爱国者的眼里，他就是一个象征。毫无疑问，他享受这种统治一方的感觉。而对雅各宾们发来的其中一些邀请，他也乐于接受。11月16日，他给救国委员会写信解释了他为何滞留不走，然后出了山谷去伊苏瓦尔参加一个盛大的爱国集会。

在伊苏瓦尔，他主持了俱乐部的一次特殊会议，并以人民特派员的庄严身份发表了几次演讲。神职人员们过来正式宣布放弃神职，还有几位律师也宣布放弃他们的职业，此举后来产生了争议。公民们站起身来声明放弃教名，并通常以这几个名字代替——格拉古、布鲁图斯或者马拉。库东已经连续几天用阿里斯蒂德（Aristide）而非乔治这个名称呼自己了。他们操办了一场盛大的宴会。在市集上，两百多尊圣徒像——在伊苏瓦尔只能找到这么多——全部庄严地付之一炬。库东开除了几位官员，任命了几位新人，审讯了嫌疑犯，释放了其中一些人，收押了另外一些人，像君主一样做完了这些之后，他回到了克莱蒙。

雾月三十日，库东在该省所做的事功达到了高潮。这天是日十，用来颂扬、纪念沙利耶，他是里昂雅各宾党人，牺牲在共和国敌人的手里。全省五十个俱乐部都派出了自己的代表来到了克莱蒙。这个灰蒙蒙的城镇从未见过这样的情景。

典礼上午9点开始。在一片狂热的欢呼声中，库东一瘸一拐地走上了讲台。他宣布了一个重要的决定：即将对"自私的富人"征税120万里弗。掌声停歇后，他透露要向四位拥有崇高美德的年轻女性颁发共和国嫁妆。四位欣喜的姑娘经过俱乐部的选拔来到了这里，她们走上前来，每人拿到了2000里弗，还获得了里昂征服者、人民特派员的"兄弟般的赞美"（在此场合出现了著名的法式拥抱）。人群向天主教堂（理性殿）进发游行，他们举着沙利耶的半身像，那本是搁置于祭坛一旁的。人们听着有关狂热主义危险的演说，比永来的乡村医生解释了他是如何证明所谓的基督之血是松节油，迈尼昂特派员受洗成为"爱民者"[1]。群众在爱国的赞美诗里尽情释放着他们的满腔热情。

在下午的时候，当打开了一定量的酒瓶之后，据说一些不那么高尚的事情就发生了。克莱蒙所有的圣徒像都被摘除了下来，堆在公共广场上。有人划着了火柴，喊叫着的无套裤汉围着火堆跳起了舞蹈。有些人穿着十字褡、白麻圣职衣、披肩和其他圣衣兴奋地走来走去。还有人看见一位高级官员用一根绳子套住圣像脖子拖在大街上走。也许我们的线人在这件事上夸大其词了，他在他后来的记述里写到这一天是如何。

到了晚上，人们搞起了联欢，又唱歌又做演说。所有人合唱了一首新歌《打败里昂叛徒》。库东以一首独唱《给圣徒们的愚蠢敬意》

---

1. 原文为"Publicola"，普布里乌斯（Publius Valerius Publicola）的称号，普布里乌斯是古罗马共和国执政官，深受人民爱戴。

获得其他人青睐。迈尼昂的《婚姻的亲密关系》更加温柔。在收尾的演说里，库东宣布自即日起，教堂将用作学校，而那些没有作此用途的教堂建筑，贫苦的爱国者们可以将其拆除，剩下的砖瓦都可以当建筑材料。那一夜，全城灯火通明，"以昭示理性之光在夜晚的胜利"。

这天宣告的对富人的征税几天之后就实施了。库东的初衷是为重建道德提供资金，作为他净化本省的主要手段之一，这项征税法令古怪地将残忍与慈善融于一体。根据库东讲话里所提到的理由，之所以要剥夺富人们的财产，是因为他们是破坏革命的贵族，是因为正义的需要，宪法承认全民有接受公共经费所承担的教育权利，穷人们接受足够的教育也有利于富人，这样他们才能理解为什么要尊重别人的财产。

税款是以财产税的形式征收。拥有财产"经估算达到 4 万里弗"的个人都要被征税。单身汉和嫌疑分子要放弃他们自身需要之外的财富。每人要做出充分贡献以期达到总计 120 万里弗的金额，而且自收到通知后十天之内，就要交付完分摊到本人头上的所有份子。然后由省委员会来对各地政府上交来的名单进行评估。到了这时候，就由那些最激进的地方政客们——他们身上的温和因子已经被清除干净了——来判断那些单身汉和嫌疑分子里，谁该予以更严厉的征收。

所有这些收益里，5 万里弗上交给了雅各宾俱乐部。各种学校获得了 22 万 5000 里弗，班级就开设在了各个教堂里。雅各宾俱乐部的委员会决定教学内容和教育方法，他们和地方公会坐在一起来联合任命教师。这笔资金里的大部分，其中 92 万 5000 里弗被分作穷人救济金。穷人的身份也得由当地的雅各宾派来确定。

这项措施相当于宣布了一场阶级斗争的开始，尽管一点也算不上是在马克思那个意义上。由于措施实施过程中高度个人化而雅各宾派手握权力，对于所有那些不为雅各宾派所喜的人而言，这就是一种可怕的武器。这些人不仅包括富人，也有人人都可能被划归其中的嫌疑分子，以及单身汉——这类人的存在是对家庭生活的理想的冒犯。库东还在追捕共和国的敌人。他需要钱，而那些富人有钱。他需要政治支持，穷人和中产阶层愿意支持他。在他眼里，群众不是劳工而是爱国者，他们道德完美，适合住在法兰西共和国里。他的人之本性促使他对不幸者充满同情；他的政治感觉告诉他必须削弱那些被击败的联邦主义运动领袖。所以促成他对富人征税的是政治需求和慷慨的冲动，而不是深思熟虑的经济阶层理论。

11月25日他签署了法令，同一天，他离开克莱蒙去了巴黎。

似乎是为了表明他的心思全在物质之外的问题上面，他在离开本省的前一晚，在艾格佩斯村过夜时发布了另外一部法令。这是他在多姆山省的最后一项官方举措。事关葬礼。

他的意图是要进一步铲除基督教，让人在死亡面前获得平等的尊严。这项冗长而复杂的法令，显出他是一个狂热之徒，认为世界可以突然更新，最私人的习惯可以大笔一挥就能改变过来。棺材、骨灰盒如何使用，以及尸体的摆放方式在法令中都做了明确的规定。不得摆放任何宗教物品。不允许任何神职人员参与进来。在墓地，后来被叫作"安息之地"，一位民事官员将会发表一番适合逝者的评论。安歇处的墙壁有规定高度，可以阻拦野畜外闯却又不妨碍路人觊望。最后，"身上要覆盖一面三色国旗；规定适用于辖内所有公民"。

库东也许愿意以这样的方式，身上覆盖着共和国的一面三色旗帜，来埋葬自己。也许他对长生不老根本不抱什么信念。不像涅夫勒的富歇，还要在墓地上写上"死亡是永恒的睡眠"的字样；在他发布的葬礼公告里没有提及这个问题，就像他在一生当中忽略了这个问题一样。当他需要把自己和什么永恒的东西联系起来时，那一定是革命所代表的原则。"共和国，"他曾说道，"和其根基所在的自然一样不朽。"在一个"民事官员"的主持之下，有共和国的象征物伴着他一同进入墓穴，他一定会满足地在"安息之地"躺下。

出了艾格佩斯走五英里，他就过了边境线进了阿利埃省。他再也没回过多姆山省，他六岁的儿子也是如此，包括克莱蒙雅各宾俱乐部里的同事们。他下葬时也没从共和国得到什么荣誉。

也许有读者还在期待看到更多和断头台有关的消息。瘸子库东在十二人里最残忍这样的说法你可能也早有耳闻。但事实上，在他做特派员期间，多姆山省的革命法庭没有一个人被处死过。里昂城里处死的两位——适成对比的是被开释了的十三个人——是这几个月里仅有的站上断头台的公民。库东掌握着生死大权，当时多姆山省可谓民怨鼎沸，但他从未动用那个可怕的权力。5月的征兵导致六个人被处死，但是到了9月库东实施战时总动员时，却一个人头都没落地。

除了5月被处死的六个人，在恐怖统治期间，多姆山省似乎只有七个人依据革命法律被判处死刑。而且这些案子都发生在库东返回巴黎之后。所以对这些人的死，他没有直接责任。针对这些人的指控违背了他所采用的政策，尤其是强制的去基督教化政策。

库东离开之后，监察委员会的权力依据雾月十四日法令得到了加强，它成了巴黎公社的特务机构，持续监视嫌疑分子。爱国演说家在全省巡回讲演来取代神父们的角色。葬礼法令得到了一定程度的实施，但是在农民当中有相当难度。需要接受帮助的可靠的穷人，以及要拿出征税款的自私富人、嫌疑犯和单身汉，都被列入了名单。然而不清楚的是，这项法令让多少财富真正易手。

沙托纳德-朗东仍留在克莱蒙做当地的特派员。他在宗教问题上最为顽固。在他任内，教堂里的钟被搬走，尖顶被拆除。很多人起来抗议。不同公社的公民们突然对美关心起来，他们请愿应该把他们的钟楼作为建筑杰作保留下来。这些请求里有几个获得了许可，但往往有一个条件便是，保留下来的钟楼必须堵住大门，还须贴上告示说"这是理性对谬误和狂热的胜利"。在有些地方，自由之帽[1]挂上了教堂的尖顶，自由女神像被摆在屋顶上面的显眼位置。这样的教堂虽然还矗着，却表明为共和国所有。

也许最可能让教堂免于遭受进一步肢解的是漠不关心的态度。很少能有爱国者会一直让他们的情绪保持在一个"符合革命形势的水平"之上，如库东这样充满鼓动性的领袖所激励他们的那样。爱国者是一小部分人。尽管特派员们做了这么多，奥弗涅省的民意仍未走向极端。

至此我们要向多姆山省暂作告别，让弗里吉亚帽高高地挂在它的尖塔之上，让自由女神像昂然立在教堂屋顶之上，轻蔑地远眺着山丘。

---

1. 自由之帽（cap of liberty），又叫作"弗里吉亚帽"（Phrygian cap），是一种无檐尖顶软帽，呈圆锥形，帽尖向前弯曲，典型的颜色是红色。最早流行于东欧和安纳托利亚等地区。因其形制与古罗马时期获释奴隶穿戴的无檐帽（pileus）相仿，故而在18世纪末成为自由与解放的象征，于美国独立战争和法国大革命期间广为流传。

第七章
里昂末日

10月2日，圣富瓦村终于盼来了一辆来自克莱蒙费朗的长途马车。在妻子的搀扶下，"灵巧将军"（瘫痪的库东就如此自嘲）从马车上费力地下来了。迎接他的有五位特派员，包括迈尼昂和沙托纳德-朗东，还有一群军官，三天之前，他们刚拿下圣富瓦。

他现在所加入的军队规模庞大，但是各自为政，缺乏统一的领导。它包括了多姆山省的先遣队，还有特派员们费尽心力匆匆纠集起来的其他队伍。尽管来得迅速，但是就人数比例而言，这些新兵发挥不了什么用处。主要的军事行动都仰赖经验丰富的阿尔卑斯山军士兵，他们后来在前线一直待到内战结束为止。

圣富瓦的司令部位于一座山丘之上，山脚下面就是罗讷河和索恩河的交汇处。其下游就是里昂城了，该城的大部分是由两河交汇而成的一片狭地。里昂是法国的第二大城市，人口十二万，是欧洲的主要城市之一。这座城市已经被围了两个月，还在顽抗，但雅各宾的军队已经节节推进，距离守军的最后一道防线只有火枪射程之远了。

里昂是一个大工业城，其丝绸业尤负盛名。它的城市规模是曼彻斯特的两倍大，资本主义因素在这里得到了高度发展，所以这里也是革命发生时阶级斗争最为明显的地方之一。像巴黎一样，一连串的城市暴动让它动荡不安。这年年初，山岳派上台掌权，带头的是当地革命者沙利耶，他从广大的工薪阶层那里获得了支持。工商业贵族发动反抗；沙利耶政权的暴力统治，它对巴黎山岳派的亦步亦趋，使得这个古老、自负、保守的天主教城市里的大部分人都投向上层资产阶级的阵营里，结果就导致在 5 月 29 日，一群新来者控制了局势，把沙利耶下了狱，推翻了国民公会的政权。里昂由此变成了反叛的联邦党领袖城市。最后沙利耶被判处死刑。成千上万的难民如潮水一般从桥上挤出城去，其中多是纺织工人和其他劳工阶级。他们在围城军队的保护下，住进了简陋的营地，巴黎政府给他们提供了部分资金支持。

共和国的三色旗依旧飘扬在被围的城市上空。反叛者主要是吉伦特派，他们的领袖没打算和波旁王族抑或外国势力共创什么事业。但是吉伦特派的思想就是一团让人心生疑窦的东西，它是哲学理想主义、阶级偏见和地方优越感的混合物，而里昂的吉伦特派，在违抗了国民公会之后，发现他们自己和反革命分子并肩站到了一边。保王党人蜂拥进来想递上一把准备刺向共和国的小刀。各种革命敌对势力则大喜过望。英国人希望里昂一直在造反，因为这城是通向罗讷河谷的大门，这样他们方可控制土伦。意大利的皮德蒙特人发现从东边入侵现在方便多了，直到 10 月 1 日他们才又被驱逐回去。

库东人一到就立马召集了军事会议。有些特派员指出里昂已经处于饥荒的边缘，希望可以免于兵燹，建议等待对方和平投降。但是来自救国委员会的命令明确无误。在其他南方城市叛变和土伦港为英军占领这种内外交困的压力之下，委员会命令迅速攻占里昂。很有可能是库东抵达当天，特派员们收到了发给他们的命令。他们被督促要抓紧时间。巴黎发出的消息对于里昂的未来不是一个好兆头。

"毁灭他们，"委员会命令道，口中所指的是那些叛变者，"让国家的力量，以一种可怕的方式运转起来，碾过这犯罪之城，刀剑悬在这些罪恶的脑袋之上太久了。"

库东就此下令攻城，尽管也没太耽搁，但还是等到反叛者们拒绝了要求投降的两次最后通牒。10月9日，在遭遇了微弱的抵抗之后，雅各宾派的军队及时进城了，特派员们幸运地满足了已经失去耐心的委员会的要求，回信之日便是拿下里昂城之时。

城里已是一片乱象。到处都是轰炸后的废墟。供给停了；商店关门；有些公民藏起来了；出城从征服者手里讨吃喝的人不在少数，甚或在库东的马车经过时，有人还高呼"共和国万岁"，部分原因在于他们相信共和国，部分是为了保护自己免遭即将到来的祸患。之前逃走的无套裤汉下山来了，上一个政权的囚犯也从监狱里放了出来。政局天翻地覆，昔日高高在上者，现在被打倒在地；过去低声下气的，现在成了主人；备受欺凌者准备对压迫者实施报复。与此同时，进城的军队对饿得奄奄一息、惊恐不安的居民们却表现出克制甚或宽厚仁慈来。

里昂被屠确为事实，但是接下来这几周，这座城市所经历的恐怖并不是外来的这支军队所为，也不是由于库东或者其他指挥官的命令。几天之后，军队便向西南方向开拔。库东尽管很是"意气风发"，但他不是断头台的膜拜者。

一进城之后，库东自然就下令居民上缴武器。他命令工厂开工、商店开业，又从周边乡村地区征调粮食。为了约束当地雅各宾派的激进行为,他禁止区委会开会;当各区里的政客开始自作主张去抓人、没收别人的财产时,他就以投入监狱威胁这些政客。他把叛变者分为三类,一类是被抓时还带武器的,一类是在叛逆政府里担任文职的,还有一类是被欺骗误导的——这几乎可以囊括里昂所有人。革命法庭建立了起来,在适量定罪之后,第一类罪犯就要上断头台,第二类、第三类罪犯在公开认罪之后便可释放。在此期间,任何人都不得未经审问就被监禁。

如果任由库东一人决定,很大可能他就把惩罚减弱到最低程度,让这座第二大城市恢复它的应有地位,在整个国家的经济生活中里昂非常重要。但是他面临着三重不可阻挡的压力。当地的雅各宾派报仇心切,不会收手,他们因此而谴责库东太过温和,这是致命的指控,他会不计代价摆脱这个罪名;巴黎的俱乐部要求迅速镇压;革命政府出于政权考虑,着意要拿里昂开刀以儆效尤。

之后发生的一切责任基本上都在救国委员会身上,因为截止到10月份,救国委员会的存在都获得了巴黎所有革命力量的支持,所以它要为它所做的任何事情承担责任。

进入里昂一周之后,在瓦蒂尼战役爆发和处决玛丽-安托万的当日,库东和他的同事从救国委员会接到了一条特别的命令。他们坦陈自己"充满了崇敬之情"。在回信里,库东等人用反讽的语言写道:命令里嘱咐他们如何规训里昂的英明措施都已经采用了,除了一条——完全将它毁灭。

救国委员会已经决定将里昂的记忆从法国人的脑子里清除出去。

为此目的,救国委员会于10月12日在国民公会通过了大革命当中最不寻常的公文。其中的第三、四、五条原文如下:

三、里昂市要被铲平。所有富人的住宅都予以拆毁；只留下穷人的住家，还有那些曾被迫离家和剥夺公权的爱国者的家园，以及用作生产的厂房和专用于人类和公共事务教导的纪念碑。

四、里昂的名字将从共和国的城市名单中抹去。剩下的房子所集中的这个地方将命名为"解放城"（Ville-Affranchie）。

五、在里昂的废墟之上将竖起一根立柱向子孙后代证实这座城市的保王党人所犯下的罪行和受到的惩罚，上有铭文如下：

里昂曾与自由为敌。

里昂今日已非昔时。

统一而不可分割的法兰西共和国，

二年元月十八日

将此法令上呈给国民公会之后，巴雷尔声称它将对那些可能叛变的其他城市形成有效威慑。

科洛·戴布瓦在雅各宾俱乐部里火冒三丈，对里昂的布尔乔亚大加挞伐。

"有些人，"他说道，"当这个或者那个人消失不见了，心头就会不安。'穷人们靠他过活。'他们说。那些有手有脚心里又爱国的人竟会靠他人过活？他们需要另外一个人的存在来养自己？没了富人，穷人照样能活，里昂也不会少半点风头。"

作为一个激进的平均主义者，科洛还真不是完全意义上的社会主义者。在谴责富人的时候，显然他脑子里想的不是集体经济，而是一个由经营小型生意的独立商人组成的国家，他们被视为个体并拥有自由，任何人的生存都不由他人所决定。这是一个梦想。在1793年的真实法国，即便在革命共和国，对于里昂工厂主的屠杀造成了成千上万人的失业，不管科洛说了什么，都无补于本地所遭受的生产不足。

给库东的指示由罗伯斯庇尔起草。相比较科洛而言，他的观点少了点无产阶级的味儿，多了点政治性。他责备这位不在跟前的同事，认为他在软弱的人性面前低头了。他说，巨大的危险仍未解除；从里昂逃出来的叛变分子正把毒药传播到南方那些不满的中心。他言之凿凿却有悖事实，因为那些逃出来的吉伦特派是往东边跑的，而且已经被杀得所剩无几了。但是救国委员会不能肯定，话说这么满，采取行动就有了正当理由。

"我们不会庆贺你的成功，"罗伯斯庇尔给库东写信说，"直到你把亏欠我们国家的所有事情全部做完。共和国迫切要求……"他警告库东不要太信任人。一如既往，虚伪总是要提防的。"必须撕下叛徒们的面具来，然后毫不留情地痛打一番。国民公会所采用的这些原则也许就可以挽救我们的国家。这些原则也是你的，遵从它们。只听从你内心的命令，然后严格执行我们跟你所说的良法。"政令是毁灭里昂。

巴黎的辞令毫无疑问会让库东觉得难堪。现场负责人常常发现自己要去执行一些不可思议的命令，而前线打仗的人也经常觉得在残忍程度上，他们比不上那些在后方的人。库东不是一个软弱的人，他在里昂和多姆山省都显出了他的果决。他不是一个温和派，在政治原则上，他是山岳派里的急先锋。感到迷惑的历史学家通常会认为此人人格分裂。他缺乏那种主宰革命的人所拥有的绝对专注，迥异于罗伯斯庇尔。库东为人幽默，可以拿自己的病痛逗乐子，他也很珍惜友谊，身为丈夫和父亲，他也没让政治意见成为他生活的全部，更没使自己陷入重重怀疑当中。他仍然相信，就像罗伯斯庇尔曾经相信的那样，不管出于何种目的，杀戮本身就是罪恶。他不像科洛·戴布瓦，后者认为，威胁他人就能显示力量。

接到新命令后四天，库东要求解除他在里昂的使命。他的这个请求不是直接发给救国委员会的，也没跟罗伯斯庇尔讲，而是说给圣茹斯特的。他这封信是留下来的可以让我们看到救国委员会关系网的极少数证据之一。

"我的朋友，你还没给我写过一句话来，"他说，"自从我们上次碰面之后。我很失望，因为你答应过我，如果我走了就给我发消息来。埃罗都比你做得好，我还收到他两封信。"库东不知道，由于法布尔·德·埃格朗蒂纳的"外国阴谋论"，埃罗现在已经上了救国委员会的黑名单。"您知道，我的朋友，身处这些让我不安的麻烦困扰当中，我需要安慰，需要听听我所尊敬的人表达他们的意向。请告诉我，你还活着，身体健康，你还没有忘记我，那我就满足了……代我拥抱罗伯斯庇尔、埃罗以及我们其他的共同朋友……我的妻子，伊波利特（他儿子）和我自己都全心拥抱你。"

这一封信可以让我们想象出来，在1793年的秋季，是怎样的一种同志关系让救国委员会团结在了一起。

信里所谈的，公事夹在了叙旧的私事里。库东说，里昂人永远都不会成为好的爱国者。应该从巴黎派雅各宾派来革新他们。与此同时，能否将他安排到土伦去？南方的空气有助于他的健康。最后一点（似乎是为了显出委员会对其代表所期待的美德），他从一个反叛领袖那里拿了一架古怪的望远镜，他可以留作自用吗？

在等巴黎回信时，库东启动了新的革命法庭，但是其进入运作太过缓慢，在他离开之前，也没判几个案子。首都所命令的拆除工作，他也开了个头。有一天早上7点半，在几个士兵和城市官员的陪伴下，他驱车来到里昂的名胜之一白莱果广场。在读了国民公会的命令之后，库东用一把锤子庄严地在一栋建筑物上敲了三下，然后说道："以法律的名义，我宣布拆除你。"居民们都被给到时间来搬家，所以清理的工人干活也不急。库东也许对这一套形式感到很满意。即便有雅各宾派抗议说，对木石宣战是何其荒谬。

库东无法阻止事情发生便设法逃避，在真正的暴力发生前，他离开了里昂。正如我们所知道的那样，他没去土伦而去了克莱蒙。他没等来他的继任者以做报告。

继任者是在全法国境内，里昂人最不指望得其宽容的两位，即科洛·戴布瓦和约瑟夫·富歇，委员会对他们充分信任，富歇在委员会里脾气最火暴。

这两个外来者将在这里共同度过几个星期。科洛以前是一个演员，而富歇曾经做过物理学教授。科洛是一个无赖，富歇却出身于一个受人尊敬的家庭。几年之后，科洛将在圭亚那悲惨地死去，而富歇自这段激进的经历过后，成了受人敬仰的奥特朗托公爵（Duke of Otranto）。前演员动辄大喊大骂，他易膨胀、为人激烈，很情绪化，行为又无礼粗俗。他渴望站在舞台中央，激动时像演戏一样，手舞足蹈，大吼大叫。前教授就安静很多；他冷淡，知性，谨慎；更愿意在幕后工作，乐于做一个无名的无所不能者；行为举止也严格收束。1793年，这两位都是激烈的平均主义者，而且干起来都百无禁忌。

长久以来，富歇担任过各种职位的特派员。在涅夫勒，他是在那里履职时接到了来里昂的任命，他的政策非常像库东在多姆山省的操作。就是他对富人更严厉一点，在去基督化方面更激进一点。和库东的目标一样，他也是想动员资源，控制省里的公共意见。他没有建立革命法庭，在他治下，涅夫勒也没人被处死，尽管有人被

科洛·戴布瓦

送去了巴黎的革命法庭。总体而言，在恐怖统治期间，只有一类指控导致了众多人的死刑：煽动性言论。即便是富歇，他对布尔乔亚和教会憎恶万分，也只有在针对那些被认定是叛徒的人时，才使用断头台。恐怖统治没有因为信仰杀过人，过去的欧洲做过这种事，也没有因为一个人所属的阶级或种族而杀死他，之后的欧洲干过这种事。杀人只是强迫政治忠诚的一种基本武器。

科洛·戴布瓦在9月份已经显示出了他的决心，当时他要求对那些传播假消息的人判处死刑，而且还提议说巴黎的监狱里全是嫌疑犯，应该用雷管炸掉。他尤其憎恶里昂的布尔乔亚。几年之前，作为那座城市的剧院经理，因其地位在当时只受到有限的尊重，他见识到了有钱阶级社交时的虚荣和势利。他心怀怨恨和不满，隐隐中想来一回痛快的报复。救国委员会当中，他是唯一一个出身于非富裕家庭的。他是确切无疑的埃贝尔派，是反囤积法的主要作者，还是"商人贵族"的永恒敌人。

布尔乔亚在里昂发起了政治反叛。惩罚叛徒，在这个国家的有些地方意味着镇压农民，在这里却是镇压中上层阶级。富歇和科洛利用了这个机会，并乐在其中。

后来，罗伯斯庇尔谴责了科洛和富歇在他们合作担任特派员时的所作所为。正是这两位对罗伯斯庇尔的恶意最后促成了后者的倒台。甚至到了10月份，罗伯斯庇尔对二人或许也没有任何敬意。科洛之所以被纳入救国委员会仅仅是出于政治原因，富歇对宗教所显出的暴力正是罗伯斯庇尔申饬安德烈·迪蒙的原因。有些作者因此得出结论说，在埃贝尔派的压力下，罗伯斯庇尔和委员会不情愿地把科洛和富歇派往了里昂。实际上他们是要把对之后的大屠杀所要承担的责任从罗伯斯庇尔派转移到埃贝尔派手中。

夸大埃贝尔派的压力再方便不过，因为很多举措，像《全面限价令》、战时总动员、对富人开战、对天启宗教的攻击，所有这些，不同派系的山岳派在不同时间都表示了同意。对里昂实施报复是埃贝尔派的呼吁，但这也是政府的政策。救国委员会也曾经试过和解的策略。罗贝尔·兰代在6月试图让双方达成调解协议。他失败了，然后又是围城，长久的坚持，联邦党人、旺代人、保王党人和外国势力曾被寄予期望。里昂成为阻碍的象征。因此，它也要成为革命法律制裁的象征。巴雷尔说，"城市"这个词语不能用来描述一群谋反者的巢穴。罗伯斯庇尔指责库东心慈手软。卡诺起草了命令，派令人生畏的革命军赶赴里昂。

巴黎的统治者们之所以派富歇过去是因为他们认为，对于一个安静的地区来说，富歇的思想也许太过先进，但是对于一个叛乱地区正好合适。当他们把他安排到解放城时，都对他在涅夫勒的表现表示了赞赏。而他们派出科洛，不仅仅是因为这是安抚埃贝尔派的策略，也是由于他们需要一个知名的恐怖分子，一个亲临现场的救国委员。他们没有预料到这两位代理人会干出什么事情来，而只敦促二人务必严厉。

"必须揭开这些野兽们的面具，然后一举歼灭之，否则我就去死！"这就是罗伯斯庇尔对于里昂的政策。这些野兽是谁？人们怎么认出来？人民之敌的伪装非常狡猾，他们往往都是伪君子。那就对伪君子们开战！但在一场与虚伪的战斗中，人们也许会因为他们压根没犯过的错误而受到谴责，因为一句随口说出的话、偶然遇到的熟人，甚至没有完全形成的意图而被告发。抓捕虚伪者是无休止的，除了道德的堕落一无所得。

科洛于11月4日抵达了里昂。他立即下令打造新的"国家工具，也就是神圣的断头台"。富歇将近一周以后才到。也有可能，为防止不可知的未来对自己不利，他故意落在后面，以便科洛可以积极发挥，让他显得像是主官。

两位都带了一些雅各宾派扈从，这些人是和当地的无套裤汉一起加入的军队。他们的第一个动作就是举行一场仪式化的全城净化活动。他们要举行节日纪念牺牲的沙利耶。

"为了清洗这位伟人遗体所安息的土壤和地区，昨天拿了十颗人头做的牺牲，明天也许有另外十颗。"这些话是一个心满意足的目击者所说。另外一个人则在一份报忧的信里如此描述当时场景："最可怖的事莫过于一头驴被穿戴成了一位老爷的模样。一顶僧帽、一个十字架，它满身都是最好的主教服饰。教堂里的金银花瓶都被拿出来摆在了这头驴前。沿途皆是为它而烧的香火。然后把那些花瓶打碎在坟墓之前。"

两个日十之后的理性节，这些残忍的亵渎之举仍在继续，这就直接违抗了救国委员会的意愿。科洛·戴布瓦没有库东那样的理由，这个时候后者正在克莱蒙参与类似的亵渎活动。库东也许不知道救国委员会的看法。科洛可是从巴黎过来的。10月27日，是他签署了给安德烈·迪蒙的快件，指示迪蒙要尊重天主教信仰的圣物。现在里昂到处都是巴黎来的埃贝尔派，他们有富歇撑腰，科洛也许怎么也执行不了委员会的宗教政策。当然他也没去尝试。

没有理由认为罗伯斯庇尔在当时不认可科洛计划的其他部分，只要他理解这些计划。科洛写给巴黎的信也让委员会知晓了他的总体计划。从这些信里，我们能看出在着手他的工作时科洛心里的一些想法。

他来里昂时，一心要灭绝这座诅咒之城。他把那道著名的命令做了广泛化的阐释。毕竟在浮夸的文辞之下，命令只限定毁灭富人的房屋。科洛想要走得更远，他认为库东领导下的拆房工作进展太慢。他准备用雷管和炮火直接夷平城市。"雷管的爆炸力、吞噬一切的熊熊火焰才能表现出人民的无所不能；人民的意志不可能像君主的意志那样受到压制，它必须达到雷霆般的效果。"科洛也许心里会想到，雷霆本身只是一声巨响，除了会把牛奶变酸，没有任何效应。

科洛相信在里昂事实上就没有信得过的爱国者。他把自己的这趟特派员任务视为司法巡视，意思就是彼城市的人到此城市来行使权力。让从巴黎陆续过来的雅各宾派和革命军在里昂放开手脚，他觉得没有什么不妥。在他看来，这些人就等同于"全体人民"。而里昂的居民，据其估计人数在13万到15万之间，他认为他们是"个别人"。对于这些个别人，革命就不应心慈手软。不过，他还是希望能够拯救一些里昂人。在他看来，其中大约有6万人属于工人阶级。他建议应该把这6万人（刚开始时他说是10万人）迁离里昂，然后分散到国内各爱国地区，将他们在新环境中锻造成为真正的共和派。"散布开来，加以监视，他们至少会跟随那些在他们旁边向前进的人。让他们待在一起，他们永远都会是危险的中心，成为真理的敌人所喜欢的对象。"就这样，科洛预见了更多晚近的独裁者们所使用的大规模人口迁移的办法。"你太哲学气了，"他给罗伯斯庇尔写信说，"所以没想到这个主意。"这边需要提及的是，大规模人口迁移早已经被英国人在阿卡迪亚[1]使用过了。

这个城市剩余的其他居民似乎就没在科洛考虑的人口之内。"人口一旦疏散，"他在给库东的信里解释同一个主意时说，"让这座城市消失将变得容易。说白了，'里昂将不再存在。'"即便科洛·戴布瓦也不会提议将6万多人判处死刑，但是他又觉得这些人不值得输送出去。他真正在想什么没人知道，如果他在这点上想得很清楚的话。

---

1. 阿卡迪亚（Acadian），北美东北部区域名，范围包括现魁北克东部及新英格兰在内的数个加拿大省份和美国州。17—18世纪间，英法两国为争夺该片区域而数次交战。1713年，英国为防止阿卡迪亚人暗通法国，曾下令将当地居民大举迁出该地。

新总督对库东的法庭随意散漫的习惯非常不满。库东只惩罚那些活跃的反叛者,但是科洛认为,如果在旧政府手里没吃过苦头,这人就不是无辜的。"宽容是危险的弱点。"必须消灭卑鄙之徒,以确保未来的子孙能活下去。他在里昂待了一个月,觉得处死叛徒的速度还不够快。他说,一天20例死刑是不足以吓住里昂人的。"国王的惩罚来得慢,是因为他们既软弱又残酷;人民的司法必须像它的意志表达一样迅速。"他因此寻求更多有力的方法。

为了保持人民的热情,他把沙利耶的头颅作为样本送到了国民公会,吉伦特派的断头台使其惨不忍睹,这颗人头就用作了圣徒遗物。"当有人尝试触发你更多温柔的情愫,"他跟大会写信说,"把这颗血淋淋的人头展示给那些只看到个别人的懦夫看看。"杜普莱是罗伯斯庇尔的朋友和房东,对他而言,这些叛党的仁慈情感不过都是装出来的。"那一边都是些虚伪而野蛮的人。而我们的情感完全属于国家。"界限已经划清,这是不共戴天的对立,"我们和他们"。我们代表整体,爱国,真挚,忠诚;他们代表的是个别人,背叛,虚伪,愚顽。

科洛·戴布瓦因此成为一个政治疯子。他被革命原教旨思想转变了,主权由国王转到了人民手里。以人民的名义,他将主权的含义推广至最可怕的极端:绝对意志,没有人性、没有道德、没有边际的权力。他为自己树立了一个新神,"人民",他认为他的敌人与人民水火不容。他的"人民"无所不能,满腔怒火。为了荣耀人民,他可以炸毁整座城市。人性、实际的意义,甚至私利都被忘记了,淹没在良好意图、情绪紧张和观念固化的化合作用下所产生的疯狂里。

尽管缺乏理性,一个疯子仍可从事需要理智的事业。让科洛·戴布瓦劳心劳力的事业就是与资产阶级做斗争。比大部分雅各宾派更加明确，在他心里，人民就是指无产者。此时的富歇大多持同一看法。里昂为他们提供了一块实践场，因为里昂的阶级差异非常明显。地方长官们不得不承认，里昂城里的大众不是好的雅各宾派。但是如果请他们说一说他们的经济哲学会让他们尴尬。资产阶级被清洗之后，他们却没有什么真正的商品生产计划。他们的经济目标受情感主义、政治便利和狂热的无神论影响，变得模糊不清。他们的运动盲目而随意，但仍然不失为一场阶级斗争里的一步。

为了把命令执行下去，他们设立了二十人的临时委员会。这些因而升至高位的卑微之人有一个共同的缺陷：需要证明自己。他们采用了统一的制服，尽管职务属于文官；他们还下令里昂的公民衣服上不得再用他们的蓝颜色。这些委员明显是没衣服穿，可是他们的需求倒一点也不客气。他们命令公共财政出资，给每一位委员提供行头，详细说来有：一件红领的蓝色外套，同色皮裆长裤、鹿皮护臀，一件大衣，一只皮箱，一顶三色羽毛的三角帽，一条黑色的肩带，各种奖章，六件内衣，十二条手绢，六条日常棉领巾，两条黑色塔夫绸正装领巾，一条三色腰带，六顶棉睡帽，六双长袜，两双鞋，还有西班牙羊皮手套，美洲靴子，铜制马刺，马鞍手枪，骑兵佩剑。

就是穿着这么一套行头和一身装备，临时委员会把革命的法律在里昂和整个罗讷省推行开来。特派员们运用他们的所学，以临时委员会的名义写出了一份"给所有合法机关的指令"，这也被称为现代社会第一份共产主义者宣言。指令立下了一条原则："一切只要是革命的都是被允许的。"

依据这条指令，革命是尤其为"劳苦大众"而来的。指令的作者们发现了劳动和收入之间存在着"令人震惊的差距"。他们攻击资产阶级，以多少有点马克思的方式向工人阶级喊叫说："你们被压迫了，你们必须打倒你们的压迫者。"

法国土壤里的产物都属于"法兰西"。农场主会收到一笔"补偿品"作为他们的农产品的交换。富人的财富任由共和国处置。那些年收入有1万里弗的公民将支付3万里弗的革命税。"对于公共税收的数学上的准确性不要有任何疑问，也不要有任何胆怯的隐忧。"

指令甚至对那些和叛变有非直接关系的人也做出了死刑的惩罚。指令强力推动去基督教化。它宣布（尽管有点前后不一）神职人员是大众不幸的唯一根源，人神之间纯粹是内在的关系，它要求没收教堂里的圣物，还下令销毁宗教信仰的公共象征物。

革命税在某种程度上也征收到了一些。以当时已有的行政管理方法而言，这和抢劫没有什么区别。而当地的贫农也都收到了征用令。科洛注意到，在这些互不相让、都想拿到粮食的各种力量之中，最成功的是那些有武装的人。而那些律师、贵族和神父，作为嫌疑犯，他们当即就被收押了，财产全被没收。

在11月底，镇压机器完工。25日，革命军终于抵达，几百人带着枪炮，由龙森带队，他跟科洛·戴布瓦一样，是一个职业剧作家。这支"军队"在旺代服过役，现在要来和一群已被击败的人作战。尽管理论上他们应该都是爱国者，只是由于年龄不足或者业已结婚被免上前线服役，但队伍却是由逃兵役者、游民、冒险家和恶棍纠集起来的乌合之众，政治领袖需要他们做的任何事情，他们都愿意去做。科洛·戴布瓦等他们都等得不耐烦了。

龙森很瞧不起里昂人，他说，这里连1500个爱国者也没有。在给巴黎科尔德利俱乐部的信里，他这样描述他进城的情形："恐惧挂在每个人的脸上。我特意嘱咐我们勇敢的部队不要喧哗，结果导致的沉寂使得他们的行军更加可怕吓人。大部分的商店都关门了。几个女的站在我们走过的路边。她们的脸上可以看出更多的是愤怒而非害怕。男人们躲在窝点里，在围城时，他们就是从同样的地方出来谋杀自由之友。断头台和子弹已经处罚了400多个叛逆。一个新的革命委员会已经成立，由真正的无套裤汉组成。我的同事帕兰是主席，我们的炮手们发几天霰弹，就会在一眨眼间帮我们打发掉4000多位谋反者。该精简下形式了。"

龙森所指的新委员会是七人法庭，由科洛和富歇于11月27日成立，帕兰担任主席。其成立不久就取代了附近的所有革命法庭。

几天之后（那天是理性节），两位总督收到了里昂妇女们的一份请愿书，据说上面有1万个签名。请愿者抗议将全城人之命运置于7位法官之手。他们为成千上万挤在监狱里的人求情。他们诉诸自然、人性和后代。当局不为所动。"革命的进军绝不放假，"富歇说道，尽管不是公开说，"只有人民的意志和正义才可以将其停止。"城市官员说得更加直接："你们这些娘们儿就回家管好自己家务事吧。"雅各宾派们认为这话说得雄赳赳、气昂昂，有真正的罗马人作风。

所以准备工作就继续展开。里昂人还没被吓够。就像科洛所言，一天死20个人不够。龙森说，本地居民更多是愤怒而非害怕。帕兰说，非常有必要"在叛徒们的眉宇间打上恐怖的烙印，如果我们不想自己有被刺杀的危险"。

恐怖在12月4日达到了顶峰，也就是霜月十四日当天，这部法令使里昂当天发生的很多事情成为违法行为。

被七人法庭判处死刑的60人，从城区出来被押往柏蒂耶，那是罗讷河流经的一片开阔地。他们一路歌唱吉伦特派的赞美诗，和雅各宾派一样，也是自愿为祖国而死。他们被带到挖好的沟渠之间的空地上，沟渠就是他们的坟墓。三座上膛的榴弹炮炮口对准目标。龙骑兵们手握出鞘的军刀环伺周边。大炮轰鸣，罹难者们成片倒下，那些还在挣扎和哀号的肉躯，由龙骑兵们踏过沟渠做最后了结。整个过程据说耗时两小时，原因是刀手们经验不足。科洛自己也说时间太长了。两个想逃跑的人被枪打死。

大约有209人被带到柏蒂耶。具体数字没人知道，过程太过匆忙；有个传说是，两个恰巧被关监狱的政府雇员尽管再三抗议也和其他人一起被推搡出去。这些被判刑的人被绑在一起，然后用霰弹筛过。一个前立宪会议的代表手被打断，撒腿想跑。他被抓住以后由龙森的人结果了性命。其他人受伤程度不等，他们被杀以后尸体都被扔进了沟渠里。坟堆太浅，几周以后，市政当局不得不撒上生石灰以防瘟疫。

停了两天之后，又有另外100人被同样处死。

里昂的集体处决就以这种可怕的方式开始了。不久，断头台作为一种死刑方式又重获优势。之后再没有一天之内处死过200人。但总数还在上升。断头台的血腥味儿和血污成为一个公共问题，不得不设立专门的委员会来做处理。当道德居然堕落到妇女儿童抢夺死尸身上的衣服当作纪念品的时候，甚至连下令霜月屠杀的那个人也觉得反感。在他看来，这"有损于共和国的庄严"。

到1794年4月底，里昂有为数2000左右的人被处以死刑，占到了恐怖统治时期全法国境内革命法庭处死人数的十分之一。里昂的罹难者当中，64%来自中上层阶级。而在里昂之外的其他地方，这个阶级占比只有28%。里昂人为他们的反叛付出了沉重的代价。

霜月十四、十五日两天发生的一切让这座末日之城里那些残酷冷血之人感到喜悦。长久盼望的雷霆和闪电终于降临。里昂人按理应该就此感到害怕了。

"希望这个节日，"法官多尔弗勒跟国民公会的主席写信说，"把恐惧永远印在这些无赖的灵魂深处，而为共和派们建立信心！"恐怖统治者们相信恐吓可以带来信心这真是愚蠢至极。"我在说节日，主席公民；是的，就是节日这个词。当罪行掉入坟墓，人性又可以呼吸，这就是道德的节日。"

"还是有人头落地，每天都有人头！"在霜月十七日写给巴黎的一封信里，阿沙尔如此写道，罗伯斯庇尔一份可用的拥护者名单里有他。"如果你看到前天对209个无赖汉所做的国家审判，你会感到由衷的快乐！多么威严！多么掷地有声！太有教育意义了！柏蒂耶的广场上多少无赖们就此倒下！共和国的基石又加强了！"在对法庭赦免的一些爱国者发表了一通激情洋溢的感慨之后，阿沙尔预计至少还有1000颗人头将会落地。"附言：向罗伯斯庇尔、杜普莱和尼古拉问好！"

也没必要再对这些革命信徒发回老家的消息多做引用了。只是需要注意的是，革命理想主义术语跟嗜血融为了一体。需要认清一点，这些人是在一种神圣的喜乐中实施杀人的。

没有人能确切地知道救国委员会是如何看待大屠杀的。已经回到巴黎的库东肯定是大为厌恶。他应该也不是唯一的一位。委员会对此惊讶到了什么程度也不完全清楚。柏蒂耶所采取的行动步骤已经在十多天前由临时委员会提前准确设计好了。在里昂的核心圈里这已是大家都知道的事。龙森在给科尔德利俱乐部写信时就预料到了。但是很显然，他的信到达巴黎之时正是在大屠杀发生前后。

有件事很有意思，科洛·戴布瓦于霜月十五日的报告既不是写给救国委员会也不是给罗伯斯庇尔的，尽管他们也是他的常用通信人。他的信是写给杜普莱的，这是他和罗伯斯庇尔共同的朋友。他很随意地提及这次大屠杀，就好像这不是什么特别不寻常的事情。然而他却是要让事情显得不寻常，他们的整个目的就是要以一场惊人的、前所未有的处决来恐吓里昂人。假如他相信救国委员会和罗伯斯庇尔对此和他一样狂热，他早应该发去一份更加直接和热情的陈述。

更有甚者，我们应该记住，救国委员会一直以来都反对特派员成为地方大员的倾向。比约-瓦雷纳一直在琢磨这个问题。他自己也是一个埃贝尔派，和科洛·戴布瓦一起进的救国委员会。但这两位的发展路数却大相径庭。科洛还是一个无政府主义者，狂热胡来；比约却成为组织化的倡导者。10月4日，比约代表救国委员会小试身手削减了特派员们的权力。国民公会提出抗议，救国委员会只好满足于圣茹斯特能获得的权力，发布法令说政府将不断革命直到和平来临。但比约坚持不让。就在科洛准备大屠杀之际，比约正力促国民公会通过由他和他的同事一同拟定的法令，这就是后来的霜月十四日法令。此法令赋予救国委员会以任职、命令和召回外出特派员之权力。

可以肯定的是，宽厚仁慈不是比约也不是罗伯斯庇尔想在各省中推行的，尤其是在那些吉伦特派的地盘上。但救国委员会想让特派员们听从命令也是真的。科洛·戴布瓦以他的去基督教化热情，如果不是其他东西，显示出由他执行政府政策有多不靠谱。

尽管如此，从现有证据仍可以得出一个结论。救国委员会事先并不知道大屠杀（尽管巴黎的有些激进分子可能知道）；大屠杀发生后，委员会也不是很喜欢这样。但在既成事实面前，委员会不得不表示赞成。当局里没人能承担得起温和派的污名。没有人愿意和人民之敌示好。任何一个声称忠诚于革命的人，都唯恐自己表现得不比其他做出同种宣告的人更加先进。这就是事实中所谓的"埃贝尔派压力"。除非激进派分子被打倒成为叛徒，否则激进派就会反对那些更趋温和的决策。只要那些相对温和的人士有可能因为欠缺公认的目标而受到谴责，他们就会接受、赞成甚至美化更暴力的行为。

面对里昂屠杀，救国委员会陷入了这种困境之中。委员们已经开始朝他们自己的目标前进。他们所用的语言极具煽动性：必须挥起法律之剑，务必锄尽妖魔鬼怪，谋反者之巢穴非我之城，共和主义者在行动。他们冠冕堂皇地却又是无意地（法令的措辞说明了这点）宣布："里昂应被毁灭。"他们相信恐怖统治，相信恐惧可以创造信心，抹杀可以带来纯粹。他们没想过要杀掉2000人，未曾计划过按照狂热的剧作家的品位来打造一场屠杀的舞台剧，也没打算以公干的名义，让一群肆无忌惮的外来者洗劫一座大城市。发生的所有这一切都让他们吃惊不已。救国委员会到底应不应该吃惊是另外一个问题。他们只是被话语给迷住了，这些人讲起话来都是慷慨激昂，干起事来却各有心思，大打折扣。然而至少目前这个阶段，这些人的所作所为只能被接受、被认可。

12月20日，一个里昂的公民代表团出现在巴黎的国民公会的席位上。他们声称现在全城的人都很懊悔，希望与共和国再续兄弟之情。但是那些恐怖统治者的满腔怒火如何能导向和平？他们指出，国民公会从未希望过取消法制也没想过施行一套你死我活的仇恨体系，而这些特派员们也从未获得过授权去干那些没有人性的事情。国民公会希望的不是去摧毁旧里昂，而是以一个忠诚而又繁荣的新里昂取代它。请愿者们表示完全同意这样的目标。

毫无疑问，这些请愿者对共和国所表达的信心多于他们实际所感受到的，从这个意义上说，他们都是共和国政权决意要铲除的那种虚伪者。然而，他们的请求沉甸甸的，国民公会转给了救国委员会由他们权衡。

"解放城"的不幸之处在于，科洛·戴布瓦这时已经匆匆赶回来为自己辩护。里昂的请愿信到了绿桌子上时，是科洛和其他人一起收的。会议上通过了什么无人知晓。但是最后的决定对里昂人不利，因为救国委员会派科洛第二天去国民公会作回复。委员会可以不承认他们与龙森有关系，龙森不过是一个街头激进派，一两天之前已经被他们逮捕了。但他们不得不承认科洛·戴布瓦。反对埃贝尔派的运动，开始于反对"外国阴谋"，一直在稳步推进，尽管截至此时一个大人物都没打倒。

科洛在他致国民公会的讲话里没有什么新的内容。他脑子里还是在盘算着如何遣送里昂的人口。他对那些竟然在柏蒂耶的屠杀一事上自寻烦恼的代表们大加挞伐。他一再声称，解放城的麻烦全是因为富人奴役穷人所致。在他的描述下，人们看到了一幅暗无天日的画面，这个不知悔改的城市充满了各种阴谋，只有施以持续不断的恐怖统治手段才能压制下来。他愉快地讲起那些在户外的从速审判，"在自然穹顶之下"，没有什么古板的规矩。他还提醒听众说，那些死掉的人不属于人民的一员。

他成功地消弭了请愿活动带来的影响。国民公会没有采取任何措施。

当晚，科洛去了雅各宾俱乐部。他举着飘扬的彩色旗帜通过了俱乐部的"清洗审查"。在埃贝尔的邀请下，他描述了他在解放城的工作。"在我给公会做报告时，"他承认说，"我不得不用上各种说辞，使上各种手段来为我的行为证明，其实事实足可自证。"他斥责这座叛逆之城的人民，他说，尤其是妇女们"疯狂地偷情通奸去做妓女"。他谴责对于龙森的逮捕，那是一个在很多好事里提供了帮助的杰出爱国者。科洛因此就诋毁罗伯斯庇尔，公开与那些罗伯斯庇尔决意打压的激进派唱和。

"人们常说情感，"他的结语如此收尾，"我们也是有情感的人。雅各宾派们拥有所有的美德。他们富有同情心，仁慈而慷慨；但是这些情感他们都留给他们的爱国者兄弟，而贵族们不是他们的兄弟。"我们和他们！

与此同时在里昂，在富歇的领导下，屠杀仍在继续。为残酷行为辩护、貌似有理的理由早就说不通了。攻下此城已经将近三个月，现在已没有最初的复仇冲动了。也不必担心那些主要的谋反者了，他们在第一批死去的人里。联邦主义运动已经潮退很久，波尔多和马赛已经处于控制之下，旺代也是如此。12月19日，法国又从英国人手中重新夺回了土伦港。外国的威胁已经解除了，军队已经处于半冬眠状态。阶级仇恨仍在继续，却是盲目的仇恨，没有任何真正的经济重建，只有打劫和革命的勒索计划。在里昂，政治的不满情绪还有，无休无止的恐吓让它变得更加严重。

质言之，前一年夏天还有目标的恐怖统治，到了12月的里昂已经堕落为私怨和狂热的爆发。恐怖统治最好的情况是一种合理的政策，到了此地却沦为最糟的情况——一种在不负责任、不受控制的极端分子操控下的暴政。

几乎就在科洛离开里昂前往巴黎时，富歇给他写了封信。富歇刚刚收到了攻下土伦的消息。"再见了，我的朋友，"他说道，"欢乐的泪水溢出了我的眼睛，淹没了我的灵魂……又及，我们只有一种庆祝胜利的方式。今晚我们把213个反叛者送到了闪电的火焰里。"

1794年新年的第一天，国民公会就收到了一首给新时代的赞美诗，一封来自富歇的信件，他担心有人把对他治理的抱怨听进去了。又是重弹了一遍老调：要求节制适度的都是伪君子和叛徒。

"是的，我们要敢于承认一点，我们流了一些不纯的血，但那是为了人性，为了职责。人民的特派员们，我们不会背叛人民的意志……

"我们在这边的使命困难而痛苦。一个弃绝了情感中所有对其心灵极为宝贵的自然、温柔习性的人，他全然不顾自己的感情和生活，只在人民中间、与人民一道去思考、去行动、去生活，能给予他安慰和奖赏的只有对国家赤忱的爱。他对周围事物全都视而不见，他所见的只是在阴谋者的坟墓和暴政的断刃之上，我们子孙的共和国将永蠢不倒。"

发现富歇如此热烈地表达革命信念是有点古怪的，在众人眼里，他是一个愤世嫉俗者，一个两面派，以在拿破仑手下做过警察部长而闻名。1793年的他真诚吗？很可能确实如此。也许他往后的愤世嫉俗就因为对于曾经一个如此绝对、坚定高举的信念的幻灭。许多不同类型的个人在革命中看到了一种幻觉。有些是爱好权力的人，他们在与其他人日常打交道时很少顾忌什么。他们看到的幻觉不会因为这种喜好就少一些真切，他们不是伪善之徒。富歇可能就是他们其中的一位。1793年的富歇十年以后还是同一个人，虽然他那会儿是一个爱权力的人，为追捕嫌疑犯常常用上阴谋诡计。但在1793年，他相信所从事的是一项高贵的事业，所以在他表现出一种肆无忌惮的暴力时，他所表达的是人民的无所不能。十年以后，就像很多人开始相信只要目的正确可以不择手段，他发现他渐渐习惯的手段已经变成了目的，它们之所以好是因为能产生效果；所以他追求权力，捕捉嫌疑犯，不再以人道主义理想的名义，而是为了服务于波拿巴以及他自己。

至于里昂，我们必须注意到，这些恐吓和诅咒终究未能产生如期的效果。里昂没有被摧毁。也不是所有的罪人都被杀了。没有进行人口迁徙。被拆毁的房子相当少。一两年后，这座城市就不怎么有雅各宾派曾到此巡视过的外在印迹。但市民们长久以来孕育着恨意，成千上万的人都相信他们的家人遭到了虐杀。恐怖统治的记忆在后来的法国史，甚至欧洲史上都占据了重要位置。如果我们不能审视现代的历史学家视为耸人听闻、可以一笔带过的这些事件，我们就不能理解历史，也不能理解这些记忆。就好像对人类而言，这些耸人听闻的事情无关痛痒一样。

第八章
阿尔萨斯特派员

很久以前（这样就可以开始另一段故事了），一个非常年轻的共和国与一个古老帝国交战，共和国有一个风光极美的省份深深卷入了麻烦之中。该省位于交战国之间的边界，本就是民族混居，两边都要讨好。阴险而狡诈的人就跑来搞煽动。每个人都没确定感，既兴奋又害怕。帝国皇帝[1]的士兵已经入侵，凶狠的克罗地亚士兵和其他战士从东而来。似乎已经是大势已去之际，突然出现了两个年轻人。他们是好友，亲如兄弟，由共和国首都派来扭转乾坤。两位年轻人决心很大。他们惩罚坏人，给士兵鞋子、食物和枪支，使部队重振士气；不久，皇帝的军队就转身逃走了。在仅仅数周时间之内完成任务以后，这两位年轻人就马上离开了，就像他们来时一样迅速。

这听起来像是来自乌有之乡的故事。严肃的历史学家不应该用

---

1. 指神圣罗马帝国末代皇帝弗朗茨二世。

童话故事去敷衍读者。然而，当我们运用最严谨的历史学方法，收集证据，排除自相矛盾的报告，考虑顾及各种偏见，折扣浮夸之言，淡化冲动之语，尽量以批判性的眼光去做冷静评判时，某种童话般的气氛的确笼罩着圣茹斯特和他的朋友勒巴斯的阿尔萨斯之行。虽然可以肯定的是，好人和坏人并不像人们希望的那样容易区分。

正是在阿尔萨斯，来自联军的威胁在1793年的最后两个月中最为紧迫。在巴黎看来，敌人就像一块赘肉，把一个地方按下去，另一个地方就会鼓起来。奥地利人于10月16日在北边的瓦蒂尼被遏制住了。但法军为了集结军队夺取这场胜利，削弱了东部的军队。普鲁士人因而得以向萨尔河前进。而在10月13日，当卡诺和儒尔当准备在佛兰德斯打一仗时，敌方却在维桑堡突入法国边境，追击法军使其节节败退、方寸大乱。敌军随即又如潮水般涌入下莱茵省，几乎直逼斯特拉斯堡的城墙脚下。

救国委员会立即派圣茹斯特去受到威胁的地方。这个决定是在10月17日做出的。瓦蒂尼的消息还没有到达绿房间。玛丽-安托万于前一天上了断头台；针对吉伦特派的审判即将开始；法布尔刚刚谴责完外国阴谋；在委员会内部，埃罗-塞谢勒受到了同僚们的怀疑。英国人和保王党控制着土伦。旺代的战争正处于最激烈的时候。里昂已经于一周前被拿下，但委员会担心叛军领导人会通过散布在南方各地的地下活动来破坏雅各宾派的胜利。

因此，阿尔萨斯只是问题之一，但这个问题的种种困难来自于本身。阿尔萨斯人的语言是德语，传统也是日耳曼式的。他们属于法国王室已经有一个多世纪。他们忠诚于法兰西，主要是因为旧君主并未使用现代的民族同化的方法。在革命之前，即使在法国，主权和民族国家统一的观念也只有一部分人才有，因此在许多地方保留了地区的独特性。阿尔萨斯大部分仍然是日耳曼式的，其法律的实质保持不变，作为少数派的路德派信众受到官方的尊重，其人民的税赋相对较轻，而且与法国其他地区相比，有更多与日耳曼进行商业往来的自由。阿尔萨斯是从神圣罗马帝国那里征服过来的，但在某种意义上，它的一些地方仍然在神圣罗马帝国之内。某些日耳曼统治者，其中包括斯比尔的诸侯-主教和巴登的大主教，在阿尔萨斯北部拥有土地，并在封建领地征收租金，保留了模糊的司法权。有时候，法律案件会从阿尔萨斯法院上诉到这些日耳曼王公的高等法院。这些王公的密探在阿尔萨斯的村庄里都很活跃。城市以外的许多阿尔萨斯人认为他们的日耳曼领主才是他们的真正的统治者。他们认为，权力转到法国是一种远超他们认知的高级政治玩意。他们很少见到法国人，对法国人情感疏远。

革命将所有外省的自由权一扫而光。革命创造的现代国家不能容忍像阿尔萨斯存在的这种古怪的权力重合。新的高度集中的主权观念将日耳曼王公们的权力排斥在外。封建税费的废除剥夺了他们古老的收入来源。这样就违反了旧的兼并条约；帝国皇帝作为日耳曼人权利的监护人进行了抗议，而由此造成的摩擦是战争的首要原因之一。阿尔萨斯的农民与他们一直依赖的领主们分离了，与他们一直所归属的所谓日耳曼的无形东西之间也被割裂开了。在新法国他们不禁觉得自己像孤儿一般。

不过，阿尔萨斯热切地响应了第一波的革命。农民很乐意摆脱封建支出。城市里受过教育的阶层已经半法国化了——如果我们能想起当时法国文明已经渗透整个德语世界，那么这一事实似乎也没什么了不起。阿尔萨斯人占了法国人才有的便宜，1789年，欧洲大部分非特权阶级正是从法国看到了让人激动万分的希望。阿尔萨斯因此产生了革命领导者的队伍。

但在1793年，当联军从北方入法时，法国的情势已经远非

1789年让人期待的那样。阿尔萨斯和其他地方一样牢骚满地。斯特拉斯堡是外来者的猎物，几周之后里昂也是如此。宗教问题非常尖锐。农民抱怨征调。人们在波旁王朝时期享受惯了地方自由，巴黎的统治因此就特别令人讨厌。

现在，帝国军队已经不在乎国籍了，指挥军队的是出生于斯特拉斯堡的阿尔萨斯人维尔姆塞。当他进入阿尔萨斯时，他邀请当地人加入他。有些人很高兴地加入了他的军队。他着手恢复旧制度，在教堂里唱拉丁文的赞美诗来庆祝他的胜利，为法国王后的亡灵做悼念弥撒。跟随维尔姆塞的是日耳曼王公们的一群官员，他们在这里失去了权力却一心想要收回其主人的土地和收入。许多农民张开怀抱接纳他们，希望回到旧日熟悉的乡村生活。此外，在帝国军队中，除了塞尔维亚人、克罗地亚人、斯洛文尼亚人、瓦拉几亚[1]人和各种日耳曼人，还有一支被称为孔代军的部队：由法国流亡贵族的七个步兵营和十二个骑兵中队组成。这些心怀怨恨的法国人给他们入侵的地区带来了一场复仇的混乱。即便如此，他们也得到许多反对革命的阿尔萨斯人的欢迎。

旧王朝的洪水正在滚滚涌入共和国，没有人知道它会在哪里停下来。岁月在两位指挥官身上都打上了印记，维尔姆塞时年六十九岁，他的普鲁士同袍不伦瑞克公爵五十八岁。他们都曾在老派的军事学校接受训练，实际上远没有他们所表现得那么令人生畏。不为法国人所知的是，不伦瑞克得到命令不要摧毁共和军，不要利用它的失误，也不要为奥地利人提供很多帮助，因为普鲁士仍然认为奥地利是它最危险的敌人。对于年轻的共和国守护者而言，这种外交形势无疑是有利的，否则他们很难招架。然而反差仍然存在：10月

---

1. 瓦拉几亚（Wallachia），旧时欧洲地区名，位于今天的罗马尼亚。

中旬的几次灾难之后，莱茵河军被派给了时年三十二岁的皮什格鲁，摩泽尔军被派给二十五岁的沃煦，最高民事权力归圣茹斯特和勒巴斯，他们当时分别是二十六岁和二十八岁。

圣茹斯特完全左右了勒巴斯，在制定他们的特派员工作的政策上起决定作用。在阿尔萨斯的萨维尔纳，他们给救国委员会的第一份报告最近被美国历史学家柯蒂斯先生发现。手稿在圣茹斯特的手里有一个显眼的修改。圣茹斯特在匆忙中写道"我已经告诉了你这个细节"，然后发现了错误，把"我"改写为"我们"。勒巴斯并不反对这种主导，甚至可能没有意识到这一点。两人意见完全一致；勒巴斯崇拜圣茹斯特，视之为模范，几乎将其当为圣人；他们私交甚厚，况且圣茹斯特已经与勒巴斯的妹妹订婚。

热烈、专横、粗暴，圣茹斯特集此于一身。在来到阿尔萨斯前不满两周时，他说服公会投票赞成政府要不断革命直到和平。革命政府，他指的是不受法律程序限制而直奔目标的政府。他厌恶废话连篇、官僚作风、繁文缛节。他说，无简则无以论政；而他的一些急件则是简洁的典范。他以斯巴达人的少言寡语为榜样，采用一种超越他年龄的严厉姿态。虽然他身上有那种自认正确的人才有的冷峻，但也可以亲切对待他圈子里的支持者，而圈外人则受到冷遇。有人评论说，他昂头的样子仿佛他在做圣事。

圣茹斯特和勒巴斯来阿尔萨斯时获得的是"超级权力"（extraordinary powers），而此时拥有"无限权力"（unlimited powers）的九名特派员已经在当地履职了。作为公会代表和人民特派员，这几位不承认他们之上还有权力，在他们眼里，甚至连救国委员会都只与他们平级。他们是因为听命于公会才有这种态度，公会在10月份的时候拒绝让救国委员会对特派员有指挥权。甚至连圣茹斯特，在通过10月10日的法令时，都未能让大会有所让步。

就圣茹斯特来说，他来阿尔萨斯时，心里就认为这里的特派员们已经失败。他从一开始就瞧不上他们。他的第一个动作是写信给委员会，要求将特派员们召回。一些人被召回了，其他人仍在原职。然而，委员会继续几乎完全只与圣茹斯特和勒巴斯通信，这让其他特派员恼火生气，抱怨遭到了忽视，并宣称圣茹斯特的地位优势抢夺了他们所有有效的权力。

圣茹斯特和一些特派员之间关系紧张。起于救国委员会与国民公会之间的斗争而出现的这场冲突，是革命独裁发展过程里的一个重大事件。它更加清楚地表明，真正的独裁尚未建立起来，因为它暴露了权力的混乱和分歧。这场冲突同时表明，罗伯斯庇尔派与埃贝尔派之间的差异正在变得越来越真实，因为圣茹斯特是救国委员会中与罗伯斯庇尔最亲密的人，而阿尔萨斯的其他特派员更容易走极端。

在这些夹缠不清的政治攻讦中，外派阿尔萨斯的真正目的开始展现出来。圣茹斯特和勒巴斯被委任到莱茵河军。摩泽尔军不久也归由他们统辖。他们被寄予厚望去率领军队将侵略者赶出法国。他们于10月22日抵达阿尔萨斯，11月16日暂时离开斯特拉斯堡去往前线。这几周时间，他们的这趟特派员工作最出成绩。11月16日以后，文职特派员越来越多地卷入党争，驱逐敌人的工作更多地落在了军事指挥官皮什格鲁和沃煦的手中。

10月10日，圣茹斯特做了一场重要演讲，阐述了他在士兵管理方面的清晰思想。他把士气摆在问题的首位。必须让部队感觉到他们是为自己的事业而战，为挽救民主共和国而战；他们必须相信后方和战场上调动他们的人；他们必须相信政府的最高官员真的关心普通士兵的福利。特别是莱茵河军，他们意志消沉，东倒西歪缩在斯特拉斯堡城墙底下，相信他们自己肯定被人出卖了，士气低落，所以首先需要恢复信心。圣茹斯特毫不犹豫地扮演了人们期待已久的赏罚天使。在斯特拉斯堡的第一天,他发布了一项公告。

> 派遣至莱茵河军的人民特派员致全军士兵
> 斯特拉斯堡,统一而不可分割之共和国二年二月三日
> (1793年10月24日)
> 我们来了!我们以军队的名义发誓要征服敌人。若有叛徒,或有对人民的事业态度冷淡的人,那么我们带来的剑将会刺向他们。士兵们,我们来为你们报仇,给你们带来将要带领你们取得胜利的领导人。我们决意发现有功之人,给予奖励,推而广之;我们将追捕所有罪犯,不管犯下罪行的人是谁。鼓起勇气,勇敢的莱茵河军;从今以后,你们将拥有自由、幸运和胜利!
> 现要求三天之内,所有领导、官员、政府办事员和诸如此类人等倾听士兵的正当抱怨,并给予满足。在这段时间之后,我们将亲自去聆听这些不满,我们将会树立军队空前的正义和严厉的榜样。
> 圣茹斯特,勒巴斯

圣茹斯特邀请人们表达自己的不满,是为了给纪律奠定基础,而不是鼓励琐碎的抱怨。在同一天的几个小时后,他发布了另一个公告,宣布在瓦蒂尼的胜利。他说,纪律是北方军队取得成功的保证。他多次重复这个论点。

军官们甚至比士兵更需要纪律。他们中的许多人习惯在斯特拉斯堡过夜。其他特派员鼓励军官和士兵参与城市的雅各宾政治。军官们树立这么糟糕的榜样,管理这么松弛,士气自然无法振作,士

兵们漫无目的地在乡村里到处游荡，寻找食物或冒险。

圣茹斯特开始着手清洗军队的官员，一段时间里，清洗成为了颇有特色的国家政策。许多人被当作叛徒，或者因为其贵族身份而被捕，结果就是军队不信任的军官都被清洗了。圣茹斯特断定，为了军队的利益，至少有一位将军必须被处死。受害者是六十岁的伊桑贝尔，他曾怯弱地向一小股奥地利骑兵投降；他在军事法庭接受了审判，并在集合的部队面前遭到了处决。其他六名军官也遭遇了同样的命运，其中包括一名准将。

军官们被命令与自己的士兵同住。将军们被指示要睡在他们的帐篷里。佩尔迪厄将军被解职，因为他驻扎在最前线的部队遭到敌人袭击几小时以后，他却还在斯特拉斯堡的剧院里。几个晚上之后，一位叫特谢尔的上尉在去剧院的路上问路，不幸地问到公民圣茹斯特本人。这个上尉被捕了。军队的外科医生也感受到了新大人的厉害。他们被要求与战斗人员待在一起，而不是安全地撤退到后方。他们还被要求停止滥用住院单，它们已被士兵们用作推卸逃避的借口。

部队被禁止离开营地，所有外出许可都取消了，军官们被要求随时准备待命。一位要求回家照料他私人财产的骑兵被当众降级。法令规定，任何试图偷偷溜进斯特拉斯堡的人都会被枪决。圣茹斯特一再命令皮什格鲁去操练士兵。

对于奥地利人，当他们建议和谈时，他给出了他的一个简洁回答："法兰西共和国从敌人那边获得和给予的只能是铅弹。"

与此同时，必须提供食物、衣服和武器给军队。他们和北方军一样，衣服破装备差，这些军需快把儒尔当逼疯了。腐败和贪污遍布整个供应体系。圣茹斯特发布法令，不诚实的供应商如果被定罪，应被枪决；如果只是涉嫌，应送到监狱。应严格执行《全面限价令》。

八个邻省的当局接到命令，要求在十二天内提供粮食和饲料。沿路的地方当局被要求供应马匹和马车。

在斯特拉斯堡，这些需求尤其繁重。10月31日，市政官员被通知去筹集5000双鞋子和15000件衬衫。同一天，一笔900万里弗的强制贷款被提出，由193名公民支付，这些人的姓名就在命令的附录上。四天后，不耐烦的总督们质问为什么这些征收尚未产生结果。11月6日，市长被指示"要激发全体公民的热情"，为军队提供鞋子、大衣和帽子。第二天，从10点到13点，那些拒绝支付强制贷款的最富有的人被强迫坐在断头台上，作为对他们自己和其他人的教训。一周之后，斯特拉斯堡的"富人"被要求提供2000张床。第二天，同一城市的"贵族"被要求提供1万双鞋子。城里的所有大衣也都被征用了。由于斯特拉斯堡的居民人数不超过4万人，因此显而易见的是，上缴的床（如果能收到的话）不仅仅是由富人买单，而1万双鞋子也并非全都来自贵族们的双脚——除非说"贵族"仅仅是一种政治表述。

执行这种横扫一切的法令，对付嫌犯，都需要革命法庭。圣茹斯特和勒巴斯，他们在阿尔萨斯的第二天，就设立了这样一个法庭在下莱茵省巡回。他们扩大了原来的军事法庭的权力，使其有权审判被控通敌者，或者在后勤供应上弄虚作假者。不可能截然区分违反军事纪律或经济管制的行为与性质更严重的反叛共和国问题。正如我们所看到的，在阿尔萨斯，有许多人体恤侵略者。这种体恤是否出于民族主义情绪，阿尔萨斯人是否因为入侵者是日耳曼人而为其所吸引，是一个没有多少实际意义的问题。没有太多的理由去这样认为。在整个法国，是有人希望联军赢得胜利。抱有这种立场的人并不想要背叛法国；他们认为法国政府掌握在一小撮极端分子的手里，他们并不效忠于这些人。

然而，在阿尔萨斯有一个团体，以自由的名义，希望斯特拉斯堡恢复其在帝国的自由市的古老地位。10月底，法国警戒部队截获了一封信。这封信要寄给一位斯特拉斯堡的无名公民，送信人要依据收信人的口吃和眼镜来辨认出他。埃德尔曼，本省的管理者之一，符合这个描述。这封信由流亡的圣伊莱尔侯爵签发。信里说，三天之内，一群伪装的流亡贵族将潜入斯特拉斯堡并占领这座城市。

这封信实际上是伪造的，写信人名叫梅斯，目的是诬陷他的私敌埃德尔曼。圣茹斯特却认定它是真的。他怎么也信不过本省的省政府或者其他合宪机关。这些机构早已不再由原来的民选成员组成。原始成员已经被先前的特派员们清洗掉了。现在的成员都是基于政治考虑委任的，而且他们并不特别认同圣茹斯特和勒巴斯。

圣茹斯特立即就埃德尔曼事件采取行动，要么是他认为这封信是真实的，要么是他看到了一种让政治对手妥协的手段。他命令搜查斯特拉斯堡的每个家庭寻找外来者，并邀请该城市的居民告发所有嫌犯。10月30日，他请斯特拉斯堡的雅各宾人对下莱茵的行政人员发表坦率的意见。三天后，他解散了斯特拉斯堡的省政府和市政府。斯特拉斯堡的雅各宾人惊讶之下表示了抗议。圣茹斯特为他的行动所做的辩护是，这些被驱逐官员的忠诚度和能力有问题。他必须打叛国牌，强调叛国的危险，以便在政府里安插他可以信任的人。他进入了一个古老的恶性循环：山岳派之间就没有什么相互协调，当时的法国也很少有后来的那些历史学家所刻画出来的同志情深。当一个人承担重大责任时，就像圣茹斯特在阿尔萨斯那样，他不得不选用自己的追随者来团结在周围，并且在这个过程中，扩大嫌犯、不合作者和政治对手的人数。

争权的领导者必须确保自己得到民众的支持。这不仅仅是派系斗争，还有更多的意义：圣茹斯特对改善社会有明确的看法，并认为更多的经济平等是道德再生的必要步骤。高昂的物价和不稳定的就业让工人阶级生活困顿。害怕离开自己的家庭，也阻碍他们为军队效力。随着富人逐渐疏远政府，政治领导人越来越看重穷人，把他们看作国内最爱国和最共和的因素。因此，从原则上讲，出于权宜的考虑，这两方面都促使圣茹斯特去保护工人阶级。出于这个目的，以及为军队提供补给，他严格执行各种征调令和限价令。更进一步，从斯特拉斯堡的193名富裕公民那里强制贷来的收入中，他命令为该城市的"贫穷爱国者"留出200万里弗。随后的法令更是追加了50多万里弗。

因此，与库东在多姆山省一样，圣茹斯特在阿尔萨斯采用了同样的方案来重新分配财富。他们的目的是帮助有需要的人，但不用里昂的科洛·戴布瓦设立的临时委员会所规定的那么长的时间。科洛·戴布瓦是一位埃贝尔分子；而圣茹斯特和库东成为坚定的罗伯斯庇尔主义者。后面的这两位预计在11月份，在他们负责的地区实施社会规划，但是直到几个月以后的风月法令中，此规划才得以发布。

圣茹斯特和勒巴斯于11月16日离开了斯特拉斯堡。那天晚上，普鲁士人试图突袭比奇的驻军，比奇是边境上四条道路交汇处的一座小镇。普鲁士人被击退了。圣茹斯特和勒巴斯于21日在比奇宣布共和国从萨尔布吕肯到莱茵河取得了胜利。但是，绝不能说敌人已经从阿尔萨斯被赶走。

与此同时，因为两个执政官的离开，斯特拉斯堡的政治危机终于爆发了。一段时间以来，地方事务一直由两个外来者主导。其中一位是斯特拉斯堡的市长莫内，他在圣茹斯特对市政府的清洗中活了下来；他比圣茹斯特更加年轻，来自萨伏依，蔑视日耳曼的一切，并且是一位埃贝尔分子。另一位是来自莱茵河以外的日耳曼人厄洛热·施奈德，一个有着圆圆肩膀的前修道士，也是希腊文学领域的权威。他于1791年进入阿尔萨斯，成为立宪主教派驻本地的教士，编辑了一份激进的报纸，类似于当地的《杜歇老爹报》，1793年底，他成为了一个革命法庭的公诉人。这个法庭并不是圣茹斯特和勒巴斯建立的，而是其他特派员在圣茹斯特抵达之前不久设立的。

莫内和施奈德彼此嫌恶，两人又为绝大多数阿尔萨斯人所憎恶。他们从背景上讲都不是法国人，尽管莫内说的语言是法语。他们是罗伯斯庇尔所担心的那种外国冒险家，在他们看来，这场革命既是一场他们参与其中的地方军事演习，又是一次所有民族可以一起推动的世界性运动。他们无感于与法国其他地区保持团结，对国民公会也无忠诚之心。

就在圣茹斯特离开的那一天，斯特拉斯堡的街道上出现了一些说法语的陌生人，他们神情凶狠，胡子拉碴，头戴红帽子，还都配有军刀。这些气势汹汹的爱国者，约六十来人，由莫内在邻近各省的雅各宾派中招募而来。他们自称为宣传队，住在废弃的大学里面，并且有一支有组织的武装部队守卫。他们开始着手推广宣传先进的革命教义。莫内打算将他们主要用于两个目的，一是使阿尔萨斯人强制法国化，二是消灭天启宗教，天主教、新教以及犹太教，所有这些宗教在斯特拉斯堡都有强大的存在。

和其他省城一样，雾月三十日，也就是11月20日，斯特拉斯堡庆祝了理性节。早上9点，一支壮观的游行队伍形成了，由宣传队工作人员，身着白衣的女孩，当地的雅各宾党人，公职人员还有各色公民组成。举着马拉的半身像，人群游行到理性殿，这座昔日的大教堂，正门竖了一面大三色旗和一张上书"黑暗之后见光明"的标语牌。教堂里面披挂着更多的旗帜，而在教堂中殿则是常作象征用的山峰，峰顶则是自然像和自由像。在山腰上，刻画着"人脸怪物，还有半埋在一片片岩石中的爬行动物"，这些象征着迷信的挫败。一个管弦乐队演奏，聚集的人们（据称数万人）齐唱《自然赞美诗》：

> 宇宙之母，永恒的自然，
> 人民承认你的力量是永恒的；
> 在古代虚假的浮夸残骸上
> 它的手举起你的祭坛……

莫内随后发表了赞美理性的讲话。莱茵河军的军医处处长指责了教士、暴君、流氓、贵族、阴谋家和温和派。厄洛热·施奈德放弃了他的圣职，许多其他神职人员也正式宣告与他们的错误一刀两断。祭坛上点起了火，烧掉了"罗马宫廷美化过的圣徒遗骸和一些哥特式羊皮纸"，而在外面的街道上，十五车来自教区档案馆的法律和历史文件在火焰中化为灰烬。

这些去基督教化的活动，以及莫内和宣传队的其他行动，得到了某些特派员的支持。其中两人，米约和居亚丁，于11月7日下令一出现宗教苗头就予以镇压。他们在四天前已经被救国委员会召回，可能他们还没有收到这个消息，但不管怎样，特派员们有时候在被要求返回巴黎后很久都没走，还在执掌权力。在理性节当天，特派员博多正在斯特拉斯堡。他无拘无束地走在游行人群里，并在大教堂发表演讲，据当时报道，他"恭喜人民来到了一个幸福的时代，各种骗术不论采取什么形式，都行将消失"。博多的职业是医生，而医学在18世纪取得了长足的进步；但博多听从了施奈德的提示，"放弃了一个单单靠人们的轻信和欺骗才闻名的职业"。

博多、拉科斯特和其他一些特派员相信，相较于法国人，阿尔萨斯人更同情奥地利人。他们谴责了该地区的日耳曼特色，他们不能说本地的语言，而本地人则对他们充满厌恶。拉科斯特谈到把四分之一的人口送上断头台。还有一次在斯特拉斯堡，有两场发言是用法语，一场用德语，而博多禁止用德语发言。博多和拉科斯特都站在外来的雅各宾派宣传队一边，而后者对阿尔萨斯本地的语言完全无知，还给自己身处其中的人们带来了民族主义迫害的新恐怖。

不幸的阿尔萨斯人不得不忍受厄洛热·施奈德，他至少能够说他们的语言，但他是一个外国人，对他们作为一个民族没有同情感。施奈德带着他的革命法庭穿过阿尔萨斯北部，一架断头台与之同行，被他定罪的人都得到了残酷的惩罚。他显然不是一个非常嗜血的人，因为几个月内，他只处死了大约 30 人，但他那大嗓门所发表的谈话和威胁、他开出的不可思议的罚款数额、他宣判的刑期之长，都让当地人心惶惶。一个女人以 20 苏的价格出售两根莴苣，造成了指券的购买力贬值，因此这个女人被判定有罪，处以罚款 3000 里弗，监禁 6 个月，还要站在断头台下示众 2 小时。更有甚者，施奈德明显是一个道德要求宽松的人。很可能，他并没有像有人说的那样，所到之处都要给他上贡女孩，但他到了哪个城镇或村庄，肯定都不会让当地家庭高兴。

圣茹斯特和勒巴斯于 11 月 24 日回到斯特拉斯堡。鉴于他们离开期间发生的事情，他们对极端分子越来越难以无视和妥协。然而他们必须谨慎行事，他们实际上是在孤军奋战，除黎曼之外，所有特派员都反对他们。而他们要想做成一件什么事情，都还离不开他们想要控制的当地政治人物。他们做出了让步，却也并非心不甘情不愿，而是因为他们在原则上赞成比他们更趋暴力的党人所努力的一些目标。在离开斯特拉斯堡之前，他们已经签署了一项反日耳曼派将会赞成的法令。通过它，阿尔萨斯的女性"受邀去改掉她们的日耳曼派头，因为她们的心是法国的"。他们回来以后不久，就发现反宗教的情绪高昂，于是下令毁坏"理性殿周围"（不包括在殿内或者殿上的，这个表述可能是故意含糊不清的）的雕像，并且下令共和国的旗帜应该挂在尖顶之上飘扬。

他们的意图无疑是拯救大教堂免受进一步的损害。圣茹斯特与罗伯斯庇尔有同样的宗教政策。这两个人的身上都怀着一种敬畏的重负，平素所见到的天主教教义实践遏制了这种情感，破坏行为和"哲学伪装"的出现又将其唤醒了过来。法国作家夏尔·诺迪埃，当时还是个斯特拉斯堡男孩，偶尔会见到圣茹斯特。他声称这个严厉的年轻人民代表在斯特拉斯堡的雅各宾派那里做辩护时，在一想到宗教自由被侵害和圣礼被亵渎就流下了眼泪。

二人回来之前经历了一段田园诗般的插曲，这是一次短暂的巴黎之行，勒巴斯去看望他的新婚妻子，圣茹斯特看望他的未婚妻。他们把她们带回阿尔萨斯，安置在后方的萨维尔纳（这说明两个年轻的斯巴达人还是人）。或许（尽管没有证据）是在救国委员会召开一个仓促的会议之后，圣茹斯特和他的同僚就准备镇压阿尔萨斯的埃贝尔派。

宣传队已经解散。它的成员被命令回家。有消息说，被监禁的斯特拉斯堡官员应该受到人道对待。圣茹斯特要求施奈德公开解释他的行为。施奈德于12月7日回复说："无套裤汉有了面包，人民祝福拯救了他们的断头台。"为了获得新的尊重，施奈德突然在巴尔迎娶了一个女孩。12月14日，他回到斯特拉斯堡，乘坐着一辆装满妻子家具的马车。据一些人说，由于负载太重，拉车用上了六匹马；一群支持者骑马拔剑，护卫在新婚夫妇旁边。在莫内一派的帮助下，圣茹斯特从这件事情里看到了一个掀翻施奈德的机会。他指责施奈德进入斯特拉斯堡时耍傲慢的贵族派头,判罚他在断头台上示众四个小时。勒巴斯写信给救国委员会,宣布送施奈德前往巴黎受审。"让我们不要再相信世界主义者骗子,"他说,"而只相信自己。"革命已经成为一个民族事业,不欢迎热情的外国人。

圣茹斯特在执行任务时遇到的更多困难来自和他竞争的特派员们。争吵和指责仍在继续,来自不同本部的命令在相同的议题上相互冲突;文职主官们不愿屈尊去相互沟通,结果就是军队无所适从。博多指责黎曼在酒醉后做决定;黎曼告发博多的生活骇人听闻地讲排场。他们都要求将自己或者另外一个人召回。黎曼抱怨说,来自陆军部的密探侵犯了他的管辖权。博多因为他的一个同事曾经是教士而愤怒。救国委员会决定由皮什格鲁负责莱茵河军和摩泽尔军的联合指挥,圣茹斯特和勒巴斯即将做出任命;而拉科斯特和博多预期任命沃煦。尽管接受了沃煦,但圣茹斯特强烈地向委员会抗议。救国委员会训诫了博多和拉科斯特,但无能为力;两周前,拉科斯特已经收到召回令。拉科斯特和博多自我辩解说,委员会没有让他们知道,而圣茹斯特和勒巴斯拒绝承认他们的存在。简而言之,在圣茹斯特外放期间,特派员之间的和谐是不存在的。

毫无疑问,个人虚荣心加剧了分歧,革命的心理又是添火加柴,因为每个特派员都认为自己至高无上,相信他的政策是唯一正确的,不信任自己派系以外的人,怀疑其功绩和图谋。但是,还有一个更加根本的分歧。

博多和拉科斯特是极端分子,他们之所以夸大危险,是因为镇压让他们享受到了乐趣。根据拉科斯特的说法,阿尔萨斯并不比土伦好;甚至莱茵河军里到处都是亲奥地利的人。他说,圣茹斯特惩治施奈德,反革命分子们幸灾乐祸。应该支持和扩大宣传队。应从斯特拉斯堡之外调入四千名无套裤汉安置在该市以起到震慑作用。

现有当局都必须再次清洗，因为早先的清洗一点都不成功；必须从阿尔萨斯外部引入完美的雅各宾派来充实所有的公共机构。日耳曼习俗必须取缔，德语必须禁止使用。坚强有力的恐怖统治必须把阿尔萨斯和共和国联系在一起。所有权力机关之间必须建立统一集中的权力。拉科斯特和博多当然不会反对自己行使这种权力。但拉科斯特说，圣茹斯特的主导地位是"名副其实的独裁和残暴"。

如果博多和拉科斯特的主张得到实施，下莱茵省将会遭遇里昂那样的命运，甚至更糟，因为在里昂并没有暴力剥夺国籍的问题。事实上，阿尔萨斯在恐怖统治期间，只有约120人被处死，其中约一半是被圣茹斯特所建立的法庭判处。考虑到不满情绪的程度，敌人又如此接近，而其他地方也有像博多和拉科斯特一类人掌权，其死亡人数就很多，所以阿尔萨斯的数字并不高。

与此同时，在阿尔萨斯南部，毗邻的上莱茵省，十二委员里的另外一位也在那里做特派员。埃罗-塞谢勒是雅各宾派中最为人注意的人物之一。他是雅各宾派宪法的主要作者之一。他曾两次担任国民公会主席。作为1793年8月结束帝制庆祝仪式的领导人，他一直就是法兰西共和国的焦点人物。但他去阿尔萨斯时正受怀疑。他在那里试着给圣茹斯特写了一通信。圣茹斯特没有理他，因为几周前他听到过法布尔·德·埃格朗蒂纳的告发。在一个仓促的附言里，圣茹斯特向罗伯斯庇尔解释了他的态度。"与腐败分子分享信任，信任就不再有价值；在那种情况下（显然是指不与腐败分子分享信任时），一个人只从爱国的角度去履行自己的职责，这种感情更加纯粹。"

信里的用词含混表明写得轻率，也许正是出于此种原因，这种神秘意味的言辞显露出更多的心理因素。圣茹斯特是一位政治清教徒。他不愿意和他在道德上不喜欢的人一起工作。他评价人更多是根据动机，而不是依据他们对共同成就的可能贡献。他担心，如果允许可疑的人物去推动正当的事业，那么事业就会被玷污。这是不切合实际的政治观。如果圣茹斯特认为埃罗被指控有罪，就拒绝与他发生任何关系，任其自生自灭，那也是不切合实际的政治观。

埃罗事实上的确不是模范人物。他太做作，几乎没人能说清楚他信什么。他的一些著作，如《野心论》和《雄辩思考录》，是在革命前的贵族式闲暇中创作的，可能会让人怀疑他是否真诚。他是贵族出身；在1793年的自我辩护中，这个事实可能导致了他宣扬一些比他真正赞成的更激进的教义。但无论如何，即使是他最爱国的行为，也可能被其他雅各宾派认作虚伪。在巴黎，他与一些性急、鲁莽的外国人有联系，在阿尔萨斯，他身边有一个情妇，而这个女人的丈夫和小叔都是流亡贵族。然而，是派系政治才导致了法布尔·德·埃格朗蒂指控埃罗勾结外国人颠覆共和国。

没有理由相信埃罗有任何叛国的意图。但是他不为罗伯斯庇尔所喜，因此也就不为今天那些偏袒罗伯斯庇尔的作家们所喜，质言之，他们认为罗伯斯庇尔永远正确。挺罗伯斯庇尔这一派的领头人阿尔贝·马迪厄曾竭力证明埃罗是一位埃贝尔派分子和一位极端分子。他之所以对这个问题做了大量研究，是因为学术上的政治目的——和他竞争巴黎大学教席的奥拉尔教授不幸将埃罗当作了丹东派，在这个问题上暴露出了惊人的无知。

阿尔萨斯为评估埃罗的极端主义提供了一个实验室。埃罗在上莱茵做的事情可以和罗伯斯庇尔、圣茹斯特在下莱茵做的事情相比较。马迪厄列举了埃罗的一些"过激"故事：他取缔了一些行政机关，组织了挨家挨户搜查，设立了一个革命法庭，他懊悔阿尔萨斯人的检举告发来得太迟，他逮捕嫌疑人并将他们发配到法国内地。在同一时间，圣茹斯特在五十英里外的地方做了全部的这些事情。据马

埃罗·塞谢勒

迪厄的说法，埃罗的身边围绕着施奈德的朋友。但埃罗逮捕了"上阿尔萨斯的施奈德"，一个名叫穆勒的人，是施奈德的崇拜者，和施奈德一样是来自莱茵河对岸的前激进教士。埃罗也没有像圣茹斯特那样向贫穷的无套裤汉提供大笔资金，更无法与真正的埃贝尔派科洛·戴布瓦，以及他在里昂的临时委员会相提并论。

埃罗所用的话可能被归为极端言语。在他的述职报告中，他对自己的严酷手法颇为自豪，毫不掩饰。在引用一位不为人知的演讲者的名句"让恐怖成为时代秩序"之后，他宣称，"他所说的我已经做到了！"马迪厄称这种热情的迸发是"无用甚至有害的公民精神的放荡"。但是，在这些革命者中，有谁没这么说过呢？埃罗可能还想不出圣茹斯特的简洁教条："法国人民是由爱国者组成的。其他人就是奴隶或什么都不算。"

埃罗和圣茹斯特在阿尔萨斯的显著不同减少到三点。埃罗，像博多和拉科斯特一样，坚持认为爱国者的数量少之又少。这种标榜自己超级爱国的态度，可能成为几乎无限制恐怖化的动力，就像在里昂所发生的那样。然而，在埃罗的领导下，上莱茵地区只处决了两三人，在整个恐怖统治期间也只有十二人被处决。

其次，埃罗，依然像博多和拉科斯特一样，创立了一支革命军，以革新本省的农民和市民。救国委员会对这些组织活动大为不满，除了获得国民公会授权的组织（这是指9月5日在叛乱压力下建立的组织），此外所有的组织都在12月4日被霜月十四日法令禁止。

再者，埃罗积极支持去基督教化。他在十二委员里最像启蒙哲学家；他曾经与著名的布封有过交谈，不畏路远去看孟德斯鸠和卢梭二人的手稿；他拥有与伏尔泰一样的讽刺精神，怀着爱尔维修所布道的对快乐的信仰，对上帝持怀疑态度——这让霍尔巴赫男爵这个名字成为公愤。他满腔热忱地投入到使人们摆脱宗教信仰的事业中去。这足以引发他和罗伯斯庇尔之间的冲突。然而，事实上，与库东在多姆山省的所作所为相比，埃罗在上莱茵对天主教表现出了更多的耐心。可是，库东却成功地成为了无可指责的罗伯斯庇尔主义者。

埃罗被归类为埃贝尔分子是毫无疑义的。他显示出的一些特质，说明他不是一个真正暴力的人。埃贝尔派其实怎么也算不上有一套教义或者成体系政策的组织。它作为一个派别，是不利或威胁政府人物的鱼蛇混杂之所。埃罗与其中的一些人有联系，但相比较他和其他雅各宾人的接触并不为过，不过后者没有沾上致命的污名。

在阿尔萨斯，埃罗遭遇了一些针对他的派系阴谋。一封神秘的信件被送给了特派员黎曼，圣茹斯特不在斯特拉斯堡时，他是负责人。信是寄给斯特拉斯堡市市长莫内的。签名又是"圣伊莱尔侯爵"，表面上看信是莱茵河的科尔马写的。这位假侯爵说："我来这里就是要和我们的朋友埃罗谈谈，他已经向我承诺一切。"捏造这封信无疑是为了捏造出莫内和埃罗达成妥协的假象。它是否受到圣茹斯特本人的鼓励？没人知道。可以想象，圣茹斯特也许促成了这两封圣伊莱尔书信的撰写，因为它们都为他所利用。第一封，打击埃德尔曼，给了圣茹斯特一个清理下莱茵当局的机会；第二封信帮助抹黑莫内，一个圣茹斯特仍然与其斗争的人，并支持了几周前法布尔·德·埃格朗蒂纳对埃罗的指控，为其提供了证据。但这些都是纯粹的猜想，而猜想什么也证明不了。

黎曼逮捕了莫内，并动身去科尔马那儿与埃罗-塞谢勒访谈。但是，他说，他的马车在路上翻了，他不得不返回斯特拉斯堡，在那里，经过进一步思考，决定莫内"享有圣茹斯特的信任"（鉴于圣茹斯特和莫内对于宣传的不同看法，这是不真实的），他释放了莫内，把他的两名车夫送进了监狱，并且把这封控告信不加评论地给了埃罗。无论背后的阴谋是什么，最后是什么事都没有。

但是埃罗的名字与埃贝尔派在政治上被联系到了一起。12月11日，救国委员会把他召回了，同时被召回的还有圣茹斯特的敌人拉科斯特，以及库东的眼中钉雅沃格。

委员会试图安抚其吵闹和争论的代理人们。罗伯斯庇尔本人亲自写了一封信给圣茹斯特，巴雷尔和比约-瓦雷纳也签了名，呼吁合作精神和博大胸怀。博多和拉科斯特的投诉已经涌入了绿房间，当然也是埃贝尔派的调子。罗伯斯庇尔当时（12月29日）需要激进派的支持来反对温和派，所以针对两位的意见即便如此明显也被他置之一旁，他还向圣茹斯特宣称博多和拉科斯特是被和他一样纯粹的热情所鼓动的。他说，在更高层次的爱国主义面前，我们必须放下我们的分歧。即使鉴于政治局势，我们也不十分清楚，为什么罗伯斯庇尔在写给圣茹斯特的密信中如此温和地处理极端主义的问题。

到此时为止，1793年底，通过一系列无须赘述的纵横捭阖，敌军已经从阿尔萨斯被赶走。圣茹斯特恢复士气起到了效果。沃煦和皮什格鲁开始崭露头角，成为军事英雄。直到二十年后，法国的这个地区才再一次受到威胁。

但随着奥地利人的消失，一群可怜的当地人也成了胜利共和国的难民，估计人数在2万至5万，可能的数字是3万。男人、女人和儿童，家庭和整个村庄，带着沉重碍事的行李，匆忙追随着撤退的帝国军队，有坐在火炮的弹药箱上的，还有在补给车上随地而坐的。他们是阿尔萨斯人，说着德语的普通人，被这个他们无法理解的法兰西共和国吓坏了。他们的生活被新法律的洪水搅得一团混乱，他们的路德宗或天主教信仰受到压制，他们的语言和他们的服装受到谴责，他们的东西在征用或夸张的罚款下被劫掠一空。他们因为不守纪律的法国士兵，因为自己的雅各宾俱乐部，因为施奈德，因为宣传队，因为圣茹斯特而恐慌。圣茹斯特的缓和措施在混乱中并没有明显效果。

所有这些"贵族"都被国民公会宣布为流亡者。他们的土地被没收了，他们不被允许返回。在日耳曼地区，这些逃亡者也没有受到热烈欢迎，他们很快就将在莱茵河上渴望地眺望，就像冥河对岸的幽灵一样，他们将是巴黎长期争论的一个问题，直到多年以后才解决。在1793年的风云变幻中，阿尔萨斯蒙受的痛苦和里昂一样多。

法国军队向北前进，重新巩固他们在前一年的短暂胜利，援救下了被洪水般的联军分割成小岛般的法国守军。当共和主义者回来时，成千上万的日耳曼人放弃了他们的家园，效仿那二万多名阿尔萨斯人，与被击败的军队一起逃走了。

12月30日，博多和拉科斯特（现在距离拉科斯特收到召回令已经三周）向巴黎发送了一份对未来充满期待的报告。他们质疑削弱他们权威的霜月十四日法令的价值。特派员的这种肆无忌惮极大地损害了救国委员会。在从日耳曼区发出的文件里，博多和拉科斯特宣称，日耳曼城镇对革命一无所知；他们索求更多的权力以传播革命思想；而且他们说正在安排日耳曼人支持法国军队。共和国后期和拿破仑时代的配方已经被这两个热情的特派员制定好了：利用外国人的资源来供养法国军队，运用革命的力量来改造被占领的国家。一种新的文明来到了日耳曼，来到了欧洲。

在1月份的第一周，圣茹斯特和勒巴斯回到了巴黎。圣茹斯特完成了他的主要目标，非常成功。奥地利人离开了法国。他也许也阻止了恐怖统治在阿尔萨斯发生里昂那样的疯狂屠杀，但他并没有真的让阿尔萨斯顺服于共和国。他忽视了他结束特派员任务时发生的大规模移民。他们不是难民，因为根据他的定义，难道那不是"奴隶或者什么都不算"吗？他也没有将该地区的其他特派员与革命政府团结起来。在他身后，他留下了一群心怀不满而影响力又足以构成威胁的人。他们的不满来自意见的分歧，但也是因圣茹斯特的傲气和专断导致。

埃罗-塞谢勒在12月中旬返回。等待他的却是毁灭。他是法布尔·德·埃格朗蒂纳虚假指控的受害者，被怀疑属于子虚乌有的外国阴谋集团。公会中的丹东派因为党派原因而攻击他，而某些埃贝尔派为他说好话。库东的干预毫无力度，罗伯斯庇尔决心了结这件事情。救国委员会从其在君士坦丁堡的密探那里收到了一份从奥地利人手中盗取的文件，该文件显示委员会9月2日的记录已经为敌人所知。委员会认为是从埃罗泄露出去的。12月31日，罗伯斯庇尔、巴雷尔、卡诺、比约-瓦雷纳和科洛·戴布瓦在罗伯斯庇尔撰写的一封信中向他们的同事提供了他的选择项：服从调查，或者辞职。埃罗再也没有在绿房间出席会议，三个月后死了。

罗伯斯庇尔可能真的相信埃罗犯了叛国罪。一个清醒冷静的司法官员不会采信不利于埃罗的证据。法布尔·德·埃格朗蒂纳的指控仅仅是一面之词，而法布尔不诚实的名声很差；从君士坦丁堡收到的文件并不充分，以至于在埃罗受审之前必须对其进行修改。但对罗伯斯庇尔来说，叛国的成见已经根深蒂固。它让罗伯斯庇尔坚信：因为他们是埃贝尔派，所以这些外国阴谋论的受害者活该如此。

然而，从某种意义上来说，罗伯斯庇尔绝不是被骗了。毕竟，埃罗有朋友是来自威胁政府的派系。像其他许多人一样，他的牺牲与其说是因为疯狂的革命狂热（保守派倾向于夸大），不如说是因为政府稳定的原则，在当时的局势下，这就意味着要让罗伯斯庇尔和其他救国委员会委员继续掌权。由于公共合作的低水平，同时山岳派中无休止的分裂倾向，执政团体要保持稳定或执行任何连续的政策，必须变得越来越小，清洗和净化那些不可靠的人。

罗伯斯庇尔或委员会的其他人如何能信赖埃罗-塞谢勒呢？在阿尔萨斯，他并不仅仅是执行他们的集体政策。人们怎么能够信任这个旧制度的遗民，长袖善舞、滔滔雄辩，他的真正目的是什么呢？埃罗更像是一个思想的鉴赏者，而不是一个信奉者；他是一个机会主义者，一个喜欢赶热闹的人，一个沙龙哲学家，试图以古雅的文学共和主义参与到共和国日新月异的现实里。真正的共和国是一个风起云涌的革命之潮，体现了阶级的要求，从狂热的道德热忱中吸取力量。埃罗是一个怀疑论者、讽刺主义者，爱嘲笑，为人随和而可爱。世界上肯定有一个地方适合埃罗们，但这个地方不是在罗伯斯庇尔的身边，而且很可能，所有的革命中都没有他们的容身之地。

随着圣茹斯特的回来和埃罗的离去，救国委员会在1月初的格局一直保持到下一个夏天。其成员中的九人此后通常在巴黎。马恩的普里厄和让邦·圣安德烈两人不在，但是圣安德烈在巴黎度过了雨月。这九人后来在数字上被"精确"地称为十人委员会。

第九章
布列塔尼特派员

从十二委员总部所在的杜伊勒里宫的绿房间出来，我们已经随着卡诺去过北边的佛兰德斯，随着库东和科洛·戴布瓦到过南边的克莱蒙和里昂，随着圣茹斯特和埃罗来过东边的阿尔萨斯。在西边的布列塔尼，也有那个重要委员会的两位委员在此工作。在回到巴黎之前，我们必须先把圆圈画完整。而且，我们必须再次从1793年9月这一困难月份开始。

9月，十二委员在救国委员会聚集了。同月，共和国开始了从无政府状态向独裁统治的转折。9月也见证了战时总动员的组织，"恐怖成为时代秩序"的宣布，《嫌疑犯法》的通过，用以控制物价的《全面限价令》的施行。随着9月5日埃贝尔分子的暴动，救国委员会被推到了左翼，而9月25日的国民公会危机又让他们的关系变得更加紧密，就好像他们就是一个某种形式的内阁可以一直执政下去。

在这几个星期里，委员会已经着手努力恢复中央机关的权力，并且在两个月后的霜月十四日法令中将此权力正式通过。在9月，还发生了翁斯科特战役，以此为标志，对联军的战争开始走向胜利。

当时没有人知道9月会是转折点，所以这个月也没有什么胜利的气氛。革命领导人都在用恐惧和怀疑的目光看着彼此。外敌仍在法国的土地上。国内的敌人正在与共和国打内战。这个国家面临着饥荒的威胁；农民和商人反对政府；城市中不安分的群众，特别是在巴黎，被左右两派中的煽动者利用。军队陷入非常可怕的境地，军官要么不被信任要么没有经验，军队士气低落，人心骚动，士兵没有武器，破衣烂衫，甚至光脚。

9月，海军也分崩离析。很长一段时间里，这个舰队曾经与英国舰队不相上下。仅仅在十五年前，在三千英里以外的美国独立战争中，这个舰队曾经运送远征军助力击败了大英帝国。可是现在，它甚至不能保护法国的海岸。

在9月的头几天里，巴黎得到了来自土伦的消息。在那里，保王党向英国人开放了港口，法国地中海舰队向海军上将胡德投降。唯一剩下的就只有大西洋舰队了。它被指派守卫西部海岸。但是，有些船上的水兵在基伯龙湾发生了哗变。军官为防止武装叛乱妥协了，舰队在哗变分子的要求下驶回了布雷斯特总部。所以，英国人在海上来去自由。

掌权的救国委员会按照平常的速度行动起来，但比平常更加大胆。它于9月22日宣布，应该备好十万人的军队以应对英国的入侵。同一天，为了落实这个想法——在当时情况下它其实是异想天开——委员会选择了其中的两名委员：让邦·圣安德烈和来自马恩的普里厄，去恢复大西洋舰队的秩序。直到10月1日，两名委员才得以出发。然后，一辆笨重的马车用了六天时间终于把他们带到了布雷斯特。

在这个大港口发生了令人难忘的一幕。停泊的二十二艘舰船一线排开,大军舰和小船只错落其中。人民特派员在海军上将和一众文官的陪同下进行了一次系统的检查。哗变中闹得最厉害的船员首先被拜访。他们看到,从一个阴沉早晨的薄雾中,如同从他们轻率遗忘的那个遥远世界里,标志共和国最高权力的黄铜纽扣和红色肩带出现了;巴黎的声音在甲板上说话,用冷酷的权威回应船员的沉闷不快,它审问官兵,下令处罚有罪的人。第二天,天空放晴,灿烂的阳光底下,特派员们登船,这些船只的精神面貌要更好一些,他们将最忠诚的都留到了最后。一线排开的船,成为了爱国主义教育的庙堂;特派员们就革命成就做了番布道讲话,级别最低的水手都有望成为海军上将;特派员、官兵们,每个人都加入到《马赛曲》的歌唱当中。在甲板上、在桅杆上、在翼梁上、在相邻的船只上,最后是整个港口,到处都响起了歌声。唱到最后一句"噢祖国,神圣的爱"时,他们脱掉帽子,全部虔诚地屈膝跪地。

圣安德烈是否回想起了他的过去?当法国新教徒被全面禁止时,他们就这样做礼拜,在户外聚会聆听布道唱赞美诗,在田地里跪着祈祷。现在,在1793年10月,共和国本身就是一个带来新的救赎信息的教会,在满是男人欢呼和挥舞帽子的桅杆和绳索之间,圣安德烈和他的同伴们坐在船上驶回码头,那鼎沸的人声,正如有人写道,是向"法国人的神圣品格,不久也将成为世界的神圣品格"致敬。

检查船只、重振海军士气只是第一步。第一阵吼叫声过后,圣安德烈和普里厄开始面临任务里的真正困难。他们也开始意见相左。圣安德烈反对普里厄利用罪犯作为政府的证人。这两个人都为革命做出了贡献,但是属于不同类型的人。他们都信奉共和国宣布的平等。但普里厄性格火热，基本不听政策，做事都跟着感觉走。圣安德烈是一个事务型的人，热爱秩序和效率，是天生的管理者，革命之前他就是如此，革命结束之时他仍是如此。他们之间没有发生严重的对抗，因为10月20日普里厄去了瓦讷，准备针对旺代的军事行动。圣安德烈留在布雷斯特重组舰队。

即使在分开之后，各自忙于截然不同的工作，圣安德烈和普里厄，以及其他十几名特派员，都在全力对付一个相同的普遍问题，即西部地区的总体形势，海军的情况只是其中之一。

形势如何发展到这一步说来话长。布列塔尼是一个长长的半岛，道路差，与法国其他地区联系很少。在国王治下，它曾享有省级地区的自由，因此本地的神职人员和贵族颇具影响力。农民不习惯中央政府那套，只认地方绅士和教士的领导。邻省旺代的情况也是如此，但是程度稍轻。当革命来临时，当地的普通乡民反对中央政府的新要求，反对其税收、宗教政策以及征兵。他们想不通，不满就变成了政治狂热，直到乡间到处都是秘密的送信人、夜间会议、煽动性布道者、异象、殉道者和圣灵。在这种氛围下，在旺代，天主教和保王派的军队就壮大起来，许多农民之所以去打仗是为了保持他们过去的生活方式，那也是国王、贵族和教会的生活方式。

从瑟堡到南特的整个法国海岸，共和主义者只在一些海岸城市有影响力，但即便是这些地方，他们通常也是联邦党人和吉伦特派。布雷斯特的圣安德烈、瓦讷的普里厄、南特的卡里耶，他们几乎就像驻扎在外国。对于一个共和国的海军基地来说，几乎很难找到比布雷斯特更加糟糕的位置。布雷斯特在布列塔尼岛的最外面，与世隔绝了一般，距离可靠的腹地有几天的路程。基地也难以从心怀不满的农民那里获得供给，而海员又很多是从同一个叛乱地区招募来的。

10月17日，旺代人开始穿越卢瓦尔河，进入布列塔尼。他们约有八万人，其中一半是妇女和儿童。他们在共和国的军队来到之前逃离，毫无阵型地散布数英里。他们沿途一边搞破坏一边找粮草，犯下累累暴行但也被以牙还牙地报复。这就是一群无政府主义游民，他们没有目标，也没有目的地。

英国政府在一段时间内曾经考虑向这些叛乱分子提供援助。法国流亡贵族来唐宁街纠缠，路易十六的兄弟阿图瓦伯爵和普罗旺斯伯爵也派人登门。皇亲国戚们希望恢复波旁王朝的专制统治，流亡贵族希望重获特权和地产。阿图瓦气宇轩昂地宣布说，他只渴望踏上旺代的海岸，分担他忠心耿耿的臣民的英勇苦难；流亡贵族们鼓动号召来一场针对无神论和无政府主义的圣战。但是阿图瓦希望英国王室政府在起居住行方面能给他以亲王待遇，英国建议让伦敦的法国流亡贵族组建一支军队，却少有人主动上前。什么都依赖于英国人，可法国人自己的夸夸其谈和轻浮却让英国人心生反感。英国政府没有兴趣恢复法国的君主专制或封建制度，而是希望结束战争，打败革命政权，保留大陆上过去的势力平衡，获得殖民地领土。最后，经过多番争吵和谈判，乔治三世于10月29日向法国人民发表了一份宣言。对于革命的某些既成事实，宣言现实地予以承认，承诺不追究没收财产的购买者。宣言还说，法国人可以选择自己的政府形式，尽管强烈建议采用"温和的"君主制。与此同时，英国承诺援助旺代人，并要求他们占领一个港口供远征军登陆。

在英国人的帮助之下，流亡贵族和波旁王朝在法国一旦取得胜利，大革命不会留下任何成果，无论英国人如何防止过度反应。

救国委员会虽然不了解细节，但对旺代人、王公、流亡贵族以及英国人之间的关系是有意识的。他们知道西部的叛乱分子效忠于共和国以外的人。但是他们也相信，英格兰同样面临着内部分裂的威胁。他们相信世界各地的人民都在等待从暴政中解放出来，他们认为如果法国军队可以入侵英国，英国的底层人民就会起来支持他们。两国政府都在指望着后来被称为第五纵队的力量。

因此，委员会出于进攻和防守两方面的需要，都要求布雷斯特舰队准备出海。还有另一个原因：法国面临食物短缺。为了必需的进口，一支商船船队正在切萨皮克湾集结待发。法国舰队有责任护送这些船只穿过英国的封锁。随着时间的推移，法国的物资短缺变得更加严峻，确保来自美国的船队的安全成为法国海军行动的主要任务。

首先，在船只出海之前，必须平息军官之间的分歧。这些分歧显示出将温和的方法用于革命目标的困难。自1789年以来，革命当局知道海军军官不易培养，因此避免对海军军官进行暴力清洗。与此同时，为了贯彻职业平等的新原则，填补外逃者留下的许多职位空缺，他们把海军的一些职位提供给了商船的船长。这些人是经验丰富的海员，没有新手可以指挥一艘护卫舰，就像没有新手可以成功地领导一支部队一样。但是，新军官们是旧时代的社会下等人。他们身上缺乏战斗过的人才有的威望，举止往往很粗俗，对待人、对待政治的态度都与贵族不同。新老军官不相往来；派系和圈子已经形成，所以任何微不足道的问题都可能导致船上的人员分裂。有些新军官为了扩大他们的影响力，鼓励海员个人追随自己。

对于这种情况，唯一的解决方法就是让军官队伍更加同质化，而在共和国，这就意味着解除一些贵族出身者的职位。考虑到他在工作中遭受的谴责和诽谤，在人事任命方面，圣安德烈像卡诺和布硕特一样谨慎行事，但没有取得二人那样的辉煌成就。圣安德烈没有发现一个波拿巴，虽然他提拔的一些人后来在第一帝国担任过重要职位。他保留了布雷斯特的海军中将司令，后者是普通百姓出身，名叫泰弗纳尔，在旧政权里因为特殊才能而升至很高的职位；他还不顾雅各宾人反对，保留了一名叫作维拉雷-茹瓦约斯的前贵族作为海上的海军中将司令。五个新的海军少将被提拔起来，他们都是平民，晋升时都在担任船长，而且过去都在商船和旧海军低级职位上经历过锻炼。而且与大多数共和国的将军不同，他们都已经年过四十了。船长中，一些是过去在职的继续留任；新船长是从较低职位按照常规方式提拔出来的。那些横冲直撞而又未受教育的天才很难成为海军军官。像儒尔当那样三年内成为将军的例子，在海军里是不存在的。

为了提高士气，圣安德烈采用了和圣茹斯特整顿莱茵河军大抵相同的方法。像圣茹斯特一样，他强调纪律，"仅仅依靠纪律，军队就不可战胜"。而且,这种纪律是一种共和国纪律,坚决而不严苛，尊重普通海员的尊严。军官被要求成为随时听候调遣的榜样。他们被剥夺了传统的奢侈品，他们不再是在海上享用美味糕点的法国海军军官，特供的厨师和烤箱也离开了舰船。一包包的雅各宾派报纸上了船。登船的还有一小群教师，他们教导水手们读书和写字，还宣传共和国。战时总动员中征来的新兵在船上接受航海培训，其中可造之材可以学习技术，并因此而进入晋升序列。圣安德烈天真地设想，老师们可以取代那些被国民公会废除的天主教教士，教士的缺席让海员们非常焦躁不安。

布雷斯特及其周围地区经历了激烈的清洗，以防止发生在土伦的事情重演。雅各宾俱乐部和当局都被清洗过，剩下的都是毫不动摇的山岳派。军火库和船厂开始实行严格的军事化管理。即使在正常时期，这座城市的运转也离不开海军。现在，它变成了一个完全服务于战争的工业机器。

工厂车间里是白班夜班轮着来。假期是没了。工人们上班干活、下班收工都是一个信号：港口的一声炮响。所有生产都由公职人员管理，因为在这种环境底下，私营企业要么不愿行动要么行动不了。圣安德烈不得不同意开出高于《全面限价令》规定的工资，但所有的工资、工作时间和物价，连同食品、原材料和成品的分配，都由行政命令决定。居民的生活完全由共和国接管，不仅是他们的工作时间，也包括他们的休闲时间，参加政治会议和游行，去剧院观看爱国戏剧，从报纸上阅读爱国新闻，或者在咖啡馆里举办爱国对话，都有人在一旁小心监视。

"专制君主的工作方式不适合共和主义者，"圣安德烈说，"昏昏欲睡的专制君主、偷懒、不作为的大臣，他们那种疏忽大意不符合我们的信念。"因此，旧制度随和的习惯让位于现代的效率。群众热情、无悔牺牲、辛勤工作、协调努力、强化的道德统一——简而言之，就是信仰和独裁的结合——是欧洲国家从此以后最成功地运作其权力的手段。法国大革命确立了其信条，因为它利用了旧君主制从未使用过的国家能力资源。在战争中，第一共和国开始现出现代国家的轮廓。而这轮廓，最清晰的莫过于圣安德烈治理下的布雷斯特。

所有的资源，包括人力资源和自然资源，都被利用了。碰巧在布雷斯特住着当时最好的造船工程师萨内，他建造过一艘壮观的战舰，列装有130门大炮，曾被称为"布列塔尼山庄号"，现在叫作"山岳号"，是维拉雷-茹瓦约斯的旗舰。萨内负责舰船的建造和维护工作。干船坞从来没有空过；在6个星期内，舰队对12艘船、3艘护卫舰和5艘轻护卫舰进行了改装。新龙骨铺设好了。绳厂、帆厂、弹药厂都被国家接管了。私人步枪和手枪被强征，农民的粮食也被征用。铸大炮的青铜源自教堂钟，硝石是一个特别委员会收集来的，铅采自布列塔尼东部地区，在圣安德烈的命令之下，新勘探发现了一个煤矿。

共和国开始逐渐谨慎地确立自己的海上地位。快船单独出动，突袭英国商船，并密切注意可能的入侵。这个舰队的六艘船由一名新的海军将领范·斯塔贝尔率领，他很快就被豪勋爵的强大部队赶回了港口。前景并不十分乐观。军官们没有在战争中受过锤炼，船员们常常笨手笨脚，港口里就有磕磕碰碰，"国民公会号"撞上了"山岳号"，让维拉雷-茹瓦约斯心烦意乱；由于望远镜数量不够，不得不减半分配，一艘船一个镜筒。

就这样在海军事务还没有稳定下来时，圣安德烈接到了救国委员会的调令，让他去瑟堡和科唐坦半岛，现在看来，旺代人和英国人准备在其附近会师。他于11月13日离开了布雷斯特。

与此同时，马恩的普里厄在莫尔比昂省的布列塔尼南边海岸的各镇忙碌，履行特派员的通常职能：逮捕嫌疑人，清洗地方官员，净化和振兴大众俱乐部，发表演讲，主持节日，招募兵员和征收供给。他的工作和其他地方的几十位特派员并无不同。然而，在莫尔比昂省，雅各宾政府仅有的成员周围是洛里昂和瓦讷这些沿海城市的一些工人。农民一般是保王派，商人和职业人士一般是吉伦特派。阶级对立是显而易见的，普里厄也采取了相应的行动。

普里厄起初对他的所见所闻感到既愉悦又惊奇，这倒毫无疑问，因为他一到来，出来迎接他的是雅各宾派。他很快就大失所望。不到一周他就发现，在瓦讷，"人民对革命并不怎么支持"，"在一个人口达12000的城市，只有200人接受宪法"，"农村充斥着狂热主义"，"穷人悄悄地流泪"，"财富和等级的独裁仍然呈现出旧制度的丑陋形象"。于是，他宣布实施恐怖统治，派兵包围了这座城市，开始挨家挨户搜查贵族的藏身之处。

11月3日，在瓦讷举行的"复兴盛宴"上，他呼吁民众支持他。

庆祝活动以一阵大炮齐射开始，炮声中，特派员离开自己的房子，迈步向公共广场行进，他的两侧各是一列举着三色旗的士兵。广场上，随着大炮的第二次齐射，他点燃了一堆法律文件——"封建权利的头衔、登记册和旧政权的其他标记符号"。接着，在普里厄的带领下，人群向一座无套裤汉雕像走去。在第三次齐射后，普里厄在那里向人群介绍了一位四个孩子的母亲，他们的父亲为了自由而牺牲了。无套裤汉们并没从这次示威游行中得到多少利益。普里厄所烧的文件仅仅是一种符号象征，因为封建赋税已经被法律废除了。我们没有听说圣茹斯特、库东和科洛·戴布瓦在他们履任特派员时尝试过类似的真正的财富转移。事实上，辛苦准备仪式的那些工人甚至都没有得到工资，因为雅各宾市政府没有资金。

虽然有人写了一本书来证明普里厄是个极端分子，但他在莫尔比昂并没有真正做过什么非常暴力的事情。他更善于激起革命情感，却不能让革命的情感得到一个痛快；更喜欢追捕嫌疑犯，而不是掠夺他们的财产；更愿意把犯人投入监狱，而不是把他们送上断头台。救国委员会的其他委员在组织能力和关注底层群众这两方面都超过了他。普里厄是一个普通的特派员，一个普通的共和主义者，对国王、贵族和教士怀有强烈的敌意，他更关心政治而不是经济利益的再分配。

他喜欢激动人心的音乐、雄辩和象征主义，正是通过这些手段和途径，他才极有效率。他着迷于尚武氛围，给部队配备了军乐队使之成为特色。他喜欢打着爱国的口号强迫修女做针线活。"她们会投身在无套裤汉的裤子的制作上！"修女们的懊恼似乎比裤子的增加更能使他高兴。因为这象征着理性战胜了狂热，国家战胜了教会。

普里厄所采取的一项措施在共和国的特派员中也是特殊的，他的前瞻性只有到了20世纪才能知道。他组织了一个共和青年团。九到十六岁的孩子们被分成几个营，装备着"与他们的身高和年龄相称的步枪和长矛"，由公民士兵操练，并被授予一面写有"祖国的希望"的旗帜。其中一个营的孩子们在一次公民集会上把手放在普里厄的手里，发誓要仿效父辈为国家效力。

在对洛里昂雅各宾派的一次演讲中，普里厄对英国人大加挞伐，考虑到英国人即将在西部登陆，因此道理上并非说不过去，但他所用的语言却与后来的拿破仑、阿道夫·希特勒相仿。主题是男子气概与金钱力量的冲突。

"伦敦必须毁灭，伦敦也必将毁灭！让我们把这个新的迦太基从地球上除掉。此后我们将拥有和平，成为主人；不，不是主人，而是受压迫世界的复仇者。我们要从印度，从孟加拉国追杀这些残忍的英国人，他们对黄金贪得无厌，在向那些国家的人民出售生活必需品时，他们的要价是如此之高，以至于经常见到很多母亲用自己的孩子换取一把米……"普里厄义愤填膺地指出，美国和荷兰同情英国。"简而言之，到处都是皮特的独裁和黄金的胜利。很好，我们将以勇气和钢铁取得胜利。很快，我希望是明年春天，在此项工程的一切安排工作就绪之后，我们将去参观泰晤士河沿岸。凡是想参加远征的人，必须要求优先考虑。同时，让我们向皮特展示一个自由的民族是如何深思熟虑的。我提议对皮特作出上断头台的判决。"洛里昂的雅各宾派兴高采烈地通过了这个决议。

普里厄提议的具体结果体现在莫尔比昂的"战时总动员"分遣队的成立。然而，即使是这支队伍，也更多是象征意义，而不具备现实性。什么也不能改变布列塔尼农民的顽固。部队的装备简陋到可怕。"我们没有鞋，没有袜子，没有面包，也没有枪。"普里厄喊道。这些新兵太不可靠了，根本不可能去抵抗旺代人，而是被派往遥远的北方军队。在开拔的 2879 人中，有 300 人在多尔失踪，1200 人在图尔市不见了，还有一些人在佛兰德斯做了逃兵。诚然，这些逃兵中有一些只不过是目无纪律、暂时归队的散兵游勇罢了。

11 月 13 日，圣安德烈离开布雷斯特那天，普里厄也道别了莫尔比昂，他事先没有和同事商量，也没再等几天等来巴黎的指示。显而易见，旺代游民即将爆发危机。为此，相隔千里的人们做出了同样的决定。对普里厄来说，莫尔比昂从此成了一个次要问题，虽然他一离开那里，它就重新沦为反革命，不得不从与旺代人作战的部队里抽出一部分人来保卫瓦讷的共和派当局。

没有人知道这支游民叛军会流向哪个方向，至少是在很长一段时间内，对于他们的首领们来说是如此。由于领导不力，共和派军队在 11 月初一再溃败。但是叛军胜利之后要做什么呢？一些人建议继续向布列塔尼进军，把那里的农民发动起来，一些人更愿意去诺曼底，许多人渴望回到他们在卢瓦尔南部的老家，一些人谈到进犯巴黎，一些大胆的战略家建议向佛兰德斯进发，从后方追击北方军队。然后在 11 月 10 日发生了一件戏剧性的事情。两名伪装成农民的保王派溜进了旺代人的营地，从一根空心的棍子里拿出了由皮特签名的英王陛下宣言，承诺给予期待已久的支持，要求旺代人占领英吉利海峡的一个港口。

于是，旺代人成群结队地来到海边，袭击了位于布列塔尼和诺曼底边界附近海岸线一角的格朗维尔。在特派员勒卡庞捷的共和宣传和保卫下，格朗维尔抵挡住了猛攻，这使天主教和保王派的军队感到沮丧，他们原以为市民们会欢天喜地地集合起来，为王座和圣坛而战。那里也没有英国人航行的迹象——怎么会有呢？旺代人太急于求成，都没找时间和盟友交流，也没告诉对方他们计划要占领哪个城市。满心困惑，孤立无援，骗人的希望又迟迟不能实现，人心浮动以致无法深思熟虑出一个长期围困的方案，满腔热情到达海峡的农民和他们的贵族领袖，当天就被格朗维尔的抵抗搞得士气低落，他们转向内地，在一片混乱中扑向卢瓦尔省。这次撤退开始于11月15日。

同一天，让邦·圣安德烈和马恩的普里厄急忙赶到了迪南会合。旺代人已经在他们离开时溃败了。但造成问题的要素仍然存在。现在还不知道"强盗们"在往哪个方向走，特派员们也不知道他们已陷入了多么悲惨的境地。还得对付那些游荡的旺代人。而英国人仍在计划着一次袭击。会议结束后，普里厄到雷恩去掌管军事行动，圣安德烈前往瑟堡，继续他的沿海城镇之旅。当圣安德烈在陆地上沿着海岸行进时，英国的船只也在海上做同样的事情，他们起初不知道旺代人在格朗维尔的失败，徒劳地向盟友发出信号，希望在海岸的其他地方找到他们。

事实上，如果说旺代人是因为行动过早而失去了机会，那么英国人就错在行动太迟了。英国政治家与阿图瓦的讨价还价，集合远征军的主力法国人与黑森人的困难，都耽搁了远征军的行动，最后只凑足了计划的一半，直到12月1日才到达朴次茅斯，这是旺代人在格朗维尔溃退后两个多星期，远征决定作出后的一个多月。这个由莫伊拉勋爵指挥的舰队，在到达诺曼底和布列塔尼海岸发出信号时，没有收到回应。（或者收到了共和国的笑声？）

共和国在诺曼底西部有一支叫作"瑟堡军"的小部队。圣安德烈结束了它的独立存在，将其与罗西尼奥尔领导下的西部其他共和国军队合并。他独立作出的决定，几天以后救国委员会也同样作出了，这是一个明确的信号，表明他这个特派员很好地代表了救国委员会。但是，对于罗西尼奥尔的资格这一重要问题，大家意见不一。圣安德烈认为他无能；普里厄为他辩护，说他是"救国委员会的长子"。两人都是对的：罗西尼奥尔是政治任命，他不适合指挥军队，但他得到了巴黎埃贝尔派的支持，委员会认为他是一名激进的共和主义者，在对抗旺代强盗和狂热分子方面很有用。结果就是导致西部的共和军队组织涣散，而这也是为什么旺代人可以通行无阻，甚至在格朗维尔战败后仍能继续取得胜利的主要原因。

瑟堡当时还是一个不发达的海港，只是科唐坦半岛尽头的一个荒凉的小镇。圣安德烈发现它几乎毫无防御，尽管莫伊拉的舰队就在海岸外。如果旺代人在格朗维尔之后，已进入半岛，冒着被堵在绝路里的风险，并且和英国人之间建立联系，共和国可能会在诺曼底这个角落面临拿破仑后来在西班牙所面对的情况——一场暴动者和外国干涉势力共同发难的"半岛战争"。

事实上，圣安德烈逗留瑟堡主要是出于政治考虑。他抵达时是在12月初，当时埃贝尔派运动在法国正如火如荼。瑟堡被之前的特派员清洗得是如此彻底，以至只有少数极端分子仍然掌权。他们在雅各宾俱乐部中根深蒂固，控制着一支炮兵部队，向无能的地方当局发号施令，将所有对手都控告为嫌疑人，并推行了疯狂的去基督教计划。

圣安德烈的职业是新教牧师，但他是一位非常现代的牧师，甚至在革命之前，就只看重宗教的社会道德教导。他原则上赞成埃贝尔派对理性的崇拜。从长远来看，他赞成去基督教化；但他反对去基督教化者使用的手段，反对暴力、破坏公物和粗俗行为，在一个内心仍是基督徒的人眼中，这些行为使共和国蒙羞。像罗伯斯庇尔一样，他希望对宗教信仰采取宽容态度；但是，就像罗伯斯庇尔和大多数公会代表一样，圣安德烈认为这种宽容只是一种临时措施，是必要的，也是暂时的，直到共和国完成其启蒙使命为止。

因此，他在瑟堡的行动是含糊不清的。他加入了崇拜理性的行列，但仍然试图执行救国委员会的计划。他给瑟堡市民写了一份公告，作为小册子分发。

这八页印刷纸反映了中世纪以来欧洲的大部分进步思想。内容宣称宗教只是相对的，只涉及无法理解的事物；按理说，他们只是私人的和内心的信仰，因此是可以容忍的；但试图将其信仰运用于公共事务的信徒会被惩处，因为他们的意见分歧虽然对他们本身无关紧要，却会在无谓的问题上引起纷争不和，破坏国家的团结，而国家才真正关心人类，负有解放人类能力的使命。一个人所信奉的宗教仅限于对自己有重要性，但对社会来说，至关重要的是人人都应该"忠于共和国"。小册子的结论是，颁布一系列法令，禁止宗教的暴力行为，要求宗教仪式在室内举行，禁止教士穿着神职人员服装外出，提供一种不带基督教习俗的民事丧葬方式。最后，它嘱咐好公民"在任何时候，只要有机会，就应发展社会道德原则，以便为它应得的胜利做好准备"。

对圣安德烈来说，崇拜理性无异于崇拜国家。它是一种爱国主义信仰，爱国主义并不意味着狭隘的民族自豪感；它意味着公共精神、良好的公民意识、社会道德或者罗伯斯庇尔所说的美德；就国家概念而言，祖国与社会本身的概念悄然融合在一起。共和国的社会是一个道德共同体，虔诚信奉自己的福音，关心人的尊严，在提升人的灵魂方面，积极与基督教牧师展开竞争。虽然不是平等条件下的竞争。共和国的领袖们一方面对国家新福音怀着信念，相信国家应为全民共有，成为一个"公民"是人的本质；但另一方面他们又认为，宗教信仰是后天习得的，存在着易变的特性，所以他们对过去的宗教又拒之门外，上街游行、公共仪式和群众集会，这些方面都实施公民崇拜的垄断。

这些高尚的哲学观念超出了一般人的兴趣范围。圣安德烈在瑟堡建立这些观念并不比在多姆山省的库东更成功。普通农民更信奉教士的话，而不是巴黎陌生人所说的话。城镇里的普通人可能是激情的革命家；读了圣安德烈自己的话，他就会明白罗马的宗教是错误、狂热、迷信、谎言和弱者的拐杖；那么，他就会想，为什么不立即铲除这种显而易见的罪恶呢？此外，有些埃贝尔派是反社会人格甚至是犯罪分子，通常情况下，这些人在一个安定的社会中不会掌握权力。

因此，像阿尔萨斯的圣茹斯特一样，圣安德烈发现自己成了他所鄙视的天主教的捍卫者。他把瑟堡教堂里的风琴保存起来，以免被大炮破坏，有人要把忏悔室改造成岗亭也被他拦下。此外，在拒绝当地雅各宾派的奉承的同时，他试图打破俱乐部对于后勤供给和防御方面的控制权，他访问瑟堡的结果是两边都没讨好，反动派的敌意调和不了，革命先锋则抱怨他是个温和派。

12月中旬，圣安德烈回到布雷斯特时，也遇到了同样的情况。科洛·戴布瓦在里昂煽动激进分子的那些日子，圣茹斯特却在斯特拉斯堡镇压他们，我们已经看到，这两项政策都得到了救国委员会的支持。委员会对布列塔尼爆发的事件采取的立场同样模棱两可。圣安德烈反对在布雷斯特用武力；但与此同时，在不是没有官方鼓励的情况下，特派员卡里耶在南特把成千上万人淹死在了卢瓦尔河里。

同样的事情在一百多个地方重演。在压制了联邦党人和其他落后者之后，人民特派员处处都有落入无情和轻率的狂热分子手中的危险。当圣安德烈不在的时候，布雷斯特由特派员布雷亚尔负责，他害怕失去控制，只好对那些不受管束的部下听之任之。他在明知道圣安德烈意愿的情况下，还授权成立革命法庭。他允许当地雅各宾俱乐部强迫无能的小政客担任重要职务。他还派遣成伙的煽动者到邻近地区宣传他们所理解的共和主义。

其中有个人很好地说明了什么是极端分子。他名叫达戈纳,担任国土巡视员一职,他的腐败已不是秘密。他和另外两个人被派去坎佩尔搞革命,城里的官员都被他投入监狱,取而代之的是和他一样的声名狼藉之辈,他洗劫教堂,诸多圣像毁于他之手。他挑了一个市集日,这天城里有很多农民,他就站在市集上,周围都是上了膛的大炮,炮口对准了围观的人群。他拿着一些圣瓶做出了据称是"最淫秽、最令人作呕的亵渎行为"。站在那里的围观者惊恐万状,简直不敢相信他们自己的眼睛,这些人怀着一种对共和主义的厌恶回到家中,接下来的一百年里,这种厌恶感都让人难以释怀。

回到布雷斯特,圣安德烈立即把达戈纳送进了监狱。他禁止布雷亚尔强行设置的革命法庭继续运转。在遏制激进主义洪流的同时,他又找时间来恢复建设工作,建造灯塔,制订更快的木材运输计划来造船,严格法规使布雷斯特的船上囚犯有序化。在调查食物供应中的贪污时,他建立了一个前人从未想过的简单体系:从陆地上的仓库里运走的食物数量要与船上收到的数量做核对。因此,尽管仍处于一片混乱中,建设效率开始提高了。

但是这场战争正中恐怖统治者的下怀。救国委员会坚持其进攻英国的计划。到1793年底,随着欧洲大陆的敌人被赶出法国,法国的战略由防御阶段过渡到进攻阶段。1月2日,救国委员会给圣安德烈写了一封意义重大的信:法国必须对海洋拥有主权,"在所有欧洲国家中,只有法国能够而且应该成为陆地和海洋大国"。现代迦太基仍然是人类,尤其是法国人,真正的敌人。法兰西以其各种化身——波旁王朝、革命共和国、军事帝国,与那个"小店主之国"进行了现代的百年战争。M. 莱维-施奈德是研究大革命时期海军事务的权威,他认为,从海上发起进攻的决心,是1794年初救国委员会作出不放松恐怖统治力度这一重大决定的主要原因。

救国委员会于1月将一名特派员莱涅洛调任到布雷斯特，他在别处以行事果敢而闻名。莱涅洛坚持要在布雷斯特设立一个革命法庭。圣安德烈表示反对。莱涅洛从巴黎公社带来了炮兵。圣安德烈也不赞成。在布雷斯特的雅各宾俱乐部，莱涅洛挥舞着一把出鞘利剑，大声喊出了那句名言："在最后一个国王被最后一个教士的肚肠勒死之前，人民是不会真正自由的！"

圣安德烈现在处在库东两个月前在里昂所处的位置上。他用同样的方法解决遇到的困难。虽然无法阻止这一轮新的恐怖统治的发生，但他也不愿以自身的在场来表示赞同，所以就干脆离开了。1月25日（雨月六日）他回到巴黎，回到他的救国委员会顾问老位子上。没人知道他在那里提出了什么抗议，也不确定他对海军政策的制定有什么影响。然而，救国委员会在雨月将注意力从计划入侵英国转移到进攻英吉利海峡群岛的大业上，相比较而言，后者更易操控。先前由于计划入侵而集中在一起的法国军舰现在分散开来去掠夺英国商船。一支舰队被派去与范·斯塔贝尔会合，后者在12月带着几艘快船被派去了美国，现在陪同一支大船队返回法国。

事实证明，莱涅洛的革命法庭并不特别嗜血。布雷斯特的恐怖统治仍然相对温和。2月底，圣安德烈回到布雷斯特，继续他的工作；在圣安德烈的明确要求下，莱涅洛离开了。

但布列塔尼的其他地方，镇压的激烈程度在法国绝无仅有，甚至超过里昂。旺代人越来越绝望，他们对待共和派俘虏也变得越发残暴，眼看着战争似乎会一直拖下去没个头，革命者放下了最后的顾虑。12月23日萨沃奈一战，旺代人失利后就再也组织不起来军队了。因携带武器反对政府而被当场处决的人数不明。数千人被送往监狱，那里已经挤满了联邦党人、贵族、教士、被解职的官员、富商和其他嫌疑人。将被俘的叛乱分子送回他们的老家是不安全的，因为没人相信他们会就此收手不再以暴力反对国家，特别是在当时的情况下，整个西部仍然活跃着一个秘密组织者的网络，而英国援助的可能性依然存在。

救国委员会采取了革命政府在类似情况下很少会采用的方法。马恩的普里厄得到了一个不值得羡慕的荣誉。他设立了处理反叛者的一个特别法庭——比尼翁军事委员会（以其庭长比尼翁命名），先是随军队行动，后设在南特，曾将2905人判为死刑，这个数目比包括巴黎在内全国其他的所有革命法庭都要多。其他复仇和防治机关也在同时开展工作。杜罗的"地狱纵队"涌入旺代，根据救国委员会的命令，他系统地摧毁了叛乱的滋生地。几个月后，大量的旺代农民被重新安置到共和派力量更稳固的地区。

恐怖统治时期，南特溺刑是最臭名昭著的反人类暴行，这起集体沉河事件是在特派员卡里耶指挥下发生的。学术界在此问题上产生了许多争论，卡里耶被反动的和人道主义的作家描绘成一个怪物，甚至遭到了非常偏向革命的历史学家的谴责，虽然有人试图为他洗刷清白，但总的来说并不十分成功。可以有把握地说，卡里耶是一个普通人，有正常的情感，没有不寻常的智力或性格优势；他被敌人逼疯了，之所以变得冷酷无情，是因为似乎冷酷无情是解决难题的最容易办法。

我们关心的是救国委员会与溺刑的关系。9月29日埃罗-塞谢勒向委员会朗读了一封卡里耶从雷恩写来的信，信里叙述了他的其他行动："与此同时我建议处理一下囤积在监狱里的几船未宣誓教士，把他们交给一个以爱国而出名的水手圣塞尔万处置。"埃罗在同一天给卡里耶回了信，依据他的说法，委员会"非常满意地"听取了卡里耶来信的建议。埃罗以委员会的名义赞扬卡里耶，认为"当我们确信自己会取得胜利的时候,就会变得更人道",并说特派员应该把他们的行为责任留给负责执行的下属。

后来发生的事使得卡里耶提及教士的那些话显得非常不祥。不管卡里耶心里想的是什么,这句话本身,往好里说也是含糊不清的,在冗长的交流中没什么意义,巴黎人相当于什么都没听到。也许卡里耶的意思只是指他想把教士转移到南特河里的监狱船上,尽管他为什么需要一个"水手"来做这件事还不清楚。无论如何,埃罗建议把责任转嫁到别人身上,这可能把摇摆不定的卡里耶推向了极端。然而,卡里耶随后否认收到了埃罗的急件。

几天后,当圣安德烈、马恩的普里厄经过雷恩去布雷斯特的时候,卡里耶和他们见面商量了一下。他们认为他是爱国者,是可靠的特派员。到了南特,卡里耶遇到了科多尔的普里厄,后者把卡里耶的意见带回了巴黎。卡里耶本人在10月7日向委员会报告说,南特的监狱里装满了旺代的死硬分子。"我不会审判他们来取乐,我要把他们送到他们的老家去枪毙。这些反面教材将震慑住那些心怀叵测者……"作为回应,委员会敦促卡里耶"清除掉在政治体制之内流传的毒液"。

在接下来的几个星期里,从格朗维尔撤出的旺代人退守卢瓦尔省和南特。城市里的革命者们陷入了歇斯底里的状态。监狱里人满为患,人们担心怒火中烧的囚犯会从里面跑出来。监狱里到处都是热病和传染病;看来,这些遭人憎恨的贵族们将把瘟疫带到这座城市,使他们邪恶的影响力到达巅峰。

卡里耶想到了一个处理"整船的"反革命分子的主意。卡里耶接受了两名当地革命者的建议,他们展示了如何在船只上安装可移动的舱门,卡里耶进而绕过审判程序,在卢瓦尔河上把船上的人淹死,从而清空了监狱。据一位过度劳累的"目击者"(这些夜间行动的目击者寥寥无几）估计，溺刑发生过二十三次；确切的历史研究可以证实的只有四次，但由于处理过程是保密的，所以次数完全有可能更多。可以确定有儿童溺死，还可以确定有一名从事这项工作的人残酷地砍断了正在挣扎想离开船的受害者的胳膊。

救国委员会在11月底之前就知道南特有九十名教士被淹死。卡里耶在他给巴黎的报告中，用残酷的讽刺暗示卢瓦尔河反复出现的"奇迹"。不过，他没有透露任何细节，直到溺刑于12月底结束之后，首都当局才被告知，他们是如何巧妙而周密进行计划的。当时没有人知道，现在也没有人知道受害者的人数。可能已经接近两千人了。他们中的大多数是旺代军的俘虏。

委员会起初什么也没做。我们完全可以想象，一些委员感到震惊；众所周知，库东尤其在绿桌会议上提高了嗓门，支持宽恕那些"被误导"的旺代百姓们。但是，巴黎并没有很快意识到在布列塔尼所发生的全部恐怖；惊恐，就像恐怖一样，是当时司空见惯的事情；但即使在这种情况下，南特的溺刑像里昂的枪决一样，似乎还是偶然。无论如何，年初委员会还指望着革命先锋队的支持；因此，尽管一些埃贝尔派特派员在12月被召回，但包括富歇和卡里耶在内的其他特派员则暂时留任。

但委员会在西部有一名密探——马克-安东尼·朱利安，这是一个只有十八岁的年轻人。有人认为他是只为罗伯斯庇尔工作的间谍；事实上，他代表革命政府，与他通信的不仅有罗伯斯庇尔，还有巴雷尔和整个委员会，在造访饱受战争摧残的地区时，他与马恩的普里厄密切合作。他报告将军们和特派员们的行为，解散了非法的革命军队，指示地方行政人员，试图把对理性崇拜同适度的礼仪和容忍结合起来。简而言之，他的任务是协调西部的革命力量，并将其控制在上级规定的范围之内。

12月19日，年轻的朱利安开始抱怨卡里耶的行为。他从距离南特五十英里的瓦讷来信时，要么不知道溺刑，要么就是认为溺刑无足轻重。他反对的只是某些卡里耶的随从，他说这些随从在恐吓真正的爱国者。他愿意相信，卡里耶只是错看了他的手下。但是在1月1日，他紧急写信给巴雷尔和罗伯斯庇尔，要求立即召回卡里耶。那时，巴黎已经知道了溺刑的详细情况。朱利安的急件中仍然没有提到此事。他提出的问题是权力内斗的老问题：卡里耶拒绝承认另一名特派员；他的手下搞派系、好暴力，肆无忌惮地"烧杀劫掠"，他却为他们顽固地做辩护。

一个月后，朱利安在激动之余再次写信给巴雷尔和罗伯斯庇尔。他到南特去看了卡里耶，现在对他的指控已经无以复加了。旺代又开始造反了；卡里耶和将军们表现得漠不关心，他们希望危机延长下去；卡里耶就像一个波斯的郡守，一个扼杀自由的暴君；他疏远好的共和主义者，放纵私欲不可自拔；他的秘书傲慢无礼，难以接近；真正的爱国者什么也做不了。朱利安也试图公平行事，他承认卡里耶在误入歧途之前，在削弱南特富商的影响方面发挥了巨大的作用。

2月3日，朱利安终于提及了溺刑。

"我敢肯定，"他写信给罗伯斯庇尔说，"他不加区别地把南特监狱里所有犯人都抓了出来，放上船，沉在卢瓦尔河里。他当着我的面告诉我，这是进行革命的唯一途径，他还说马恩的普里厄是个傻瓜，因为他除了把嫌疑犯关起来，什么也不想做。"

几天后，救国委员会将卡里耶召回巴黎。这次召回是因为朱利安关于溺刑的消息吗？根本不是。在巴黎，溺刑并不是新闻。委员会对受害者没有多少同情，毕竟他们大多是"强盗"和"狂热分子"。朱利安本人并没有特别强调这件事。在朱利安的头脑和委员会的决定中，这个念头只是偶然的人道主义。卡里耶曾称委员会的一名委员是傻瓜。委员会认为是爱国者的,他视之为反革命分子加以追捕,而被委员会认为是(也经常确实是)社会的渣子、有犯罪记录的流氓,或者是残暴而无底线的暴徒却被他视为爱国者,受到了他的保护,他无非想要使混乱永远持续下去。卡里耶没有和政府合作。他在败坏共和国的声誉,使共和国陷于瘫痪。他所说的革命是指无法无天;他不承认,自霜月十四日以来,即使是恐怖统治也有明确的宪法。

因此,卡里耶在2月回到了巴黎,富歇和其他特派员很快加入了他的队伍,失宠的他们对革命政府构成了轻微的威胁。政治战略家罗伯斯庇尔继续他反对"派系"的运动,这场运动实际上针对的是经过五年革命教育的人们,意在让他们在目标上团结一致、接受权威。年轻的朱利安继续在西部穿行。让邦·圣安德烈回到布雷斯特去管理海军。南特被交给了卡里耶曾经嘲笑过的那个人,这个人并不以温和著称,但至少能够与国民政府和睦相处,他就是马恩的普里厄。

第十章
命令式经济

在法国大革命期间，斗争有两个目标：个人权利和国家主权。革命哲学家们并不认为它们是对立的。只有在主权国家，个人才能拥有权利，从习惯法、君主制、阶级、教会、行会和大公司的陈旧约束，以及外国势力的统治中解放出来。个人自由依赖于国家主权。两者间的平衡产生了自由民主国家，其主导性影响力一直延续至今。要达到这个平衡并非易事。在大革命这一代，这种平衡从未在欧洲实现过。民族国家解放个人所要反对的力量，特别是被罢黜的王室、被废除的贵族阶层、愤怒的教会，以及和共和国交战的外国政府，他们的力量依旧如此强大和危险，以至于让革命党人越来越把国家当作一种特别的荣光，并赋予国民政府一种权力，而这种权力一旦生效，几乎会让个人完全失去自由。

法兰西共和国在共和二年有段时间成为了极权主义国家，是圣安德烈统治下的布雷斯特的放大版。它不是完全意义上的军国主义，因为权力仍然掌握在平民手中。它并没有迫害被认为"劣等"的种族。但是，它试图将整个国家民族化。它逮捕拘押了数以万计的嫌疑人。它利用宗教、教育、媒体和剧场美化自己。而且，它对经济的调控也达到了细致入微的地步。

10月份时，巴雷尔叙述了一些救国委员会希望国民能够清晰理解的原则："我们领土上的物产是国家财产，所有的不动产都属于国家所有，革命和自由是所有公民的第一债权人，共和国在需要时拥有购买的优先权。"

这份陈述中的概括比具体建议更有影响。私人权利并没有被否定，只是被限制了。国家没有考虑管理经济企业，而只考虑非竞争性购买的权利。国家强制采购成了新经济体制的基础，这与征用几乎没有区别，意味着政府代表将以指券的法定最高价值税率付款，并可以毫不费力地购买他们想要的任何商品。委员会的这项权利和战时总动员里征用劳工的权利一起可能会导致类似社会主义的经济体制；但是委员会的目的和后来的社会主义完全不同，委员会多次强调其对于个人企业的依赖。"总体来说，公共管理不符合共和国的利益。"卡诺和科多尔的普里厄为委员会写道，"因为公共管理者不像业主那样遵守经济，因为经验表明，技术进步引进很晚或是根本没有被引进，因为在雄心勃勃的人手中，这些企业是一种权力手段，这可能对国家的自由非常危险。"委员们知道，即使那几个月中国家控制达到了顶峰，将经济权力视同于政治权力也是危险的。

经济调控零散、不成体系，主要受制于环境因素，毫无理论基础，但国家主权是一种普遍意识。在1793年的夏天，就像我们在前几章看到的一样，价格上涨和供应短缺使成千上万的巴黎人陷入了悲惨境地。5月份时，面包的价格被稳定了下来，却没有带来太多好处。科洛·戴布瓦和比约-瓦雷纳彼时还不是救国委员会委员，他们在7月时颁布了法令禁止囤货或垄断日常必需品。两个月后，在9月29日，国民公会颁布了全面限价法令，在全国稳定了物价和工资。价格监管变成了无限印刷纸币的替代手段。

截止到10月，随着权力更大的新供给委员会的成立，救国委员会发现自己进行的计划经济比20世纪之前欧洲的任何地方都更加彻底。被从诺曼底召回的罗贝尔·兰代，是救国委员会和公社之间的联络人。

此时的经济监管不仅仅是现代民主政府在战时统制下的生产与分配。在埃贝尔派压力下成形的经济政策，具备无产阶级攻击的私营企业要素——直到1794年春天的风月为止——这也成了革命的转折点。它也重现了旧制度的重商主义因素，并预言了20世纪的自给自足政策。它旨在实现政治边界内的经济独立，并摧毁英国的商业霸权，在这方面它预示了拿破仑的大陆体系和希特勒德国的国家社会主义的建立。但最重要的是，它可能是一种物资紧缺的独裁统治。如果私营企业能够运转，那么战争的需求本来可以用更少的政府控制来实现。但私营企业仍处于停滞状态，大部分工商人士反对革命，即使那些仍忠于革命的人也难以在这种混乱中继续经营。正是战争、巴黎工人阶级的要求和私营企业的崩溃，迫使救国委员会接管国家的经济管理。

在1793年的夏天，为了克服日益严重的商品稀缺，国民公会对法国商品实行出口禁运。为了防止资本外逃，公会禁止向外国转移资金；无法支付进口费用，而外国贷款也无法获得，因此进口实际上已经停止。除此之外，6月时，英国宣布粮食和原料为战时禁运品。这是英国海军第一次针对一个敌国的全体国民实施封锁禁运。虽然封锁行动在现实中并不十分有效，但是它增加了进口难度。到

9月为止，法国几乎关停了和世界其他地区的所有贸易。

国内生产产量不断下降，法国急需进口商品。一开始，什么提高进口额的措施都没有。国家实力似乎比经济优势更加吸引人。为了最终的经济实力，应该忍受暂时的经济不便。如果法国的经济孤立可以破坏其他国家的繁荣，那么法国在欧洲各国中的相对地位就会提高。

自给自足政策经过修改于秋季在掌权的救国委员会获得通过，恰巧那天法布尔·德·埃格朗蒂纳谴责外国阴谋之后，大众的仇外情绪正在高涨。在10月9日，在巴雷尔发表演讲后，公会禁止了所有在大英帝国制造的物品出现在法国的土地上。在9月21日，巴雷尔让公会通过了《航海法案》。效仿1651年英国的《航海法案》，新的法律禁止了外国船舶参与法国城市之间的沿海贸易，或是进口任何非本国产的商品。外国船舶的定义第一次包括了那些虽然在法国注册，但是由非法国人拥有或操纵的船舶。因此，虽然这次打击针对的是英国与一小部分荷兰航运，却对法国造成了妨害，因为法国一直使用外国船只的服务来补充本国船只。

波旁王朝时代，人们没见过法国这么强势的制造业和航运保护。在大革命之前的最后几年，当时的趋势是朝经济自由主义发展。当共和国由埃贝尔派主导时，这个国际贸易自由的发展潮流就被中止了，埃贝尔派的指导哲学最民主，所以工商界的影响也就最小。事实上，共和国是一个民族主义的而非自由主义的国家。我们可能还记得，正是在《航海法案》通过的第二天，当时委员会命令召集十万人准备入侵英格兰，并派圣安德烈到布雷斯特重建舰队。

巴雷尔是救国委员会的外国贸易专家。他从一位叫迪谢的人那里学到了很多东西，迪谢是一位不出名但是有影响力的经济问题作家，多年来一直在美国担任法国领事。巴雷尔将迪谢的一些观点在9月时阐述给了公会以支持其《航海法案》。他的演讲非常重要。此时大机器工业正跨过英吉利海峡，英格兰逐渐变成世界工厂，自由贸易哲学在政治家中收获信徒。巴雷尔意识到了这些情况。他看到了自由贸易的世界主义与闭关锁国的民族主义之间的对立。很明显，他更喜欢后者，他提出的论点值得总结，因为从此以后，德国和其他国家一直在重申这些观点。

他说，海上的自由是法国的立法目标。在他所描绘的未来里，每个国家都应该有自己的经济体系来替代英国的商业优势地位。英国《航海法案》是暴君的作品，而法国"在民主革命中颁布法令"是迈向自由和平等的一步。法国将摧毁"被英格兰篡夺的海洋帝国"，使各国关系走向平等。

"我们还没有厌倦被当作外国工业的附庸吗？只要我们购买英国制造商的商品或使用英语，我们就生活在了英国政府的阴影之下，我们就把我们的重要储备留给了外国人。我们必须自己生产我们可以生产的任何产品。让我们关闭国境线并扩展海运——这就是拟议法案的完整理论。"

对于自由主义经济学家来说，英格兰可以更便宜地生产某些商品的事实给了一个好理由来解释为什么其他国家应该从英格兰购买相应的产品，巴雷尔并不这么认为。他说，自由贸易是一个由英国理论家发明的理论，这些人知道英国将从中获得好处，所以他们才不遗余力地劝说其他国家奴化自己以接受这个理论。

根据巴雷尔的说法，这个岛国是现代世界的害虫。它想要"打造"欧洲，来让欧洲适应自己；它旨在摧毁竞争对手的商业；它激怒友邦树起反抗旗帜；它垄断了农作物，使法国人民挨饿。但是清算的日子一天天逼近了。"欧洲的各个民族在被他们自己身上枷锁的声音惊醒之后，英格兰的影响力将被削弱或破坏，其政策变得无力,位于印度的商业将会减少,以至沦为海事贸易经纪人,此时欧洲将完全实现自由。"

巴雷尔给了法国商人们一个警告,他们暗中做了不少反对大革命的事。

"但是,工商界人士终将看到,必须停止他们的世界主义了,他们的货物也在共和国的船上,自由不是以5%计算的,民主政府一直比君主制更有利于繁荣、商人的生意和利益,以及商人们企图独占的所有人的平等!"

代表们为巴雷尔的演讲鼓掌,并通过了《航海法案》。几天后,海关管理事务移交给了外交部。这一步标志着国际贸易将成为国际政治的工具。几乎同时,公会颁布了一项法令,所有居住在法国的英国人都应该被逮捕。对于自愿来到这块希望之地的英国民主人士或政治难民,不会给予任何补贴。可怜的乐观主义者托马斯·潘恩,革命者并没有比托利党更赏识他。托马斯正在忙于撰写他的《理性时代》,那部针对英国人的法令也威胁到了他,尽管他的国民公会代表身份一直让他免受牢狱之灾,直到这年年底。

10月16日,针对英国人和英国商业的歧视在国民公会引起了一场奇特的辩论,正是这天,儒尔当赢得了瓦蒂尼战役,而玛丽-安托万上了断头台。一位无足轻重的代表质疑为什么在所有的外国人中,单单是英国人受到了特殊对待,并认为政府正在把战争"民族化"。救国委员会选择为此争辩一番,圣茹斯特还准备了一场演讲。罗伯斯庇尔和巴雷尔前往公会支持他。

当立法者表现出难以控制的迹象时,"救国委员会证明他们没有将战争民族化,"巴雷尔喊道,"这对他们来说非常重要。我要求你们给圣茹斯特机会阐述他的观点。"

之后,圣茹斯特做了很长的解释,任何对民族主义的发展感兴趣的人都值得认真学习一番。

他宣称，实质上法国人与英国人并没有矛盾，他们只针对英国政府、贵族和商人。这一论点尽管当时令人吃惊，但对当代的我们来说已经是平常。我们都听说过自由主义国家只对其他国家的专制政府发动战争；而革命国家则只为他们的财产和利益发动战争。这个论点认为，真正的冲突是超越国界的，是发生于统治者与被统治者之间或雇主与受雇者之间的截然对立。圣茹斯特承认这一观点，他认为国家是被统治的，但不是由政府统治；国家的主体是人民群众，而不是贵族或工商业者里的上层。这样说来，国家之间并不该有利益冲突。

但是另一个因素引起了圣茹斯特的注意，人类社会中出现了一条截然的区别界线，使得国家而不是阶级成为重要的社会单位。

"救国委员会在禁止（英国）商品的时候，考虑的只是我们自己的经济……各国法律下的相互关系不可能总是相互有利的，优先考虑我们自己的国家是我们的职责。"

"一个人可以祝全世界人民好运，但是他只能为自己的国家奉献。救国委员会的诸位深信这一事实，只能把他们对于世界的看法仅仅局限于法国人身上。"

"长久以来，博爱都是掩饰那些导致我们分裂的犯罪行为的借口。博爱把十万法国人和一亿两千万里弗埋葬在了比利时。"圣茹斯特口中的博爱是指18世纪自由主义者那种胸怀宽广的国际主义精神。

尽管如此，根据圣茹斯特的理论，战争可能会民族化是个幻觉。如果英国人革了乔治三世的命，那么法国人就会成为他们的朋友。如果新的法国法律摧毁了英国的商人和制造商，英国人应该心怀感激。简而言之（这就是暗示）人们可能会攻击一个国家的政治或经济结构，而不是对其整个国家开战；如果一个民族抱着其旧的政治和经济的主人不放手，那么他们就不要期待法国共和主义者对其有任何同情。这是世界革命的一个公式。

然而，圣茹斯特高度重视民族爱国主义。他驳斥了这样一种观点，即一个英国人在法国定居，而且他对革命显示出了好感，就应该免于法律制裁。放弃祖国的人不值得信任，一个人永远属于祖国——"否则他就会堕落"。外国人仅仅是因为生为外国人而受到怀疑。

很明显，救国委员会在无意中把战争民族化了。委员们相信，自由的国家之间不存在冲突；但是自由国家是指那些废除了君主和贵族的国家，并且（根据1793年所谓的临时声明）攻击富有的商人阶级。一个坚持不模仿法国的国家是不自由的，因此它不能被称作一个国家。尽管救国委员会自己承认只顾及法国的利益，但这场战争不是一场民族战争。

然而，事实上不管是哪种理论，1793年之秋的共和国已经快要变成一个经济封闭的国家了。过去几代人的外贸交易量都从来没有如此低过，在1793年仅有大革命初期的三分之一。自给自足政策粉饰了遭受封锁孤立的残酷事实，法国不可能再通过正常渠道参与世界贸易。这个故事听起来非常现代：内部环境恶化、通货膨胀、企业的混乱、战争的需要、投机者和奸商的运作、贫困群众的需求，导致了对物价的全面限价。价格监管使政府监管出口成为必需，如果将其放在私人手中，会将法国产品出口到价格较高的国家，而进口产品这块，私人经销商只能亏本出售。

只有通过国家调控，法国才能不受伤害地进入国际市场。在10月10日之后，国家调控开始生效了，当时政府是要不断"革命直到和平"的。从那时起，获得新权力的救国委员会，其职能成倍扩大，在不放弃经济独立目标的同时，尽力从外贸中占得好处。新的供给委员会获得了进出口管辖权，几乎是它一成立，贸易就开始增加，而大部分的排外性立法就开始失效。由于整个经济体制的矛盾，随着国家调控开始生效，例外执法就不限于对外贸易而变得更加普遍。原因并不难理解：这些法律都是匆忙制定，其政治目的相互龃龉，往往危及公共福利，这一点负责的官员都知道。造成的结果也很明显：一个至少为了维持稳定而靠行政自由裁量运转的体制形成了，在这样的一个国家里，法律处处都得不到遵守。

在外贸中，由于散商受到监管，许多立法变得不那么必要了。如果出口能被有用的进口抵消，而不再消耗个人信贷的国外存款，贸易就能得到鼓励。11月7日，中立船长被允许以高于限定价格在法国向政府代理人销售。12月10日，救国委员会在战争期间暂停了《航海法案》，雄心勃勃的长期目标让位于实际需要。在冬季，委员会允许出口香料来换取谷物和其他必需品；商人们被允许用奢侈品来换取有用的商品。供给委员会通过遍布全国的密探征用葡萄酒、蕾丝、丝绸、挂毯、珠宝、高级家具和高价艺术品（即使在沉重的物质压力下，共和国依旧在国内收藏着大师级作品），用以换取国外的青铜、羊毛、小麦和马匹。

有国外存款的法国公民被迫将存款交给政府，换回一堆指券。信件都被搜查，来阻止货币流出。商人被迫向政府调查人员出示他们的账本，这些调查人员审查他们的外汇结存，将其没收并以指券代偿。巴黎银行家不得不为救国委员会筹集5000万里弗的外汇，救国委员会同意在运作这批巨额融资时给他们提供保护，免受公社下属的革命委员会的骚扰。禁止法国资金外流的法律在热那亚开了特例允许交易，实际上这个小小的中立共和国是法国在地中海的主要港口。然而，虽然征用了所有外汇和可出口剩余商品，仍没有达到贸易平衡，在这个被跑路的流亡贵族带走大量重金属的国家，救国委员会不得不同意出口价值至少四千万里弗的黄金和白银。想要将美国债务转化为现金的尝试并没有成功。

对"博爱"的反感表明，进口商品可以通过掠夺来补充。在9月15日，让邦·圣安德烈说服了公会实行"战争普通法"。他说，这是为了报复而且反对敌人的野蛮行径。救国委员会随后通告将领们，指示他们在进入敌方领土时劫持人质、征税和征用货物，并将他们自己不需要的东西送回法国。这些物品包括食物、粮草、牲畜、食草动物、铁、煤、木材、布料、羊毛、皮革、绳索和教堂的白银，公共资金和所有可运送的公共财产。然而，虽然战利品有助于补充在佛兰德斯和阿尔萨斯告捷的军队，但这些在共和二年对经济的帮助并不大，因为并没有占领足够多的敌方领地来帮助发展经济。这是将战争变成侵略的动机，但并不是解决法国内部困难的方法。

主要问题是提高国内生产力。要解决这个问题，不仅要依靠外贸和军队，更要安抚饥饿的巴黎人民以便救国委员会继续工作。为了提高生产力，救国委员会遵守原则，在战时总动员里规定，可以为了服务国家而征召劳动力、资本和技术知识。

一些最杰出的法国科学家被召至杜伊勒里宫。科多尔的普里厄，作为军队工程师直接与他们共事。但是救国委员会的所有委员都意识到了这些科学家的价值。虽然事实上，拉瓦锡是当时最卓越的化学家，却被毫无理由地被推上断头台，仅仅是因为他曾在大革命之前担任农场税务官。本来像这样的化学家，委员会热情地欢迎他们。在此之前，从来没有一个政府为促进科学做出过这么大的努力，即使是在恐怖统治时期最糟糕的日子里，为共和国热忱工作的都是科学界中名声显赫的那群人：贝托莱、蒙日、范德蒙德、德·莫尔沃、富克鲁瓦、哈森弗拉兹。在他们的协助下，救国委员会在博物馆里摆满了来自流亡贵族家中的珍稀植物，扩大了旧矿山学校的图书馆，并为了让梅济耶尔工程学院的书籍和仪器免遭战火而将它们转移到巴黎，而这就是著名的巴黎综合理工学院的前身。发明家们不断向救国委员会提出关于新机器的想法，直到委员会不得不采取行动来区分骗子、冒充者与有真才实学的人。我们发现委员会在1794年4月17日起用了两位历史上十分伟大的科学家，他们是数学家拉格朗日和生物学家拉马克。这么做可能是为了保护他们免于干扰。我们同样得知一位不幸的天文学家[1]，当他在巴塞罗那被西班牙人羁押时，委员会给了他六千里弗。他是为了制定公制测量单位而去那里测量子午线的长度的。

总而言之，共和国希望利用启蒙时代的成就，继承这个哲学世纪的理想主义（有点削弱了其"博爱"），并邀请学者将他们所吹嘘的自然知识付诸实践。

在生产方面，最紧急的需求是食物。大量男性被征兵、土地产权交替、过低的农产品价格和一再发生的粮食与牲畜临时征用，这些都让农业处在无组织的境地。国家的大部分地区都被饥荒威胁，有些地区的农民甚至用他们无法出售的物品来充饥。此外，南部是一个葡萄种植国，即使在正常条件下也无法实现粮食自给自足。

法国的农业，即使是在最好的时候，如果以当时的最高标准衡量，也并不是非常高产。救国委员会的眼光放在比解决当前危机更长远的地方，引导了一场系统化的教育运动。农业改革家放手去做，他们从没有过这样的自由。一些关于提高粮食产量、保护土壤、防治马匹疾病的小册子被印发出来，池塘被抽干、林地被清理、荒地

---

1. 指皮埃尔·梅尚（Pierre Méchain, 1744—1804），于法国大革命期间与天文学家约瑟夫·德朗布尔（Joseph Delambre, 1749—1822）共同测量了地球子午线的长度，为公制长度单位"米"的确定奠定了基础。

被回收利用。平民们被怂恿将他们的葡萄园和牧场变成麦田,委员会致力于推广土豆的种植。一些雅各宾派的爱国者不满这种做法,唯恐欧洲会认为法国正在经历饥荒。但是科学家宣称它(土豆)可以被人类食用,救国委员会的宣传大肆吹嘘它的优点。大量土豆被种在了卢森堡花园和杜伊勒里花园,以向公民宣传这种新的蔬菜。

这些行动大多不会立刻缓解食物短缺,特别是在共和二年的冬季。虽然他们展示了政府的执政方向,但并没有立刻消除饥饿的威胁。

法国化学家最近发现了钢铁的化学成分,委员会命令将新工艺技术教授给工人。科学家起草了一份说明小册子,并印发了一万五千份进行流通。在默东,巴黎郊外的一栋旧别墅里,制造军需品的秘密试验正进行着。他们为海军设计了一种会燃烧的加农炮炮弹,它本来是用于点燃敌人的战船,但是其加热手段对于法国船舶来说太过危险,这个发明不得不被放弃了。与此同时,陆军部也在试验热气球;而且沙普拿着委员会的拨款,建设他通往里尔的"电报机"。

火药短缺非常严重。在1789年之前,政府的特工有权力搜查谷仓和羊圈以寻找硝石,但是不能搜查民宅。在大革命的自由主义阶段,这项权力被取消了,也不能再进口。在1793年的8月,军队只有1400万磅火药可用,但是需要8000万磅火药。所以搜查权又回来了,而且这次可以搜查民宅;硝石的价格被提高以鼓励生产;私人侦探受命搜查房屋、商店、谷仓、马厩、洞穴和空洞等所有可能会找到珍贵物资的地方。

在18世纪末,因为食物供应短缺,煤炭资源变得越来越重要。救国委员会学习过去王家政府的做法,鼓励使用煤炭。巴黎的军需品工厂每月需要消耗四千立方米的煤炭,救国委员会不得不为矿业公司提供额外补助，或是直接让它们亏本运营。供应煤炭最大的困难是运输，因为农业需要马和马车，军队又征走了一些，而运河又因为前一年夏天的干旱而水位过低。救国委员会宁可自己承担运河船只和运货火车的监管，也不愿意让权给供给委员会。

因为加农炮由青铜铸造而成，所以黄铜还是必需的。铁制的炮体不仅易碎，还非常沉重。因此，救国委员会必须要和铜业巨头佩里耶兄弟交涉，他们是法国一个著名家族企业的创立者。共和国境内并没有铜矿，因此委员会依靠许多权宜之计来填补黄铜的缺口：厨具是从流亡贵族手中充公的，或是从被斩首者的财产中收缴而来。爱国者贡献出他们的炖锅和平底锅，教堂失去了他们的装饰品和铃铛。从瑞士进口的黄铜，大多数是偷偷从远方的匈牙利走私来的，而他们的哈布斯堡王朝还在和法国打仗。

在19世纪的"军备革命"之前，陆地战争的基本武器是前膛装填的燧发滑膛枪，再加上前段外插的刺刀。它不完全是一种原始武器；1793年的法式枪械需要64名人员来制造；但一百年来其原理都没有改变。整个欧洲加起来每天都生产不了1000支。这是科多尔的普里厄和卡诺在8月份进行战时总动员时设定的目标。他们决定集中在巴黎生产火枪，因为现有的工厂都位于受到外国和内战的威胁的地区。

尽管更偏向于私人生产，政府自己也开始生产毛瑟枪了，而且贡献了共和二年总产量的三分之二左右。在战时总动员发布的第二天，救国委员会要求巴黎各区提交辖区的金属制造工人名单。过了很久，仅有一半的区才给回复，这种疏忽和低效是救国委员会不得不面对的。工人们逐渐有了，那些有自己工坊的工人与军队管理局签订了工作合同。更多的是没有自己店铺或是工具的工人，他们则直接接受了公职。锻造熔炉被建立在荣军院的滨海大道和卢森堡花园中，距离马铃薯田不远。巴黎白天铸枪铁锤声声响，夜晚熔炉闪闪亮。

成果出得很慢，要运送沉重的矿石到巴黎并非易事，而且管理出现了问题。签约的工人拿到政府的燃料和材料后，往往就将它们用于私人目的或是将其出售给私人交易商。救国委员会不得不尽量调查并检控这些骗子。公共商店中的工人非常笨拙，工人和工头们似乎没有经过训练；而"陆军部的文员们"，就像巴雷尔承认的那样，"他们没有任何关于这种产品的知识，经常开出一些莫名其妙的票据"。因此有必要颁布法令，任何妨碍委员会发出的有关生产战争物资命令的人，都应该判处两年监禁。

11月3日，首批毛瑟枪被制造了出来，并向国民公会展示。卡诺在当日做了一个详细报告。他宣称，过去依赖外国人的物资保卫自己的法国，很快不仅可以自给自足，而且将成为各国人民武装自己对抗暴君的仓库。而且事实上，从11月开始，产品产量迅速上升。公共商场里的工人数量从11月3日的633人上升到年底的超过2000人，在共和二年夏天又增加至5000余人。在热月时，每天可以生产500支毛瑟枪。虽然只达到了委员会期望数字的一半，但以18世纪的标准来说，这个数量已经很多了。在当时那种情况下，这是一项非凡的成就了。在1794年的夏天，巴黎的国有工作坊可能是世界上最好的小型兵工厂了。达到最大出产量后，它们在热月后的反动运动中被迅速废除。

在经济学语言中，分配是生产的对立面。它其实并不真的是一个对立面，当然，因为分配本来就是生产的一部分。不同产业之间对劳动力和资源的调配、工人收到的奖励，甚至是简单意义上的分销（把商品从一个地方运送到另外一个地方），都是决定生产什么、生产多少、在何处何时生产产品的最重要因素。这些问题比材料开采或制造更加微妙和易于管理。救国委员会从没能满意地解决它们。

9月29日《全面限价令》从一开始就造成了麻烦。实际上，没有人——商人也好，制造商也好，农民也好，劳动者也好——对法定应得待遇感到满意。生产力因此瘫痪，并且需要多种手段来激励，包括恐怖统治。掌权的救国委员们对固定价格和工资没有真正的信念——就连比约-瓦雷纳，他多少算得上是一位埃贝尔派成员，也在公开场合表示不满。但是埃贝尔派和巴黎公社支持《全面限价令》。确实，对于这个情况似乎都没有备选措施；如果不加控制，价格将会飞涨，政府就需要发行更多指券，这样一来就完全陷入了通货膨胀的恶性循环，而这的的确确是在热月之后发生的事情。在罗伯斯庇尔委员会期间保持稳定的指券，在罗伯斯庇尔下台后突然破产。虽然共和二年只有一些贫困现象，但到了共和三年就是哀鸿遍野。

"那些英国佬和贪婪的贵族，"巴雷尔说，"他们对《全面限价令》的失败负有责任。"这是一场政治性谈话，巴雷尔和所有能干的专家都知道真正的麻烦是什么。法律颁布一个月之后，国民公会根据巴雷尔的议案对其进行投票修订。自此，价格需要被计算得出，不仅仅是增加（9月29日提供的）1790年价格的三分之一，而且包括运输成本、5%的批发商利润和10%的零售商利润。人们希望在此刺激下经销商能够继续经营下去。但是，在法国的所有地方，为大量的不同品质和等级的商品找到1790年的价值，这一任务是极其复杂的。因此直到共和二年春天才计算出新的比率，与此同时，这个国家生活在一项普遍认为不可行的法律之下。

9月29日的《全面限价令》将工资率限制在1790年工资率150%的水平上。如果统一执行法定商品价格，在生产没有减少的情况下，工资收入者将享有轻微的优势。在现实中，他们的社会地位极不安稳，因为不正当交易额，特别是妇女参与的不正当交易的数额十分巨大。在有些情况下，《全面限价令》降低了薪资。前几个月里，由于劳动力的缺乏，很多行业的雇主给出的工资水平都提高了。在1793年的夏天，农业劳动力经常能挣到相当于1789年三倍水平的工资。但9月29日的法令仅允许相当于新水平一半的工资额。工人阶级们顽固地反对全面限价令的规定。

为了社会能够成功运转，物价和工资水平必须保持平衡。大部分官员和雅各宾派都是中产阶级，他们倾向于更严格地监管工资率。这种区别对待不能代表一小部分人对广大人民群众的剥削。即使是在巴黎（在1791年），根据可靠的估计，收入由物价决定的中产阶级、小商人和小手工艺者，其人数与由工资决定收入的工人数是大致相等的。在大多数其他城市，无产阶级所占的比例更小。在乡下，情况更加让人困惑，但是很多拥有或租赁土地的平民更偏向于高物价和高工资。在18世纪的经济里，工人阶级和工薪阶层并不是一个意思。

在巴黎埃贝尔派控制的公社中，价格水平被高度重视，而全面限价令事实上被当权者忽略了。工薪阶层享受了短暂的挥霍放纵时期。有记录表明，有些人赚取了相当于他们正常收入五至十倍的工资，而他们平常购买的商品价格则被严格控制。天真的资产阶级雇主们提供给车夫最高水平的车费，而这些车夫则用漫骂和革命威胁他们勒索大笔款项。工人们拒绝就业，更愿意靠着存款生活上一周或更久。工人阶级妇女在市场上购买肥美的家禽，而领固定工资的政府文员的妻子，或是那些依靠销售的商店店主的妻子，只能买得起最柴最瘦的禽肉。

为政府武器作坊工作的工人待遇不如私人雇员，因为政府不像私人雇主那样容易被恐吓。一位送水工在巴黎可能每天挣20里弗，一位军队里的一流机械师其收入被限定在16里弗。救国委员会想要在集体谈判上制定一项公平而民主的政策。为组建公共商店，他们在10月举行了一场会议，工人代表出席了；会议上达成共识，工资支付应该按件计算，从每天最低3里弗到最高5里弗，有时候，运货马车夫可能会收取8里弗来运送半捆木材。特种熟练工人应该享有例外，比如上文提到的一流机械师；但是救国委员会拒绝了工资整体上调的要求。

虽然是政府征用劳动力，但无论如何，许多人都是本着奉献精神情愿付出的。巴黎有资格从事此类工作的每一个人，都需要向军队管理所所在的伏尔泰滨河路4号报到。一旦被军工厂雇用，没人可以更换工作。寻衅滋事者被认定为嫌疑犯。任何妨碍战争物资生产者都会蹲两年监狱。劳动是在爱国主义精神的感召下开展的，因此接受半军事化管理也就成为必然。

共和国政权面临着同时代英国工厂主同样要解决的纪律问题。在12月12日，委员会颁布了一种工厂守则，工人们被要求在特定时间出入工厂；如果迟到则会被罚款；他们的产品要接受检查；他们被禁止形成任何小团体；自发的"聚一聚"也被禁止，一旦发生将被立即遣散；但是如果工人们觉得受到了委屈，他们可以和平理性地到公共机构投诉。管理者们需要对工人的良好行为负责，巡视员则受命突击检查作坊，点名出勤的工人，并将其与经理的记录做对比；这样做的目的不仅仅是要看到工人们有按时工作，而且要防止工资账单上的作假，如果经理记录了一个本来缺席的人出勤，那么他将会被罚款。

工作时间很长，一天有十四个小时，而且除了每逢日十休息一天，没有节假日。在国防行业里的工人，根据11月12日的规定，必须将他们自己认定为士兵。他们绝对不能"为了庆祝任何崇拜或是任何兄弟会、宗教和协会的仪式"而不工作。这意味着他们必须在周日、圣徒日和圣诞节工作。在现代化曙光出现的时代，劳作的人们并不习惯这种严格的束缚。许多人仍然坚持旧日的方式，在工作时间谈话或散步，或跑到咖啡馆消磨时间。救国委员会虽然经历了各种重大事件，却仍然得不停地整治这种懒散休闲的习气。一家政府作坊的一百名工人计划了几天的狩猎旅行，却没能得到允许；而一旦佩里耶兄弟抱怨，除非他们的工人受到纪律处分，否则生产工作就没法继续时，他们就会得到救国委员会的支持。

简而言之，救国委员会还是站在生产一边，就像大部分注重效率的政府一样，而不管它们表面上是什么社会哲学。革命共和国的劳动力政策和早期工业资本家的有许多共同点。委员会严厉惩罚罢工，并根据以往案例将工人中的煽动者视为罪犯。有时候一种更加善意的风气也会流行：在某些情况下，一些工人可以因健康原因请假，而患病和行动不便的工人也能拿到工资。在1794年的春天，在同一家作坊工作的工人们被允许集会、起草投诉书和直接向委员会提建议。但是暴风骤雨般的共和二年并没有给人道主义改革留出太多时间。政府作坊中的工人还是躁动不安又不服管理。

让人们在军事产业中工作只是分配国家劳动力供应这个更大问题的一部分。救国委员会，特别是霜月十四日之前，很难对付那些热情过度、试图把所有成年男性都征召入伍的地方政权。救国委员会为它的作坊征用工人，很大程度上可以说是把他们从募兵人员那里解救出来。基础产业的私人运营者还有农场，也必须有人工作。年轻男性特别紧缺，因为他们能很快学会新的工作，但这些人也被战时总动员送上了战场。成千上万人被从军队中召回，委员会需要在士兵中寻找那些熟谙工业生产流程的人。在2月，由于面临燃料短缺,在战时总动员发布的六个月之前,委员会从军队召回了那些曾在木材和煤炭生产部门工作的人。但是这些公民征用也让许多逃兵役的年轻人钻了空子,他们是爱国者里的坏分子、对共和国心存恶意,这些人在暗中搞各种破坏。

因征兵而缺乏的劳动力全部都由强制劳动补充,只付以较低的薪酬。徭役(corvée)又在一些地区出现了,就是农民到大路上参加义务劳动。它曾让旧制度下的乡民大为不满,也让人道主义哲学大为震惊。但事实上,正如委员会所指出的那样,徭役并不比在军队里义务服役更差,而且既然现在变成了一种爱国行为。许多人确实被征召入伍,但他们发现自己驻扎的前线就在家乡,在军队管治下务农。战俘和逃兵则在大路和运河上辛苦劳作。许多年之后,巴雷尔记起了圣茹斯特的建议,他提议应该强迫旧贵族们在道路上做一些苦力劳动。巴雷尔说,救国委员会听到这个建议后陷入了沉默,他们还没有抛弃所有对于体面的顾虑。

许多观察者认为,供应不足与其说是物质短缺造成的,不如说是分配渠道不畅导致的。应该对这种观点持保留态度,因为它表达了对农夫和中间商的大众偏见。革命政权的高层,就像我们看到的一样,认为是生产本身不足。但是,现有的商品并非全部到了消费者手里,这种情况确实存在。工资水平低绝不是主要原因,更重要的是农民不愿意将他们的农产品交给商人分销。革命者看到了这种反革命态度,然而,这种态度与其说是源于什么政治思想,不如说是出于自我保护的本能。

在大多数同代人看来,强制货物流通比管控价格更可行。因此,反囤积法比《全面限价令》早了两个月。法令要求所有三万多个人民公社设立"反囤积专员"。乡下的人民公社很少执行这些法律,这意味着反囤积专员们不得不接受这个不讨好的任务,去强迫农民们交出他们的谷仓。在巴黎和其他城市，反囤积专员是从下层工薪阶层中招募来的，这些专员倾向于怀疑所有的商人——不论是大商人还是小商贩。为了防止人们藏匿物资，委员搜查私宅，强迫零售商每天必须卖空存货，干预批发商的经营，商店可以随时罚没。这项法律非常严厉，从市场上囤货的任何人都会被处死，虽然，据说只有八个人因为这件事被判了死刑。尽管在个别情况下，反囤积专员无疑为纾缓城市居民的需求起过作用，但算下来他们的净贡献还是妨碍了主要供应这些需求的商人，而公共安全委员并不准备解除他们的服务。作为主要立法者，科洛·戴布瓦在12月时对法律进行了修订，在风月之后这一法律被彻底废除。

市政当局经常使用的另一种强制流通手段是用公款购买商品，然后以法定价格，不计损失地将其出售给消费者。例如，在1794年1月的巴黎，妇女要求公社缓解肥皂的短缺。公社在马赛购进了大量肥皂，并将其以23苏/磅的价格出售，这一笔生意亏损了45000法郎，因为在马赛也很难以低价购得。在那个年代，按照这个价格，如果公社在巴黎供给肥皂，那么公社每年会损失114万里弗；如果公社想要做这个生意，就一定会亏损，因为没有私人供销商能和这个价位竞争。

当时需要的是政府和个体商人都能以限定价格进行买卖。即使是对《全面限价令》不满的人也同意，只要这个政策存在一天，就应该严格执行一天。但并不是所有的警察机构、雅各宾派俱乐部和区委员会都能执行。即使执行了，也不能保证公平；因为工资率根本不能相互协调，彼此差异太大、矛盾重重。当然，以法国的限定价格也买不了国外进口货物。

新的供给委员会的主要职责是将商品流通置于国家的控制之下。权力分散会导致混乱，人们会相互抢食。驻扎在南部骚乱地区的意大利方面军在巴黎城门口征收军需品。巴黎公社在北方军队的眼皮底下将粮食一扫而光。沿海城市为了自己获取食物，不顾国家利益随意出口资源。为一个城市、军队或地区而征收的供给，常常在路上被另一个城市、军队或地区的密探截留和征用。农民们被一种比商业竞争更激烈的竞争搅得心神不宁。商人们发现他们的财产被冻结了，有一些人向救国委员会请愿，想要推翻当地的雅各宾派命令。

供给委员会逐渐形成了一种制度。最终，在风月之后，它仍然是唯一有征收征用权的机构。与此同时，它给每个军队都分配了一定的供给区域。供给委员会将自己的密探派至全国——可以派遣授权密探的权力在霜月十四日颁布的法律中被严格限于供给委员会、救国委员会、治安委员会和残存的内阁会议。通过这些密探，供给委员会开始了国家食品供应人口普查。8月17日颁布的法律规定，如果有人被判做出虚假申报，那么他将被罚在监狱中服刑十年。巴黎方面制定了一个表格，显示哪些部门的食物过剩，哪些部门需要食物。因为这些既存的差异，供给委员会又要面对运输的问题。船和马车被征用了，而旧政权以大路维系中央集权的老办法重新启用，与此同时，1月份，徭役又一次变得合法了。

因此，供给委员会成了这个政权的关键机关之一。它从一开始内政部的几个闲置房间，扩张到整个图卢兹酒店，而且拥有超过五百位文员和官员。很显然，供给委员会也没能免掉官僚主义。供给委员会三位委员有一次给对外办公室发送了一条信息——"鉴于对几名雇员和低级文员粗鲁态度的投诉，供给委员会提醒大家所有共和主义者都是平等的，但这种平等并不意味着忽略礼貌和细致周到。"

翻阅一下供给委员会的大量记录，对那些面对如此庞大任务的供给委员们，我们不免从心底生出一丝敬意。委员会给国家带来了一个好处：它使征用行为不再那么随意。它的运作也有助于革命政府保持完整。但除此之外，它的运行并不是很成功。

即使不算战争带来的生产力不足和混乱，困难也是巨大的。问题的根本在于农民的落后局限性。几个世纪以来，乡民们都在温饱线上挣扎。出于对饥荒的恐惧，他们痛恨见到自己的粮食从自己的土地上被带走。国境内的自由贸易是一种资产阶级想法，革命的不确定性让这种古老的恐惧变本加厉了。当地的政务官们也被这个幽灵般的问题困扰着，因而他们夸大所在区域的需求，并试图隐瞒他们的真实资源数量。

巴黎在考虑问题时更偏向国家层面，但是对乡村民众却缺乏耐心。埃贝尔派控制的公社因为物资紧缺而焦头烂额，宣称应该把富农送上断头台，并且应该派出革命军队来征收粮食。在冬季，公社禁止食用肉类、葡萄酒，禁止使用蜡烛、肥皂、糖和一些从城市中购买的商品。这给习惯于在巴黎购买这些产品的附近农民带来了麻烦，于是他们便以拒绝带来他们的产品进行报复。一位妇女带了一些鸡蛋去市场换了一些鲱鱼，却在城门处被没收充公，于是她发誓以后再也不出售自家产的鸡蛋了。两边都遭殃，农民抱怨巴黎不关心国家的其他地方。就像观察家们记录下来的一样，这种地方主义是对"博爱"的否定。这是一个迹象，表明法国人当时所受的教育不足以让他们作为一个国家整体来行动。

在这种情况下，供给委员会发现要在国家层次上制定计划太难了。它自己也面临着缺乏干练之才的问题。粮食的调查结果不可靠，反虚报法无从施行，而且在一些情况下，士兵必须在农民家驻扎，来威逼利诱他们让出农产品。五年的骚乱过后，到处都能见到东西被胡乱糟蹋。动物没完全长成就被屠宰，牧场土地荒废，

兰代

可耕土地经常没人播种。委员会规定禁止屠宰羊羔（因为这样会导致羊肉和羊毛的损失，也不再有新生的小羊）；但是巴黎的肉店里还是能看见羊羔肉。

我们可以根据供给委员会的档案讲一个关于莱桑德利——为巴黎郊区供应物资的两个乡村区域之一——的小故事，以说明当时的形势。供给委员会曾三令五申，要求莱桑德利将物资送到圣丹尼。当地农民却始终装聋作哑。供给委员会又发来新的命令，使得莱桑德利生出民怨。于是，供给委员会于11月24日将当地一位名叫贝利夫的密探召至巴黎，去告发那些冥顽不化者。三天后，供给委员会发出了一项有关巴黎郊区物资供应的特别法令。供给委员会还屡次派人催促莱桑德利在12月12日采取行动。结果令人啼笑皆非：一辆来自莱桑德利、满载面粉的货车错误地出现在了供给委员会门口。然后是各种解释、新的命令和训斥。而那位可怜的贝利夫呢，现在轮到他被曼特农县的监察委员会告发。供给委员会给他派了个新差事。委员会给莱桑德利的压力越来越大。12月23日，莱桑德利人发起了反对物资征用的请愿活动，而委员会裁决莱桑德利必须为巴黎供应物资。2月15日，莱桑德利收到命令：将7000公担[1]稻草发往博内。莱桑德利的回应是更为激烈的请愿活动。这时，贝利夫又拿回了他之前的乌纱帽，受命向委员会汇报莱桑德利这锅沸水的情况。2月28日，他被召去救国委员会当面解释当地的骚乱。供给委员会也就此事提交了一份报告。报告显示，愤怒的莱桑德利人似乎是不满于革命政府在当地禁止弥撒和撤下圣像的行为。而且他们还要被迫给军队做鞋子。更多的暴动，更多的镇压，供给委员会的更多报告递交给救国委员会。莱桑德利这才离开我们的视线。

---

1. 1公担=100千克。

另一个事例是乔治·库东与多姆山省政府委员之间的通信。结束克莱蒙的特派员任务返回后不到一个月，库东接下了一个影响他终生的重担——为他的家乡向供给委员会求情。他的个人影响并没有产生什么不妥的结果，但多姆山省的情况非常典型，库东对事情来龙去脉的报告犹如一束照进森林的光，让我们得以一窥当时的情况有多么复杂。我将他的信件提炼了一下，内容如下：

12月21日：库东与委员会协商，委员会礼貌而谅解地倾听了他的诉求，但是向他展示了其他省份的比较数据。库东最后总结说，多姆山省有可维持四个月的存粮，前提是按照军队实行的标准，将每人每年的粮食消耗从6公担降至4公担。委员会向他保证，会根据未来从巴巴里海岸和美国的进口情况来决定向他提供怎样的帮助。

12月31日：委员会拨给多姆山省3万公担粮食，由临近的阿利埃省供应。

1月11日：阿利埃省提出抗议；委员会坚持自己的决定，但是授权阿利埃省从谢尔省接收3万公担粮食。

2月13日：谢尔省面临困难，委员会只好另寻他法。

2月25日：库东向克莱蒙的委员会写信称，在里昂的特派员征收了供给委员会拨给克莱蒙的粮食。

3月1日：库东再次面见供给委员会，委员会指定布尔日向多姆山省供应物资，并允许克莱蒙的供给委员会派遣巡视员前往布尔日。

3月22日：新的命令被发往谢尔省征收物资。

3月29日：克莱蒙派了一个代表团来到巴黎。库东为他们写了一封给供给委员会的介绍信，并且私下与兰代交谈。他补充道，克莱蒙必须把密探从布尔日召回，救国委员会决定地方政府不得派发特派任务，否则会被判二十年监禁。不过，他们可以往布尔日派遣一些自己的雅各宾俱乐部成员，"这样就不会有任何不便了"。

4月5日：虽然克莱蒙不能从谢尔省获得物资，但可以从别处获得。委员会保证克莱蒙可以从进口物资中分得6万公担。

4月10日："供给委员会遇上了麻烦，它无法补充原本应该由谢尔省供给的3万公担物资短缺。"

4月15日：虽然兰代承诺给库东6万公担的进口商品，但是库东从供给委员会那里得知，南部码头并不会有多余的粮食分给多姆山省。因为在米迪省、阿尔卑斯山和比利牛斯山的意大利方面军迫切需要这些粮食。不过他们答应会从布雷斯特与莱萨布勒多洛讷车站之间的大西洋码头的物资里拨给我们12.5万公担。比起地中海的码头，大西洋码头的物资更好，因为那里可以获得更多战利品。供给委员会也答应从德塞夫勒省调拨1.4万公担物资，"虽然有点远，不过供给委员会说是肯定能（送到）的"。这些安排之外，克莱蒙仍然有权接受从谢尔省运来的粮食。与此同时，克莱蒙可在里永（位于多姆山省）征得8000公担物资，根据供给委员会的统计，里永能够提供4.5万公担的物资，所以他们没有什么理由抱怨。

5月20日："我正在考虑你的需求……"

5月31日：库东发出一份征用令，准许克莱蒙从里永和比永各调拨600公担物资。（这两个城市当时都属于多姆山省，而物资的量似乎缩水了。）

6月2日："我没有忽略你的问题。所有在米迪的谷物仍会运往原目的地。

"考虑到来自谢尔省、德塞夫勒省以及其他地区给予我们的帮助并没有完全起作用。我已向委员会进一步陈述了这件事。

"最近，我因为一点小意外，而不得不待在家里。不过我下床之后第一件事就是直奔供给委员会。你们可以信赖我，我亲爱的同胞们。"

库东给克莱蒙的委员会的信就这样告一段落，而一直病魔缠身的库东，还正为移居图卢兹酒店一事做准备。

并不是所有救国委员会所采用的超常措施，都能够消除供应不足的乱象。从原理上来说，这种命令式经济模式预示了20世纪的图景，但在操作上仍是粗放的，而且尚未成形。政治上的混乱影响了经济发展的规划，但救国委员会认识到，这种规划即使是在秩序最好的时候也难以实现。工厂分散在上百上千的村舍中，对它们进行有效监管非常困难，当时的统计手段还很落后，报告要靠马匹递送，计算工作都是由人们一笔一画、呕心沥血亲手写出来的。

一场经济危机降临于冬末，风月将至的时候，即1794年2月19日。风月比起热月在某方面更可说是一个转折点。

面对穷困，人们要么接受，走向斯巴达主义；要么不满，不满一旦为政治所挟，就可能引发反抗。救国委员会越来越斯巴达化，赞美纪律，把牺牲精神当作美德——救国委员会这么做可不仅仅是因为他们是政府。大部分正直的革命家喜爱"美德"，它意味着爱国主义混合了大量无私的旧式道德。凭借着这项品质，罗伯斯庇尔几乎成了救国委员会的官方发言人。也正是他把美德节加进了法兰西共和日历。圣茹斯特是位严格的斯巴达主义者，一位战士，以及一位共和国的"健将"。库东虽然既温柔又慷慨，但并不软弱。身体上的病痛磨炼了他不屈不挠的精神。

库东在风月七日（2月25日）从巴黎来信写道："肉在这里很难见到，自从前天起，只有病人才能吃到。有一天我从汤里得到一点点的牛肉，那已经足够了。身为共和主义者，必须保持冷静。冷静可是美德之母。要是我握有控制警察的权力，我会做昂热公社总会所做的事。我一定会把物资紧缺列为最为重要的事情……"

不过并不是每个人都能在面对困难时保持理智。那些心甘情愿地接受"美德"和那些要求更多物质满足的人们之间的分歧越来越大，这也许正是罗伯斯庇尔派与他的对手最主要的差别。

"巴黎现在的局势真的挺吓人的。"粮食的严重不足使大部分人十分愤怒。在风月五日，这些话都被一位最具洞察力的观察者传给了政府。他说，几乎所有的肉店都没开门。人们在街上为了粮食大打出手，能拿到的都是那些最强壮的人。运送供应进城的商人们被愤怒的妇女们袭击和打劫。根据同一位观察者的描述，到风月六日就连提供给病患的肉也没了。还有穷人们大量消费的牛奶，也快断供了。其他商品的情况也差不多。

骚乱在军工厂的工人之间散播。在风月十六日的早晨，人们发现一张贴在政府作坊大门上的海报被涂抹了。这是由救国委员会六名成员签署的关于工时的规定。在巴雷尔的名字下，潦草地写着"食人者"。而在掌握经济大权的兰代和克-安·普里厄的署名下写着"人民的骗子""万年大蠢货"，还有用红色的蜡笔写的"小偷""杀人犯"。

9月29日的《全面限价令》非但没有令事态好转，反而使形势变得更糟了。在风月二十三日新的《全面限价令》公布之后，准许提高商品价格以促进商品的流通，但并没有成功安抚巴黎骚动。平民们叫嚷着，说商人和店主应该被送上断头台处决，这些喧闹都是埃贝尔派发出的声音。其他人则谴责这是一场阴谋，是想让人民挨饿，以推翻他们所谓的外国人和政治家幕后操纵的救国委员会。这些指控带有丹东主义的特征——或者可能是政府宣传的特征。各派系正在疯狂地操纵利用民众的骚乱。又一起暴动也蠢蠢欲动。又一个 9 月 5 日，又一波针对救国委员会的袭击，又一次政权倒台，这也许是一场质朴的无产阶级统治的实验，又或者是国家分崩离析，变成缺管少治、缺乏任何明智目标的无政府状态。

因此风月发生的所有事件都是举足轻重的。

第十一章
寻找窄路[1]

政府树立新伟人形象有其政治目的。当政的十二委员,虽然他们的大部分时间都花在了行政管理上,但仍然不仅仅是一般意义上的行政官员。他们所有人都是满怀热忱的雅各宾派,政治上非常活跃,倒不完全专注于管理国家机器。兰代就是如此,整天半宿地,他都坐在那个繁忙的后勤办公室里,而罗伯斯庇尔则是在杜普莱家那幢爬满藤蔓的房子里安静地思考和写作,一坐就好几个小时。他们都在反问自己的这些问题也正是我们想问的:革命政府还有它带来的恐怖统治的目的是什么?为什么在实际运行中,几乎所有人都丧失了自由?为什么所有阶级都被诋毁、恐吓、迫害,而且他们自

---

1. 窄路(narrow way)来自《新约·马太福音》第7章第13—14节,原文是:"你们要进窄门。因为引到灭亡,那门是宽的,路是大的,进去的人也多。引到永生,那门是窄的,路是小的,找着的人也少。"

认为被掠夺了？

"为了保证国防"，有一派历史学家给出的是这个答案。但是1794年初的法国已经不处于守势，共和派在北方，在莱茵兰、土伦、里昂、波尔多和西部都处于上风。巴黎精神是富有进攻性的、是一种要让敌人（特别是英国）俯首帖耳的决心。然而，军事进攻并非革命政府的真正目标。从记录上来看，非常明显，政府在1794年的宏大目标是建立法兰西共和国并使其永世长存，这是任何宏博的知识都掩盖不了的事实。这就是罗伯斯庇尔和很多人认为自己在做的事情；他们认为，战争上的胜利只是巩固共和主义统治的必要步骤，就好像亚伯拉罕·林肯不仅仅号召人们为战争以及随之而来的和平献身，还有国家本身。

不难解释为什么法国有些伟大的大革命史专家会费尽心力避免得出这个看似谄媚的结论。法国人依然就大革命的信念争论不休，而自1792年起，一些有声望的人就相信共和主义是在断头台的刀锋威慑下强加给法国人民的。对此，那些为第三共和国辩护的人最喜爱的回答就是把第一共和国的暴力行径解释为国防需要。现代法国政坛的紧急情况和1794年发生的实际情况无甚关系。如果恐怖统治的目的是为了确保国防，那也是有雅各宾弦外之音的国防，也就是圣茹斯特在说法国人民是由爱国者组成的，其他人"不足道或者就什么都不是"时所指的国防。国防离不开政治体系的积极宣传，因为在当局眼中，爱国者是那些全心全意支持山岳派政府的人。从这层意义上来说，在1793年年末，许多即使身为山岳派的人也算不上是爱国者了。

像之前的每个革命团体一样，山岳派也是刚掌权就分裂了。虽然革命先锋们联合起来清算守旧势力，但是他们从未就取得成功后该怎么办而达成一致。正如我们现在所知的过激派和温和派，他们或超前或落后于那些有权制定标准，与革命同龄，事实上要更老一些，显然是与政治处于同一时代的人们。过激派与温和派的分野并不新鲜，也并非不健康。

1793年的年末有几个新特征。一个强势的政府正在掌权，希望能够通过强有力的镇压手段来维持统治，并且能够指望对国内外敌人取得惊人的胜利。早年间的理想主义开始褪色，许多造成派系分裂的争论都十分琐碎、目标不明，而且很多时候这些争论都是由个人自负引起的。一而再，再而三的分裂，不断地从时间较久、规模较大的大派系中裂生出更新、更狭隘的小派系，结果导致每个竞争的派系都小之又小，不比松散的个人联谊会大多少，他们都宣称自己才代表了法国大革命的真正方向；而且每个派系都谴责他们的敌人是虚假的爱国者，都主张自己才代表广大人民。不管是谁胜出，法兰西都会被一个多次分裂了的少数派所统治。最现实的问题就是，就当前的目的而言，最好的少数派是否就是现任的救国委员会和其助手。

在之前的章节中我们曾经见到过山岳派进行此类争吵的证据，法布尔·德·埃格朗蒂纳把他的敌人们卷入一场捏造的外国阴谋中；沙博谴责印度公司丑闻中的同谋者们来保全自己；博多和拉科斯特给身在阿尔萨斯的圣茹斯特捣乱；瑟堡的极端分子指责圣安德烈是温和派；卡里耶嘲笑马恩的普里厄是个傻瓜；巴黎的埃贝尔派人士（埃贝尔以五十六票得以担任公职）在经济方面滥用国家立法，而且试图组织起巴黎各区人士来反对执政的各种委员会。而且我们也看到了，罗伯斯庇尔是如何让政府否认暴力去基督教化，对法布尔所披露的情况也采取行动，使相当一部分埃贝尔派人士入狱。

当伟大的丹东返回巴黎后，局势变得更加复杂了。和罗伯斯庇尔的个人权势旗鼓相当的革命者中，丹东是唯一的幸存者。但是两人无法继续合作。在9月6日，丹东拒绝了继续在掌权的救国委员会里任职，他声称，他将不再加入任何委员会，但会鼓励他们所有人。之后他带着他的新婚妻子回到了乡下，准备享受退休政治家的闲适时光，激进分子认为他不再有革命热情和活力。沙博在印度丑闻中曝光了丹东的一些友人是贪污受贿者。丹东自己在金钱方面也并非无可指摘，他似乎是作为贪污受贿行为的辩护者，不合时宜地返回巴黎的。因为他是政府之外的人物中最有影响力的一个，丹东吸引了一批成分复杂的追随者，这些人会因为救国委员会的倒台而获利，而且他们将丹东视为罗伯斯庇尔最有可能的继任者。12月时，丹东派形成了。

让不同派系统一起来，理念并不是最重要的。他们之所以存在主要就是因为互相反对。埃贝尔派是公社的派系，而丹东派则主要从国民公会那里获得力量。埃罗-塞谢勒一度被认为是丹东派人，但是现在他被普遍认为是埃贝尔派人士。12月时，瓦兹的布尔东成了丹东派，而在几周前他还是埃贝尔派人士。丹东派人士确实普遍"温和"，但是沙博曾支持忿激派，法布尔·德·埃格朗蒂纳制定的共和历的框架也曾给予去基督教化者以安慰。博多在阿尔萨斯反对圣茹斯特时把自己弄成了极端分子。埃贝尔派分子一般来说较为"激进"，但是埃贝尔本人曾经帮助镇压了前年夏天真正的激进分子，阿纳卡西斯·克洛茨有着每年十万里弗的收入，而肖梅特对去基督教化的热情还赶不上同时期的库东或是圣安德烈。

丹东自己希望能够缓和一下恐怖统治。他也确实是一座喷发殆尽的火山了；就像利奥十世终于如愿以偿当上教皇一样，现在共和国也如他所愿了。他认为当共和国的军队在国内和前线都取得胜利之时，就不需要断头台了。他认为战争终于进入了拉锯阶段；如果法国能够不再这么激烈地进行革命，和平或许很快就会到来。他的判断是否正确仍有待讨论：在保护国家不受外国势力侵犯的层面来说，国防不再需要恐怖统治了。要实现这个愿望，最大的困难就是说服山岳派们同意。丹东想要通过建立一个模糊而宽泛的共和国来解决这个问题，在这个共和国里的所有人，不论是好人还是坏人，不管是完美无瑕还是沾有污点，都可以团结一致，不为原则性问题争论不休——当然，这是在摒弃了那些不可调解的极端分子之后。热月之后的共和国，虽被愤世嫉俗者、生活放纵者和侵吞公款者裹挟，倒不能让他吃惊。

丹东指出的是一条宽阔而舒适的道路。罗伯斯庇尔则更喜欢笔直的窄路。经过五年起起伏伏的革命浪潮，很多人已经对大革命失去了憧憬，而罗伯斯庇尔依旧是一位理想主义者。在经历了所有那些风险和折磨、所有的挣扎和热切盼望、所有做出的恐怖决策和勇敢承担的责任之后，还有早已被处死的国王和王后、对于欧洲王权引以为豪的挑衅，以及死在枪战和断头台上的法国人，他们如果少点固执便可称兄弟——在所有这些之后，反而导致了一个还比不上旧世界的新局面，一个其邪恶、虚伪、无信仰和自负应被嘲笑的共和国。

罗伯斯庇尔从许多政治现实主义的角度来审视丹东派。丹东被一群配不上他的人包围着。其中有卡米尔·德穆兰，一位参政的年轻人，被人们亲切地称为"卡米尔"——在那时很少有人会以名字称呼跟他类似的人，人们总是用一种轻浮的关爱的态度来对待他，这个称呼里不含什么敬意，大量的工作由国民公会各种委员会的委员和特派员完成，他从未被委以重任——但是作为一个喜怒无常的小册子作者，他是有用的，他得意的成就便是写了一本帮助剿杀吉伦特派的作品。法布尔·德·埃格朗蒂纳，是诗人又是编造者，1月初公众也终于明白过来，他与法国东印度公司丑闻和无耻捏造外国阴谋这两件事都有干系。沙博是一位放荡无耻的前圣方济会修道士，他把自己的同伙出卖给罗伯斯庇尔，以图隐藏自己的不正直行为，迎娶了一位外国银行家的妹妹，据说以此来解释他为什么过上了新富的生活。还有菲利波，当时正在西部执行特派员的任务，他一再抨击几位正在指挥旺代战争的埃贝尔派将领所犯的错误；几年后，当科多尔的普里厄回忆起他来时，认为他不过是一个心浮气躁、我行我素的投机分子。最后是瓦兹的布尔东，他并不在乎自己属于哪个派系，只要它表现出强者姿态；他也乐于让一个不欣赏自己优点的政府难堪。

国民公会倾向于认真倾听这些人的声音。一些更受人尊重的代表在他们党派内部被边缘化了。丹东派有可能蜕变为议会反对派，国民公会代表由此可以在不被怀疑背叛共和国的前提下，讨论并批评政府的工作。这种反对派终未发展起来并不是某些人的失误，18世纪的自由主义者，包括美国的开国元勋们，都不喜欢有组织的党派。雅各宾派尤其认为没有政治反对派存在的必要，批评通常都是阴谋的伪装。对于政治的讨论经常变成对于动机的谴责，国民公会中最有才干的人通常忙于行政管理工作；大厅里常常都是些二流人物，他们空有一个堂皇的人民代表头衔，在他们各个委员会同事的领导下过得颇不耐烦，倾向于小题大做，因为公会的议会大厅早就不做什么重要的决定了。在公会里，依然还有立法者比行政者重要的观点，自由主义者仍对政府权力抱有怀疑，而革命者对于掌权者个人的厌恶也没有减弱丝毫。丹东派一众人等的性格加上了最后一枚政治无能的砝码。能够确定的是，像卡米尔·德穆兰和法布尔·德·埃格朗蒂纳这样的人，对于如何治理法国可以说是毫无概念。

丹东缓和恐怖统治的计划是12月份最重要的政治议题。它被那些最直言不讳的支持者们的坏名声给搞臭了。如果不能坦率地展现这么做可能造成的后果，那也是不切实际的。这一政策当然遭到了埃贝尔派人士的强烈谴责，因为如果恐怖统治结束了，那么他们的好日子也就到头了。救国委员会并不赞同埃贝尔派，但他们也不想公社被摧毁之后让自己落入无法无天、趾高气扬的国民公会之手。

在返回巴黎后不久，丹东劝说卡米尔·德穆兰为了温和派的大业而拾笔撰文。德穆兰是罗伯斯庇尔的友人。他们二十年前曾一起在巴黎求学。卡米尔比马克西米连小两岁，罗伯斯庇尔把卡米尔看作亲弟弟一样，需要他来保护，以免乖戾的个性害了他自己。看起来，不论卡米尔说了什么、做了什么，都是可以被原谅的。卡米尔开始了他那毫无顾忌的写作，丹东派则从中受益；在几周内，罗伯斯庇尔不得不面对他人生中最严酷的个人困境之一。

在新创办的日报《老科德利埃报》的创刊号里，德穆兰旗帜鲜明地反对埃贝尔派，把他们称作外国人的工具，并赞颂罗伯斯庇尔是大革命中绝无错误的伟大丰碑。第二期则谴责了邪恶的无神论者，与罗伯斯庇尔的观点保持了一致。其实，罗伯斯庇尔在这两期发行之前就已读过它们，认为它们是有用的反对公社的宣传。12月15日发行的第三期是一枚炸弹，却没有提前给罗伯斯庇尔过目。这张报纸表面上是对塔西佗著作的翻译，描绘了一幅恺撒统治之下的社会画面，一个被怀疑、动荡、恐惧、告发、欺诈和暴力弄得疯狂不堪的社会。其对法国的影射非常明显。直到1933年，人们才知道卡米尔所"翻译"的塔西佗，其实是对一个法语译本的摹写，而这个法语译本又译自一个依据拉丁文编译而来的英语改编本。

然而，孩子气的装博学并不一定会妨碍作者的观点表达，毕竟赤子也可道出智慧。德穆兰毫无疑问地是在用白描的方法来表现恐怖统治的图景。这个画面是不是看起来很贴近真实生活呢？当温和派开始他们的宣传时，二千五百万人中只有不到一千人被革命法庭处决。在里昂和西部，镇压才刚刚开始，巴黎还没有得到太多消息。然而，真正的杀戮并不是唯一能够衡量恐怖统治的方式；紧张不安、恐惧、害怕被告密揭发，这些情绪烦扰着许多人，即使他们还没有登上断头台。这些人中有的是腐败的政客，比如法布尔和沙博，尽管我们不必相信，温和派的目标不会比拯救无赖强多少，但是不管他们的动机到底是什么，丹东派赢得了公众的喜爱。报摊上的《老科德利埃报》第三期被抢购一空，成了咖啡馆里许多人的谈资。

卡米尔的观点是什么呢？它们可以被总结到一句具有启发性的话语里：

"让法兰西实现共和，为了幸福和繁荣，一点墨水和仅仅一架断头台就够了，"卡米尔说，"这个观点，我坚持到死。"

这个信念必须让公众知道其错误。法国社会各种力量的相互冲突靠文字传播是无法解决的。法兰西无法仅仅依靠墨水成为共和国，即使在墨水之外再加一架断头台也不可能。对于罗伯斯庇尔来说，这个事实是显而易见的，如果温和派真的希望能够成立共和国，他们所建议的大赦监狱、取消断头台只是在帮他们欺骗自己罢了。如果他们不希望成立共和国，或者只是想要共和国的形式，那些不诚实、疲惫或是害怕的革命者们可以就此退休，那么在罗伯斯庇尔看来，他们就犯下了反革命的罪行。

与此同时，埃贝尔派延续了从公社、科德利埃俱乐部开始的左派煽动活动。社会主义者视此党派与保守派一般令人不快，拒绝承认其为社会主义传统的一部分，他们宁愿回溯到几年之后领导了一场失败的无产阶级运动的巴贝夫。巴贝夫和埃贝尔派并无瓜葛，他当时还是供给委员会的一名无名职员；但也不是完全没有关联性，巴贝夫在1796年时的一些门徒在1793年时是埃贝尔的追随者。埃贝尔派给无产阶级者提供了一个时不时发泄不满的出口，但其领导人终非思想者，他们也就是对店主和农民们撒撒气，呼吁设立断头台，对基督教表示下憎恶。

埃贝尔派在12月时处于守势。他们试图重新取得对巴黎警力的控制，但是被巴雷尔和比约-瓦雷纳挫败。温和派的崛起可能会造成他们的覆灭。曾宣称人民就是上帝的阿纳卡西斯·克洛茨被罗伯斯庇尔从雅各宾俱乐部中赶走了。军政部部长的助手樊尚，革命军的指挥官龙森，还有一位著名的政治恶棍梅拉德都被送进了监狱。

然后，科洛·戴布瓦于12月20日从里昂返回。"巨人已经出现了，"埃贝尔在《杜歇老爷报》上写道，"那些烦扰最优秀的爱国者的矮子们，已经急急忙忙钻进了一百英尺的地下。"科洛是埃贝尔派在救国委员会里的支持者。他谴责对龙森的逮捕，他在"解放城"的帮手已经公然和罗伯斯庇尔决裂了。埃贝尔派鼓足了劲头。

罗伯斯庇尔和救国委员会（或许除了比约-瓦雷纳之外）毫无疑问倾向于除掉科洛·戴布瓦。作为受过教育、有原则的人，他们不愿意他们中间有这么一个手舞足蹈的前演员、说话大嗓门的里昂屠夫。然而，在使公社保持忠诚这点上，他依然很有用，特别是此时已将埃罗-塞谢勒排除在外，如果再让科洛出局，那么很难不让人质疑救国委员会的资格这个大问题。

提出这个问题将极不明智。这个问题可以让埃贝尔派和丹东派联起手来。小心翼翼、偷偷摸摸地，两派人马都在想办法——有各种自相矛盾、让人疑惑的举动和否认声明——来推翻这个十人委员会，都在等待接管权力的时机。双方都迂回婉转地要求实行前年7月制定的宪法。这意味着解散掌权的救国委员会，乃至瓦解整个革命政府，直至走向混乱。法国在战争结束之前、在激进的革命者被铲除或醒悟之前，根本无法实现共和宪政。立宪之前必须经历恐怖统治。

由布尔东为首的丹东派，利用国民公会的不安情绪，和行政官员不断发生小规模的冲突。布尔东提议废除那六个部长，让救国委员会直接主政。罗伯斯庇尔和巴雷尔成功地搁置了这个议题。布尔东再提。罗伯斯庇尔认为，在共和国治下，过去那种对大臣们[1]的质疑完全没有必要。布尔东又把枪口对准了军政部，樊尚在职位上安排的全是埃贝尔派分子；菲利波也反复念叨，把旺代之战的失败说个没完。布尔东要求逮捕一名治安委员会的密探，因为此人有次在喧嚣中抓住了一名国民公会代表的衣领。会议上的其他人也抱怨说，他们在外出做特派员时被警察要求检查个人证件。另有人指控说政府公职人员中伤人民代表。最终，国民公会不得不去听那些抱怨话，尽管这些牢骚鬼距离成为公会反对派还很远，但他们还是通过不断敲打政府来彰显自己的重要性。

对救国委员会的每月授权于12月10日就过期了，巴雷尔在两日后请求续期。但是这次被布尔东拒绝了，他声称国民公会并不信任救国委员会的某几个委员。有人建议每月让三分之一的委员离岗。康巴塞雷斯（他后来成了拿破仑的首席大臣）把这个问题拖到了第二天，从而转开了对准政府的矛头。在发生了一些不为人知的政治混乱之后，会议再开时，一位代表提议唱名表决，这样就可以揪出来那个不信任委员会的家伙。这个提议被否决了，之后并没有进行唱名，毕竟这样做证明不了任何事情，而且代表们也会害怕他们会暴露自己所从属的派系。在一位无足轻重的代表发表了一通温暖人心的讲话之后，救国委员会得到了全票通过，继续主政一个月。

所给的理由并不是因为法兰西目前仍面临着令人绝望的危险。国民公会重新批准了委员会，因为它认为最坏的危险已经被克服了。

---

1. "部长"和"大臣"都是同一个词 minister，却是新旧两种制度。

毫无疑问，人们对9月25日那场极其混乱的会议依然记忆犹新，委员会曾在那次会议上以集体辞职相威胁。罗伯斯庇尔之后说过，谁想要分裂国民公会，谁就是国家的敌人，"不管他是坐在会议厅里，还是他就个外国人"。毫无疑问，国民公会遭到了恐吓，但没有发生恐慌。代表们并不惧怕12月的断头台，他们没有想过会跟在吉伦特派后面上断头台，他们几乎没有设想过这种可能性：作为仅剩的忠诚追随者，某天也会轮到他们，像那些贵族和背叛者一样被肃清。虽然恐惧不是他们保留委员会的主要原因，但是他们提供的理由是："只有现在的救国委员会存在，革命才能继续进行。"

但是心怀不满者们并不接受12月13日的决定。三天后，当库东提议召回一位效率低下的特派员时（此人恰好是一位前神职人员），国民公会冲动地决定召回所有教士和贵族出身的特派员，不屈不挠的布尔东坚持这一原则也必须同样适用于救国委员会。他点名攻讦埃罗-塞谢勒，指出他和埃贝尔派之间的联系。救国委员会在两周后让埃罗退出，不过原因并不为布尔东所知。布尔东的提议同样牵连了让邦·圣安德烈，没有他，革命政府的强大海军就无从谈起。让邦人虽不在，但有人为他辩护，布尔东的整个努力最后草草收场。国民公会撤销了召回贵族和教士的决议。这是另一个证明了国民公会正在被一个反政府派煽动的证据，无论如何，它总是做出一些冲动的决定，很难把目光放得长远一点。

与此同时，德穆兰《老科德利埃报》的第三期在12月15日发行了。一个政府间谍报告说，街头巷尾的咖啡馆里都在大声讨论着上面的内容，并以他在山岳派咖啡馆的见闻收尾："所有人都为它鼓掌。"这份密报的手写稿今天还在，最后一句可能是由十二委员中的一位在委员会的晚间会议上用墨水加了下划线。

救国委员会面临着反对派们的联手胁迫，他们共同蓄意阻挠任何事情的达成,温和派将其讽刺为"卡利古拉和尼禄"[1],然而让他们卸下所承担的重担,几乎是需要无限的权力才可以,因此救国委员会决定给国民公会提交一份对自己地位的合理评价。罗伯斯庇尔小心地准备了一份"根据革命政府原则"所做的声明,以救国委员会的名义于圣诞节(雪月五日)发表,它是这个迫切问题的最初答案之一:恐怖统治的目的到底是什么?

雪月五日的演讲同样是有关现代社会独裁思想的第一次重要陈述。

凭借共和主义者的勇气,征服那些英国佬和叛徒们易如反掌——罗伯斯庇尔这样开头道。挫败阴谋,让共同繁荣的原则放诸四海更加困难。然后,他引入了主题。"革命政府的理论,"他说,"正确地讲,是人类的新事物,还没有哪本书曾经写过。"

"政府的职能是引导国家的道德力量和物质力量实现创办政府的目的。

"立宪政府的目标是保存共和国。而革命政府的目标是建立共和国。

"革命是一场对抗敌人的自由战争。当取得胜利并终获和平之后,宪法是自由的规则。

"立宪政府首先要关心的是公民自由,而革命政府则首先关心公共自由。在宪法法则下,保护个人不受公权力侵害几乎就足够了;在革命法则下,公权力则有义务保护自己不受其他派系的攻击。"

很显然,罗伯斯庇尔对立宪政府抱有最大的敬意。自由主义的要义一目了然:他们坚信,个人需要得到保护不受政府侵害。罗伯斯庇尔认为独裁是一个过渡阶段,是不需质疑的,与其说它受人喜

---

1. 卡利古拉(Caligula)是古罗马帝国第三位皇帝,好大喜功,建立恐怖统治,最后被刺身亡。尼禄(Nero)则是古罗马帝国第五位皇帝,是有名的暴君。

爱，不如说是极有必要的。

搞派系，他继续说，是革命的首要威胁，体现了两种不同的偏向：一软弱，一轻率；一温和，一激进。"温和之于克制，正如阳痿之于贞洁；激进之于精力，正如水肿之于健康。"两种偏向都有着共同的目的和作用，就是摧毁政府对于所做事情的信心。

"那么，谁会厘清这些差异呢？谁能在激进行为和对国家与真理的真心热爱之间划出一条界线呢？"谁能在斯库拉和卡律布狄斯[1]之间领航？谁才能找到窄路？他没有回答，但是他相信只有他自己才能做到。

"建立法兰西共和国并非儿戏。反复无常、漠不关心都完不成此事，也不是个人野心或者所有革命力量的偶然结果。创造这个世界，占据主导地位的是智慧和权力。"简而言之，要建立共和国则必须进行规划。就像牛顿的神建造了一个依据自然法则运行的世界，革命政府要成立的政府，一旦创立，必须依照其法律和宪法而不是靠武力实现团结。

这时，罗伯斯庇尔开始描绘他的愿景。共和国的敌人，他说，有着很大的优势，恶习都属于他们，共和国只有美德。我们从这位政治家的讲话里，能听到那位阿拉斯的乡下律师的声音，孤独而不谙世事的梦想家，只要想到普通人可以为恶，他就无法对其产生爱。

"美德是简朴、谦虚、贫穷，常被忽视、有时粗野；它们是不幸的世袭封地，是人民的家传宝物。罪恶为财富所环绕，而以享乐之趣味、不忠之圈套作边饰；所有的危险天赋伴其左右；罪行则前呼后拥。"

而且，马克西米连从他的愿景转到了一直困扰他的问题：外国

---

1. 希腊神话中，分别占据墨西拿海峡两侧的两个海妖。

阴谋。奥地利、英格兰、俄罗斯、普鲁士、意大利，他说，这些国家在我们中间成立了一个秘密政府，用来和法兰西政府竞争。他们同样有委员会、财政部和代表。外国间谍们坐在我们的俱乐部里、我们的政府办公室里、我们的区大会里，甚至就在国民公会中。"他们侵蚀我们所有人；奇袭我们的兄弟；他们抚平我们的激情；他们试图影响我们的观点；他们让我们自己人反目成仇。"他们到处煽动爱国者变得暴力，让其他人变得事不关己，煽动神职人员的叛乱，煽动工人妨害我们的工业，背叛我们的计划：做这些事的人，就是那些神秘莫测、看不见摸不着而又数量巨大的外国间谍。

罗伯斯庇尔当然是把这件事夸大了。间谍们确实在法国很活跃，但革命者中间产生的争吵纠纷确实不是这些外国人的阴谋。罗伯斯庇尔只是屈从于所有政府都会面临的诱惑：试图把国内矛盾转移到国外。他甚至准备把派系活动打成谋反团伙。他可能真相信他所说的；人们在高度紧张时会相信一些奇怪的东西，特别是那些奇怪的报告又特别政治化。更有甚者，罗伯斯庇尔记得法布尔·德·埃格朗蒂纳所编造的罪名，而且最近从君士坦丁堡传来的消息说，敌人知悉救国委员会的活动。然而，在罗伯斯庇尔那一堆所谓外国阴谋的叙述中，有一种几近于精神病的妄想腔调，他关于立宪政府和革命政府之间差异的解释，和其他清醒明智的解释非常不同。救国委员会是否跟罗伯斯庇尔一样相信所谓的外国威胁论，我们今天无从知晓。但是其他人愿意跟随他的领导。

雪月五日，两派人士都收到了警告。他们在平常的集会地点受到了直接攻击，当时正在就立宪规则举行请愿活动。很清楚，政府打算两边都镇压，在其开始摧毁其中一个派系时，不会虚伪地去奉承另一派系。但是相互对立的首长们——埃贝尔派和丹东派，都不准备仅仅因为一个警告就保持沉默，他们也不打算联合起来找到一个有效的共同对抗方法。

下一次大型冲突发生在1月初的雅各宾派俱乐部，5日，科洛·戴布瓦攻击了丹东派，埃贝尔派的激烈反击由此开始。他指控菲利波通过批判参加旺代战争的将军们来散播不和；而德穆兰则秉持着一些不属于这个俱乐部的原则。德穆兰手里挥舞着一些文件跳了起来，他说这些文件能够证明埃贝尔通过向军队出售《杜歇老爷报》，诓骗了政府四万三千里弗。埃贝尔做出了回应，但是罗伯斯庇尔的弟弟打断了他，轻蔑地称之为琐碎的个人口角。埃贝尔跺了一下脚，又翻了个白眼，喊道："他们想刺杀我吗？哦，天呐！"有人叫喊着"暴政！"然后马克西米连自己站起来，指责了他的弟弟，并对科洛·戴布瓦表示支持。他说，这个问题不可以被歪曲，而且目前的调查并非针对埃贝尔，而是针对菲利波和德穆兰。

在1月7日晚上的第二次会议上，罗伯斯庇尔试图安抚激动的弟兄们。他冒失地说，不会再有派系了；只有反抗敌人的法国人民。为了提高辩论的层次，他提出了一个新的主题作为当天的议程："英国政府的罪行和英国宪法的罪恶"。俱乐部对此报以热烈的掌声，并在1月剩下的时间里尽其所能去挖掘这个主题的丰富内容。

但是当人们开始讨论罗伯斯庇尔的提议时，卡米尔·德穆兰才迟迟走进大厅。他在两夜前赶到革命法庭那儿去回应对科洛的指控。他优柔寡断，迷惑不解，他的忏悔也充满不确定；他承认，支持菲利波可能是错误的，他现在愿意放弃菲利波，因为在这些派系里没有互相忠诚。有人叫他解释一下《老科德利埃报》的事情。

罗伯斯庇尔在这时必须要就他儿时的朋友发表意见了，即他必须要在个人感情和政治信仰之间做出选择了。成千上万的人在革命期间都曾面临这一困境。雅各宾派的信仰有一个坚定不移的答案：父母和孩子之间的爱、男女之间的爱、兄弟之间的爱、朋友之间的爱——如果必要的话,这些都必须让步于对国家的爱。"不可腐蚀者"比大多数雅各宾派更能遵守这条规则。然而,他还是希望能够拯救德穆兰。而且无论如何,他开始相信,出于政治原因,最好是压制住危险的想法,而不与持有这些想法的人为敌。站出来驳斥卡米尔时,他完全把自己当成教皇那样说话——不通融错误,但又不希望分裂教会。

"卡米尔已经承诺过了,"当大会陷入沉默时,他这样声称,"他承诺将放弃《老科德利埃报》上满篇满纸的政治异端邪说、错误和邪恶的主张。卡米尔被他这份报纸的巨大销量和那些口是心非的赞扬弄得飘飘然了,他还没有放弃这条错误的道路。他的作品很危险,它们给了我们的敌人以希望,助长了公众的恶意。"

"卡米尔的作品肯定会受到谴责,但我们必须把人和作品分开来看待。卡米尔只是一个被宠坏的孩子,他的倾向是好的,但被坏同伴误导了。我们必须对他的报纸采取严厉的态度,即使是布里索也不敢承认,但以后还是要把他留在我们中间。我要求在社会上公开烧毁他的发行物,以儆效尤。"

"说得好,罗伯斯庇尔。但我要援引卢梭的话——焚书不能解决问题!"

顽皮的德穆兰把他的匕首瞄得很准。他直截了当地表示,他是个非常好的雅各宾派人士,但是罗伯斯庇尔虐待他,就像大主教曾虐待现在被正义的雅各宾派视为圣徒的人一样。罗伯斯庇尔发怒了。

"一篇讨贵族们欢心的作品,你怎么还敢为它辩护?卡米尔,你必须明白,如果你不是卡米尔,你不会就这么被轻松放过。你为自己辩护的方式向我证明了你意图不轨。'焚书不能解决问题!'这句话怎么能被用在这里呢?"

"但是,罗伯斯庇尔,我不明白。你怎么能说只有贵族才会读我的报纸？国民公会和山岳派都读了《老科德利埃报》，难道国民公会和山岳派都是由贵族组成的吗？"

这场争吵最终被丹东制止了，他告诉卡米尔不必惊慌，并敦促罗伯斯庇尔不要采取任何扼杀新闻自由的行动。

实际上，德穆兰当然是对的；山岳派的人确实读过他的报纸。正是这个事实造成了危险：《老科德利埃报》让曾经可靠的革命先锋们开始产生怀疑，而他认为焚书并不能解决问题的想法也是正确的。然而，是罗伯斯庇尔采用了创立那种共和国的唯一方法，所有的山岳派人——不管他们的行为如何——都声称相信这种共和国。而用德穆兰的方式，一个热月共和国可能会成立，但是不断有回归君主制和反动政府的危险；无论德穆兰还是其他人都不会承认这就是他们想要的结果。

在接下来的几天里，丹东派名誉扫地，法布尔·德·埃格朗蒂纳的不端行径被全盘爆出，他也因此被雅各宾派开除了。罗伯斯庇尔强烈谴责了埃格朗蒂纳，但对外国阴谋依然深信不疑。1月17日，法布尔、沙博和另外两名丹东派人士以及埃罗-塞谢勒，因盗用公款罪被移交给革命法庭。

德穆兰被赶出雅各宾派后，在罗伯斯庇尔的要求下又正式复职。与犯罪分子和外国阴谋里的可疑分子打交道是一回事，与那些可能只是暂时被误导的老中坚分子打交道则是另一回事了。罗伯斯庇尔仔细区分开卡米尔的主张和为人，无疑是出于友谊，但同样表达出了沉淀在他的观念中的一种新智慧。六周前，为了让雅各宾派接受他们的"清洗审查"，他批准了一场批判狂欢会。现在，等到了1月，他却反对指名道姓地指控。他终于意识到，人身攻击只会让党派之争更加激烈。他说，我们必须"讨论阴谋，但不是某个特定的阴谋者"。我们必须打击派系，但不能以人身攻击来打击派系。只有这样，我们才能确信我们的责任来自对国家的热爱。罗伯斯庇尔试图将谴责提升到政治层面，把雅各宾派（可能因为他们是法国人，更会如此）坚持的论点加以概括。这是一个政治家的想法，尽管在这种情况下其意图根本无法实现，因为威胁不会因为含糊不清而变得不那么可怕。

当丹东派受阻，埃贝尔派得到了短暂的复兴。樊尚和龙森也被释放出狱。在救国委员会关起门来的背后，比约-瓦雷纳攻击丹东是个叛徒，罗伯斯庇尔对此感到尴尬，因为罗伯斯庇尔不相信这样一个颠倒真相的说法。在将近1月底的时候，埃贝尔展开了一场比以往任何时候都更加急迫的经济方面的宣传：他要求增加革命军的人数，大声疾呼要用断头台，诋毁杂货商、酒馆老板、屠夫、鞋匠和农民，用他惯常的语言宣称，对待小商人，他不会比对待大商人更宽容。"因为，我看到所有卖家组成同盟，反抗所有买家。我发现小货摊和大仓库一样，都没有诚信。"与此同时，在全国范围内，主张去基督教化者依然很猖獗，12月6日国民公会颁布的禁止对宗教使用暴力的法令并没有吓倒他们。国民公会本身及其特派员对执行这一仅在罗伯斯庇尔和救国委员会的要求下才颁布的法令几乎不感兴趣。

但是政府抛弃温和派并不是要鼓励激进派。在巴黎，物资稀缺使社会人心不稳。公开抨击那些在表面上是穷人朋友的人其实是非常危险的举措。罗伯斯庇尔在他雪月五日演讲的结尾处承诺会进行救济，他希望此举可以让救国委员会能够赢得和埃贝尔派一样的民心。在各省，在供给委员会努力预防饥荒发生的同时，救国委员会对特派员加强了控制，并保护守法的宗教信徒不受卡里耶、富歇和博多们的伤害。

于12月24日起草、但尚未发出的一份给特派员的旧通知被从文件夹中调出，并于1月23日发出。它要求行动、团结和速度；在与真诚的"狂热分子"打交道时持宽容态度，对那些"拼命鼓吹天堂却只为更好地吞噬尘世"的人要坚定立场、毫不畏缩；最重要的是，它敦促特派员们不要超出他们的法定权力范围。我们要把救国委员会一封相当著名的信件归类到1月底这个时候。这封信没有注明日期，但署名是让邦·圣安德烈，他在1月25日才抵达巴黎，斯特拉斯堡在2月2日才注意到这封信，而里昂则等到了2月13日。因此，这封信很可能不是像之前所认为的那样，在11月第一次去基督教化运动爆发时候写的。确切的日期很重要，因为如果这封信是一月写的，那么表明救国委员会开始对埃贝尔派动手与温和派的衰落是同时发生的；而且这还表明罗伯斯庇尔在恐怖统治的晚期，完全没有失去分寸感。

这封信由罗伯斯庇尔亲笔所写，当时所有在巴黎的救国委员都在上面签了名，是给所有革命俱乐部的通知函。它敦促各地的雅各宾派在传播启蒙思想的同时要避免过度热情的陷阱。就像圣安德烈在瑟堡的宣言一样，这样的话语并不为那些革命虔信者所喜，但目的还是宽容的。

救国委员会宣布说："即将耗尽的狂热主义抽搐得越猛烈，我们越要谨慎使用。我们不要用暴力代替教导，从而给它新的武器。要记住这个真理：人的良知无法被指挥。有些人的善意是出于迷信，特别是那些意志薄弱之人……他们是病人，我们必须通过赢得他们的信任来逐渐治愈他们，如果要强行治愈这些人，他们可能会变成狂热分子。"

在当时的情况下，这是最明智的建议。罗伯斯庇尔相信宗教自由，只要宗教局限于彼岸世界，不影响政治忠诚。他倾向于通过说服来使对方改宗，尽管在说服手段中他会加入一些相当强化的政治

罗伯斯庇尔

宣传。他曾经像法官一样审问过卡米尔，然后被卡米尔尖刻的指责激怒，因此坚决地把卡米尔的作品付之一炬。现在他说："人的良知无法被指挥。"这种不一致在一定程度上是一个失意的理想主义者发现自己的原则和政策不可避免地处于冲突之中。但是罗伯斯庇尔认为压制德穆兰并没有违背自由或良心，因为他不相信德穆兰是诚实的。他期望在雅各宾派人士之间达成更多的一致，建立共和国必须要依赖他们，而不是那些还没达到共和主义者水平的局外人。

1月底向各革命俱乐部发出的通知函，就像罗伯斯庇尔提出的"不带个人色彩的谴责"的新理论一样，是在原则基础上建立革命政府这一更广泛战略的一部分。救国委员会决定再次公开发表关于其宗旨的声明。这个计划可能来自罗伯斯庇尔。但是，罗伯斯庇尔向国民公会的新发言中应该说些什么，已经在会议桌上达成一致了。

在这一点上，我们必须再次把矛头指向奥拉尔和马迪厄，他们认为1794年的人几乎完全是在环境的压力下行事的。这种关于"环境"的辩护词应被视为恐怖统治中的暴力和镇压寻找借口。就像"国防"的辩护词，主要"环境"是赢得战争的需要，马迪厄在这一点上又加上了满足无产阶级要求的需要。一个只根据所处环境行事的人，是一个没有固定目标的人，他被外在力量所支配，只对来自环境的直接短暂的刺激做出反应。在这幅图景里，罗伯斯庇尔做出决定是因为埃贝尔派的骚动，或是上周发生在雅各宾俱乐部的暴动，或者是神职人员和贵族制造了麻烦，或者是战争的要求，或者更模糊地说，是为了确保"救国"。

革命政府做了所有这些事情，但革命政府不只做了这些。委员会，尤其是罗伯斯庇尔，希望摆脱这种环境的束缚。他们希望澄清这些问题，克服长期处于困境之中的人民所陷入的混乱，摆脱短视、观点分歧、争吵、人身攻击、每日一变的决策和那些人们不得不接受的权宜之计。他们还希望摆脱那些认为他们不过就是些权力嗜好者的指控。罗伯斯庇尔已经被称为独裁者，他希望为自己的立场辩护。正如英国的研究权威 J. M. 汤普森先生所说的那样，到1月份，罗伯斯庇尔已经变成了一个毫无原则的检察官，以一种模糊不清的理想的名义，四面出击，将自己最好的朋友们弄得身败名裂。

因此，这个被问过很多次的老问题又出现了：我们的目标是什么？恐怖统治的目的是什么？我们想要什么样的共和国？罗伯斯庇尔2月5日的演讲中给出这些问题的答案，这是他所有演讲中最令人难忘的一次。关于法国大革命，奥拉尔有一部四十万字的著作，但似乎完全没有提到这篇演讲；马迪厄那部二十五万字的著作中仅仅使用了五个句子来描写这件事，他认为他应该用阶级斗争中某些原则来为他的英雄辩护，而不是用罗伯斯庇尔那些翻来覆去阐述的观点。第三共和国官方历史学家的这种沉默，在他们所介绍的数以千计的事实、详情和细枝末节中更为引人注目；这种沉默是对现代法国民主的一种古怪评注。

1794年2月5日的演讲不仅是罗伯斯庇尔对真实想法的最好表达，也是民主政治发展历史上最著名的言论之一。

这次演讲被称为"（来自救国委员会的）关于政治道德原则的报告，该原则应由国民公会用于共和国对国内事务的管理指导"。

罗伯斯庇尔说，我们仅仅因为对公众利益的普遍关怀而在困难的环境中行动太久了。我们需要"一个准确的理论和精确的行为准则"。

"现在是明确革命目标的时候了。"今天，我们将向全世界宣布我们行动的真正原则。

"我们希望有这样一种秩序，在这种秩序中，一种粗鄙而残酷的激情被法律所束缚，所有仁慈和慷慨的情绪都会被唤醒；人的野心是渴望赢得荣誉，能为国家所用，而差别只从平等本身产生。公民服从于地方官，地方官服从于人民，人民服从于正义；国家保障每个个人的福利，每个个人都自豪地享受国家的繁荣和荣耀；在与共和主义者的感情不停交流中，在一心想要赢得伟大民族的尊敬的需求里，所有人的思想得到了升华；在这里，工业是自由的装饰，它使自由变得崇高；商业是公共财富的源泉，而不仅仅给予少数家庭巨大财富。

"在我们的国家里，通过抱有单纯的荣耀感，我们希望以道德代替自负，以原则取代惯例，以责任取代礼数，以理性的威力取代已成惯例的暴政，以蔑视罪恶取代蔑视不幸，以自豪取代傲慢，以宽阔的胸襟取代虚荣心，以热爱荣誉取代热爱金钱，以善良的人来取代谋私的小集团；用功绩取代阴谋，用聪慧取代投机取巧，用幸福的情趣取代纵欲的烦恼，用人类的伟大来取代社会的浅薄，用强大而幸福的人民来取代随遇而安、轻率而不幸的人民，也就是说，用共和国所有的美德和奇迹来取代君主制下所有的罪恶和荒谬。

"简言之，我们希望完成自然的进程，达成人类的天命，实现哲学所许下的诺言，将天意从长期的暴政和罪恶中解脱出来。曾在奴隶万族中取得辉煌的法国啊，愿你能使所有过去的自由万族黯然失色，成为各国的榜样、压迫者的恐惧、被压迫者的安慰、宇宙的装饰；希望我们能通过这份以自己鲜血铸成的工程，亲眼看到宇宙幸福的曙光在我们面前闪耀！这是我们的雄心壮志，这是我们的目标。"

马克西米连说得再清楚不过了，作为启蒙运动的孩子，他的表现也不能再好。他想要一个建立在道德基础上的国家，他所说的道德不是一种感情上的善良，而是他列举的所有品质的总和。他的计划无疑是乌托邦式的：他期待人类突然实现再生，进行彻底转变，认为过去对未来没有任何指示意义，除非是作为未来的反面教材。他的这一期望和18世纪最著名的法国思想家们一脉相承。

他接着说，只有民主才能确保我们实现所向往的那种社会。"民主是这样一种政体，在这种政体中，人民被赋予主权，在自己制定的法律的指导下，亲自做自己能够做的事情，通过代表做不能亲自做的事情。"因此我们必须找到民主政府的原则。

罗伯斯庇尔表达出了那个时代杰出的政治理论，他解释说，这一原则是美德，是对法律和国家的热爱；而在一个民主国家，则意味着对民主和平等的热爱。然后，他像孟德斯鸠一样提出，如果要强化一种政府形式，就必须加强其原则，也就是美德（在这个语境下）。

"我们不会假装把法兰西共和国塑造成斯巴达的样子。我们既不希望给它财政紧缩，也不希望给它的修道院带去腐败。我们刚刚把人民政府的道德和政治原则完全地摆在你们面前。"幸运的是，他补充说，美德对人们来说是自然的，爱正义只需要爱自己。人民只能靠理智来统治，敌人只能靠恐怖来统治。难道只有民主的敌人才会使用武力吗？他又提到了雪月五日时提出的区分方法。

"如果和平时期人民政府的基础是美德，那么革命时期人民政府的基础就是美德和恐怖。没有美德，恐怖就是谋杀，没有恐怖，美德就是软弱无力。"恐怖统治是对人民敌人的威慑，是坚定不移的唯一正义，因而也就是"美德的化身"。

这种悲剧性的误解就是罗伯斯庇尔对人民的看法，和以前的某些启蒙哲学家并无不同，他们生活在和平的时代，本应该更了解人民。法国人民一点也不像罗伯斯庇尔想象的那样，他们并不全是善的结晶，他们尤其不能遵从理性，甚至他们不是一种单一事物——因为只有少数人才是共和主义者。罗伯斯庇尔的"人民"是他心目中的人民，是幸福生活已经实现的人民，而现在一种自编自演的思想使他将最终想要实现的目标演进成了现实中有效的前提。

这种误解使他再次强调了圣茹斯特已经充分表达的观点。"只有共和主义者才能成为共和国的公民。保王党和阴谋家是外国人，或者说是敌人。"所以人民实际上就成了纯正共和国的核心。人民以外的其他人不是公民，也没有权利。在法国就其真实情况而言，如果要依据这种原则，那么谁也无法建立起一个永久性的政权。如此设想出来的共和国必须继续同自己的大部分人进行斗争。

这样一个共和国还在坚持继续与欧洲作战。一种致命的混乱出现了：根据法律和常识，法国政府是不断"革命直到和平"。革命政府的存在是为了赢得战争，但它的存在也是为了建立民主和宪政共和国，就此而言，主要的危险是内部的派系纷争。结束革命政府，和平将摧毁通往民主和道德世界的狭窄道路。一条钢铁纽带将战争和民主结合到了一起，起融合作用的是革命政府二元论的本质。历史上充满了反讽的情况，这肯定就是其中之一：1792年开始的战争是打击那些站在罗伯斯庇尔和最真诚的民主主义者对立面的人，到了1794年这已经成为实现他们的计划不可或缺的一部分；战火因为军事上的成功而被延续、烧旺，产生荣耀，但1795年之后却不料被那些需要用战争来维持自己地位的人们所继承，而他们所谓的地位不再属于民主制。当然，救国委员会在共和二年多次宣称它热爱和平。但是什么和平呢？

"和平与共和国，和平与暴君的毁灭，和平与人民的觉醒！"

这些话，以及巴雷尔在2月1日于国民公会上所说的其他更为好战的话，都发表在《通报》上，在欧洲各地都能读到。救国委员会不希望早日实现和平。丹东的谈判理念被打上了失败的烙印——今天我们应该称之为"绥靖主义"。敌方政府提出的试探性意见在嘲笑声中遭到了拒绝。为了进一步宣扬和平是不可能的,也为了制止党派间的相互指责,罗伯斯庇尔发动雅各宾派讨论英国政府的罪行和罪恶。库东建议俱乐部适当地庆祝路易十六被处死一周年。雅各宾派起草了《针对所有国王的起诉法案》,并指定罗伯斯庇尔、库东、比约、科洛和另外一个人作为特别委员会,"将暴君的详细罪行集合在一起"。在国民公会上,法国国王和普鲁士国王的画像被公开焚烧,灰烬被狠狠地踩在脚下。法国人就这样稳固了他们的国防,对欧洲的既有秩序发出了诅咒。

如果共和国没有这样绝不妥协,和平能实现吗? 1794年,一个仅限于自己疆域之内的法兰西共和国,其他列强会予以承认吗? 在法国军队取得辉煌成就,成为政权的既得利益者又能控制利益之前,这场战争能结束吗? 也许不能。但丹东认为这些问题值得一提。救国委员会禁止讨论这些问题,因为它不愿去思考这些问题,因为它不愿意接受丹东所提出的政策带来的那种宽松的、道德上模棱两可的共和国。在这里,战争和民主之间的纽带再次连接起来。

2月5日的演说对许多人来说是一种威胁,并为恐怖统治指明了新的方向,也预示了罗伯斯庇尔自己的覆灭。从此以后,他就一直在追求不可能的事情,并逐渐达到了一个可怕的顶点,而一旦到达这个顶点,等待着他的只可能是坠落。当他发现别人性格上的弱点或目的上的差异时,他不认为这是人性使然,却认为这是阴谋或任性的结果。他把他自己从那些原本同他一道引导革命的同伴中孤立了,最终使最坚定的共和主义者都感到不安全,救国委员会的大多数人转而反对他。

虽然他的目标不可能实现,但这并不意味着他的判断是错误的。谁会不同意1794年2月的法国可以利用一点"美德"呢? 我们不要忘记那些受贿者、撒谎者、伪善者、诬告者、政治恶棍、诈骗合同者、只关心本派的派系领袖、即使是党派也无法控制的个人、利用爱国主义为自己谋取利益的人和利用自由煽动风潮的人、不纳税的人、在军队服役的人，或是接受法定工资和物价的人。革命家们为了自己的利益想要一场持久的革命，其他人则暗自希望他们早年间做过的坏事能够从此洗白。罗伯斯庇尔对美德的要求不仅仅是对书中模糊的抽象概念的渴望，还有对革命所需要的东西的渴望。如果他能与现实多妥协一点，如果他能多容忍一些从别人身上看到的缺点，他也许最终可能会取得更大的成就。事实上，他倒台后人们对他的贬损表明，他对这些迹象的解读并没有错。

他对不可能之事的追求也不会使他的目标失去意义，或暗示它甚至不值得接近。民主是建立在美德基础上的，这种说法不再像以前那样可笑了。当我们通读那些罗伯斯庇尔所宣称的、革命政府希望可以在法国看到的变化名目时，我们意识到它与我们现在所读的早间报纸之间有着某种令人不安的相似之处，因为这些过去在恐怖独裁时期所说的话，正好对应上了我们今天有时所说的"文明"规划。虽然马克西米连犯下了许多错误，但他仍然是民主政体的六位主要先知之一。

第十二章
风月风波

在风月，这个属于风、风暴的月份，形成了一场异常猛烈的大风暴。上一章所述的派系斗争与第十章所述的经济危机叠加在一起。革命的天空摇晃起来；恢复平静以后——这是欺骗性的、暗伏危机的平静——许多老面孔消失了，但救国委员会似乎比以往任何时候都更强大了。

骚乱开始的时候，整个救国委员会都精疲力竭得不行。罗伯斯庇尔和库东生病在家。圣安德烈在雨月三十日返回布雷斯特，比约-瓦雷纳则去圣马洛准备对海峡群岛的进攻。埃罗正颜面扫地，马恩的普里厄从9月起就没再来过巴黎。在杜伊勒里宫，卡诺、兰代和年轻的普里厄仍然从事着他们十分专业的工作，巴雷尔也和以前一样不知疲倦，但委员会的政治大权主要掌握在圣茹斯特和科洛·戴布瓦手中，他们是这十二人中最积极、最固执和最专一的。

罗伯斯庇尔的病因尚不可知。他是在2月5日的精彩演讲几天后生病的，有一个多月没有出席委员会会议，也没有出席公会和雅各宾会议。他能接待客人，能思考问题，也能看东西。也许他的退出并不是完全不自愿的。他对日常政治活动不感兴趣，只对他为之奋斗的理想目标感到快乐，而这个理想目标终究未能实现，罗伯斯庇尔感到失望、困惑，有时甚至几乎幻想破灭。他无意中谈到要去乡下买房。他可能想过要放弃这种混乱，因为现在的人们不注重美德。但是他总是能摆脱这种思想（如果我们可以重建他的内心生活的话），因为他是一个有责任感的人；他对人民有着自己的想象，他们本性纯良，却被富人和野心家利用了——这些人必须由诚实的人领导才能走向幸福。

就这样，在一种半退隐的状态里，他边观察边等待着。他的最后几次讲话制定了政府政策，他想看看这是否会产生预期的效果，那些争吵不休的革命者是否会团结起来并高举美德的旗帜，以及恐怖的威吓是否会起到作用。在最坏的情况下，他会等着局势成熟，如果各派仍然顽固，他就会履行自己承担的义务。与此同时，他一边养着身体一边观望局势，他的生活却不是暴君一样高高在上的，寄宿在杜普莱家，他和他的兄弟每月支付中产水平的房租八十里弗。

在四个最有权势的同事都不在的时候，科洛·戴布瓦就有了攫取权力的难得机会。卡里耶风月三日的回归巩固了他的位置。卡里耶在南特负责溺刑，科洛在里昂负责枪决。如果说淹死的人太多了，那么枪毙的人也一样；如果卡里耶有危险，那科洛也一样。因此，在雅各宾派内部，卡里耶立即投身于"清洗审查"，科洛则发表了祝贺讲话以示欢迎。当时，科洛是唯一一个参加雅各宾俱乐部日常活动的委员，在这里就连圣茹斯特也很少发言。在一片掌声之中，卡里耶获得了认可。

随着卡里耶的回归和科洛·戴布瓦的频频露面，埃贝尔派开始重整旗鼓。他们鼓噪要恢复他们的旧疗法。由于农民们不愿把农产品带到巴黎，科德利埃俱乐部投票赞成增加革命军规模。肉类是如此的稀缺，甚至连库东都瘦得不成样子，甚至有人说要打进监狱，把囚犯烤了吃。公社想要加强反囤积法的执法力度，这对贸易是毁灭性的，就连科洛·戴布瓦也失去了信心。劳工们焦躁不安，军工作坊里的工人们也不守规矩，他们没有因为军政部是埃贝尔派的温床就有所收敛。有人试图将陆军部转移到卢森堡花园，那里将成为巴黎最激进的地区之一。过去反对温和派的呼声又愈发强烈。为什么法布尔·德·埃格朗蒂纳——那个谴责善良的龙森和樊尚的人——还逍遥法外？为什么七十五个吉伦特派还关在监狱里，还由罗伯斯庇尔保护着？如果他们在监狱里，他们就有罪，如果有罪，他们为什么还活着？

与此同时，风月三日，巴雷尔在公会上制定了新的限价，允许经销商在其商品上进一步加价。这一决定经过了三个月的筹备，得到了救国委员会和供给委员会的支持。经过长时间的讨论，虽然有一些反对意见，它们最终通过。很明显，政府正试图更好地了解商业和农业。它正迅速远离埃贝尔派那种经济计划的喧哗声和恐吓手段。

科洛·戴布瓦参与了埃贝尔派的阴谋，如果成功了，他可能会成为共和国的主宰。在救国委员会里，他遇到了一个极其危险的对手，一个孩子气的、非常英俊的圣茹斯特，一个军队的再造者，一个救火队员，一个罗伯斯庇尔不在场时可视为其替身的支柱人物。

圣茹斯特想要掌控——如果有人能这样做的话——风月的风波。他的影响力从未如此之大。他在想什么？有一条线索——他的《共和制度残篇》（*Fragments on Republican Institutions*），是在间隙里匆匆写就的一系列关于这个时期的观察记录，在他死后才发表。书中有他对最终目标的阐释，只有罗伯斯庇尔的演讲可以与之比肩。

圣茹斯特的思想是罗伯斯庇尔思想的精粹化、简单化、夸大化、体系化和格言化。罗伯斯庇尔身上有一种普通人的迷惘，甚至平庸；圣茹斯特是一台具有革命性精度的专业机器。罗伯斯庇尔否认斯巴达是他的榜样；圣茹斯特却不断地谈及古人。罗伯斯庇尔认为自己代表了正义，圣茹斯特则更像是："上帝，纯真和美德的保护者，既然你把我带进了邪恶的人群中，那就一定要揭露他们！"对罗伯斯庇尔来说，笔直而狭窄的道路是非常清楚的；对圣茹斯特来说，其态度彰显在如下表述中："我想我可以说，大多数政治错误是因为把立法视为一门艰深的科学。"或者更简洁地说："冗长的法律是公共灾难。"

贬低民法是《共和制度》一书的起点。人们也许还记得，圣茹斯特是通过教育成为了一名律师。他是在衰败的封建制度中接受了这种教育，在崭露头角之后，就像许多人一样，对这门功课产生了强烈的蔑视。在他心目中的理想国家中，没有律师，也没有法院。由于公民的美德和简单的习惯，共和国几乎不需要法律。甚至保守的孟德斯鸠、罗伯斯庇尔和杰弗逊都有这种民主共和国的想法。圣茹斯特在自由的方向上走得更远，因为在他心目中的社会里，当任何一方想要打破法律契约时，契约就是没有约束力的；在权威的方向上他也走得更远，他以个人自由的名义神化了国家。在这十二个人当中，圣茹斯特应该是最能适应20世纪革命的了。

各种制度（这是《共和制度》一书的主要讨论对象）是建立法兰西共和国的手段。它们将把法律降至最低限度，并保护国家免受仅仅几个大人物的影响。圣茹斯特在一种特殊的意义上使用了"制度"这个词。它们是培养优秀个人的社会手段。像君主制这样的坏社会没有制度，只有共和国才能拥有它们。友谊就是这样一种制度：人们在寺庙里结拜朋友，和他们并肩作战，和他们一起埋葬在同一个坟墓里；那些不相信友谊的人将被驱逐。老年是一种制度：一生清白的老年人都要戴上白色的围巾。民间节日是一种制度，人们在庙里点着永不熄灭的香火，唱着献给神明的赞美诗。

但最重要的制度有三个：教育、审查和财产。

教育？它的功能是造就共和主义者。五岁以上的男孩属于国家。父母不得干涉孩子的愿望。男孩们将被组织成军团、营和连，接受军事训练，并分配给农民下地干活。他们要在无声的爱中长大，在严厉的管教下，穿着粗布制服，吃着蔬菜，睡在草席上。十六岁时，他们成为工人，二十一岁时成为士兵，"如果他们不是地方法官的话"。教师必须都超过六十岁，因为"尊敬老人是对祖国的一种敬拜"。女孩不重要。她们和母亲住在一起。

审查？"在每一次革命中，都需要独裁者用武力来拯救国家，否则审查人员就需要用美德来拯救国家。"必须设立地方法官来树立榜样。为什么法国不应该有六百万个地方法官呢？他们要揭露公职人员的劣迹，但不准对人民使用权力。圣茹斯特的"审查制度"是他所熟悉的爱国问责，还披上一件得自古罗马监察官的高贵外衣。

财产？"我不信你们能够建立起自由，只要那些不幸的人有可能起来反对新秩序。我不信世上已没有不幸的人，除非你们给每个人分配田地。"富裕是耻辱。"必须通过向穷人分配国家财产来消灭乞丐。"更保守的建议是：法国的财政状况令人震惊，纸币数量必须减少。但主要信息是清楚的。穷人要得到土地，这样他们就不会反抗政府。城市工人阶级是否真的想要耕地还有待观察。

圣茹斯特关于教育和审查制度的观点在1794年的革命领袖中相当流行。他关于财产分割的提议更多是他自己提出的。救国委员会的大多数委员并没有这个想法。奥古斯丁·罗伯斯庇尔和他的兄弟很亲近，这时他在里昂逗留，发现富歇在鼓励极端分子。"存在一个让人们把每样东西都平均化的体制，"奥古斯丁于在风月三日向马克西米连警示道："如果我们不小心，一切都会变得混乱。"救国委员会的大多数委员并不比小罗伯斯庇尔更激进。

在救国委员会里，圣茹斯特从谁那里得到了对瓜分革命敌人财产计划的支持？要果断回答这个问题是不可能的。已故的马迪厄教授认为罗伯斯庇尔和库东是圣茹斯特的主要支持者。但此说解释不了一些疑问。当委员会接受这个计划时，罗伯斯庇尔和库东都没有出席，尽管圣茹斯特肯定是在家里和罗伯斯庇尔商量过了。在接下来的几个月里，罗伯斯庇尔和库东都没有在公开场合就财富的再分配问题发表任何明确的声明。罗伯斯庇尔和库东主要关注宗教，他们致力于社会的精神复兴和净化。最终，按照比约-瓦雷纳的意愿，圣茹斯特同意对罗伯斯庇尔派的宗教问题保持沉默。有证据表明，热月时圣茹斯特与罗伯斯庇尔的关系已不再融洽。

另一方面，科洛·戴布瓦和比约-瓦雷纳都赞成社会革命的观点。与富歇一起，科洛批准了里昂"共产主义"临时委员会。1793年，比约写了一本鲜为人知的书，名为《共和主义的要素》(*Elements of Republicanism*)。这本书提出了一个比圣茹斯特的《共和体制》更成熟的财富再分配观点。

比约认为财产权是神圣的，所以所有人都应该分享到它。人民的福祉是最高法律，他说。"这个法律，"他以复杂的方式宣称，"是为了公众利益，它对个人毫不留情；如果当前不从他们手中拿走那笔实为古来有之的有掠夺证据的巨富，从而不再遗留进一步积累的可能性，而是将措施局限在以加速再分配的方式来减少腐蚀的效果，那么，虽然法律尊重财产，也不会认为资本家们的不满是正当的。"

因此，他建议瓜分革命所没收的财产，以实现平等，不允许任何人拥有超过某一特定数量的土地，并废除继承权。此外，任何人都不允许没有工作，且每个人都有就业的权利。所有这些都是他从社会契约中推导出来的，因为没有这些规定，他说，社会就是少数人与多数人的契约。热月后这些1793年的想法比约就不再提了。但他很可能在共和二年风月时还相信它们。

救国委员会里最赞同分配财富的三个人，他们是将其作为革命的正确目标而不仅仅是作为一种策略手段，因此很可能不是什么罗伯斯庇尔派的三人集体领导（实际几乎不存在），不是罗伯斯庇尔、圣茹斯特和库东，而是另外三人：圣茹斯特、科洛·戴布瓦和比约-瓦雷纳。这三人比那三位更不像三巨头。个人分歧、派系之争都妨碍了合作。我们完全可以相信，圣茹斯特会认为科洛·戴布瓦是一个无耻流氓，而比约-瓦雷纳过于暴力。尽管着重点有所不同，但罗伯斯庇尔仍吸引着圣茹斯特。经济观念在圣茹斯特的头脑中仍没有一席之地。他对权力的恐惧至少不亚于对财产的恐惧。他对富人持怀疑态度，但对这个革命国家中腐败或不守法的官员更持怀疑态度。像罗伯斯庇尔一样，圣茹斯特的目标首先是通过警察权净化共和国。

风月里在职的其他委员，巴雷尔、兰代、卡诺和科多尔的普里厄，他们都不喜欢社会革命。在革命之前，这四个人的资产都是五位数。他们（在正常时期，除了埃罗-塞谢勒之外）是十二人中过得最舒适的。对于贫穷，他们有人道主义的关怀，对于财产，他们有哲学上的尊重。但是对于革命敌人的财产，他们可能会很严厉。前年的9月4日，那会儿科洛和比约还没加入委员会，圣茹斯特在委员会也不活跃，委员会已经下令将马赛反叛者的财物分配给"那些地区受迫害的爱国者"。当服务于政治目的时，即使对巴雷尔和其他人来说，财富再分配也是可以接受的。

风月早期的问题首先是政治。正如圣茹斯特所写的那样，问题在于防止暴动反抗新的自由秩序。委员会正准备镇压埃贝尔派，希望安抚他们的追随者。同时也向企业界做出了让步，但委员会又不想做出过分的鼓励。委员会仍在同革命的敌人作战，希望断掉其抵抗运动的财路。

因此，救国委员会同意了圣茹斯特的建议，并安排他在国民公会上发言，继续罗伯斯庇尔对各派的警告，并在此基础上宣布新的经济政策。圣茹斯特准备了他的演说；他的同事们整晚都在绿房间里和他讨论，根据科洛的说法，在这里尖锐的话语从不让人生厌。值得注意的是，委员们全体参与了辩论，也是全体承担责任。这个计划不是特别符合"罗伯斯庇尔主义"，甚至由于那几个星期，罗伯斯庇尔和库东都在家养病，这种色彩还减弱不少。

第二天是风月八日。圣茹斯特，为期两周的时任国民公会主席，说了半个小时，提炼了他在《共和制度》中的部分论点，甚至在当天的演讲中以造谣这种不寻常的方式来攻击旧制度（路易十六1788年在巴黎街头杀了八千人！），并定下原则，共和国的敌人在国内不能拥有财产，没有为法国的自由出力的人没有公民权。公会随后投票决定没收革命敌人的财产。五天后的风月十三日，在圣茹斯特的另一次演讲之后，投票决定法国所有的公社都应该提交"贫困爱国者"名单，这些人将被分配新没收的财物。

由此制定了著名的风月法律。这套法律如何实施是下一章的主题，在那里可以看到该法律以及委员会的其他利益。

风月法律既不能立即缓解巴黎的饥荒，也不能满足那些借助不满情绪维持个人位置的煽动者。埃贝尔派比以往任何时候都更加活跃。不祥的布告仍在街上出现。鼓动者在工人中游走。科德利埃俱乐部强抑着激动的情绪沸腾起来。一个致力于马拉原则的新日报正在计划中：这永远是一个不好的征兆。一些人似乎是从圣茹斯特的演讲中推断出他和罗伯斯庇尔会支持暴动；还有些人则追随科洛·戴布瓦；另一些人则计划进行彻底扫荡，意欲将救国委员会树立为"大法官"一样的独裁者，或者说至少在之后的审判中受到了这样的指控。

风月十四日，科德利埃俱乐部的煽动达到了顶点。

"我向你们揭发一个新的派别……"樊尚叫道。

"自从我回到公会看到山岳派里的新面孔后，我就一直很担心……有一种愿望，我看到了，我感觉到了，他们要让革命倒退……怪物们！他们想把断头台拆了……"这愤怒的叫喊是卡里耶发出的。

"当你们知道他们那些人的阴险计划时，你们会战栗的……"埃贝尔谨慎地说，他试探的态度引来其他人的催促，众人嘲笑他过去的火暴脾气哪里去了。他提醒他的听众卡米尔·德穆兰在雅各宾俱乐部里的风波。"记住，他是被驱逐出去的，是那些爱国者将他清除的，有一个人肯定是受人误导——否则我不知道怎么形容此人——当场就轻松地违背人民意志让他官复原职，而对于这个叛徒，人民已经清楚地表明了自己的态度。"在公众集会上，没人能比他更清楚地谴责马克西米连·罗伯斯庇尔。

科德利埃派宣布进入暴动状态，在他们礼堂镜框里的《权利宣言》上挂上了一块黑色的绉纱。在巴黎的四十八个区中，只有马拉一个区响应了号召，他们主要是科德利埃俱乐部的会员。这些狂热分子走向市政厅，宣布了人民暴动。如果公社支持他们，就会发生像 9 月 5 日那样的暴动。

但是公社受到了绿房间的眼线的监视。就在几小时前，巴黎市长还接到了救国委员会的命令，是圣茹斯特手写的，命令他每天报告该市的公众舆论。公社官员冷漠地接待了暴动者。9月5日带领游行队伍进入杜伊勒里宫的肖梅特表示支持政府。另一些人则指向风月的法律，他们说，这表明当局把无套裤汉的福利放在心上。

暴动失败了，然后政府进行了反击。巴雷尔在公社事件发生的第二天，就转而谴责各派。科洛·戴布瓦不愿支持针对他所在机关的暴动，也许到了最后一刻，他才决定谴责反叛者，因为现有的救国委员会是他在里昂所作所为的最好盾牌。他使犯下错误的科德利埃派与雅各宾派达成了和解。当时，他是委员会中唯一活跃在俱乐部里的人，他可能一直在努力巩固自己的凝聚力。当他对科德利埃派讲话时，埃贝尔的妻子低声对邻居说："这都是在演戏。"埃贝尔派知道科洛只是在演戏的理由吗？

城里的不安情绪并没有平息。科多尔的普里厄试图安抚兵工厂里的工人。他说，如果他们真知道政府在做什么，他们就不会成为煽动者的牺牲品。卡诺采取措施，使外国军队的逃兵至少离巴黎十里格[1]远——防范"第五纵队"。巴黎国民卫队指挥官昂里奥下令防止抢劫。与此同时，科德利埃派表现出新的不安分的迹象，埃贝尔和他的朋友再次提出反政府的言论。在这种动态的局势下，救国委员会的法定权力已经到期。在刚刚病愈的库东的要求下，该委员会的权力在风月二十二日又被公会延长了一个月。

那天晚上，罗伯斯庇尔重新加入了委员会。一个多月来，这是第一次所有九人都在场，考虑到有人永久缺席，这就算是全体出席了。这次会议意义重大。圣茹斯特准备了另一次演讲，这是对"搞派系"的最后一次强烈谴责。所有人都讨论了这件事，而圣茹斯特则成为他的同事们的发言人。

---

1. 里格（Lieue），一种古老的长度单位，在法制计量中1里格约合3.25至4.68千米不等。

在第一共和国的短暂编年史上，风月二十三日（3月13日）是决定命运的一天。圣茹斯特带着他的大部头手稿走上了公会的讲台，手稿名为"关于外国煽动派系之争，以及他们在法兰西共和国密谋策划的阴谋，通过腐败摧毁代议制政府，使巴黎挨饿的报告"。对于以简洁见长的作者本人而言，这篇演讲就像它的标题一样，冗长、重复、杂乱无章。演讲者想不留漏洞。

人们聚集起来革命是要坚定不移地向前推进。然而，圣茹斯特描绘的这幅画中还有另外一个元素。在风月二十三日，共和国穿上了几件仅有的、不合体的保守主义外衣。自从去年夏天以来，自从救国委员会成立以来，秩序、服从和权威已经有长足进步。现在，比以往任何时候都更能听到当权者的语言了。

圣茹斯特以讨论暴动的权利作为开始，这是《权利宣言》所确定的权利，最近由科德利埃派援引。他说，暴动当然是一种权利，是人民的保障；但政府也有它的保障，人民的正义和美德。谁玷污了这种美德，谁就无法执政，而当公众对政府失去信心时，公共美德就被败坏了。现在的君主不是暴君而是人民。因此，任何反对当前秩序的人都是邪恶的，暴动曾经是一种有用的手段，现在则是反革命。反对派确实存在，偷偷摸摸、鬼鬼祟祟，因为从来没有人公开反对一个既定的秩序。反对派总是伪装自己，颠覆分子总是假装忠诚。

他说，事实上，在这片土地上正在进行一场巨大的密谋，煽动者是外国势力，他们害怕我们没收革命敌人的财产。有一个使法国人挨饿的阴谋。（解释食物短缺，政府官员能够找到更方便的方法吗？）联军不愿打仗，他们打算让我们陷入饥荒和内部纷争。（那么，共和国的内部政治必然导致这场战争吗？）无数的法国人都是这种罪恶勾当的工具。他们的面具很难揭穿。一些人大声疾呼政府过于迟缓，另一些人则苦口婆心，呼吁克制。(这当然分别指埃贝尔派和丹东派)。我们可以通过他们的乖僻、反复无常、谎言和虚伪来发现他们。那些昨天还不信，今天却说信的人是我们的敌人。(在这个时代，谁没有经常改变他的想法呢?)我们甚至不能太相信革命俱乐部；他们中到处都是欺骗人民的既得利益集团官员。(为了改正这个邪恶，圣茹斯特在其《共和制度》中加入了审查制度。)这里不讲一点谦虚，也不甘愿地位卑微。"每个人都想治理国家，没有人只想做一个公民。"

该怎么办?

"如果人们热爱美德和节俭，如果人们的脸上不再有厚颜无耻之相，如果联邦能够重拾羞耻感，如果反革命分子、温和派分子和无赖都归落尘土，如果我们严惩革命的敌人，但对爱国者充满爱意和深情，如果官员们埋头于办公室，一心做好事而不求名利，问心无愧，如果你们把土地给了不幸的人，从流氓手中夺走他们的土地，那么我承认你们进行了一场革命。相反，如果外国利益胜出，如果罪恶当道，如果一个新的上层阶级取代旧的上层阶级，如果惩罚不追究幕后阴谋家，那么让我们遁入虚空或者神的怀中吧，因为没有革命，在地球上就没有可以希冀的幸福或美德。"

圣茹斯特到国民公会去检控的那些人却没有任何具体罪行。分裂本身就是犯罪。

"所有政党都有罪，因为成立党就是脱离人民和社会，是独立于政府。每个派系都有罪，因为它们都会分裂人民；每个派系都有罪，因为它削弱了公德的力量。"

"我们共和国的稳固存在于事情的本质之中。"唉，本质不是人眼所能察觉的。"人民的主权要求人民团结；因此,它是反对派系的,所有派系都是对主权的罪恶攻击。"这就是卢梭主义者关于公共意志的学说。不可等闲视之。如果派系就意味着不仅在政策上，而且在政治秩序基础上的意见不一，不仅批评政府，而且拒绝接受已经建立的政府形式，那么派系实际上就是在破坏主权。在这种情况下，实际上根本就不存在共同意志，而强制建立一种共同意志的企图会带来麻烦。

18世纪以来，法国一直处于这种令人不安的困境。从启蒙哲学家时期开始，重要的政治分歧就意味着政权的更迭，也即革命，伴随着迫害、报复和强迫转变。一些国家的政治基础为契约，因此可以相对和平地进行重建。法国的社会基础就是地质学家所称的断层、裂缝。若干年平静地过去，然后"岩石"滑落，结构崩塌，可能就有人会被砍头。这是恐怖的一年，但还有其他类似年份，1816年、1848年、1871年，显然还有1940年。如果我们以意图而不是后果来判断，那么有必要补充一点：1794年的恐怖统治是以民主的名义进行的。

在共和二年风月时，事情已经到了如此程度，以至于最轻微的"独立于政府"，用圣茹斯特的话说，都是对现存秩序的威胁。那些山岳派，远看非常相像，但连他们自己也没有什么共同意志，以致不能将政府的批评者与国家的敌人区分开来。为了革命的利益，革命分子必须被消灭。"革命吞噬他们自己的孩子"这句话被一个已经去世的吉伦特派分子创造出来。重复这句话被政府认为是反革命。给的解释是，革命只吞噬敌人。

埃贝尔、龙森和樊尚以及另外两个人在圣茹斯特演讲后的第一个晚上被捕。在接下来的几天里，又有十五人被捕。委员会在危机中团结一致。风月二十三日晚，罗伯斯庇尔在雅各宾俱乐部发表了一篇演讲，标志着他重返政坛，支持圣茹斯特；库东也是如此，第二天比约-瓦雷纳也如此。巴雷尔在风月二十四日从印刷商订购了二十万份圣茹斯特的演讲稿。兰代把两百万里弗给了巴黎公社，以给城市供给食物和必需品，安抚那些埃贝尔派的同情者。

科洛·戴布瓦无疑是喜忧参半。他有意为他在里昂的同事龙森和他在南特的刽子手伙伴卡里耶求情。他不能再为龙森辩护了，但他的介入可能救了卡里耶。尽管卡里耶是最显要的叛乱造势者之一，但没有遭到逮捕。委员会很可能宽恕了他，从而将科洛·戴布瓦拉拢到他们的共同战线上。

二十名被告很快就被推上了革命法庭。这些人里各色人等都有。埃贝尔是公社里的国民代表，龙森是革命军指挥官，樊尚是军政部部长的助手。比利时人普洛里，据说是埃罗-塞谢勒的同谋，也和他们在一起。这群人中包括一位荷兰银行家、一位法国将军、一位理发师、一位书商、一位烟草商、一位医生、一位外科医生的学徒、一位以前务农的妇人，以及一位被称为文人的人。其中大多数也从事公共服务。唯一的国民公会代表是生于德国的阿纳卡西斯·克洛茨，他吹嘘自己超越了国籍。把当地人和外国人混为一谈使外国阴谋的指控显得更可信。

审判时间很短，所有被告被一同传讯，证据主要来自目击者的回忆，他们听到了一些可疑的话语。陪审员们很快表示，他们的良心得到了满足，审判长判处所有二十人死刑，除了一名警方的间谍，他和其他人关在一起。芽月四日（3月24日），下午5点钟，断头台夫人终结了她的十八个爱慕者的生命。那名农妇声称自己怀孕了，因此得了缓刑。

随着埃贝尔派的倒台，发生了很多事情，人们还没意识到。如果革命还没有结束，至少已经迈出了反动的第一步。五年来，这座城市的革命分子一直在指挥着各种活动。巴黎进攻了巴士底狱，把国王和王后从凡尔赛赶走，推翻了君主制，用刺刀将吉伦特派从公会中清除。它的力量在去年夏天就已经显现出来了——战时总动员令、革命军、经济独裁就是其结果。救国委员会本身，以及革命政府的整个机器，都来自巴黎有组织的激进主义所提出的有效要求。通过迫使中央政府遵从自己的意愿，首都一再推动革命向前发展。

在风月二十三日，五年多来的第一次，中央政府稳定立场，把叛乱分子关进监狱而不再屈服于他们。从此以后，革命将是政府的工作，而不是自下而上的动乱。威胁现有的统治再次成为叛国。

救国委员会无意制止革命。在官方眼中，埃贝尔派不过是煽动者，不代表合法的公共利益，只是一群偏离正道的密谋者。自1789年以来，每届政府都对威胁它的势力持有这种观点。在和平改革的支持者们看来，推翻巴士底狱的群众如此；在君主立宪主义者们看来，推翻国王的暴民如此；在理想主义的吉伦特派看来，将山岳派推向权力的暴徒们也如此。在每一种情况下，成功那派的方案成为公认的革命进程，被赶出办公室的人都陷入了暴君和贵族的地狱——如果埃贝尔派成功了，罗伯斯庇尔和其他人就会在这里。

那么，埃贝尔派与早期暴动者的区别仅仅在于他们失败了吗？如果是这样，那么他们的垮台就标志着反革命。把罗伯斯庇尔描绘成早期梅特涅是很奇怪的。如此疯狂的修正也无必要。但问题并不像看上去那么明显。只有一个非常坚定的罗伯斯庇尔主义者可以毫不犹豫地将罗伯斯庇尔主义视为真正的革命，而将埃贝尔主义视为偏离。

埃贝尔主义，从实践到思想都被罗伯斯庇尔标为极端主义体系，毫无疑问是一种强大的趋势，它受到无套裤汉们的欢迎，许多公会代表在他们担任特派员时对其也青睐有加。毫无疑问，罗伯斯庇尔反对他们就是在阻碍革命的洪流。但是作为一个以推翻当权者为目标的政党，埃贝尔主义太软弱了，软弱到令人怀疑政府是否有必要处死其领导人。科德利埃派的暴动是一次惨败。无论是肖梅特、卡里耶、科洛·戴布瓦、巴黎各区还是公会中的任何人，都不会在摊牌时支持它。在这方面，驱逐吉伦特派的暴动就完全不同，更不用说摧毁巴士底狱的暴动了。革命精神已不再是在大街上和咖啡馆里发动大众造反。伟大的政治领袖要么死了，要么掌权；他们不再引起大街上的骚乱。埃贝尔、龙森和其他那些没有思想的人，都是这乱世才出的人物。他们没有办法解决他们赖以兴旺的经济危机。他们的暴动没有以前那样的政治理由：1794年3月，革命没有面对1789年7月的保王派、1792年8月的外国势力以及1793年5月它自己的无政府势力那样的灭顶之虞。

总之，埃贝尔派的领袖们是一个派系或几个派系的混合物，正如委员会的组成那样。他们大多是官员和公职人员，是底层的革命者，是圣茹斯特一再谴责的拒绝屈尊迁就的"官员"。他们代表革命的无政府主义一面，对有组织的革命政权而言，他们是麻烦，甚至是一种威胁。但这并不能得出结论说，他们故意与外国人合谋反对共和国。

所有这一切只是说明革命现在是在政府内部，而不是在民众之中。革命控制着主权机器，以一种近似政府的形态，席卷欧洲二十年。

埃贝尔派的倒台是全面清算的开始。只不过企图造反才使他们成为第一个离开的。自12月以来，其他听过圣茹斯特或罗伯斯庇尔演讲的人，很少能产生安全感。的确，掌权的委员会在决定把革命力量集中在它自己和它的下属机构手上之时，对温和派的容忍甚至比对它刚匆匆处死的爱国者还要少。风月二十五日，根据巴雷尔的命令（责任分配值得注意），革命法庭的检察官被授权招募尽可能多的间谍来帮助定罪。

未竟的事业得以完成。埃罗-塞谢勒终于被监禁了；这位优雅的文人进了卢森堡花园，他心爱的《爱弥儿》《新爱洛伊丝》手稿，卢梭亲手所写，由艺术委员会没收。受贿者法布尔·德·埃格朗蒂纳、沙博和其他两人被押去受审。根据圣茹斯特在二十三日的报告，腐败是针对国家的阴谋。并不是政府的每个人都明白这个新学说。在公会中，当治安委员会报告其发现时，发言人阿玛尔只详述了财务欺诈的肮脏事实。罗伯斯庇尔和比约-瓦雷纳站了起来，大声说他们没有抓住问题的关键，这是政治问题，罪犯在自己的口袋里装钱是在促进外国阴谋。阿玛尔接受了责备，大委员会又一次战胜了小委员会。罗伯斯庇尔派的指控有一些证据。受贿者有一个中间人叫巴茨男爵，其时人已逃走，此人是一个保王派，试图引诱贪婪的代表们卷入丑闻来玷污公会。

在风月三十日，罗伯斯庇尔公开警告"剩余的"派系。他说，如果假设只有一个派系——已经被处理掉的那个——那就太荒谬了。卡米尔·德穆兰大胆发表了另一篇呼吁节制的小册子。布尔东在猛烈抨击公社：为什么巴黎城对埃贝尔派倒台的高兴表现得如此之慢？所谓的温和派向名誉扫地的极端分子发泄他们的愤怒。朋友们报复心切，丹东试图化解，但没怎么成功。国民公会同情丹东。他对于政府依然是一个危险，不执政却处在领导地位，不管是那些腐败的朋友还是他自己对钱的喜好，都没有削弱他的巨大声誉，他那男子气的自信，他良好的人缘，他拍打他人后背的随和习惯都吸引着人们，与之相比，罗伯斯庇尔就像是一个苍白的传教士，浑身一股病态的清寒气。丹东喜欢人，而只有人民才能触动罗伯斯庇尔的感情。

在埃贝尔主义被粉碎的情况下，如果丹东主义继续存在，救国委员会将失去其中心地位的优势。无套裤汉们会认为政府落入了温和派和反动势力之手。对于丹东阵营的温和派来说，掌权的救国委员会很快就会显得极端激进。温和派肯定会反对风月的大部分财产方案，他们中的许多人甚至嘲笑共和美德。另一方面，正如我们将看到的，委员会即将采取温和派所赞成的某些政策。不能显出是迫于他们的压力才这样做。在这种理性的考量之下，是一种根本的厌恶，科洛·戴布瓦强烈仇恨他所畏惧的人，罗伯斯庇尔在道德上厌恶那些他认为轻浮或肮脏的人。

丹东挡了路，而即使是丹东，这位昨日泰坦，也得走。有一些在最后一刻试图和解的故事。郊区举行的一次宴会上，丹东和罗伯斯庇尔都出席了。据说，丹东告诫他的老同事不要扮演独裁者，警告他普通的法国人不会容忍这样的统治，恳求他为了革命的利益再次确认他们之间的友谊，最后，当罗伯斯庇尔坐在一旁犹疑地无动于衷时，他哭了起来。我们可以相信丹东哭了，因为罗伯斯庇尔后来指出他的眼泪是背信弃义的表现。他们两人达成一致的希望渺茫。丹东为所有人辩护的为了共同事业的理由，对于罗伯斯庇尔来说，就是盲目地袒护不合适的人。

罗伯斯庇尔不太乐意去做这事，毕竟他曾经信任过丹东，但是多半他自己已经下定了决心，然后他那些更凶狠的同僚们让他明确了立场。圣茹斯特急切地起草另一份报告。罗伯斯庇尔仔细地看了一遍手稿，认真地纠正了圣茹斯特一两个过激的主张，加上了自己的大量批注。这些批注无疑表达了罗伯斯庇尔认为最可能的情况。以任何正常标准来看，这都是一个奇怪的问题。多年以前，丹东似乎就已经和一些当时就名誉扫地的人交往了。丹东赞扬了现在被认为是虚假的爱国者。丹东一直避免谴责真正的阴谋者。他从米拉博那里拿了钱。他曾经建议解散公会，使宪法生效。他从未与革命真正和谐过。他曾说过，政治上的严酷原则会把人们吓跑。他把公众舆论称为娼妓，把传宗接代称为愚蠢，而他实际上宣称的最好的美德，就是婚内交媾！

罗伯斯庇尔的描绘对丹东有歪曲。然而，革命者中有谁没有在被送上断头台之前和之后经历过歪曲？罗伯斯庇尔本人将被逃过他手的人更加严重地歪曲。

在救国委员会讨论时，并不是所有罗伯斯庇尔的批注都被采纳了，圣茹斯特依据大家的讨论起草了一份定稿。罗伯斯庇尔划掉的一些事项出现在定稿中。他保留的有些事项没有被采纳。例如，罗伯斯庇尔指控12月来自里昂针对富歇和科洛·戴布瓦的请愿书是丹东派的策略。委员会认为制止这一指控是明智的。这一事件表明，罗伯斯庇尔此时已将里昂大屠杀纳入了革命正统的洪流——它们发生了，因此它们是对的。对他来说，暴力不像以前那么可叹了。这种变化是不祥的。

3月30日晚上，治安委员会被召集开联席会议。丹东、德穆兰、菲利波和德拉克洛瓦被捕的逮捕令已拟订并提交签字。在场的二十个人中随后出现了混乱的场面。罗贝尔·兰代对团结的呼吁充耳不闻，拒绝签字。据说他当场说他是来喂养爱国者的，而不是来杀他们的。治安委员会的一名成员也拒绝了。所有其他的人，一个接一个地，从比约-瓦雷纳开始，最后都签了字。圣茹斯特和罗伯斯庇尔要求将逮捕推迟到第二天圣茹斯特提交报告之后。他们希望丹东在场，显然是为了在他表现出恐惧之时嘲弄他。其他人表示反对，并指出存在风险，说国民公会可能会造反，并警告他们自己可能会被送上断头台。就在那天晚上，他们决定抓捕受害者。我们从一位目击证人那里得知，圣茹斯特非常恼火，他把帽子扔进火里，然后摔门而出。

把人民的代表、国民公会和山岳派的大人物判处死刑，实际上比两个星期前针对埃贝尔派的行动更危险。这绝非必能成功之事。

3月31日国民公会开会时，勒让德尔冲了进来，哭诉有四名代表在晚上被关了起来。丹东是一个，他不知道其他人的名字。"公民们，我不过是自由精神的果实……我的成长不是人类的作品，而是自然的作品……公民们，我宣布，我相信丹东和我一样纯洁……"这一辩护引起了人们的窃窃私语，现场一片混乱。主席大发雷霆说他将维护言论自由。勒让德尔继续说，他要求把丹东和他的狱友们带进大厅。两个掌权的委员会的所有委员也都被传唤过来。其目的是使原告与被告对质，而国民公会可以在高涨的热情中敢于坚持，拒绝批准逮捕。

罗伯斯庇尔终于登场。他为逮捕丹东一事辩护，这是履行救国委员会赋予他的职责，但他的热情令人怀疑，前一天晚上他是否真的持反对意见。他问道，丹东是一个享有特权的人吗？他有沙博和法布尔·德·埃格朗蒂纳所没有的权利吗？代表之间的平等难道不能保持吗？人民的自由会受到损害吗？巴雷尔也持有同样的观点，他接上去说：

"有人在谈论独裁。这个词把我的耳朵震了好一会儿。有必要消灭这种想法。我注意到只有被告的朋友在为自由而颤抖……

"什么？两个委员会里的独裁每个月、每分钟都可以解除！……委员会不断地承担责任，从公会那里获得他们的权力，向公会报告他们的工作，有这样的独裁吗？"

就在这时，圣茹斯特走进房间，默默地走向讲台。没有人再谈论去提来犯人。代表们坐下来听报告。有人说，圣茹斯特单调地念着，看着天空举起手，又放下手——有人说，就好像是断头台一样——除此之外，再无动作。也许他心情不好，是因为他的猎物没有来听他说话。

这篇演讲（这是圣茹斯特反对派系斗争系列演讲的最后一篇）

圣茹斯特

是一种革命历史，甚至是一种革命哲学。里面没有什么新东西。论点在最后得到了阐述。"我所谴责的那些人从来不是爱国者，而是比科布伦茨的贵族们更老练、更狡诈的贵族。"为了证明这一点，演讲者回顾了前几年的情况。他说，这种麻烦最初是在权力极度分散的过程中产生的，这为阴谋活动提供了充足的活动空间。公职人员总是特别危险。一直都存在派系，或者更确切地说，只有一派，因为都是外国利益扶植的派系，他们一会儿是奥尔良派，一会儿是布里索派，然后又是埃贝尔派，最后是丹东的亲信。他们所作所为的证据是货币贬值、殖民地的动乱、贸易流失、囤积货物、坏的建议、可疑的语言、联邦主义等等。总之，圣茹斯特会让听众相信，法国革命中面临的每一个困难都是因为叛国，不期待1794年3月政府法令的革命分子都是叛徒。相比之下，关于埃罗-塞谢勒的不实之词简直就微不足道。埃罗和圣茹斯特曾在十个月前起草宪法的委员会共事。圣茹斯特知道，埃罗比任何人写得都多。但演讲者现在声称那次活动中，埃罗只是站在一旁"默默见证"。每个被认为危险的人，他的名声都要被抹黑。

结论里还有一个展望。随着丹东派的溃败，肃清行动也就结束了。"阴谋不再触及这块圣地；你将投身于立法和政府；你必探出深渊，从天上夺去火焰，将生命赐给那初生的共和国，使对国家的热爱和正义之火熊熊燃烧。然后，就只剩下爱国者……"一个太平时代，但它会来吗？

圣茹斯特发言之后，没有人提问或批评。公会以惯常的全体同意和掌声接受了这份报告，没人再进一步抗议，就放弃了丹东派。

斗争转移到了革命法庭，两天后，丹东和那些与他一起被捕的人，以及埃罗-塞谢勒、四名贪污分子、五名可能是外国阴谋的密探一起被押着上了法庭。至少可以说，被告得到了一次聆讯。尽管对结果几乎没有什么真正的怀疑，但政府并不感到太安全。审判是公开的；挤满旁听席的爱国者们，甚至陪审员们，可能会被鼓动起来同情他们的老英雄。虽然治安委员会的委员出席并旁听了诉讼，但最糟糕的情况确实发生了。当轮到丹东的时候，他释放了他没在公会上展示出的力量，像被激怒的狮子一样咆哮着，怒吼着他的蔑视、他的愤怒和他的否认，直到在街上都可以听到他的声音，一群人聚集过来探听。其他被告也设法否认了控诉。

丹东点名十六名公会代表，包括罗贝尔·兰代，作为证人传唤。他给人的印象是如此之好，以至于法官和公告人不得不应允；一想到自己的脑袋能否保住取决于定罪与否，他们就吓得魂不附体——他们给杜伊勒里宫寄去一张写着丹东愿望的纸条，无助地询问他们该怎么办。委员会是不会被击败的。几小时后，巴黎得知监狱里正在策划一场暴动，囚犯们要从监狱里涌出，进行谋杀和报复，并要暗杀救国委员们，而委员们则勇敢地宣布愿意为祖国而死。丹东的雄辩被打上了傲慢和任性的烙印。"有哪一个无辜的人，"圣茹斯特问道，"曾经违抗过法律？"他补充说，被告的莽勇本身就足以证明他们的罪行。

软弱的国民公会命令那些"反抗或侮辱"国家司法的囚犯应该被噤声。辩护因此停止。法官和检察官对陪审员施压，在最后一刻偷偷给他们看了一封神秘而又罪恶的信。现在国会图书馆里的一封信很可能就是这次展示的文件。国会图书馆的那封信，是1793年8月丹东的手写，目的是保护当时还在监狱里的玛丽-安托万。当时罗伯斯庇尔本人并没有打算对王后采用暴力。尽管如此，这封信在1794年4月仍然可以作为丹东密谋恢复王位的证据。

死刑是在审判的第四天宣布的，有一点几乎无须强调，那就是它是对文明程序的践踏，只能与我们这个时代的某些政治审判相媲美。囚犯在当天下午被处决。

其他人都毅然赴死,除了卡米尔·德穆兰,他曾嘲笑过处于同样悲惨境地的其他人,现在却一直挣扎,直到他胸前和肩上的衣服都被撕破。总的来说,所有人都很安静,情绪沮丧和若有所思,丹东却保持着轻松的心情,并试图让其他人高兴起来。卡米尔似乎对"人民"在他经过时对他发出的嘘声感到惊讶。在沿途的一家咖啡馆里,达维德[1]以艺术家而非治安委员会成员的身份站在那里,画着丹东的素描,这幅画现在还可以看到。

在队伍中有一个是我们最初的十二个救国委员——埃罗-塞谢勒,他最先死去。在证明他有罪的文件中,似乎有三处伪造。他不屑于为了自我辩护再说更多的话。他一个人坐在囚车的后座上,从各方面看来,他显得十分自在,目光超然地望着旁观者,向圣奥诺雷街的朋友们点头致意。在革命广场,他是第一个走下囚车的人,在那痛苦和嘲弄的场景中,他仍然高深莫测。他平静地观察着在他之前被押走的人的命运。当他的名字被叫到的时候,他转身去拥抱丹东,但是被拉走了。然后,他毫不犹豫地走上断头台。他的死是他一生的胜利:从矫揉造作变成了尊严。六年前,他在自己身上发现了一种"共和"气质。在最后时刻了解他心中自己的形象会很有趣。是共和烈士、持怀疑态度的哲学家,还是向平民展示如何赴死的贵族?

风月的这些风波(丹东派于芽月十六日,即4月5日被送上断头台,但"风月"可以方便地扩展为一个象征)在短期和长期都意

---

[1] 即雅克-路易·达维德(Jacques-Louis David,1748—1825),法国著名画家,新古典主义画派的奠基人,罗伯斯庇尔的朋友,被视为大革命时期艺术界的专制者。罗伯斯庇尔倒台,他也随之下狱,但后来他的作品得到了拿破仑的关注,成为皇帝的宫廷画师。拿破仑下台后,达维德虽然获得复辟的路易十八的宽恕,但画家选择自我流放国外,终老于荷兰。

义重大。埃贝尔派的倒台使无套裤汉这些小革命者处于一种困惑的状态。救国委员会有必要给他们一种方向感。丹东派的倒台吓坏了革命领袖们，尤其是公会的代表。委员会给他们一些安慰是明智的。至于到何种程度我们将拭目以待。困难是令人生畏的，因为罗伯斯庇尔的窄路已经变成了绷紧的绳索，鬼鬼祟祟的双手正在无情地等着将其割断。

一个多世纪后，当法国再次成为共和国时，旧的分裂仍然很明显。所有现代共和主义者回顾革命时都表示肯定，但绝不同意。没有人想把埃贝尔理想化，在19世纪创造的一个社会主义者的传奇使之毫无用处。但有些人把丹东理想化了，有些人则把罗伯斯庇尔理想化了，因为丹东派和罗伯斯庇尔派还活着。有随和的共和主义者，他们是一些好心肠却总是丑闻缠身，还有更死板和绝对的共和主义者，他们是激进的民主主义者，随时都会撕下普通资产阶级社会的面具。这两个团体互不信任的程度几乎与他们和保王党人互不信任的程度相当。务实的法国人以美国人无法理解的宗派狂热为了他们的过去争论不休。

第十三章
高潮

救国委员会作为法国真正的统治机关，在丹东派灭亡之后存在了113天。这个百日政府比拿破仑的百日王朝更有启发性，因为在这些日子里，革命达到了高潮。救国委员会已经消灭了它的敌人，现在可以自由统治了。罗伯斯庇尔站在他事业的顶峰。世界有了新的前景和向往。在比利时，雅各宾派赢得了在绿房间里耐心计划的伟大胜利；在海上，让邦拼凑的中产阶级海军舰队挑战了英国的统治地位。花月和牧月不仅带来了革命独裁统治的成熟，也带来了民主共和国的春天，对于最好的雅各宾派来说，这是一个很快消失的短暂乐观时刻。

人们对这一时期争论不休，却知之甚少。大恐怖的阴云笼罩在它的上空，罗伯斯庇尔倒台前，断头台让人闻之色变。在热月九日前的两个月里，大约有二千五百人被巴黎革命法庭处死，该法庭在

5月实现了对革命司法的实际垄断。这些处决中的大多数都不能像早先时的处决一样公正合理,即使是在充分的国家理性准则的指导下。它们与其说是出于政治算计,不如说是出于恐慌。这种大恐怖是一种心理上的狂热,就像五年前困扰农民们的大恐慌那样。

忽视恐怖统治的日渐加强是错误的。实际受害者的数量当然可以被处理得看上去很小。在这一年多的恐怖统治时期内,只有一千五百分之一的法国人和超过三百分之一的贵族被送上了断头台。其中一半人是在武装叛乱中被抓罹难。在这个国家的大部分地区,处决是秘密进行的,尤其是在风月之后。但除了断头台,我们还有必要记住那三十万名被公开指控的嫌疑人,十万名政治犯,司法程序的退化,监视、谣言和告发的手段及其所导致的朋友间不信任,对敌人以正义自居、冷酷无情,普通人类关系的道德堕落。恐怖统治是一种疾病,给法国留下了永久的伤疤。

即使如此,我们也不该过多地讨论恐怖统治,事实上,这绝不完全是救国委员会造成的。热月之前的百日政府主旋律不是破坏。那是一个创造期,一个流产了的但也许是有远见的创造期,只不过被革命的致命瘟疫,以及合作不力的革命者所掐断。如果雅各宾派是一个现代意义的革命党,可以被训练得能做到机械服从,整个法国革命就会大大不同。

风月之后,建立共和国和创立民主所必需的制度观念,是得胜的救国委员会的主要目标。仗仍要打,但不再是防御性的,尽管奥地利人仍然盘踞在孔代和瓦朗谢讷。为了赢得战争和建立共和国这两个目标,革命政府仍然需要加强巩固。

虽然革命政府被认为是临时的,但正如所见,它的巩固涉及许多具有深远意义的决定。霜月十四日的原则在风月之后以新的方式被实行。下属组织失去了他们仅剩的独立性。巴黎公社全都是政府任命的人，科德利埃派俱乐部被关闭，革命军被解散。正规军中的士兵失去了向国民公会请愿的权利。地方当局，如省市级的委员会，禁止互派代表团，否则将判处二十年监禁作为处罚。救国委员会召回了许多特派员，他们宁愿起用国民代表或告发过卡里耶的青年朱利安那样的特别巡视员，这些人直接效忠于救国委员会。由特派员们设立的革命法庭被解散，此后的政治犯在巴黎受审。恐怖统治末期，阿拉斯和奥兰治两个著名的地方法院是救国委员会授权的。

4月1日，卡诺在公会罕见地露面。他提议废除政务委员会的六部，由于其人员的半独立状态，有时就不免与救国委员会意见相左。为了完成他们的工作，他建议以供给委员会为模板成立十二个行政管理委员会（executive commissions），实际上就是救国委员会的下属部门。这个观点在以前的大会上就被提过，就像卡诺自己的一些观点被提起过一样，他就说过部长是国王的专制发明。救国委员会过去曾把对部长们的批评看作是对其自身的党派攻讦。既然各派现在已经垮台，他们的想法就可以安全地被采纳。时间一点也没浪费，因为卡诺发表演说距离丹东被捕不到四十八小时，后者甚至还没有受到审判。

老六部的终结（公会一言不发地同意了）在理论上结束了行政权和立法权的分离。卡诺清晰地勾勒出了议会政府的内阁形式。他说，理性处于最高地位，人们总是服从它；其次是人民，再者是选举出来的代表机构；然后，"救国委员会，这个国民公会直接产生、不可分割但可更换的组成部分"，用于指导行政、决定政策，代表公会的领导层。卡诺认为这种新的制度安排是暂时的，就像革命政府本身一样。然而，他是根据一般的政治哲学来提出这个计划的，似乎并不觉得其适用范围有限。无论如何，值得注意的是，尽管当时有孟德斯鸠的权威、各种学说大行其道，但是为了满足政治现实的需要，救国委员会提出了一个在法国最为成功的代议制政府形式。因此，救国委员会其实是一个内阁，尽管是一个非常专制的内阁，因为在可见的将来不会举行任何选举，公会也不允许存在党派或者自由讨论。卡诺继续牵头规划重组的细节。

以霜月十四日的原则为依据，1793年的政治碎片被建成一个有组织的权力金字塔，这种发展趋势使得金字塔的两个高峰——国民公会两个掌权的委员会显得越来越尴尬。救国委员会的人对治安委员会的同事们有些不以为然。这两个机构的相互协调意味着政治警察独立于政府其他行政部门运作。小委员会有时执行大委员会不愿进行的逮捕，有时又对大委员会认为至关重要的案件缺乏热情。9月，救国委员会获得了任命治安委员会委员的权利，却并没有产生真正的从属关系。前者继续削减后者的范围。对丹东派的报告是政治警察最重要的行动。然而，领导权在作为上级的委员会手里，具体由圣茹斯特来主持。

丹东死后的第十天，圣茹斯特又在公会发表了演说。其结果是一场精心谋划的警察行动。两个委员会现在有同等权利追捕反叛者，但只有大委员会才能审查和清洗政府人员。在这两个委员会的联合管辖下，两个新管理委员会将负责风月法令的具体执行。贵族和外国人被禁止进入巴黎。那些说革命坏话或无所事事的人将被驱逐出境。公会的另外一个委员会将为共和国设计一套市政机构。整个行动都带有明显的圣茹斯特印记。

现在救国委员会内部设立了一个新的警察总局（General Police Bureau）。它也是圣茹斯特运作的结果：其领导是圣茹斯特的一个朋友，其雇员被要求少说话，其主要工作是监督国家的所有官员。这个新成立的机构体现了圣茹斯特在《共和制度》中所呼吁的审查制度。它的职能主要是监督公共行政，但实际上它也处理其他事务。

警察总局和救国委员会的其他部门一样,实际上都是办事机构。它为委员会的审议准备事项,后者尽可能做出所有重要决定。救国委员会委派一名委员监督警察总局的工作,该委员应在绿桌上提出所有明显不合常规的事务,供大家讨论。

起初,警察总局由圣茹斯特管理,但在成立后五天,他被外派为北方军特派员,所以接下来的5月和6月两个月里,警察总局都由罗伯斯庇尔负责。此后直到热月,圣茹斯特和库东轮流督导其工作。这三个人如何运用委任给他们的职位是一个重要的问题,因为他们后来被指控组成了一个"三人帮",并主要通过警察总局阴谋使整个共和国听从于他们。

警察总局的领导人在摆在他面前的文件上作出批示。从这些笔记中可以推断出许多东西。圣茹斯特非常严厉,经常下令逮捕;罗伯斯庇尔倾向于询问更多情况。然而,在警局成立的最初几天里,圣茹斯特就把好几个案子移交给了治安委员会。罗伯斯庇尔在他两个月的任期内,只向这个对手委员会移交了四件案子。很明显,罗伯斯庇尔希望国家的警察独立于治安委员会。然而,该委员会处理的案件仍是警察总局的四倍,由于其中一些案件很重要,它仍然是政治警察的主要机关。警察总局的工作加剧而非消除了两个委员会之间的摩擦。

罗伯斯庇尔和另外这两位僭占治安委员会的同时,是否也试图在救国委员会中建立一个单独属于他们的权力呢?看上去事实并非如此。警察总局发出的命令是掌权的救国委员会的命令,必须由救国委员会委员签发。这些命令中由"三人帮"之外成员起草的占四分之一,签发的有一半。剩下的一半由罗伯斯庇尔、库东或圣茹斯特单独签发。重要的逮捕似乎是由整个委员会讨论过的,至少他们都知道。逮捕程序的规律性可能使其他委员怀疑决定是由督导警察局的委员私下作出的；然而，许多决定不得不如此做出，因为救国委员会没有时间一起讨论每人分管负责的细节。混乱是必然会发生的，就像卡诺发现在他不知情的情况下，他的两个属下被捕一样。

简而言之，警察总局是救国委员会的一个工具，而不是罗伯斯庇尔的小团体；它的活动与共和二年的整个发展态势相一致，这不仅使治安委员会处于从属地位，使公务员们能够处于巴黎政府的视野之内。如果巴雷尔、比约或科洛负责其事务，它的工作同样也会致力于严格调查。但这是罗伯斯庇尔派对救国委员会权力的贡献；它是由他们设计、管理和操作的，如果救国委员会分解成纯粹的个人的集合，警察总局就会成为罗伯斯庇尔派的机器。

风月之后救国委员会是一个完全成熟的独裁机构。然而它的权威并不是绝对的，其地位取决于国民公会。一个奇怪的悖论是，对公会的清洗表明了该机构的重要性——但如果公会完全没有价值，其代表就更不用说了。如果公会撤销其授权，独裁就不复存在，特别是因为委员会本身正在摧毁人民革命的机构，而且因为坐在绿房间里的九个人是出于对公会的尊重而不是对彼此的忠诚而团结在一起的。此外，治安委员会顽固地坚持自己的立场。早在3月16日，美国驻巴黎公使就写信给杰弗逊说，这两个委员会可能会公开交锋。他还指出，在埃贝尔派和丹东派垮台后不久，救国委员会内部就会出现下一个派别。故事的结局证明了他预言的正确性。

改组行政各部，扩大霜月十四日的原则，设立一个新的警察机构，这些都只是达到目的的手段。问题仍然是救国委员会希望做些什么，民主共和国究竟意味着什么。

4月14日，国民公会主动要求将让-雅克·卢梭的遗体送到先贤祠，这是一个迹象。新的国家就其书本上的源头而言是从《社会契约论》中获得的灵感，它并不是19世纪出现的自由主义国家。

雅各宾派从没想过让个人拥有自由决断权。他们的民主共和国是统一、稳固、完整的，个人融入社会，公民融入国家。国家主权是为了制衡个人权利，共同意志凌驾于个人意愿之上。为了人民的利益，国家是干涉主义的，提供社会服务；它为国家机构制订计划、进行指导，利用立法来激励普通人。它更接近于20世纪的国家而不是19世纪的国家。

简而言之，早在1794年，民主就与纯粹的自由主义和自由放任主义不再有任何关系。它把自己定位为广泛行使主权，或者更具体地说，行使政府权力。"政府的职能，"罗伯斯庇尔在雪月五日说道，"是引导国家的道德和物质力量。"引导向何方呢？风月之后，权力更不受约束的救国委员会如何构建其领导职责？经济目标与其他更"道德"的目标相比如何呢？

有一点毋庸置疑，共和二年的政府以空前的彻底程度来管理经济事务。我们用了整整一章来描述这一管理。然而，大部分这种管理都被认为是暂时性的，只适用于战时和国内政治危机期间。风月之后，一项经过修改的经济调控政策开始推行。新调控政策之所以可行，是埃贝尔派倒台使然，又结合经验予以实施，这一新政策表明了救国委员会内部经济学思想的真正动向。

调控对商界人士和生产商的敌意降低了。新政策邀请他们合作，同时又不让他们自由行动。

救国委员会发放了保险费和补贴，并将某些军工厂转让给私营企业，比约和科洛在去年7月提出的反囤积法的其余部分也被废除了。价格管制放松。救国委员会中从来没人对全面限价令有太多信心；得到批准的例外越来越多，法律被用作一种规训工具，有时可以用来制止暴利、抵制劳工要求。出口贸易得到鼓励，尽管出口商必须进口有用的商品或将外汇交给政府。供给委员会，改名为商业和供给管理委员会，成为十二个新的行政部门之一，继续存在甚至扩大了其监管职能；现在只有它拥有征用权，设立了新的办事处，如在港口设有出口委员会，其代表和商人代表共同在此进行商议。

很明显，风月之后革命政府无意将"商人贵族"赶出其正辛苦建立的国家。它也无意让私人企业妨碍国家利益。它对私营企业抱有压倒一切的信心，却不是绝对的自由放任。然而，即便是适度监管，也会受到恐怖统治高压的影响。热月之后，在反对恐怖统治的浪潮中，所有对工商业的管控措施都被抛弃了。

革命政府提议在经济层面为下层阶级做的事情是一个极具争议的问题。正如大家所看到的那样，救国委员会试图向公众宣传新的科学思想。它向农民分发关于农业的小册子，并向冶金工人和其他工匠介绍新的技术过程。也许它认为这样的公众启蒙是政府的职责，不管军情紧急与否。此外，救国委员会还制订了普及教育和各种扶贫计划，这些政策历经百年才接近完成。有争议的问题是，除了启蒙和救济其公民，革命政府考虑在多大程度上广泛地进行财富再分配。革命期间，许多财富已经易手。但是，以前国家没收的财产只能由有购买能力的人获得，因为没收的财产是用来支持纸币的。

风月法令标志着一个新的开始。该法令规定，或者被认为规定了，"贫困的爱国者"应该免费获得土地。这就是圣茹斯特在《共和制度》当中所表达的初衷。它从未实施过。

由救国委员会制定、国民公会颁布的风月法令实际上并没有说明不动产应予以分割。他们说，这笔钱将从嫌疑犯那里没收，并从中给穷人一笔补贴。新没收的财富，就像已经从神职人员和流亡贵族那里没收的财富一样，可以用来维持革命政权的财政结构，穷人也可以像以前一样，通过获得的纸币"补贴"来解救济。

圣茹斯特自己的泛泛而谈也助推了这一结果。圣茹斯特就像革命的大多数中产阶级领导人一样,对工人阶级的真正问题几乎一无所知。他看到的是一群毫无差别的贫困爱国者,给他们土地既人道又方便。他没有认识到哪些人可以使用土地、哪些人不能使用土地,没有把那些身体健全的无地农业劳动者和其他穷人相区别,包括小工匠、城市工薪阶层、不那么缺地的农民、老人、丧偶者、孤儿和残障人。巴雷尔和其他一些认真考虑过如何救济穷苦人但反对推翻财产制度的人,将风月法令吸收到一个完全不同但雄心勃勃的公共慈善项目中,从而废除了这些法律。救国委员会中没有人对这一发展提出有效的反对意见。比约和科洛对一场不是由他们自己发起的社会革命不感兴趣。罗伯斯庇尔和库东则在想别的事情。圣茹斯特自己也改变了主意。在一本热月九日从他身上搜查到的笔记本上,他这样写道:"不要承认分割财产,分割的只是农场。""农场"显然是指农场主租给中间商的大片土地,中间商要么把土地转租给农民,要么自己雇人耕作。相比重新分配财产权,废止这些"大农场"是农民们更普遍的要求。因此,圣茹斯特的转变是朝着真正的乡村主张的方向发展,但它降低了罗伯斯庇尔派在他们垮台时发起一场伟大的社会革命的可能性。

事实是,如果想把社会底层的人召集到共和国里,圣茹斯特几乎不知道该怎么做。我们已经看到,救国委员会对城市工薪阶层的态度与工业革命时期早期工厂主的态度相似。在五分之四的农民口中,这些问题更不为人知。在18世纪所有主张改革的作家中,没有真正的农民代言人,革命领导人的经验和教育也不能弥补这一缺口。革命的理想主义帮助农民摆脱了封建的负担,用分期付款的方式给他们土地,承诺给他们教育,采取措施减轻他们的贫困,赋予他们尚未准备行使的公民权利。在这些最初的改革之后,农民的经济需求基本上被忽视了,他们请求将限价令应用于租金。国民政府中没有人支持这种诉求，因为调整租赁条款将等同于承认该法令是永久性的。农民们反对共同耕作的对分佃耕制；1913年时，他们仍在反对。他们希望有权共同购买被没收的土地，并在没有竞争性拍卖的情况下购买。没有人支持这些请求。他们希望保留旧有的公社农业方法，这是官方不赞成的。村庄对个人财产行使集体权力被认为是封建的和反革命的。

最后，风月政策非但没有赢得政府的支持，反而几乎等同于另一种恐怖统治手段。这个国家不同地区的雅各宾派搜集嫌疑犯名单，这通常是他们自己主动进行的，他们表现出的更多的是对寻找革命敌人的旧热情，而不是为穷人提供财产的新热情。救国委员会下令列出的贫穷爱国者的相应名单从未完成。穷人并不急于宣示自己的身份。在与政府就宗教、兵役、劳役和限价法令等问题发生冲突后，乡下人仍持怀疑态度，即使穷困潦倒，赤贫者们也不太可能向当局宣示自己的身份，因为最近的一项法律威胁，乞讨成习惯的人将被驱逐到马达加斯加。救国委员会在推行风月法令时发出了一些语意含糊、没头没脑、心血来潮的命令，有时还劝阻那些积极采取行动的下属。在风月二十三日的法案中规定的六个民众管理委员会中只成立了两个，而且直到热月九日的一个星期前，都没受救国委员会重视。

总的来说，虽然政府的意图是好的，但是劳动阶级有很多不满。春天到来后，救国委员会开始担心农业收成。担心农业劳动者的经济激励遭到剥夺是要求搁置风月法令的理由之一，而害怕富裕的农场主会通过支付高工资来垄断劳动力导致了限价法令的严格执行。5月30日，委员会征用了农业工人，宣布了统一的工资，并向不服从革命法庭的人发出了威胁。然而，农场主们非法支付了高额工资，因此，为了阻止城市工人在收获季节迁徙，委员会禁止他们未经许可就离开商店。

在巴黎,新的国民代表是罗伯斯庇尔的私人朋友帕扬,新公社完全隶属于委员会。肉类仍然很少,燃料依然很难得到,蜡烛几乎都找不到。乞丐不顾严禁行乞的法律,走上街头乞讨;有人投诉说他们请求施舍时还搞迷信,他们的痛苦是装出来的,甚或他们还给五十法郎的大票子找零。在埃贝尔派的统治下,公社压低了商品价格,但没有压低劳动力价格。现在情况几乎相反了。4月21日,两百名烟草工人来到市政厅,要求增加工资。帕扬称这些人是贵族的工具、煽动者的受害者以及某些政治团体的催吐剂,把他们的案子交给了警察总局。一家公共商店的工人抱怨他们一天工作十四个小时,他们的两个领导遭到了委员会的逮捕。国有军工厂中为集体谈判而设立的大会被重组;从此以后,政府的代表组成了多数派,工人们的票数被他们超出。

救国委员会认为(体现在战时总动员)每一种工作都像是在军队服役,是一项需要纪律和牺牲的爱国义务。斯巴达主义主导了经济领域。理解雅典和斯巴达的区别,比约-瓦雷纳说,构成了政府的全部科学。劳工没有得到安抚,骚动蔓延开来,又延续到夏天。风月以后,政府是普通工人寻求支持的唯一对象。政府由中产阶级组成,面对埃贝尔派的煽动行径和江湖手段,他们显得毫无耐心,而对他们追求的最终目标——身处困境中的工人却很难关注到,他们除了对工人个人的美德提出要求,再没有回答。

在这决定命运的一百天里,救国委员会没有基于经济利益让自己为任何阶层站台。无套裤汉工人对于埃贝尔派的感情也无法被取代,因此他们对革命领导层不再抱有幻想,自身也不再成为一股有力的政治力量。商人们现在由当局为其征调劳工,他们不再像几个月前那样受到怀疑;但他们只能获得有限的利润,有时甚至亏损经营，他们不能自由地独立经营自己的事务。那些没人监视就会胡来的人现在发现掣肘的地方太多。劳资双方都同意监管制度不仅应该是暂时的，而且应该是短期的。

但并不是所有的利益都是经济利益，人类也不仅仅是劳资关系的一种。对断头台的恐惧是一种明显的避害心理；而在所有的利益中，最无法抗拒的是一个可以完全投身于一项伟大事业的个人。为了这些利益，革命政府诉诸"美德"——恐惧革命政府的权力，而热爱其目标——即忠诚于共和国。罗伯斯庇尔2月宣布即将实行的政体就是美德和恐怖的统治。

恐怖统治逐渐变成了复仇。肖梅特被送上了断头台，尽管风月时他曾支持政府。埃贝尔和德穆兰的遗孀们也紧随其后。旧君主制的退休官员被拖了出来，包括马勒泽布这个伟大的改革政治家。5月10日，奥兰治委员会成立了，它剥夺了囚犯的一切辩护权，预示着巴黎也会使用类似的手段。奥兰治委员会由特派员迈尼昂领导，前一年和库东在多姆山省的工作已经证明了他是一个理性的人。但即使理性如他也染上了这种传染病。就如现代的保守主义者所说，一个魔鬼的幽灵在到处游荡。6月，两具逃亡的吉伦特派分子的尸体在南部被发现。当地的俱乐部从道德上解释为，那些过着如此邪恶生活的人活该不得好死，"他们的尸体，半数尽为蛆虫蚕食，早已形容可憎、难觅原样，他们散落在地的断手断脚成为野狗口中食，红彤彤的心脏沦为野兽们的牧草"。

与此同时，对于管理国家日常事务的关注，还有那些被赋予厚望、寄托理想的复兴共和国的创造性劳动，都在有条不紊开展当中。政府不遗余力地灌输美德。美德将为这个国家带来新的感情，使之成为一个新民族。罗伯斯庇尔对纯宗教的教导最感兴趣。还有许多其他的工作方法都以此为目标。

赤裸裸的宣传没有被忽视。例如，著名的达维德在 5 月 18 日向委员会提交了两幅漫画。其中一幅画的是乔治三世领导着一群蠢货，而乔治三世则被火鸡牵着鼻子走。另一幅画将英国政府勾画为一个可怕的梦魇般的怪物。委员会付给他三千里弗，每幅订了一千份。

新闻界受到严格的控制，再也没有人像埃贝尔和德穆兰这样办刊物了，实际上也没有什么刊物了。剧院完全变成了官方性质。与 1793 年相比，激进的戏剧更少了，尤其是对宗教的抨击更少了，这一成果部分是拜官方政策所赐，部分是由于政府以外的革命精神的衰退。在对曾经是爱国舞台上常见的对暴政的攻击中，当局现在嗅到了反革命的气息，就像老练的革命家 M. J. 谢尼埃付出代价后所学到的那样。

谢尼埃写了一部叫《蒂莫莱翁》的悲剧以图重振文学声誉。故事发生在古希腊，但剧中人物的台词如下：

> 我，共和国的朋友
> 可否渴望找出暴君？

还有，

> 在恐怖面前，可敬的人退却：
> 善良会消逝，美德会变得谨慎。

还有，

> 现在，但愿有一把匕首，沾满暴君的鲜血，

永远悬在每一个演讲者头上。

在帕扬的警告下，救国委员会决定，这部剧必须接受"鉴定专家的预审"。文学评审团包括帕扬本人，巴雷尔和圣茹斯特也在审读之列。尴尬的谢尼埃最后赢得了一些掌声。"不过，我怀疑，"圣茹斯特说，"政府的两大委员会是否会允许他的《蒂莫莱翁》一再演出。"一次都没被允许，在排练时就被观众席上官方授意的捣乱者所打断。科洛和比约他们自己就是剧作家（事实上库东甚至写过剧本），也许打压这位最杰出的革命剧作家时，他们能得到职业上的满足。

不管有无名气，文人们都被彻底抛弃了，即使是那些最积极支持革命的人也不例外。躲藏数月后被捕的孔多塞于3月底自杀。接受了吉伦特派垮台的谢尼埃和沃尔内对现存政权不抱任何好感。然而，救国委员会决心征召作家和所有艺术从业者来承担创建新国家的任务。

花月的一系列法令虽然由其他人签署，但都是由巴雷尔执笔，在构思上是拿破仑式的。它们还预示了最近的独裁者。

花月二十七日，共和二年

（1794年5月16日）

救国委员会号召诗人们庆祝法国大革命的主要事件，写赞美诗、诗歌和共和派戏剧，宣扬自由战士们的英勇行为、共和主义者的勇气和奉献，以及法国军队取得的胜利。它也号召有学识的公民向子孙后代们讲述在法国重生过程中最值得诉说的事实和伟大的时代，给历史一个坚定而严峻的面貌，以合乎捍卫受到所有欧洲暴君攻击的自由的伟大民族的编年史。救国委员会还呼吁公民为学校编书，将共和派的道德观渗入到教导大众的必读书里，直到委员会给国民公会提议关于颁布国家奖励嘉奖其劳动，和其竞争性比赛的日期和形式。

B. 巴雷尔，C. A. 普里厄，卡诺，

比约-瓦雷纳，库东

因此，委员会宣布了一项关于教科书编写的比赛。它还邀请画家用绘画来歌颂革命，并召集所有音乐家和音乐教师参加一场公民合唱和尚武音乐比赛。建筑师被呼吁创立一种共和风格，委员会将关注对象确定为"在初级大会中行使人民主权的地方，专门用于日十的仪式，市政厅、法院、治安法官的处所，监狱、拘留所、国家剧院、公共浴场和喷泉"。

救国委员会打算美化巴黎，举办雕塑家竞赛，订购卢梭的青铜雕像，从马尔利带了一些雕塑马到香榭丽舍大街，授权达维德从各种宫殿作品中挑选人像来装饰塞纳河上的桥梁。它对杜伊勒里宫花园重新做了布局，将凡尔赛的树木移植到巴黎，赞助了自然历史博物馆和音乐学院，规划了两座凯旋门，还组织了一个动物园。它要求在公会大厅里安装一尊乌东[1]创作的雕像，表现的是手握《权利宣言》和宪法的"哲学"。乌东的这尊雕像仅有石膏像，从没以大理石雕刻出来，是委员会这个短暂政权的最好象征。

农民们没有被遗忘。比赛面向"共和国所有的艺术家"，显然是指建筑师和建设者，"为了改善很多居民的条件，建议采用简单

---

1. 让-安托万·乌东（Jean-Antonie Houdon，1741—1828），18世纪末伟大的肖像雕刻家，其艺术反映出世纪交替时期新的思想意识和新的艺术观的深刻影响。

而经济的方法建造更方便卫生的农场和住所，考虑到不同省份的地理特征，拆除被认为无须保留的城堡、封建建筑和国有化的建筑来获取材料"。

达维德在这几周比较忙碌，除了刚刚提到的委托和筹划民间节日的职责，他在治安委员会还担任职务，他被要求为派到军队的人民特派员设计一种新服装，就改进国家服装的方法做出报告，"使其适应共和礼仪和革命特色"。委员会甚至把衣服都革命化了。

语言也进入其视野。6月4日，公会向法国人民发表了一次讲话，由时值公会主席的科多尔的普里厄签署（可能主笔）。所有主要想法，除了一个以外，都是救国委员会所期待的，并在去年冬天由巴雷尔发表的讲话中提出。唯一的例外是对美德新的关注。普里厄的声明谴责了污言秽语，批评了倒台的埃贝尔派的粗俗语言，肯定了只有得体和恭敬的语言才能反映出法国人民的伟大。

普里厄和巴雷尔都认为一个统一的民族必须有统一的语言。他们猛烈抨击贵族们力求使他们与大众不同的发音方式。他们攻击了共和国的四种非法语语言：德语、布列塔尼语、巴斯克语和意大利语。他们指出，这些语言的存在产生了一种语言联邦主义和社群的分裂，因为说这些语言的人无法理解公共事件。巴雷尔断言，布列塔尼人用了同样的词来表示"法律"和"宗教"，因此布列塔尼人会认为法律的每一次改变都是对宗教的侵犯。他指出，12月有两万阿尔萨斯人外逃，这只是因为其语言（显示了国籍在现代国家中新的重要性）使他们对德国比对法国更同情。没有共同的表达媒介，任何人都不可能成为公民、遵守法律或加入联邦。巴雷尔在他的总结中点评了欧洲各种语言：意大利语具有女性化气息；德语是军国主义和封建制度的载体；西班牙语是宗教法庭的黑话；英语曾经辉煌和自由，现在却是专制和股票交易的行话；"至于我们，我们将其归功于我们的同胞，归功于我们共和国的巩固，因而得以在我们的领土上使用《人权宣言》所使用的语言"。

因此，公会授权一批教师将理性、正义、自由和平等的语言带进布列塔尼、阿尔萨斯、巴斯克地区和科西嘉。事实上，这样的教师并不多见。但是一种语言恐怖在一些地方爆发了，由当地的雅各宾派狂热分子传播。那些在阿尔萨斯灭绝日耳曼文化的狂热分子并不少见。巴黎当局拒绝支持这种极端分子，但在热月二日，即7月20日，在救国委员会并未插手的情况下，国民公会规定所有正式文件和法律文件都必须用标准法语书写。

公共教育委员会在教育方面有管辖权。由于雅各宾派在这件事上达成了一致意见，所以救国委员会干预相对较少。其目的是普及识字，从而消除大众的偏见和狂热，使他们远离君主制和教会。重点在于创造公民，以期出现自由的个人；但是共和二年的教育学说里，个人主义被否定了，而圣茹斯特的斯巴达思想夸张到了无以复加的地步。孩子将由国家养大，实用的科目将受到青睐，所有科目都将被赋予革命的角度。历史把国王描绘成残忍、愚蠢和虚伪之徒，颂扬下层阶级，包括了对美国革命的研究，"第一次哲学革命"。通过研究法国革命所产生的英雄主义和宪法自由，年轻人将获得"民族自豪感，这是自由人民的显著特征"。但是，革命年代对普及教育几乎没有任何贡献（除了一项计划之外），因为没有资金，而且在混乱和专注于其他目标的情况下，旧的教会学校并没有被取代。拿破仑统治时期识字的法国人是否比路易十六统治时期的法国人更多，这是非常值得怀疑的。

救国委员会注意到年轻人成长过程中的无知。与此同时，正如巴雷尔所说，委员们相信，革命对于人的思想就像非洲的太阳对于植物一样。他们考虑为教师建立一所师范学校，但一百天太短暂了——巴黎高等师范学院可以追溯到1795年。救国委员会在引导年轻人从事某些实用技艺方面取得了良好成果。各地选出代表派到巴黎学习如何制造军火，然后回家到乡下去教授别人。现在决定以同样的区域性原则成立一所军校，招收十六岁和十七岁的男孩，他们的年龄刚好低于征兵年龄。

这个被称为"马尔斯学院"的机构直到热月前夕才开始运作，不久之后就被废除了，但计划是在5月制订的，展示出救国委员会希望将法国改造为一个民主共和之民族的方法。

这三千名学生来自全国各地。每个地区的分队一到巴黎就被打散，这样每个男孩就不再以他的地方特色为念，转而学习如何与其他地方的国人团结友爱。几乎所有人都来自无套裤汉家庭，他们的父亲都是农民或工匠，在很多情况下也都是军队的志愿者。巴雷尔说，学校的作用是纠正青少年缺乏纪律的问题，不仅能培养出军人，还能培养出公民和有美德的人，以及爱国、健壮、节俭、认真、生活卫生的年轻人。这些年轻人将为共和国增光添彩。男孩们住在帐篷里，每一个日十里吃两次牛肉，其他时间吃猪肉，睡草垫，早上5点起床。他们学会行军、使用枪支，并懂得了一些关于防御工事的知识。没有像在过去的王家学校那样，把时间浪费在纯理论上；学员们被教导要拿着刺刀笔直向前冲锋。他们还接受了卫生教育。有些人出身卑微，不得不向他们解释厕所的用途。

巴雷尔说，除非男孩们先属于共和国，再属于家庭，否则就不会有什么共和主义教育。然而，在完成了课程后，每个人都要回家，以免他认为教育使他可以凌驾于他的出生地的人们之上。那些表现优异的人将会得到其他的机会，因为"革命的不可估量的优势是，优异者会获得应有的地位，而每个公民都通过他所表现出的才能履行安排给他的职能"。当然，这种优势不仅有利于个人，而且提高了国家的集体效率。

这三千多人在布洛涅森林以北扎营，受过训练、有组织、有武器，几乎疯狂地怀着革命的爱国主义精神（因为他们是从数千名要求入伍的人当中挑出来的，是各地政府为了在巴黎炫耀自己而选出的最优秀的年轻人），学员们是这个城市和国家的政治中潜在的强大武器。这所学校的校长是圣茹斯特的朋友勒巴斯，他是被指定来指导学校的两名公会代表之一。他自己也很年轻，只有二十九岁，在阿尔萨斯和北方接受过考验，举止庄重，蓝眼睛，金发，让学生印象深刻。作为少年英雄崇拜的对象，他成为了共和青年团的领袖。任何现代独裁者都不会错过这样一个机会。然而罗伯斯庇尔派并没有试图利用马尔斯学院来为自己牟取利益。库东公开反对它的存在。

因为尽管处于大恐怖时期，百日政府并不主要依靠武力。吸引人们加入新制度的，既不是军乐队军乐，也不是快速的经济回报。委员会以 18 世纪的方式把希望寄托在教化的传播上，这与其说是对智力的冰冷劝说，不如说是对使人得到自由的真理的情感耸动。革命是一种宗教，它在 1794 年 6 月 8 日达到顶峰，当时公民罗伯斯庇尔以法国人民的名义为最高主宰举行仪式。

这一次罗伯斯庇尔比以往任何时候都更像教士，他由此获得的显赫地位，加上他计划建立个人神权政治的传言，加速了他的垮台。但对最高主宰的崇拜只是实现了一个共同的梦想。相较于作为共和国的导师的时候，罗伯斯庇尔从未像现在这样代表革命，也从没有像现在这样更不受个人野心的左右。

革命的很多东西让人想起路德和加尔文的新教革命。库东呼吁建立一个上帝的宗教，而不是教士的宗教。极端分子破坏了教堂里的圣像。雅各宾派通常对耶稣评价甚高，但他们认为 1 世纪以来基督教的大部分内容都是对简朴真理的败坏。就像早期的新教徒一样，他们认为宗教是内在的,但是人类本性善良的学说使他们摆脱了与灵魂的纠缠。就像卢梭和华兹华斯一样,宗教个人主义表现为喜欢独自散步,晚上沉思,倾听内心的声音,沉思大自然,渴望绝对和崇高。罗伯斯庇尔经常和自己安静地交谈。

但是,使雅各宾派成为一群宗教使徒的,并不是保守主义者共同认同的对上帝的沉思,而是他们对人之特质的强烈信仰,对自身正确的绝对肯定,对不可分割的共和国——他们的教会——的热情和专注,还有他们愿意为一个若不能成功实现、生命就会成为虚无的事业而死的意愿。是他们对世界复兴的认知,对人类再生的希望,他们站在通向永恒的路障前拯救所有后代的感觉。是他们对源自共同意志的博爱的向往,那是他们作为蒙选者的首要精神的指引,也将指引全民族和全人类:清除异己能从渴望融合的心理中汲取力量。

严格的道德准则普遍增加,尤其是被罗伯斯庇尔代表的团体。清教主义在革命中影响力很大。在罗伯斯庇尔派控制的公社,卖淫被镇压,色情图片被禁止,士兵们被严禁在塞纳河中洗澡,因为在那里会被别人看到。罗伯斯庇尔看重节俭,不仅仅是因为物资稀缺;看重纪律,不仅仅是因为法国处于混乱状态;看重贞操,不仅仅是因为滥交的习惯可能会使爱国者的思想脱离公民义务。他们相信这些美德本身是好的,是充分的目的。他们把自身与一种特定的社会结构——民主共和国相联系。格雷古瓦[1]说过(在政治上他不是罗伯斯庇尔派),在法语中没有比共和国和美德或者君主制和邪恶更真实的同义词了。蒂里奥说过(他是个丹东派,如果非要做下划分),如果一个人不能做到他刚来自自然之手时那样纯洁,他就不可能获

---

1. 大革命时期高级教士。

得自由。那时民主的美德在于朴素。

革命宗教以许多方式自发地表达自己，通常仿照熏陶了革命者成长的天主教的形式。最热情的雅各宾派称这场革命为"神圣的疾病"，没有任何讽刺意味，他们谈到共和主义的庙宇、殉道者、传教士、赞美诗、布道词、教义问答和十诫。一则共和十诫是这样说的：

> 你只要对百姓起誓
> 虔诚地遵守。
> 你要在每一个国王身上宣示
> 仇恨和战争到永久。
> 人民定的法律
> 你当最忠实地遵守。
> 你须保持自由
> 只要你活着。
> 平等应受重视
> 通过不断践行。
> 你要远离自私的行为
> 勿要无意或故意做出。
> 不可祈求官职
> 不恰当地作为。
> 只可追求理性
> 在未来指引你。
> 共和者须严于律己
> 即便死也同样有价值。

这些诗文是匿名的，可能出自真正受欢迎的作者，但也可能出自救国委员会打算招募的作者之一。

这些热情造就了理性殿,以及共和二年的去基督教化仪式。其表现形式多种多样,源于当地的热情或特派员的相互冲突的政策。在一些理性殿里,人们关注最高主宰,而在另一些殿里,人们只关注理性和自然。在一些地区,雅各宾俱乐部在日十主持仪式,在另一些地区,则是当地政府机关。在一些地方,马拉和布鲁图斯被奉为圣徒,但在有些地方,共和派认为这种做法是迷信的。各地如雨后春笋般出现的共和教义问答所灌输的教条并不相同。共和派的洗礼、结婚和葬礼因地点而异。在一个省,天主教崇拜可能会受到严厉镇压,在河对岸却一切照旧。

如果救国委员会以友好的眼光看待这种变化,它就不是真正的救国委员会了。如果罗伯斯庇尔对成千上万的人在他不知情的情况下独立完成的工作有信心的话,他也就不是罗伯斯庇尔了。

罗伯斯庇尔在原则上从未反对去基督教化。与马克西米连一样,库东在救国委员会中属于最虔诚的委员,他在多姆山省也是一个相当极端的去基督教化者。从克莱蒙费朗回来后,他开始接受罗伯斯庇尔的想法。他支持罗伯斯庇尔的观点,认为不应该对温和的天主教徒使用暴力。他接受了罗伯斯庇尔的观点,即大部分的反基督教活动是他们都憎恶的无神论。即使是在那些不崇拜最高主宰的理性殿里,真正的无神论也是罕见的,但这种指责可以用来诋毁埃贝尔派。当埃贝尔派被推翻后,罗伯斯庇尔和库东推行了他们自己的去基督教化计划,他们没有像埃贝尔派那样鲁莽和破坏基督教,而是明确否认无神论,并向守法的天主教徒作出明确的担保,但从长远来看,他们希望眼前的基督教从法国消失。他们坚定的革命信仰使得他们认为基督教濒于灭亡。

救国委员会在他们的信仰上达成了统一,并希望宗教在霜月十四日的永恒原则下系统化。应该有一个统一的、全国性的、公认的共和派宗教。当时全世界都有国立教会，甚至在新英格兰。国家应该对宗教漠不关心这样的理论与革命思想相去甚远，而且在一个以天主教为主的国家里，这个理论也许无论如何都不可取。革命政府反对罗马的等级制度，将建立自己的教会给法国人带来精神上的统一，这种教会甚至连天主教徒都可能参加，因为它敬拜的对象是神圣的，在这里更高级的不迷信的爱国者也可以为他们的热情找到一个出口。

在丹东派覆灭的第二天，库东在向公会宣布委员会下一步计划时，暗示了宗教政策即将发生的变化。他的信件显示，在接下来的一个月里，这个问题在绿房间里得到了讨论。5月7日，罗伯斯庇尔推出一项新政策，并发表了关于共和国的道德和宗教思想的演讲。库东建议将演讲稿连同随附的法律文书翻译成所有语言并在全世界传播。五天后，正是库东起草了一份命令，要求将"理性殿"几个字从教堂中移除，并在原处写上："法国人民承认最高主宰的存在和其不朽。"

这些话构成了5月7日法律的第一条，目的是要让世界相信，雅各宾派并不像外人看到的那样，是一群唯利是图、玩世不恭的野蛮人，一心要破坏人类的一切价值。保守主义者毫不取信：是否可以信仰上帝竟要取决于法国人民的意志或者罗伯斯庇尔的演讲，这似乎太荒谬了。

新法律规定了三十六种节日，每个日十都有一个节日。在每个节日，每个公民在与其他公民交流时就会吸收到建立新秩序所必须依据的思想。在一个又一个的日十里，公民们的思想会被吸引去关心最高主宰、自然人类、自由与平等、对国家的热爱、对暴君和叛徒的憎恶、真理和正义、各种美德、青年和老者、幸福和不幸、农业和工业、祖先和后代。

最高主宰和自然的盛宴定在牧月二十日（6月8日）。准备工作正如火如荼地进行着：国民代表在曾经被称为教堂的建筑里大声朗读罗伯斯庇尔的演讲和相关法律；各处的雅各宾派都在为这伟大的一天做计划；在巴黎，在达维德的指导下，一群艺术家、木匠、作曲者和服装设计师开始工作。从各方面看来，这种热情是普遍的。就连自诩不信神的西尔万·马雷夏尔也写了一首关于最高主宰的赞美诗。不满的谢尼埃也是如此，尽管他的赞美诗遭到了拒绝；他还为马赛写了一些新词。天主教徒感到一丝希望，因为5月7日的法律重申了信仰自由。在巴黎雅各宾俱乐部，甚至有人建议不相信上帝和永生的人应该被驱逐出共和国。罗伯斯庇尔赞成宽容的同时，也怀疑阴谋，他回答道，对无神论者的放逐最好是留在卢梭的著作里。

如果罗伯斯庇尔相信精神上的统一最终会占上风，那么很快就会发生的事件可能会扰乱他的信心。5月23日，一名叫阿德米拉尔的刺客向科洛·戴布瓦开枪。他本打算杀死罗伯斯庇尔，但没有找到他，于是朝科洛开了枪。第二天，一个二十岁的女孩塞西尔·雷诺令人生疑地坚持要见罗伯斯庇尔，被发现身上藏有两把刀。她说她是来看看暴君是什么样子的，并承认自己是保王党。不久后，治安委员会警告库东说一个神秘的陌生人正在找他，可能是个刺客。令人意外的是，库东没有惊慌，说陌生人很可能是个不幸的人，只是想要帮他个忙。

很少有人像库东一般仁慈。他自己也对刺杀罗伯斯庇尔的企图大发雷霆。当局感到不安全，因而十分害怕。他们把这两起案件归到外国阴谋的庞大系统中，令人困惑的是，被处死的吉伦特派、丹东派和埃贝尔派都与英国政府有牵连，还有四十人被警察匆忙逮捕。

这四十人，包括塞西尔·雷诺家族的大多数人，根据救国委员会的特别命令，穿着弑亲罪的红衫被送上断头台。三十七年前，刺死路易十五的那个人被折磨致死，满足了旁观者里的虐待狂；但那次没有任何与该罪行无关的人被处死。

伟大的一天到来了，牧月二十日，带着6月所有的光彩，可爱极了，最高主宰似乎在笑看为了崇拜他而做出的努力。巴黎的每个男人、女人和孩子都有自己的事要做。达维德的指示极其细致，他要求进行最精确的研究，每个动作都要规定好，并期待着人群爆发出掌声的时刻，以及按照他们的时代特点，因温柔的喜悦而热泪盈眶的时刻。

天亮的时候，城里到处都响起了军乐，家庭主妇们忙着用旗帜和鲜花装饰窗户。每个家庭随后前往各区的总部。四十八区的人们在听到指示信号之后各自组队举行游行，从四面八方涌进杜伊勒里花园，男人和男孩扛着橡树枝走在一列，妇女和姑娘们戴着鲜花走在旁边另一列。走在各区这两列队伍中间的是一些手举长剑的男孩方阵，他们的年龄从十四到十八不等。

与此同时，全国代表们聚集在杜伊勒里宫的大厅里，等待着人民到来的通知。消息传来后，代表们在其领导的带领下列队走进花园。在这两个星期里，主席恰好是罗伯斯庇尔，这并非偶然。由于他们的新服装还没有设计好，一些代表穿的是特派员的制服，另一些从来没有当过特派员的代表只是在便服上加了三色肩带和其他衣服的高羽毛。庄严的一大群人坐在一个专门准备好的正面看台上。

在这些座位的下方，在恭敬的市民们的簇拥下，站着一个精心打造的"无神论"的人像，周围是一群代表"野心""自私""不和"和"假单纯"的人像，这些人像上面写着"外国的唯一希望"。

作为公会主席，罗伯斯庇尔做了一次演讲，虽然简短，但比他以往任何一次演讲都更像是一次布道。他谈到了上帝的力量，上帝目睹了一个长期被暴政统治的世界，却在人们的心中植入了使他们为自由和正义而战的品质，并最终垂青于一个庆祝自身幸福的伟大民族。演讲过程中，他走到那些象征性的人像跟前，用火把将它们点燃。无神论带着它的党羽消失"在虚无之中"。从灰烬中升起了"智慧"的人像，被将灭的邪恶的火焰熏得有点变色。

罗伯斯庇尔继续他的演讲，在道德的伟大程度和国家的领导力上都达到了顶峰。

"让我们在我们所有的讨论中保持严肃和谨慎，因为我们是决定世界利益的人。让我们在对暴君的怒火中保持热情和顽强；在危险中泰然自若，在逆境中保持强硬，在成功中谦虚谨慎。让我们对善良的人慷慨，对不幸的人心怀同情，对邪恶的人无情，对所有人公正无私。让我们不要指望没有掺杂物的繁荣，不要指望没有障碍的胜利，也不要指望任何依赖于别人的好运或反常的事情。让我们只依靠我们自己的忠贞和美德。我们虽形单影只，但独立而无可动摇，让我们用我们伟大的品格而非武力粉碎邪恶的国王联盟。"

结束的这句话激起了大众的热烈反响，被大众的欢呼声淹没了，他们立即在数百名典礼官的注视下开始前往马尔斯校场。这场游行如同一件艺术品，将爱国主义和感性的象征与经典的平衡相结合。

第一支队伍由号手打头，骑兵居中，后面是炮兵。一百名来自音乐学院的鼓手和学生跟在他们后面。接着是二十四个代表区，按字母顺序排列，男女分别列为纵队，用橡树的叶子和花做装饰，在第十二区和第十三区之间有一支乐队在演奏。在另一支乐队后面，就在游行队伍的正中间，是在主席的带领下就座的几百名公会代表。每个人都带着一束小麦、鲜花和水果，全身都装饰着鲜艳的肩带和羽毛,被一条长长的三色缎带包裹着,缎带由从小孩到白发老者各个年龄段的市民擎着。公会被一分为二,为一辆由八头带着镀金犄角的牛车腾出空间,牛拖着具有象征意义的各种物品——犁、一捆谷物、一台印刷机、一棵小橡树和一座自由女神像。一百多名鼓手跟在代表们后面,带领着剩下的区,其间是一辆马车,车上坐满了唱着圣歌的盲童,与前面的乐队遥相呼应。队伍的最后还有一些骑兵。

游行队伍进入马尔斯校场,现在更名为团结广场(Champ de Réunion),广场上是一座假山,它已成为共和国人民熟悉的符号。这座山高耸宽敞,以一种细致的自然主义手法,在山顶上种着一棵自由之树,两边排列着岩石、灌木和小径。国民公会登上山顶。被选中的各年龄段的男女公民站在低处。下面的人群估计有50万人;不管这个数字有多夸张,巴黎的大部分市民可能都在那里。

群众沉浸在音乐的陶醉中。乐队还演奏了另一首歌颂神的赞美诗,也叫"大交响乐"。山上的人们经过特别挑选和排练,用谢尼埃的词唱了《马赛曲》。曲子的开始是:

> 全能的上帝啊,你是无畏民族的神
> 是你保卫了城墙。

喇叭在一根高高的柱子上发出信号——当时组织群众集会并不容易——所有人都加入了副歌部分,内容是发誓要消灭罪犯和暴君。当时的报道常常把应该发生的事情和真正发生的事情相混淆;但是如果我们相信报道的内容,在歌曲最后一节,母亲举起自己的男婴向"自然的作者"致敬,女孩们将花抛向空中,十几岁的男孩拔出剑来呈给他们的父亲,后者则"分享着他们的儿子的热情",在父爱中摸着年轻的头。在齐鸣的礼炮声中——"礼炮声代表着法兰西民族复仇的怒吼"——法国人回到自己的家中。

许多参与者只是被节日气氛感染而兴奋。毫无疑问，有许多"贵族"在场，他们害怕缺席，只作空洞的配合。众所周知，公会的一些代表认为整个过程是可笑的。欧洲的其他国家从公开表演出来的这种虔诚中只看出了虚伪。今天，因为品位发生了变化，人们很容易感觉到，现场这些装置，还有花束、羽毛、"智慧"玩偶都显得荒唐可笑。

然而，无论怎么矫饰，无论政府施加多少强制，牧月二十日的仪式还是表现出了某种更深层次的东西，这是五年来自发举行的庆典的高潮。同时它们的确又是一个世纪的完美结晶。难道启蒙哲学家的目的不是要从错误的灰烬中生出智慧来，使上帝从假模假式的教士的上帝中解脱出来吗？启蒙哲学家不会喜欢牧月的节日；他们也许会认为它粗俗、喧闹，或者抱怨说细节上那并不是他们所期望的。他们是否会觉得这很幼稚并不好说，但可以肯定的是，它表达的确实是他们的思想。

马尔斯校场上所显现出来的比哲学上的自然神论更有力，更预示未来，在18世纪的所有作家中，卢梭最理解这一点。大量群众聚在了一起，革命的巴黎人民暂时忘却了穷困和对当局的不满，让自己超越当下的政治，感受身为民族一员的激动，在这其中，有老人、盲人、壮年、害羞且不习惯在公共场合露面的女孩和不久就可能在比利时死亡或残废的男孩。只有迟钝者的眼睛才会对最高主宰的节日里所展现出来的炽热人性无动于衷。这是一种亲密的、友爱的、凝聚的人性，它让人凝聚于某种社会组织中去专注于某项伟大事业，进而转变成国家的歌颂者，面对外界一切事物都持激烈对抗的态度。革命时期的法国对自己充满了信心，觉得自己可以匹敌整个欧洲的力量。自由和平等已成为事关国家声望的问题。

救国委员会可以组织和激发这些情感，但它不能支配这些情感，也不能把它们变成对自己的特定忠诚。罗伯斯庇尔可能是革命宗教的领袖，但他不可能是它的教皇；他可以表达成千上万人的情感，但他不能规定成千上万人应该相信什么。革命比它的任何领导人都伟大，推动革命的信念从来都不是个人的信念。牧月二十日的热情并不是对运作政府的个人的忠诚。它超越了政治，对政治局势没有任何影响。罗伯斯庇尔之所以取得至高无上的地位，并不是因为上帝的存在得到承认。友爱的浪潮并不能消灭争吵，仁慈的浪潮也不能砸碎断头台。

罗伯斯庇尔本人很可能从来没有像那天那样快乐过。从暗杀者手中逃脱的罗伯斯庇尔被所有邪恶的人所憎恨，这是他一生中最伟大的经历，作为国民公会的主席，他把法国人民召唤到真正的上帝面前。他的演讲雄辩有力、言简意赅，流露出他感情的深度。据说他的脸上洋溢着一种不同寻常的快乐，当然他很享受自己的角色，但没有理由接受这样的理论，即他最喜欢的是进一步掌握权力。当马克西米连将无神论付之一炬时，他的思想远远超越了政治。

但这一天，所有的目光都聚集到了他身上，给了他一种危险的优越感，而他的敌人正试图凸显这一点。据说，大会的某些代表在牧月二十日与他们的主席在第一排行进时故意落后，这样罗伯斯庇尔就会显得急于前进，希望独自行进。崇拜者们也在标榜他：狂热者称他为弥赛亚，上帝的恢复者，法国人民和人类的救世主。英国的新闻报道提到了罗伯斯庇尔的士兵和他的法令，也许是出于无知，也许（如巴雷尔在5月26日所说）是为了传播法国正在遭受个人暴政的说法。然而，就算保守而明智的观察家、美国公使古弗尼尔·莫里斯认为罗伯斯庇尔是个独裁者，他在与国务院的通信中也没有这么说。

事实上，罗伯斯庇尔拥有的更多是个人权力的表象而非实质。他企图使这表象更加实质化，增加自己在救国委员会中的影响力，这加速了他的垮台。当然，他自己也会否认任何关于独裁的个人野心或意图。但相较于大多数人，他更大的弱点是他把意图和事实混为一谈，不知道自己在别人眼中的形象，也不知道这种外表究竟有什么根据。

在6月8日的对群众的布道中，他无法理解为什么他会被认为是教皇。他虽然自己猜疑，但却不明白为什么别人怀疑他。他在小革命群体中很受欢迎（甚至他的敌人也承认），并指望用这种声望来增强自己对抗政治领袖的力量，他不明白为什么他的声望应该被畏惧。在看到他过去一贯支持的德穆兰和丹东的命运之后，他不明白为什么他的支持没有激起信心。他谴责派系主义，但他对派系主义的不断指责却助长了它。他花几个小时研读警察总局的文件，不明白自己为什么不受信任。他希望更多的法国人成为优秀的共和主义者，但他认为"新爱国者"——这些在1794年比在1793或1790年更正统的人，也很可能是伪君子。

在罗伯斯庇尔本人身上，除了导致他覆灭的其他原因，还有一种东西引起了彻底的政治挫败。他的窄路通向的是一堵石墙。他是民主的代言人，也是原则的传道者；但他不可能成为一个政治社会的缔造者，因为他的性格和经验使他在实际操作中有排外和派系倾向。新法国的裂痕是无法被罗伯斯庇尔弥合的，而应被一个不忠诚于任何政党、对革命理想足够冷静、能与利益冲突妥协的人弥合，他就是那个如同来自另一个星球的人——从埃及归来的波拿巴。

第十四章
欧洲热潮

有一个有趣的故事,讲的是18世纪最著名的女钢琴家德·蒙格劳特夫人。她也遭到了逮捕,但她有一些有影响力的朋友,所以被带到救国委员会接受质询。委员会对她持怀疑态度,直到委员会一位委员指着房间角落里的一架钢琴,请她弹《马赛曲》。她高兴地答应了,因为想证明她的共和派立场和才华,她用自己的变奏来阐释和丰富了乐曲主题。审问者们大为感动,激动地唱起这首歌来。德·蒙格劳特夫人也边唱边激情地敲打着琴键。办事员和秘书们冲进绿色的房间,站在那里大吃一惊,但随后也加入了合唱。不久,从杜伊勒里宫的各个地方,厅堂里、窗子里、后面的房间和阁楼的办公室里,可以听到几百人合唱这首革命进行曲的声音。

> 拿起武器,公民们,
> 排好你们的队伍!
> 进军……

当群情平息下来时，德·蒙格劳特夫人获得了自由，兴奋的官员们又回去工作了。这一幕很能说明问题。它显示了政府日常活动的中心是如何被一种巨大的信仰所鼓动的。

法国大革命体现出了一种社会信仰，所以对欧洲既有秩序而言是一种威胁。它威胁着旧秩序的受益者所珍视的一切：常见的欧洲权力平衡，对君主制和贵族制的尊重，阶级、教会、城镇和外省的特权，以及下级对上级的恭敬服从。救国委员会在过去的一百天里，对旧欧洲的这些方面发动了攻击，最后以滑铁卢的另一个一百天结束。

旧秩序在1794年屈服于杜伊勒里宫的权力和狂热决心，但它的崩溃也是由于其自身的缺陷所致。面对危机，旧社会不能或不愿提供足够的防御。要了解救国委员会的胜利，就有必要了解使这一胜利成为现实的欧洲状况。1793—1794年的欧洲状况与1938—1940年的欧洲状况惊人地相似。

人们普遍相信，应该在法国重新建立正常状态——在这种情况下，即是指君主制。人们普遍认为，法律和文明必须从残暴和暴力中被拯救出来。但是欧洲各国政府，在他们所有的抗议背后，他们没有共同面对危险的意识。他们不会集结他们的最大力量，甚至意识不到发生在他们面前的是多浩大的一场动乱。一个法国流亡贵族在1793年10月（在1938年就可能是德国难民）指责欧洲政治家的无能——"同样地缺乏对未来的远见，同样地拒绝相信迫近的危险，同样地厌恶大胆措施，同样地希望好转，然而总是带来比之前更糟的状态"。瑞士保守主义者马莱·杜庞要求建立一个全欧洲的救国委员会，拥有全部权力来消灭共同危险。其他人也提出了同样的建议。但什么也没做；除了一个很早就有的对抗法国的外交联盟，没有任何国际力量存在。

感情的统一还没有从欧洲消失，但在行使权力时，分裂的力量最为强大。保留君主制意味着保留历代王朝的宿敌。正如以前所知，要保护文明就是要保留过去根深蒂固的冲突，意味着常常要按照旧的规则实施旧的野蛮行为。在其他条件相同的情况下，每个欧洲政府都希望看到法国的革命被镇压，但没有人希望有一个比自己更强大的政府从这个过程中崛起。

联盟的各国仍忙于自己的事务。每个国家都在自己国内镇压所有被认为类似雅各宾主义的东西。国内改革全部收手，以免激进分子受到鼓励。各国政府拒绝效仿共和国那样发布战时总动员令在民众当中征兵，尽管这个建议被提出过；他们担心武装到了自己的反对派手里。除了英国人，没有人能向本国人民发出全国性的呼吁。为了矮化革命的真正意义，他们夸大了罗伯斯庇尔的形象，把他描绘成一个超人，一个以个人欲望左右世界的独裁者。欧洲陷入前所未有的动荡，其更深层次的原因几乎无人提及。"恐惧，"阿尔贝·索雷尔说，"使智慧蒙尘。"

每一个有野心的大国都把法国的动乱看作威胁和机遇。英国人一如既往地想要殖民地和制海权，在这两个方面法国一直是其唯一重要的竞争对手。俄罗斯人、普鲁士人和奥地利人对东欧比对西欧更感兴趣，柏林和维也纳的宫廷为了在日耳曼的影响力而相互竞争。荷兰人更关心的是把法国人赶出比利时，但也害怕让其他国家进入——除了真正拥有比利时的奥地利人，他们对荷兰无害，因为他们真正关心的是更东边的地方。西班牙和撒丁王国虽然害怕法国的侵略，但主要是希望通过站在胜利的一方获取利益。

俄罗斯与联军保持着距离，严格说来保持着和平，趁着日耳曼人无暇东顾的机会吞并了波兰的大片领土，阻止奥地利在"第二次瓜分波兰"时分得一杯羹，它分给普鲁士人一块领土，以确保达成协议。1794年3月，柯斯丘什科最后一次为波兰独立而战。但事业无望；波兰不是一个国家，而是一个分裂的社会，在这个社会中，反政府武装不能完全依靠自己的人民，因为波兰处于农奴制阶段。法兰西共和国头脑很务实，拒绝帮助这样毫无希望的叛乱，三个东方大国制订了第三次瓜分波兰的计划，每个国家都急于镇压叛乱，每个国家都不敢让其他国家带头。因此，普鲁士拒绝向法国增派军队，在维也纳，预定要派往比利时的援军被调往加利西亚。就像1793年一样，波兰在1794年遭受的苦难增加了法国的力量。

毫不奇怪，每个盟国都怀疑其他国家会单独谋求和平，因为每个国家都对战争有不满。利益相关方，通常是法国流亡贵族，抗拒绥靖心理，把疯狂的谣言和想象的恐怖传播到了全欧洲。一篇据传是圣茹斯特对救国委员会发表的演说用几种语言印了出来；法国保王党很可能是其炮制者，上面清楚透露出的信息是，救国委员会曾斥资百万在全欧洲输出革命。事实是，法国出去的黄金主要用于购买食品和原材料。威尼斯政府从巴塞尔的特派员那里听到了令人震惊的消息。据传，一个威尼斯间谍与罗伯斯庇尔和库东共进了晚餐，他们二人告诉他，法国需要意大利的财富，共和国将攻击奥地利在伦巴第的领地来加速在比利时的胜利，还说法国不会公开侵犯威尼斯的中立，但会挑起其内部事端来为干预提供借口。报告称，救国委员会不是依靠武力，而是依靠金钱、间谍活动以及革命原则来吸引意大利人民。没人知晓为什么罗伯斯庇尔和库东会在外人面前如此坦率地描述他们的"第五纵队"。可能是威尼斯驻巴塞尔大使编造了整个故事，因为他希望被调到巴黎。也许他选择这种方式是为了证明他对法国事务的了解。威尼斯政府对这份所谓的揭秘报告根本没有关注。

反对战争的声音仍在继续。在英国，一些辉格党对反共和国征伐很冷淡。福克斯徒劳地要求一份明确的战争目标声明，他指出，恢复波旁王朝将使法国陷入1789年的境地，"所有的不幸都源自于此，使得现在战争是必要的，和平是不可能的"。皮特回答说，与狂热分子保持和平是不可能的，而伯克则简单地陈述了战争的目的——"彻底摧毁发动战争的无赖之徒"。在普鲁士，国王的一些顾问建议与法国达成协议，消化波兰，保护普鲁士领导的中立联盟的北部各日耳曼邦国。在西班牙，人们抱怨说：西班牙只有在英国的帮助下才能战斗。作为回报，英国要求西属美洲的自由贸易权，实际上是在分裂西班牙帝国。无论如何，对西班牙人来说，法国的崩溃将意味着英国对地中海的无限制控制。这种危险对撒丁王国的意大利人也很明显，而且，在法国被征服之前，他们不得不把一些伦巴第领土割让给奥地利。在欧洲的所有地区中，意大利北部最同情这场革命，那里到处都是受过教育的反教权的中产阶级。他们倾向于认为革命不可避免，反对与奥地利结盟对抗革命。奥地利人自己对战争没有什么兴趣，尽管他们正在比利时作战，但他们完全不重视这块领地。他们对普鲁士在德国北部的意图感到担忧，为不能在波兰分得一块肉而感到羞耻。当一名声称是救国委员会秘密特工的法国冒险家与奥地利外交官交谈并受到皇帝接见时，谣言在欧洲甚嚣尘上，甚至是玛丽-安托万的娘家哈布斯堡家族也在考虑和平。

因此，联军为1794年战役所做的准备工作在可以想象的范围里并不是最令人畏惧的。英国人表示愿意向普鲁士支付足够的补贴，以维持西线的十万士兵。奥地利人否决了这个提议，因为他们害怕增加对手的力量。他们的目标是防止普鲁士军队壮大，并以较小的代价来进行牵制；因为，正如一位奥地利政治家所说，如果奥地利人在普鲁士人的支持下打败法国，那么柏林就会对维也纳造成威胁。因此，维也纳政府不仅没有增援驻比利时的指挥官科堡，而且反对他同普鲁士人进行任何密切合作。在任何情况下，柏林政府都不愿拿其宝贵的军队在西欧不理智的战役中冒险，因为在普鲁士，这支军队是国家的堡垒。与此同时，每个人都依赖于英国，柏林和维也纳都要求伦敦提供现金补贴，并严重依赖英国的海上力量来封锁法国，使其陷入饥荒。

与联军的笨拙无能形成鲜明对比的是，救国委员会采取了果断行动，他们所利用的专制优势除俄罗斯的叶卡捷琳娜二世以外任何外国统治者都没有，他们也不依赖任何盟友，因为波兰听任其命运的摆布，而与土耳其的谈判也无果而终。秋冬的劳作在春天结出了果实。八十万人的国民军已经做好行动准备。大批新兵接受了训练，并通过两个营的新兵和一个原有军队的营混编成旅，逐渐使新兵与老兵合在一起。嫌疑犯和不称职的人已被从军官队伍中除名；平民与贵族军官之间的旧冲突，就像当年义务兵与职业军人之间的误解一样，正在消失。部队得以武装，因为委员会最擅长制造军火。海军已经存在，并计划增员。英国公会2月投票决定将英国战列舰数量增加到八十艘，护卫舰数量增加到一百艘。同年5月，救国委员会决定增加到一百艘战列舰和一百六十艘护卫舰。法国海军的计划没有像英国海军那样得到有效实施，这是可以理解的，因为英国只需供养一支六万人的陆军，至少打着英国旗号的陆军就只有这些。

有人从特派员的报告中得知，法国军队和去年秋天一样食物充足。兰代和供给委员会至少避免了实际的饥荒。但供应仍然不多，而且不确定。即使是十人委员会也不能使农作物在冬天成熟。对英国封锁的突破也没有成功。

一个不受本国人民爱戴的政府面临着饥荒的威胁，拥有世界上最强大的军队，却被一群富有但组织涣散的敌人所包围，他们企图乘虚而入、分而食之，这样的政府特别容易受到劫掠和报复的诱惑。为了说服大批法国人接受新秩序，救国委员会不得不减轻他们供养军队的重担。这是为了向普通人表明恐怖统治产生了结果，在战场上赢得胜利是必要的。但是，随着胜利的取得，以及军队对外国物力的依赖，法国人开始要求停止恐怖统治和革命政府，而在罗伯斯庇尔看来，它们是建立宪政民主的仅有的两种手段。罗伯斯庇尔派意识到了这种悖论，于是采取了模棱两可的对外政策。他们声称不想征服，但却打算占领外国领土。他们需要军事上的胜利，但是圣茹斯特却警告巴雷尔不要在他的演讲中赞美法国的胜利。他们想尽快得胜，而非早日和平。

入侵英国的想法仍然存在。马恩的普里厄被英国人称为法国人的代表。年轻的朱利安，一个高中生年纪的小伙子，希望能在英国继续他的政治巡视员之旅。在圣马洛时，比约-瓦雷纳接到指示，要把怀特岛作为继海峡群岛之后的下一个目标。但什么也没有完成；法国舰队需要在其他地方发挥作用，英国人威胁了诺曼海岸，而共和国，就像十一年后的拿破仑一样，在进攻现代迦太基之前，必须先击败大陆上的敌人。

官方认为，毗邻的大陆领土不应被兼并，而应被利用，抢光可以拿走的财富，使之不能被用作攻击法国的跳板。5月13日，救国委员会仅凭罗贝尔·兰代的签名就成立了四个"疏散机构"。这些机构同军队一起行动，执行了去年9月采取的掠夺政策。掠夺平民当然不是一种新的野蛮形式——奥地利大公预见到在比利时的失败，命令他的将军们在撤退前强制征款，不给法国留下任何有价值的东西。但是法国人的方法要彻底得多。革命使其他许多东西现代化了，也使剥削技巧现代化了。

在4月和5月，来自各个方面令人鼓舞的公报都传到了绿房间里。西部的骚乱正在平息；将军开始变得仁慈，不再使用大炮对付强盗。从北方传来消息："我们在科特赖克（位于比利时）及其周围发现了大量的资源。"摩泽尔军报告："我们正在寻找干草和草料。"北方军又说："不必担心。"莱茵军传来消息："你们可以放心了。"5月，从东比利牛斯山传来消息说，西班牙军队被歼灭，法国军队涌入加泰罗尼亚，那里的人民似乎对革命翘首以盼，胜利者在那里缴获了足够的弹药，为南部地区的所有军队提供补给。

意大利方面军却带来一个难题。他们在4月进入了撒丁王国的领地，四万人已提前出逃。这是根据罗伯斯庇尔弟弟的说法，他抱怨说，村民们认为法国人会杀死他们的婴儿，亵渎他们的宗教。在这些高地地区，可获得的战利品并不多。意大利方面军的供给不怎么好。他们通过热那亚共和国进口了很多食品，因此欠下这个邻近的中立国一大笔债务。5月，热那亚人在信贷问题上提高了难度。热那亚长期以来一直被英国人痛击。现在，和意大利北部的其他地区一起，他们与法国翻了脸。

自从11月以来，奥古斯丁·罗伯斯庇尔，作为意大利方面军的特派员，就一直敦促入侵热那亚，以解决军队供应和全力对付撒丁王国。法国政府发现让热那亚保持中立用作贸易渠道更有利。热那亚人夹在陆上的撒丁王国和海上的英国之间，自己几乎不能做主。到了6月，他们对法国的贡献微乎其微，以致罗伯斯庇尔开始倾向于他弟弟的意见。他在给救国委员会外交事务秘书的一份便条里阐述了自己的观点。废除老六部以来，这一位的角色便无足轻重，他也认为共和国实际上没有外交事务要处理。罗伯斯庇尔说，必须对热那亚人进行恐吓。如果委员会是坚定的，那么热那亚"将不会迫害人类的朋友,并且会发现自己致力于维护人权"。奥古斯丁·罗伯斯庇尔奉命与他年轻的朋友波拿巴将军制订计划。这位将军拟定了入侵意大利的计划,由奥古斯丁带到巴黎。委员会召见了这位热那亚使者,斥责了他几个小时。但委员会没有采取任何行动。

救国委员会实际上并没有把战争带到撒丁王国以外的意大利。然而,向整个意大利进军的条件正在成熟。这位会在两年内因征服意大利而成名的将军已经提出了他的计划:让国民政府放手,增加军队的威望,延长同哈布斯堡王朝的战争,使意大利方面军的危难变得更加急迫——而波拿巴将军和一群共和主义者将会进入伦巴第平原。

但在1794年春天,救国委员会的目光主要集中在了两个地点,一个在海上,一个在陆地,这两个地点在政治和经济战略上都至关重要,分别由一个委员会特派员照看,北方军是圣茹斯特,大西洋舰队是让邦·圣安德烈。

为了保护从北美归来的船队,所有其他海军行动都被叫停了。在将近一年的时间里,舰船都聚集在切萨皮克湾。这其中有一百多艘满载着美国和西印度群岛的农产品。救国委员会的代表们在美国花了几百万里弗金币,就把他们买的东西储存在等候的船只里。供给委员会依赖这些供给。如果巴雷尔所称的"运载食品的船队"落入英国人之手,那么法国由此引发的粮食骚乱可能会危及统治。

圣安德烈的新晋海军少将范·斯塔贝尔在仲冬曾率领四艘军舰前往美国。预计他将于5月底带着一长列商船离开法国海岸。英国人警惕了起来;舰队在比斯开湾日常巡航,豪勋爵将英国舰队的主力在海上铺开。在过去七个月里匆匆重新装备过的布雷斯特法国军队还没有准备好采取大的军事行动。但它必须出击。封锁必须打破。

5月16日,十二人中旅行次数最多的马恩的普里厄在各种互相矛盾的命令之后来到了布雷斯特，因为救国委员会曾希望把他留在巴黎服务。圣安德烈去海上的时候，普里厄就要管理造船厂。他勉强及时到达了布雷斯特。经过数周的逆风之后，5月16日是晴朗的一天，在盛大的日落中结束。傍晚6点，舰队开始向着夕阳行进，二十五艘战列舰在拥有一百二十门炮的"山岳号"率领下行进，这是当时海上最强大的战争机器之一。全布雷斯特都怀着深深的感情注视着它的离去。为了这一天，自从基伯龙湾哗变以来，全城的人日日夜夜都在工作。革命政府的一切资源与共和信仰的全部热情，都被注入了重建后的海军里，现在，这支海军对上了经验丰富的英国海军，后者正警惕地在韦桑岛[1]海域附近巡航。普里厄和他的同事一直待到最后一刻，他和旗舰一起航行到港口出口，在那里话别时他热情地拥抱和衷心地祝福，然后急忙赶回城里向杜伊勒里宫报告舰队已经起航。

给远征舰队的命令是明确的。给北美船队护航是"唯一的行动准则"。海军上将维拉雷-茹瓦约斯必须避免战斗，除非他确定舰队处于危险之中。因为，救国委员会写给圣安德烈的信中所说，为了征伐英国，舰队必须完好无损。

但是，在到达公海之后，圣安德烈和维拉雷就靠猜测和运气来做判断。在无线电时代以前，所有的水手都不得不这样。他们希望能在布雷斯特以西五百英里的地方和范·斯塔贝尔会合，但他们没有他的消息，事实上，他也没有收到安排会面地点的消息。所有的人，维拉雷、范·斯塔贝尔、豪、英国的各分舰队和要与维拉雷联合的两支法国的小舰队，都在不同程度上不知对方的下落。不久，维拉雷遇到几艘曾经见过北美船队的船只，但是它目前和将来的路线仍然

---

1. 位于布列塔尼半岛西端的岩石岛，岛上的灯塔是英吉利海峡南口的标志。

只能靠猜测。

没有一个法国船长接受过指挥舰船在海上列阵的训练。一切都来自过去的经验，有的人是过去王家海军的下级军官，有的人是商船的船长，就像圣安德烈自己曾经做过的那样。他们在行进途中进行演习。作为政府成员，圣安德烈在日记中记录了远征中军官们的表现，并认为很不如人意。指挥很笨拙，发出的信号并不总能让对方理解，遇上黑夜和大雾，舰船就走散了，舰船的指挥官们热情有余而纪律不足，常去追逐落单的商船而非与海军上将合作。船长们发现了他们装备中各种各样的弱点和故障，一些桅杆甚至还没经历什么风雨就不怎么牢固了。船只建造上的不牢靠显露出过去数月的行动之匆忙。

5月28日早晨，豪的舰队出现在远处。遵照命令，维拉雷和圣安德烈开始撤退。豪追上来主动开战；他无法全面交火，但成功地截下了法军阵尾的船只。这艘被困的舰船一直战斗到指挥官们全都阵亡，英国人放走了这艘舰船，一个法国船长遇见了它，船员们乱作一团的样子让他震惊。正如可以预料的，幸存者回到法国后，他们会谴责圣安德烈指挥无能、不讲信用。

29日黎明时分，法军瞭望员又看见了他们顽强的追击者，这次只在两三英里以外。这两支舰队在黑夜中摸索之后，发现它们在同一方向平行行驶。他们转向对方展开断断续续但具有破坏性的战斗。这次遭遇战不是决定性的。法国人的损失更大，但几小时后，一支期待中的舰队抵达，弥补了损失。

幸运的是，在整个远征过程中，维拉雷和圣安德烈意见完全一致，他们决定向西北方向进发，希望能吸引豪追击他们，期望范·斯塔贝尔能向南溜去。豪紧随其后，两天后，5月31日下午，两名海军上将准备战斗。有人怀疑法国人是不是除了战斗别无选择。共和

让邦·圣安德烈

派难以接受逃跑的策略。军官们渴望行动，士兵们热情高涨，人人都渴望荣誉；他们憎恨英国这个他们历史上的敌人，现在又是革命的敌人；他们急于用他们的新舰炮，粉碎那些冷酷地计划让法国人民挨饿的贵族们。

随后的战役被英国人称为"光荣的6月1日"，是经验和热情之间的较量，因为实力是平等的。这两支舰队都不长于以轻型战舰作战；法国有二十六艘主力舰，英国有二十五艘，尽管法国人认为他们有三十艘。当时，海战比陆战更讲技术，法国人的冲劲对豪就不如对科堡那样奏效。

英国人的首次齐射洞穿了法国的六处防线。这意味着某些法国船只实际上被包围了，而其他船只则暂时找不到什么可以射击的目标。战斗演变为混战，双方的船只混杂在一起。责任落在每位船长身上，因为烟雾遮住了信号，也不能从不间断和无组织的炮声中听到别人说话。法国船长都是新手，在主动性和智谋上远远落后于英国船长。船员们情绪不稳，过度紧张，情绪从兴奋转为恐慌，与对手的沉着冷静形成鲜明对比。法国炮手手足无措，乱射一通，几乎没有瞄准，浪费了弹药。在二十六名法国船长中，根据一位绝无恶意的评论家的说法，只有十一名船长无愧于这场考验。他们主要是在旧海军受训的人，而不是商船水手出身的平民。

维拉雷和圣安德烈所在的旗舰"山岳号"同时遭到五六艘敌舰的攻击，其中包括豪的旗舰"夏洛特王后号"（*Queen Charlotte*）。"山岳号"是在革命前的最后几年里建成的，现在参加了第一次战斗，用一百二十门大炮进行了激烈的抵抗。英国人无法使它瘫痪，尽管有三百名船员和十八名军官中的十三人被打死或打伤。船长巴西尔的两条腿都被炸断了。圣安德烈在招呼旁边的雅各宾派时，他的手被擦到了，造成了一处轻微的瘀伤，此时巴西尔刚刚倒下。也有非常勇敢的例子：一个少尉在他的腿被截去的时候，哼唱起了"卡尔玛尼奥拉舞曲"；从空中雨点一样倾泻而下的炮击，还有自身打出的齐射让船身摇晃时，两名修理桅杆的水手高唱《马赛曲》。据记载，巴西尔曾说过："请人民特派员放心，我在临终之际向共和国致以最良好的祝愿。"

射击在 6 月 1 日下午逐渐停止。两支舰队都失去了队形，陷入了混乱，双方的残骸都已脱落，无助地随风飘走。维拉雷似乎曾经命令把那些桅杆折断的法国船只拖走，但由于命令没有得到执行，他便抛弃了这些船只，这其中多少有些自愿的成分，然后离开了战场。豪随后跟上，收集了战利品。其中一艘桅杆折断的法国军舰"人民复仇者号"（Vengeur du Peuple）在英国人接近时沉没。英国人无法营救所有的船员，其中一些人因此被淹死，他们呼喊着"共和国万岁"。伦敦的报纸报道说，"人民复仇者号"拒绝投降，战斗到底。救国委员会在英国报纸上发现了这一英勇事迹，并倾向于相信它，因为消息来自敌人，并指示巴雷尔在大会前颂扬。因此，在法国的爱国年鉴中出现了一个著名的故事，巴雷尔也因此被称为骗子。

6 月 11 日，法国舰队摇摇晃晃地进入布雷斯特。普里厄早上 5 点就上了甲板，他听到一个令人沮丧的消息，说范·斯塔贝尔还在海上。看来，除了战争的失败，这次远征的整个目的可能会流产。因此，两位代表从失望中振作起来，禁止船员离开船只，立即准备再次航行。幸运的是，范·斯塔贝尔第二天就被发现。6 月 13 日，船队毫发无伤地驶进了锚地，一百一十六艘商船运来了二千四百万磅的面粉。

圣安德烈始终认为，虽然战斗失败了，但战役胜利了，因为北美船队的安全是其唯一目的。范·斯塔贝尔报告说正好经过两支舰队 5 月 29 日相遇的地点。把英国人引到西北部这个地方的策略被证明是明智的。此外，英国舰队虽然赢得了这场战役，拿到了战利品，但由于受到重创，豪直接返回了普利茅斯。只有在法国海岸巡逻的分舰队仍让运粮船队感到恐惧。那支分舰队大得足以应付范·斯塔贝尔不像样的战舰。船队没碰上它纯属偶然。法国远征队成功地赶走了英国的主要舰队，但即便如此，如果没有运气，运粮队也无法靠岸。至于英国人，他们光荣的6月1日并非全无损失。他们的舰队需要维修，六艘俘获的舰船被当作废品卖了，什么也没捞到。真正的奖品是那二千四百万磅面粉，现在存放在法国。

救国委员会听到这场战斗的消息并不十分高兴。在发给圣安德烈的公文原件中，有一处明显的删节：一句嘉奖他的判断的话，却被一句嘉奖他勇气的话替代。救国委员会不相信和英军的遭遇是不可避免的，也不相信这对范·斯塔贝尔的安全有帮助。它坚持自己的观点，认为猛烈的炮火可以摧毁英国舰队。圣安德烈一直反对这种想法。但是他和救国委员会之间没有公开的裂痕。在公开场合，救国委员会强调这场战斗的益处，范·斯塔贝尔得以安全到达，暴露了不合格的军官，训练了全体战斗人员，激起了国人对英国人的仇恨。巴雷尔在公会上说，这场战斗只是同迦太基长期斗争的开端。

在布雷斯特，舰队到达时的第一次欢呼很快就变成了苦涩和怀疑。那些圣安德烈认为能力欠缺的军官成了他的政敌。看到他们心爱的军舰伤痕累累，还有六艘被英国人俘房，当地居民悲痛不已。尽管豪暂时处于尴尬的境地，但英国人仍然控制着大海，无知的狂热者将此归咎于圣安德烈。由于无法取悦极端分子，圣安德烈在6月23日或24日动身前往巴黎，就像他在1月曾经做过的那样，逃离了这个不知感恩、反过来谴责他的地方。于是，布雷斯特最能干的人离开了，而且这一次是永久离开。普里厄继续待在此地，尽他所能管理着这个不听话的城镇。

与此同时，在比利时边境，事态发展到了高潮。

瓦蒂尼战役后的几个月里，除了阿尔萨斯，没有发生重大的态势变化。去年 12 月，法国从阿尔萨斯进入日耳曼领土。圣茹斯特在 1 月底对北方军队进行了一次快速视察，就像他在阿尔萨斯所做的那样，调查军队的纪律、训练、人员和供应情况。皮什格鲁当时是救国委员会最欢迎的将军，他被从莱茵调往北方，在那里接替儒尔当担任指挥官。儒尔当心不在焉地去了他在利摩日的干货店，沉浸在回忆和期待中，直到 3 月中旬，收到了期待中的信，任命他领导摩泽尔军。儒尔当于 3 月 19 日履新。

策划了 1794 年战役的救国委员会计划在比利时大战一场。卡诺知道莱茵兰的普鲁士人对战争没有热情，因此他毫不担心莱茵军兵力弱，扩充的义务兵兵员和弹药都被他调往北方。此时科堡不仅占领了比利时的大部分地区，还占领了法国的孔代、瓦朗谢讷和勒凯努瓦。神圣罗马帝国皇帝、匈牙利和波希米亚国王、奥地利大公弗朗茨二世，5 月在共和国领土上的瓦朗谢讷坐朝听政。

卡诺的战略目标是从三个方向入侵比利时。在皮什格鲁的领导下，北方军的左翼将攻取伊普尔并从西侧进入。一支由北方军右翼和全部的阿登军组成的联合部队，计划沿着桑布尔河作战。儒尔当和摩泽尔军从南部进入比利时打那慕尔和列日，并通过占领比利时东部威胁到科堡与德国的联系。由于那慕尔地处桑布尔河与默兹河交汇的地方，儒尔当就能够与法国中部的联合部队紧密合作。

任何一方的行动都是由一名指挥官或一名中央总参指挥的。反法联军继续争吵，互相猜疑。救国委员会仍然害怕让一个军人变得过于强大。把联军的将军和外交官团结起来，是皇帝访问比利时的目的。圣茹斯特在 4 月 29 日基本也是基于同样原因被救国委员会派往北方。卡诺继续从巴黎协调法国军队；但是在战场上，圣茹斯特比任何人都认为各个将军都是一个整体。

比圣茹斯特还年轻的皇帝，他的使命彻底失败。他这一个任务确实不可能完成。他的顾问们意见不一。其中最有影响力的顾问支持在波兰集结。马克提出了一个打败法军的大计划，十一年后，正是这个马克在乌尔姆率领整支军队投降了，但他战略大师的声誉仍然没有动摇。他无法使其计划被采纳；普鲁士不会合作，奥地利政府也不会接受他们的合作。马克于5月23日辞职，表示重新征服比利时是无望的。第二天，在一次军事会议上，奥地利将军们投票认为在低地国家的进一步努力是徒劳的。普鲁士的新指挥官莫仑道夫据说是主和派。英国人恳求采取行动并提供资金，但他们在欧洲大陆只有少数军队，因此很少受到重视。科堡和约克公爵互相指责和不信任。公爵指责奥地利人把一小股英军交给了法军，当然，除了英国的利益，没有人相信公爵和那些鼓动他国参战的英国使节们会有别的追求。在这种情况下，皇帝于6月13日返回维也纳，如我们所见，没有下令而是留下了口头指示，为将来撤离比利时做准备。

但是，如果法国没有出人意料地表现出强大，联军无论如何分裂都不会屈服于失败主义。那些历史学家，比如冯·西贝尔，把法国1794年的成功完全归因于反法联盟的错误，他们只会发泄对革命的偏见。除了敌人的无能，共和二年的政府还可以指望别的什么东西。

圣茹斯特在勒巴斯的陪同下，和混合的中部联合军一起驻扎在桑布尔河。军队一会儿渡到河对面，一会儿又渡回来，为此花费了大量毫无意义的或者至少是毫无结果的时间，圣茹斯特无疑是对此负有主要责任的，因为在每次被击退之后，他都坚持立即反击。委员会6月8日的一项决定打破了桑布尔河的僵局。这一天是上帝节，委员会在这一天不办公。但是卡诺和往常一样待在他的办公室里，他签署了一项命令，命令儒尔当指挥摩泽尔军的主力部队和阿登军以及北方军右翼部队联合起来。这样就产生了著名的桑布尔-默兹军，尽管它还没有得到这个名字。它名义上还是皮什格鲁领导，他对从默兹河到大海的所有军队都有全面的监督。

英国权威菲普斯是一位退休上校，他一生都在研究这些问题，宣称桑布尔-默兹军是偶然产生的，没有远见和意图。然而，菲普斯上校写的书告诉了我们一个简单的信息：革命的情报掌握在军队手中，而平民只是革命者，经验不够。有充分的理由相信，这支新军是由圣茹斯特构建的，而菲普斯上校对圣茹斯特深恶痛绝。

5月底在桑布尔河，圣茹斯特几乎每天都给儒尔当写信。他在给委员会的信件中命令儒尔当将他的行动与中部军的行动结合起来。5月31日，圣茹斯特回到巴黎，罗伯斯庇尔紧急召见了他，说派系斗争又要抬头了。罗伯斯庇尔想要圣茹斯特回巴黎的理由并不能显示圣茹斯特在巴黎时做了什么或说了什么。6月6日，委员会再次派遣圣茹斯特到前线，这一次被委任以从大海到莱茵所有的军队。他于6月6日或之后不久离开，加入儒尔当。6月8日，卡诺命令创建了桑布尔-默兹军。从证据能够可靠推断出在绿房间举行的会议内容，会上圣茹斯特建议集中权力，他自己担任总特派员，皮什格鲁担任大元帅，儒尔当指挥法国中央军。

儒尔当的新军有九万人，再次渡过桑布尔河，又再一次被击退。6月18日，它再次渡河，对一些分遣队来说这已是第七次，也是最后一次。对沙勒罗伊的包围在被中断了几次之后又重新开始。在那一天，伊普尔落入了皮什格鲁之手。从北方军的特派员里夏尔那里，救国委员会听到了鼓舞人心的消息：皇帝如何公开宣布他的无助，他如何呼吁他的人民进行援助，而他的人民如何不愿听从，这些意见不合的敌人如何惊讶于共和国的统一。

圣茹斯特欣喜若狂，极度自信，意识到共和国将不可抗拒地称雄旧欧洲。"欧洲是颓废的，"他在给救国委员会的信中写道，"我们将繁荣昌盛！"儒尔当要求沙勒罗伊投降。守军不知道科堡终于要发兵来解围，派了一名军官去讨论条件，以书面形式提出条件。圣茹斯特给了冷冰冰的回复。

"我要的不是纸，而是城市。"

"但如果守军自行投降，就会让自己蒙羞。"这个回答夹杂着冷漠和冷笑。

"我们既不能尊敬你，也不能羞辱你，就像你无权尊敬或羞辱法国一样。你和我们没有什么共同之处。"

困惑的来使回到他的上级那里，上级立即无条件投降了。圣茹斯特如愿，答应订立条件，让守军在这种场合受到礼遇。他的温和并不符合官方的政策。与此同时，卡诺通知里夏尔，救国委员会不认可伊普尔的投降条件。卡诺说，一些投降条款"对敌人表现出一定的自尊和谦虚，而对他们，我们必须宣扬仇恨和蔑视，除非我们希望法国士兵变得软弱，同情那些虚伪而残忍、戕害我们自由的敌人的命运"。救国委员会感到遗憾的是，一些法国将军对被俘军官给予了礼遇。这件小事明显而具体地展示了职业战争如何演变成民族仇恨的现代战争。

沙勒罗伊刚一打开城门，科堡连同奥地利人（如果他们可以被这么称呼的话）军队的主力就到达了。之所以奥地利人这个称谓存在疑问，是因为民族间的毫不相关可由将军们的名字展现出来：夸斯达诺维希，阿尔温奇，拉图尔，博利厄，奥兰治和考尼茨亲王，措普夫，施默策青和卡尔大公。似乎是科堡请求英国加入他，但看上去英国人更愿意留在西佛兰德斯。科堡要提防皮什格鲁，只能带五万二千人对抗儒尔当，后者的军队数量比他要略高一些。战斗6

月 26 日拂晓始于弗勒吕斯，并持续了十六个小时，直到晚上七点。那时科堡的各师正全面撤退。他们溃败到北方，其第二营地距离弗勒吕斯二十英里，靠近滑铁卢。法军等了几天才追击，他们自己损失惨重，无力立即追击。眼看胜利在望时，圣茹斯特在 6 月 26 日登上一辆马车，直奔巴黎。

这场战斗有一个特点（在当时是次要的）对于 20 世纪来说足够有趣，所以这里我们不妨离题一下。桑布尔-默兹军是历史上第一支有空军服役的军队。可以肯定的是，这是一支规模很小、很原始的空军部队。但这个问题不仅仅具有历史意义，它还显示了救国委员会将最新科学发现应用于战争的急切心情。

孟格菲兄弟是两个造纸商，他们在 1783 年成功地制造出了第一个气球，方法是将加热的空气引入一个用硬纸板做成的大袋子中。几个月后，氢气取代了空气，布取代了纸。到 1785 年，欧洲已经有几个人到达了一万英尺的高度，在那一年，两个勇敢的气球驾驶员在经历了一次极其危险的航行后，越过了多佛海峡。这种新机器最大的困难是既不能推进也不能操纵。因为运动问题它受到了许多人的攻击，其中包括卡诺，当时他是一名旧王朝军队的工程师。

卡诺于 1784 年在科学院的纪念仪式上提出了他的观点。他摒弃了各种桨、翼和帆的计划，建议使用装备桨轮的气球。考虑到后来出现的侧轮汽船，这个想法并不是完全异想天开的。事实上，法国人在索恩河上已经证明了这一点，尽管并未达到预期效果。卡诺建议将新发明的蒸汽机作为未来空中航行的动力来源。他预言蒸汽机将很快带来革命性的变化，事实也证实了他的预言。与此同时，在 1784 年，他还在探究人类肌肉的力量经过机械放大后是否可以转动轮子来移动飞艇。

十年后，卡诺仍然对航空感兴趣。科多尔的普里厄（曾是旧军队的一名工程师)和与委员会合作的科学家们也是如此。关于在战争中使用气球有很多讨论。一位普通公民提交了一份"从空中带来死亡和破坏"的计划。救国委员会拨出几千里弗来做实验,这个实验是在委员会秘密武器的试验场默东进行的,用来摧毁英国舰队的炮弹的试验也是在那里进行的。

负责军备事务的普里厄得出结论说,航空试验是成功的,至少在某种程度上可以用气球来进行观察。救国委员会成立了一个名为"浮空"("aerostatiers",气球则被称为"浮空器")的小公司,由一名船长领导,共二十八名成员。这些人挑选自当时可用的技术人员:锁匠、木匠、石匠、化学家助手。这些人被派往默东进行特殊训练。1794年5月,救国委员会向前线派遣了一个特制的气球跟随部队前往前线,并下令使用这些气球。这些命令并不是多余的,因为有些军人反对使用这种不熟悉的发明。

于是,在弗勒吕斯,两军都看到了一个"浮空球体",周长一百英尺,在离地面五百英尺的地方盘旋,被一根长绳子系在地上。"空军"司令,库泰勒上校在战斗中浮空九个小时。一些将军则在上面待了更短的时间。地面上的士兵根据信号通过牵拉绳子的方式移动气球,观察人员通过望远镜观察气球的活动,然后沿着绳子传递简报。

不过,这个现代飞机的始祖对弗勒吕斯的胜利到底做出了什么贡献还值得怀疑。这一景象鼓舞了法国军队,对他们来说,这是当时启蒙运动的新证明。在成分混杂而迷信的奥地利队伍中,许多人都感到恐慌,害怕这些雅各宾魔鬼们发明了什么新东西。据法国陆军总工程师说,气球提供了有价值的情报。当时在场的特派员吉东·德·莫尔沃热情地向救国委员会报告,并于第二天开始组建另一支气球连。军事上的保守派当然不相信。一个名叫苏尔特的年轻中校(后来成为拿破仑的元帅之一)对此不屑一顾,如果我们相信他晚年写的回忆的话。以他多年的智慧看，苏尔特认为整个事件是荒谬的，他说在弗勒吕斯没人在意气球的动向，断言气球里的军官们所处位置太高了，绝不可能看清任何东西。"我们胜利的唯一原因，"元帅说，"是我们军队的英勇，是指挥官在战斗中的英明安排，是其他将军不可动摇的坚定。"

苏尔特认为共和二年的胜利完全是靠军事力量取得的，我们不必拘泥于这一观点，但事实很可能是，这只有名的气球做出的贡献对于全局的影响微乎其微。这种说法最令人信服的依据在于敌人从来没有模仿过法国的新武器。两年后，奥地利人俘获了在弗勒吕斯服役的气球。他们把它放在博物馆里。1812年，俄国人考虑使用气球，不是用来观察，而是用来携带神枪手去干掉敌方军官。这个想法毫无结果。事实上，气球实在是太笨重了，在一个主要靠步行行进的军队中运输起来太麻烦了，储存、充气和保养都很困难，它们不值得花费那么大的代价。当波拿巴上台时，法国军队的气球都被弃用了。航空学在1785年之后的一个世纪里没有取得重大进展。卡诺面临的老问题没有得到解决：如何驾驶或推进飘浮的气袋。

不管是否受到气球的影响，弗勒吕斯之战本身并不是一场极大的胜利，因为双方损失大致相当。但这已经足以将奥地利人的厌恶转变为积极的沮丧，并且让共和国进入了比利时。儒尔当从南边进入，皮什格鲁则从西面。7月初，他们在布鲁塞尔与十八万人联合作战。到了第二年冬天，桑布尔-默兹军到了莱茵河，北方军到了冰冻的须德海[1]。1795年，英国军队放弃了欧洲大陆，普鲁士、荷兰和西班牙，撒丁王国也退出了战争。当一个宪政共和国在1795年取代革命政府时，吞并比利时被认为是宪法所保证的。因

---

1. 现今被分为荷兰艾瑟尔湖和瓦登海两部分。

此，革命者致力于征服，将他们的统治确定为一种新的权力平衡，并把自己扔进了一个军人独裁者的手中，欧洲其他国家无法与之和平共处。

这些发展是在救国委员会垮台之后发生的。在牧月和热月之间的一个月里，救国委员会明确地一再否认征服或兼并领土的意图。这一事实（事实也是如此）使一些历史学家不再认为救国委员会对这场使战争无休无止的侵略负有责任。在这些历史学家看来，罗伯斯庇尔的倒台是一场巨大的公共灾难，摧毁了和平的最后希望。与此有关的历史学家都非常有名——比谢、阿梅尔、马迪厄。不用说，总有其他人持相反意见。

今天，在另一个革命时代，在美国，一个远离法国政治骚动的地方，很难相信罗伯斯庇尔主义会带来和平。无论如何，在弗勒吕斯之后，罗伯斯庇尔在委员会中的影响力不比从前，而且救国委员会的分歧如此之大，以至于没有人能说出如果它继续掌权，它的政策会是怎样的。它的反兼并意图并没有证实什么。意图并不能决定事件的进程。他们也不确定责任，而责任则更取决于他们所能合理预见到的后果。法国在比利时的统治是委员会行动的结果，事实上是有预见的和有计划的。这种统治是否应该采取兼并的形式，并不是真正的主要问题。

卡诺于7月16日向救国委员会提出了一种最低限度方案。其基调是防御性的；对于解放外国民族，卡诺什么也没说，他认为他们还没准备好发动法国那样的革命。但是，共和国的边界将拓展到安特卫普和那慕尔，法国驻军将由荷兰人出钱在荷兰西南部供养。法国的影响是统治荷兰和阿姆斯特丹银行，卡诺说，他们的财富是反法联军的命脉，但在法国人手中可能会使英国蒙羞。至于比利时，卡诺建议："它不加入共和国领土，而应做出贡献；我们从它身上榨取我们能得到的任何东西，无论是金钱还是货物；然而，人民得以幸免，他们的风俗习惯受到尊重，但他们的国家应被解除援助敌军的能力；所有的防御工事都要被夷为平地，道路被破坏，运河和船闸停止使用，马匹和马车被没收，所有的庄稼和物资都要被移走，除了对居民来说非常必要的东西。"

救国委员会从未对这些建议采取行动，因为7月中旬的国内政治正处于危机之中，但不需要作出任何新的决定来引入掠夺，否则会随着胜利的军队到处蔓延。卡诺的实际建议又加上了革命热情的冲动。卡诺本人在私人会议上小心翼翼地避免阿姆斯特丹银行破产，敦促将军和特派员们攻击富人。

法国军队涌向边境，高呼"对城堡开战，对平屋和平！"有意识地并且有意地，共和政府打算通过制造阶级分裂来达到征服的目的。救国委员会一再下令，把掠夺的对象全都指向富贵阶层。它指示将军们避免与平民激化敌对，禁止个别士兵抢劫，在外国领土上维持部队的特殊纪律，并尊重天主教信仰。没有理由怀疑这些命令的诚意，尽管我们可能很想知道这些命令执行了多少。共和国的统治者在很大程度上希望像他们对待法国普通人一样对待国界之外的普通人。他们认为贵族不如共和主义者，但并不认为比利时人就比法国人差得不行。

但是法国人占领被侵略的地区是有目的的，他们的死刑不可能让人民免受搅扰。跟在按说不会留下任何有价值东西的奥地利人后面，法国特工搜集到了大量的硬通货、食物、饲料、衣服、金属、皮革、毛毯、马、牛和其他商品。书籍、绘画和其他艺术品被运走。数千辆满载货物的马车驶进法国。

法国当局无意惩罚平民，也不相信有抢劫行为，他们用跟支付给法国人同样的钱，也就是指券，购买了这些财产。没有向贵族、缺席者、政府机构和教堂支付任何赔偿，这些机构的财富都被剥夺了。法国纸币在比利时的强制流通，以及时不时用上的限价令，将两国的经济命运联系在了一起。有时候，居民们会收到比利时政府开出的可赎回汇票作为补偿，卡诺说，虽然在法国的统治下比利时政府的影响本该消除得更干净些。许多普通人失去了大部分可用财产，因此，除了在共和国统治的政权下，他们没有希望重振起来。地方名流被劫持，三人以上的集会被禁止，旧的防御工事被拆除，并没有减轻平民百姓的烦恼。"我将十分小心，"救国委员会的一位特派员写道，"行使在共和国内部确立的扣押权。我还将注意到这些国家中因憎恨法国革命而出名的一些人，我将毫不例外地将他们逮捕，并将其交由我们的革命法庭审判。"因此，随着军队的到来，恐怖统治和经济独裁主义一起蔓延开来。

这就是1794年7月27日罗伯斯庇尔倒台、救国委员会被瓦解时的事态。委员会如果继续统治，会放弃低地国家和莱茵兰的资源、意见和外交政策吗？英国和奥地利对这种控制的容忍会比对吞并的容忍更心甘情愿吗？不太可能。罗伯斯庇尔的倒台对欧洲的和平没有任何打击。热月之前的防御性共和国和热月之后的侵略性共和国在我们眼里并无区别。大委员会的成功推动了法国从防御精神逐渐转变为扩张精神，使其对欧洲发起了长达二十年的壮阔但血腥的挑战。

但是救国委员会的成功也恰恰破坏了它。联军的撤退成为那些废止恐怖统治的支持者的新论据。而对其他一些无意结束恐怖统治的人来说，随着军事威胁的消失，公开争议不会造成新的危险。

第十五章
垮台

　　读者现在也许会觉得18世纪末和20世纪中叶差不多。这种相似不必费力辨认。但也有一个显著的差异。救国委员会真正至高无上的地位只维持了一百多天。这次统治时间之短通常不为人所关注，因为直到最近，我们还相信通往自由社会的历史趋势，认为专制政府本质上注定会失败。但是现在这个问题有一个可悲的关联：为什么救国委员会没有通过高度发达的独裁统治成为一个永久的政权——就像通常的政权那样，至少在法国是永久的政权？

　　答案必须同时考虑一般原因和特定事件。导致救国委员会垮台的事件极其特别，甚至微不足道，一系列个人阴谋以政变告终。罗伯斯庇尔是阴谋的受害者，救国委员会在一场革命中崩溃了。这是历史的热月。但是，如果这些事件没有发生，其他事件可能很快也会造成相同的结果，另一个革命月份也会有反动。一般原因仍然会使一些小事影响重大，造成这个以人性的名义设想的革命独裁政权最终由五十个人来支配。

十人委员会的地位不等同于后来的"元首""领袖"或无产阶级的独裁者。救国委员会无法呼吁个人的忠诚，因为革命完全缺乏法西斯的领导原则；雅各宾派在很多问题上达成了一致，但他们从未在人格问题上达成一致，甚至在罗伯斯庇尔的人格上（与普遍看法相反）也没有达成一致。救国委员会制定了一套明确的独裁理论，但该机构的任何成员，甚至圣茹斯特都不认为独裁是一种永久的政府形式，或其本身是可取的。救国委员会的大部分人（当然包括罗伯斯庇尔）诚实地看到了公会在他们和人民之间作为国家权力机关的中间人角色。他们不认为自己在法律上是绝对的，事实上也是如此，因为甚至风月之后他们都难以控制下属。救国委员会不受欢迎，引起的不满和解决的不满一样多。罗伯斯庇尔派希望独裁统治能持续到民主得到保障为止，但大多数人认为反法联军被击败之日，就是独裁统治失去作用之时。当时，政治上有效的因素主要是中产阶级，他们对引入自由主义制度感兴趣。

可以补充指出，尽管实行了恐怖统治和颁布了牧月二十二日法令，但救国委员会并没有为了建立其永久统治的政权而去处死足够多的敌人。革命政府的目标只有通过某种程度的清洗才能实现，而这种清洗是革命者们经常谈论却很少实践的。成长于18世纪的他们的思想是由修辞教育形成的，他们习惯使用夸张的说话方式；但在现实生活中，他们在很大程度上仍然受到人道主义和基督教因素顾虑的制约。在恐怖统治时期中死亡的四万人，占人口六百分之一（这一数字包括在监狱中死亡的人或未经审判而被处决的人），与我们这个时代的政治压迫的受害者相比人数要少得多。

在这些情况下，无论如何，救国委员会的政权可能很快就会终止。它真实的垮台过程是一个不那么富有哲理的故事。

这个故事很难重现，因为所有的党派都在神秘行动，热月党人（即推翻罗伯斯庇尔的革命者）因为政治原因销毁或破坏了证据。人们又走上了老路。革命者们抛弃了一艘又一艘沉船。吉伦特派垮台后，没人会冒险承认他们过去与吉伦特派有任何联系；丹东被处决后，没人会公开说他和丹东是朋友。因此，为了保护自己，在热月之后，那些曾为罗伯斯庇尔工作并同意他的观点的人大声宣布他们一直是罗伯斯庇尔的敌人，并曾秘密地反对他的虚伪计划，或者，宣称自己由于爱国的纯真而被罗伯斯庇尔骗了。他们对热月前的人物和事件的描述，并不比圣茹斯特说到丹东或雅各宾派演说家说到路易十六时更值得相信。

热月党人版的百日政府故事很简单：罗伯斯庇尔为了满足个人野心，在库东和圣茹斯特辅佐下，打算通过风月大清洗让自己成为一个独裁者，为了实现这一目标，他设计了最高主宰的宗教，制定了牧月二十二日法令，而后被一群包括其他救国委员在内的爱国者推翻，他们起来反抗暴君捍卫自由。这个版本，一眼就可以理解，得到了广泛的信任，并且给罗伯斯庇尔投下了一道邪恶之光，它一直都很吸引保守派作家，虽然没有理由说明为什么热月党人比马克西米连更吸引保守气质的人。

相反的版本来源于罗伯斯庇尔的朋友们，更符合我们对真实发生的事情的了解。它表明罗伯斯庇尔与他的支持者认为风月大清洗并没有净化共和国。罗伯斯庇尔一直在努力建立一个道德和民主的国家，受他威胁的人和救国委员会的某些成员联合反对他，所以他的倒台带来了自私和腐败的胜利。那些认为罗伯斯庇尔的设想能够实现的人将热月政变视为一个极大的悲剧。另一些人认为虽然他作为一个政治家不切实际，却比推翻他的革命者们更好，因为大多数革命者都无意缓和恐怖统治。

在所有的版本中，有几个主要事实是显而易见的。风月大清洗没有带来和平。看来，消除异见者对团结没有任何帮助。丹东和埃贝尔的死刑消灭了各派可见的首脑，但各派本身变得更加难以捉摸和分散。公会充满秘密的仇恨，其成员因丹东的命运而感到恐惧，那些治安委员会的成员对大委员会非常不满，那些在一些省份恣意妄为或不诚实的特派员（富歇、塔利安、巴拉斯、弗雷龙）害怕他们的行为遭到调查。

很清楚的一点是救国委员会内部的不满情绪也在增加。一个委员会的顾问已经死了。科洛和兰代身上分别带有埃贝尔主义、丹东主义的污名。圣茹斯特和卡诺因军队问题而争吵。4月的一天，科多尔的普里厄把一个承包商带到绿房间里，看到他们两人在激烈争吵，两人都扯着嗓门说话，都不肯让步。卡诺称圣茹斯特和罗伯斯庇尔为荒谬的独裁者。普里厄的同伴既惊讶又害怕，不得不发誓会保持沉默。只要边境上有危险，救国委员会就会将内部不和秘不示人。

救国委员会内部的日益专业化可能削弱了原有的合作意识。在牧月，卡诺、兰代和普里厄起草了以救国委员会的名义发出的几乎十分之九的命令。他们分别成为军政部部长、供应部部长和军需部部长。巴雷尔、科洛和比约都活跃在绿桌旁。他们很少制定法令，但签署了很多，还负责通信。牧月时圣茹斯特大都在北方，只有几天例外。罗伯斯庇尔和库东出席了会议，但不负责行政管理方面的事情。他们的签名是除圣茹斯特的以外牧月文件里最稀有的签名。至于最初执笔，在可以确定作者身份的608份文件中，罗伯斯庇尔只写了14份，库东只写了8份。巴雷尔在他的回忆录中描述了当时的情况，他把救国委员会的委员分为三组："专家"卡诺、兰代和普里厄；"高压手"罗伯斯庇尔、库东和圣茹斯特；真正的"革命者"，比约、科洛和他自己。专家们认为罗伯斯庇尔和库东介于爱管闲事者和游手好闲者之间,"高压手"们认为"专家"们对政治一窍不通,这是人之常情。

在这种恼怒的气氛中,几乎同时发生了两件事:6月8日的最高主宰节和6月10日通过的牧月二十二日法令。两者都使分歧更加明显地公开化。这两件事都是罗伯斯庇尔和库东带的头。圣茹斯特对这两件事都不感兴趣。尽管6月6日他人在巴黎,却没有为这个盛大的庆典驻足。有证据表明他从来没有争论过对最高主宰的崇拜,也有理由相信他并不赞成牧月二十二日法令。

然而,在6月8日的庆典上,罗伯斯庇尔开始直面对其个人野心的指控,一些公会代表在集会过程中咕哝着讽刺和侮辱,挑起了罗伯斯庇尔的怒火,对他来说,没有什么比对美德和宗教的嘲弄更令人厌恶的了。对于狂热的反天主教分子——这些过激的去基督教化者来说,过去几个月的新宗教政策似乎是危险的反动。这些人在治安委员会中根深蒂固,该委员会的大多数成员对大委员会感到愤怒,他们以厌恶的态度希望能有个借口审视其政策。

两天后的牧月二十二日,库东以救国委员会的名义向国民公会提出了改革革命法庭的法律。改革当然是朝着革命的方向进行的,它标志着恐怖立法的高潮。就像对上帝的崇拜一样,它被认为是一种以美德建立共和国的手段。

库东争论的实质是什么?革命法庭仍然受到陈旧思想的阻碍。这些法庭的作用是保护社会,而不是社会的敌人。法律正义与道德、道德与正确的政治观应两两一致。法庭的善意比智慧的辨别更有价值。爱国者无须惧怕爱国法官和陪审员,非爱国者不值得考虑;法律形式是律师们编造出来的骗局;笔录和口供,因为可能是假的,并没有提供可靠的证据。作为对旧政权的一种偏见,他谴责"没有证人或书面证词,证据就不能正当地用来定罪"的原则。因此,根据新的法律，审判只是在法庭上露面而已。

由于形式的价值被打折扣已有时日，辩护权也在事实上失效，该法令最新颖的部分是它的罪行清单。甚至这部分也谈不上有多新奇，因为同样的原则也启发了《嫌疑犯法》。这样的人"被认为是人民的敌人"：寻求重建君主制、败坏公会的名声、背叛共和国、与敌人通气、干扰供应、庇护阴谋家、贬损爱国主义、腐败的官员、误导人民、放出假新闻、激起道德愤慨、败坏公众良知、盗窃公共财产、滥用公职、破坏自由和国家的统一与安全的人。对于所有这些罪行，唯一的惩罚就是死刑。

热月过后，包括巴雷尔和其他委员在内的幸存者们声称并且常常感到对牧月二十二日法令的一种深刻的恐惧。他们肯定罗伯斯庇尔和库东二人拼凑了这个法令，并在没有咨询救国委员会的情况下在公会强行通过。也许救国委员会的委员们没有像他们希望的那样充分地讨论这个提案。当库东提出它时，大多数人可能会感到惊讶。然而，这条法律并没有超出他们的视野。奥兰治委员会于5月10日由救国委员会成立，体现了同样的正义理念。巴雷尔和比约-瓦雷纳在公会中为新法案辩护。罗伯斯庇尔一直监督委员会的警察工作。他现在也是这么做的。他不明白为什么他的动机会受到怀疑。他认为这条法律秉承的还是熟悉的原则，将熟悉的方法运用到熟悉的环境中，只不过强度提高了。在这点上，他的看法是对的。

新的法律为人们的指控提供了依据，审判大多不需要被告在法庭上出席，这大大加速了革命法庭的工作，在牧月二十二日和热月九日之间判处死刑的人数比之前的十四个月都要多。法律是所有革命政党都能乘坐的公共汽车。每个利益集团都可能将其受害者加到总数中。没有一个利益集团，当然也没有掌权的救国委员会，也没有罗伯斯庇尔，要对整个大屠杀负责。革命法庭的检察官富吉耶-

坦维尔并不是罗伯斯庇尔的朋友。给他的命令通常来自小委员会，偶然来大委员会。在一个迅速走向分裂的政府中存在着一种致命的武器，通过这种武器，每个政党都可以消灭其对手，因此，分歧比以往任何时候都更成为生死攸关的问题。死亡成了日常的幽灵。自从5月的阿德米拉尔和雷诺事件后，罗伯斯庇尔就觉得自己被潜在的刺客包围了。其他人也是如此；是科洛·戴布瓦挨了阿德米拉尔的一枪。罗伯斯庇尔越来越多地谈到他的末日即将来临，谈到殉难，谈到未来的生活。库东不会关心生存；他的胳膊现在感到之前腿麻痹的疼痛，他面临变成活死人的前景。圣茹斯特有一些可怕的想法，但是他的极端自负使他的这些想法变成了挑战。"我鄙视构成我又和你说话的尘土，"他曾经说过，"你可以迫害和杀害这些尘土，但我倒要看看你能不能剥夺我那独立自主的生命，我的生命是我在世时自己和天国赋予自身的。"

公会也心神不宁，罗伯斯庇尔、库东和巴雷尔的含糊其词并没有消除他们的强烈怀疑，即牧月二十二日法令是针对公会的。当然有六个代表，包括富歇和塔利安，是罗伯斯庇尔想要消灭的对象。没有人确切地知道这六个人是谁，过去如此，今天也如此；那时没有人会相信，今天也没有人会相信，除非是马迪厄最忠实的门徒，这六个人会是最后要被消灭的对象。每次清洗都是"最后一次"；圣茹斯特在提到丹东派时，曾幻想过接下来的宁静而充满信心的世界。

阴谋疯狂传播。富歇低声对惊慌失措的同事们说，他们的名字在被查禁的名单上。他们不再在家里过夜。我们听说，早在5月底就有九名代表密谋在公会上暗杀罗伯斯庇尔。后热月时代的信息不能什么都采信；热月过后，吹嘘这种爱国主义决心在政治上是很方便的。然而，瓦兹的布尔东似乎是决意要在7月初杀死罗伯斯庇尔，之前他从丹东派的废墟中逃了出来，却被罗伯斯庇尔公开谴责。

治安委员会对牧月法令没有征求它的意见感到恼火，于是传播了这样一种观点，即法律是罗伯斯庇尔和他的马屁精库东的私人发明。为了让罗伯斯庇尔看上去更像独裁者，该委员会制订了一个周密的计划。瓦迪尔在6月15日发动了进攻，向大会报告了凯瑟琳·提奥的事，还没有对罗伯斯庇尔指名道姓，大会上的人都感到挺高兴。

凯瑟琳·提奥是一个没有恶意的疯疯癫癫的老妇人，她向一群信徒宣讲一种神秘的宗教，其中一个教义包括她将马上生下一个神。治安委员会在她的观众中安插了警察密探。他们竭力引诱她使用反革命的语言。他们大大夸大了她的入会者的数量。其目的是挑起一种狂热主义的新威胁；因此，罗伯斯庇尔对天主教徒的宽容计划将是不可信的；而他自己，也许可以作为外国阴谋的密探而被消灭。一个名叫多姆·热尔勒的人，他是女先知的门徒和经理，也和罗伯斯庇尔有一些来往，瓦迪尔和他的同伙希望通过他把"不可腐蚀者"和这群宗教信徒牵连在一起，利用伪造文件或逼供的证词来证明罗伯斯庇尔要求凯瑟琳宣布他为神的儿子。因此，他的敌人所说的话将被证明：罗伯斯庇尔意在通过对最高主宰的崇拜将自己神化。

共和国的政治现在已经堕落到这种荒谬的阴谋诡计的程度。在这些琐事中，重大的问题不仅取决于罗伯斯庇尔的地位，而且取决于天主教徒和所有基督徒的地位，对于瓦迪尔这一极端的伏尔泰主义者来说，凯瑟琳·提奥的胡言乱语和教会的神学并无任何细微差别。公会满怀热情地接受了瓦迪尔的报告，投票决定逮捕在老妇人寓所里与之会面的"阴谋家"。

罗伯斯庇尔在救国委员会提出了反对意见。6月26日，他徒劳地试图让一名新检察官代替富吉耶-坦维尔，后者曾在提奥一案中提起诉讼。那天晚上在绿房间里发生了一场可怕的争吵。罗伯斯庇尔赢了，掌权的救国委员会禁止审判。富吉耶一接到新命令，就去治安委员会解释他的困境，他喊道："他，他，他反对！"大家立刻明白他指的是罗伯斯庇尔。

在这两个委员会的冲突中，作为上级的救国委员会没有团结起来，因为科洛·戴布瓦和比约-瓦雷纳支持治安委员会。长期以来两人都是激进的反教权者。两人都认为罗伯斯庇尔是个懦弱、迟缓的人。罗伯斯庇尔对富歇的敌意令科洛感到惊恐，后者是他在里昂制造屠杀的同伙。科洛也害怕库东，因为库东本人也在里昂，不喜欢科洛在那里的行为，而且他能在罗伯斯庇尔耳边说话。卡诺不支持罗伯斯庇尔，因为罗伯斯庇尔一直支持圣茹斯特，而卡诺现在已经和圣茹斯特交恶很久了。普里厄站在卡诺一边。巴雷尔这个态度不明的人还是老样子，在敌对者中间犹豫不决地徘徊、解释、抚慰、掩饰，绝望地试图和解。

几天以后，大概是6月29日，圣茹斯特从弗勒吕斯回来的那天，在绿房间里又发生了一场斗争。罗伯斯庇尔和圣茹斯特刚刚跟比约、科洛大吵了一架。后两位给罗伯斯庇尔打上独裁者的标签；罗伯斯庇尔气得浑身发抖，和圣茹斯特一起在二人的奚落中离开了房间。争论的内容并不清楚，不知是提奥事件还是牧月二十二日法令。无论如何，罗伯斯庇尔此后不再参加委员会的会议。在热月前的最后一个月，他的想法由圣茹斯特和库东传达给其他人，他们二人也接管了警察局的工作。救国委员会曾两次试图外派库东做特派员来摆脱他，但他拒绝离开。

圣安德烈此时的归来对救国委员会的内部政治没有任何影响，因为他几乎立刻就动身前往土伦，在那里负责海军建设。他最近在布雷斯特向普里厄表示对政府过于专制的担心（不清楚他认为是谁应对恐怖统治的升级负责），如果他完全理解这种情况，知道救国委员会处在解散的边缘,他也许会留在巴黎,并支持罗伯斯庇尔派。这位曾经的新教牧师与罗伯斯庇尔的共同点多于与科洛·戴布瓦或比约-瓦雷纳的共同点。为了削弱罗伯斯庇尔,救国委员会在罗伯斯庇尔缺席的情况下,甚至有可能把他送走(但这些都是猜测),就像他们试图把库东送走一样。

"不可腐蚀者"离开救国委员会实际上是伤害了自己。像往常一样,他对于自己的举止给别人的印象如何,他毫无概念;他不知道,规规矩矩地坐在家里,或在雅各宾俱乐部做自以为是的演讲,这些实际上降低了自己,在继续承担职责的人们眼中,他成了救国委员会一直否定的煽动者和自由演说家。他违背了他过去的立场。在过去的一年里,他一直声称自己只是救国委员会的首席政治发言人,实际上这一职责也是他的力量所在。他现在使自己不再像以前那样了,一个孤独而高傲的人,看不起政府。他拒绝合作,这很可能会使救国委员会中的中立派——巴雷尔和兰代站在他的对立面。

实际上,最近一个月罗伯斯庇尔的影响力比过去很长一段时间都要小。但这似乎更阴险,因为他现在成为了一个幕后操纵者。那些知道圣茹斯特夜间来访(二者无疑会讨论警察局的事务)的人自然会做出最不利的猜测。当然,就拥有巨大的个人权力的意义而言,他显然不是个独裁者;他不再参与政府的决策,虽然他在革命法庭的主席中有个朋友,但在大恐怖的最后一波动乱中他比他的一些敌人参与得少。他认为如果自己是一个绝对的独裁者,他就不会施行牧月二十二日法令。他和库东在这部法令中极其含糊的措辞直接促成了这一事态的发展;但是,对人民的敌人如此含糊不清的定义并不是他们的特点。

一些人认为罗伯斯庇尔想要缓和恐怖,因此被极端分子消灭。后来,一些最有见识的同时代人表达了这一观点,其中有波拿巴、康巴塞雷斯、勒瓦索尔,甚至还有热月党人之一的巴拉斯。从使用断头台中获得的乐趣,罗伯斯庇尔肯定少于他的敌人。总的来说,罗伯斯庇尔更喜欢一个稳定、和平和人道的社会,这一点毋庸置疑。他认为自己在7月份比1月份更接近这一目标,这是没有任何理由相信的。在巴黎大屠杀的顶峰时期,他的心腹帕扬7月10日写道:"派系是得益于我们的温和和慷慨……但是纵容的时间将会过去。"对于罗伯斯庇尔和其他人来说,问题不在于是否应该实施恐怖,而在于对谁实施恐怖。关于谁是"真正的阴谋家""大恶棍"和"人民的真正敌人"的问题没有达成一致。罗伯斯庇尔缓和恐怖的打算是将其应用于反对美德的敌人,从而阻止那些将其应用于其他目的的恐怖统治主义者。在这方面,7月份的情况与过去一年没有本质上的不同。

当两派在救国委员会的墙外发生争吵时,委员会墙内的冲突变得无法挽回。罗伯斯庇尔派指望的是雅各宾俱乐部,罗伯斯庇尔在那里通过驱逐富歇获得了巨大的胜利;指望的是巴黎公社,自从风月重组之后,这里就全是罗伯斯庇尔的提名人。反罗伯斯庇尔派依靠治安委员会和公会中的不安分子。这两个群体都没有什么有分量的追随者。公众对这些阴谋一无所知,只感到某种危机即将来临。罗伯斯庇尔派的公社与城市里的工人阶级作对。反罗伯斯庇尔派作为宗教迫害者臭名昭著,不受欢迎。普通人没有理由去爱戴罗伯斯庇尔的反对者,而在国民公会中那些比较低调或比较温和的代表们,也很难在罗伯斯庇尔和比约-瓦雷纳之间做出选择。

巴雷尔努力安抚他的同事们受伤的感情。圣茹斯特抱怨他的风月政策没有执行,风月二十三日法令准许的六个民众管理委员会中有四个从未建立。7月22日,救国委员会和治安委员会坐到了一起,巴雷尔说服委员们创建剩下的这四个委员会,其职能与两个已有的一样，表面上是解放被当作嫌疑人逮捕的爱国者，但实际上（因为两个已在运作的委员会所检查的对象中只有八十分之一被释放）是准备革命法庭的嫌疑人案件。风月法令规定，被判刑的嫌疑犯的财产应被用于补贴贫穷的爱国者。因此，有些人认为，新管理委员会的设立是对罗伯斯庇尔要求重新分配财产的让步。风月计划的意义我们已经讨论了。正如我们所见，圣茹斯特显然在风月之后改变了观点，认为现在应该划分的不是财产，而是农场。罗伯斯庇尔派倒台时并没有致力于一个全面的经济平等计划。事实上，他们对财产和宗教的态度不如科洛、比约和富歇激进。

新管理委员会的设立为妥协提供了基础。罗伯斯庇尔被邀请于7月23日（热月五日）参加两个委员会的另一次联席会议。他来了，虽然没有表现出什么热情，却给他的同事们留下了双方达成了谅解的印象。圣茹斯特似乎更愿意弥合分歧，他接到了一项任务，要为公会起草一份报告，说明一下两个掌权委员会之间的新和谐。

但是罗伯斯庇尔并没有被热月五日的提议所说服。他有理由怀疑。比约、科洛和瓦迪尔都不是让人信任的人。他们代表了埃贝尔主义的末端，是去基督教化者和极端主义者，从根本上反对罗伯斯庇尔的主张。但是罗伯斯庇尔不会限制或澄清他的怀疑，不会区分他的对手，也不会看到巴雷尔和兰代，可能还有卡诺和普里厄，由于不想和他们最暴力的同事耍花招而愿意和他妥协。因此，他选择不在救国委员会内工作，因为他可能已经在救国委员会内占了上风，而把他的理由摆到公会面前，使自己脱离委员会，并以这种脱离委员会的方式攻击委员会。在接下来的几天时间里，他创作了一个长篇演讲稿，他没有告诉任何人，包括可能会试图劝阻他的圣茹斯特。

这是罗伯斯庇尔最后一次发表这样的讲话，他口才好，态度诚挚，所讲基本属实。他描绘了一幅国家到处是倾轧和阴谋的画面。

而他讲述的应对方法,却让演讲者本人显得似乎是要为恐怖统治最坏的一面担负个人的责任,他预测说如果革命政府失败,军事独裁将接踵而至,法国将陷入政治动荡的世纪。但这次演讲在战术上是一个巨大的错误。如果讲话表达了马克西米连最好的品质,那么也暴露了他最坏的一面;它证实了那些听到讲话的人最致命的恐惧。

罗伯斯庇尔把他的诉求说得极其个人化。他的个性化让自己听起来像那个时代所认为的独裁者。他给人的印象是:没有人是他的朋友,没有人可以信赖;美德、人民、祖国和公会,理应是站在他一边的,但从与他一起工作的人那里,他只得到了诽谤、迫害和殉难。他威胁左右两派的纵容者和夸张的恐怖分子,就像过去一样;当被要求直接说出他指控的人的名字时,他却回避了这个问题。富歇和其他人的暗示似乎得到了证实;就他所知,任何一个人都可能在罗伯斯庇尔的名单上。此外,罗伯斯庇尔多少隐射过的两个当权的委员会的委员们,当他们听到与他们预期相反的怒火时,感到很惊讶。他们原以为会达成妥协,现在知道不可能有妥协。有几个知道自己是目标的人带头发言,温顺和麻木的公会起初对罗伯斯庇尔的演讲还感到不明所以的同情,现在却开始反对他。

演讲内容提交给两个委员会审议。罗伯斯庇尔抗议道:"什么!我的演讲要被我指控的人审查!"抗议只强化了他对两个委员会的敌意。他的抗议并未奏效。在一个与其利害攸关的问题上,他看到公会里大部分的支持力量,也就是平原派这些相对沉默的一直投票给他的代表,此时不再与他同道。

不仅是他的敌人的阴谋,也不仅仅是他那天的鲁莽,导致了他热月八日的倒台。他自己政策中的致命性对他不利。他总是同时攻击温和派和极端分子。现在温和派和极端分子联合起来反对他。他一直把美德和恐怖联系在一起。现在,他要寻求政治上的美德,却无法消除经验里形成的恐惧。丹东的鬼魂站在罗伯斯庇尔和人民代表之间,这种幽灵般的记忆使人们厌倦了恐怖,与最暴力的恐怖统治者联合起来对付他。

与此同时,圣茹斯特还在继续他自己的计划。热月八日那天他一定在场,可是据说在他的朋友被猛烈抨击时他却什么也没说。他显然对马克西米连有点不耐烦了。他希望在两个委员会间达成谅解;从热月五日起,他一直在为达成妥协而准备一份报告。罗伯斯庇尔的演讲在他看来既笨拙又不合时宜;罗伯斯庇尔打破了长期的亲密关系,没有征求他的意见就做出了如此重要的决定,这一事实无疑使他充满了疑虑。他有两条路要走:要么接受罗伯斯庇尔笨拙地强加给他的新局面,要么加入那些认为罗伯斯庇尔无法共事的人的行列。其他人是否会接受他还有待观察。

那天晚上,罗伯斯庇尔和库东去了雅各宾俱乐部,比约和科洛也去了那里,两组人都决心为即将到来的斗争赢得那个重要的堡垒。罗伯斯庇尔宣读了在公会上发表的讲话。俱乐部团结起来支持他。在一片动荡的屋子里,伴随着耳边回响着的"打倒阴谋家!"的呼喊,比约和科洛被赶了出去。与此同时,圣茹斯特已于晚上8点左右在救国委员会就座。大约11点左右,比约和科洛进来了,他们非常生气,决定第二天把罗伯斯庇尔干掉。

两个委员会的联席会议正在进行中。巴雷尔后来讲述了发生的事情。

当两个"逃亡者"进来时,圣茹斯特说:"雅各宾派那里什么新鲜事吗?"

"你问我有什么新鲜事?"科洛叫道,"就只有你还不知道吗?你,还有你和造成我们政治争吵的始作俑者的勾结,只想把我们引向内战!你是个懦夫,是个叛徒。你只不过是满嘴仁义道德的小人,你在委员会里监视我们。我现在相信之前的传闻了,你们就是三个无赖。但你们可怕的阴谋不会毁灭自由。"

小委员会的埃利·拉科斯特(Elie Lacoste)补充说:"这是三个流氓组成的三头统治,罗伯斯庇尔、库东和圣茹斯特合谋反对这个国家。"

巴雷尔说道:"那么,傲慢的侏儒们,你们是谁,竟要把我们国家的遗产分给一个残废者、一个孩子和一个无赖?我的后院都不会给你统治!"

"我知道你们也许会在今晚暗杀我们,"科洛接着说,"也许明天早上你们会用你们的阴谋袭击我们;但我们决心死在岗位上,与此同时,我们也许能揭露你们的嘴脸。在我们中间,你们正在制订反对委员会的计划。我确信现在你的口袋里就有诽谤我们的稿子。你是国家的敌人,一个阴谋家。"

这时圣茹斯特脸色发白,胡言乱语,把口袋里的几张纸都掏光了,但谁也没看他。科洛继续愤怒地说道:

"你正在准备一个报告,但据我对你的了解,你无疑在起草命令控告我们。你希望怎样?从这种可怕的背弃中,你能期待什么持久的胜利?你可以夺走我们的生命,谋杀我们,但你不能欺骗人民的美德。"科洛终于平静了下来,圣茹斯特声称已经把他的手稿送走了,以便制作一份干净的手稿。他答应第二天早上在公会上朗读它之前把手稿交给委员会,如果委员会不同意,他就不读了。

圣茹斯特一直待到凌晨 5 点,其他人瞪着他,等着他离开后再安排明天的政变。可能他去见了罗伯斯庇尔。和罗伯斯庇尔说的最后几句话,再加上救国委员会的威胁,似乎已经决定了圣茹斯特支持他的朋友,不管他认为罗伯斯庇尔犯了多大的错。在这个意义上,他在早上完成了报告,同时,仍然尽可能地保留了该报告原定于热月五日旨在宣布的妥协。

由于不眠者们的忙碌，热月九日（7月27日）上午非常紧张。罗伯斯庇尔、库东和圣茹斯特，阴谋家三巨头，所做之事没有什么共同之处。罗伯斯庇尔在公社中的追随者们所采取的一些措施被视为他辩护的一种表现。罗伯斯庇尔自己仍然指望议会路径来扭转公会前一天的立场。库东显然不知道夜里的情况，在上午10点出现在救国委员会，天真地询问讨论的主题是什么。当被告知委员会正在采取行动来对新的阴谋家先发制人时，他警告不要采取反革命的行动，并与卡诺发生争吵。救国委员会坐在那儿等着圣茹斯特。他没有来，但他在中午送来了一张纸条：像罗伯斯庇尔前一天所做的那样，准备直接向公会"敞开心扉"。两个委员会匆匆地去听他讲话。

那天上午最狂热的活动是委员会外的代表们——富歇、布尔东、塔利安、巴拉斯、弗雷龙——正在做最后的准备，与温和派达成协议，恐吓胆怯的人，劝说易于轻信的人，把所有分散的反对罗伯斯庇尔的人组成一张大网。大家一致同意不能让圣茹斯特和罗伯斯庇尔发言。科洛·戴布瓦自上个星期以来担任公会主席，可以指望他的帮助。

这个值得纪念的会议像往常一样在上午11点开始。整整一个小时，代表们都在听着书信的朗读，而最后的仓促协议则是在走廊里达成的。12点，圣茹斯特准备发言，两个委员会的委员们进来了。圣茹斯特念了几个字；随后，塔利安以近乎命令的语气中断了他的发言。他说，和昨天的另一位委员一样，这位委员只代表自己说话，把自己和政府分开来，也就是说，两个委员会没有批准他的讲话。比约接着滔滔不绝地谈论起他被雅各宾派驱逐的事，并指责罗伯斯庇尔的阴谋破坏了公会的完整性。大家热烈鼓掌。

一件奇妙的事情发生了。圣茹斯特站立不语，承受着言语的挞伐，他似乎瘫痪了，无法应付危机。也许他只是劳累而已。也许他那神秘莫测的性格中有某种弱点，在他那近乎女性化的脸上显露出的某种温柔，在共和国运动员的角色中被压抑到现在，在关键时刻瓦解了他的意志力——难道他没有在斯特拉斯堡的雅各宾派面前流泪吗？也许他只是被他的敌人所得到的支持惊呆了。或者是困惑，无法在委员会和罗伯斯庇尔之间做出非此即彼的选择。因为他一直抱着调解的希望。演讲稿还拿在手里，演讲却已被迫暂停，演讲稿确实把政府的分裂归咎于科洛·戴布瓦和比约-瓦雷纳，但其中并没有建议逮捕他们，同样也批评了罗伯斯庇尔，建议进行建设性重组但不要采取报复措施，建议摆脱无休止的个人崇拜和无休止的反复清洗。现在这个年轻人站在讲台上，已被彻底击垮了。他本打算发表具有政治家风范的观点，但他通常用来恫吓公会的话语莫名其妙地在他口中消失了。

是罗伯斯庇尔冲上去打断了比约-瓦雷纳。

"打倒暴君！"屋里所有的人都喊出了预先安排好了的口号。罗伯斯庇尔的话在一片喧嚣声中消失了。他现在已不再认得他那把至高无上的椅子了。

塔利安又开始讲话，然后比约也再次发言。公会投票逮捕了罗伯斯庇尔派的一些领导人，包括公社武装部队的指挥官昂里奥。罗伯斯庇尔还想发言。但"打倒暴君！"再一次淹没了他的话。巴雷尔的呼声越来越高。据说巴雷尔口袋里有两篇演讲稿，一篇是赞同罗伯斯庇尔的，另一篇是则是反对他的，选择哪篇根据事态发展而定。这个故事至少说明他对结果的不确定。巴雷尔发表了演讲，并提交了一份针对公社军事力量的法案。接着，老瓦迪尔谴责罗伯斯庇尔纵容沙博和德穆兰，并阴郁地提及了在凯瑟琳·提奥的床垫上发现的一封信，信中宣称罗伯斯庇尔是仁慈之神。瓦迪尔的发言变得越来越琐碎，被塔利安阻止了。

塔利安说："我要求讨论回到关键问题上来。"

"我可以谈谈关键议题。"罗伯斯庇尔说。这是他在嘈杂声中为数不多的几句能让人听得清的话。他说了什么，想说什么，谁也不知道。"丹东的血呛得他都说不出话了！"据说有人这样喊道。其实更可能是噪音把他震聋了。其他人可能会被丹东的血呛死；比约-瓦雷纳认为罗伯斯庇尔是个阴谋家，因为他为丹东辩护了那么久，而且在那天对公会说了那么多的话。

最后，一个无关紧要的人执行了对罗伯斯庇尔的逮捕。奥古斯丁·罗伯斯庇尔要求和哥哥分担命运。他如愿以偿。攻击转向了库东。

"库东是老虎，"弗雷龙说，"他渴望国民代表的血液。他要踩着我们的尸体登上王位。"

"哦，是的，我想要一个王位。"库东挖苦道，看着自己萎缩的双腿。弗雷龙曾经让马赛血流成河。库东在里昂和多姆山省的记录我们都知道。

轮到圣茹斯特的时候，勒巴斯要求一起。因此，最后有五个人被捕了——三巨头，从来没有像他们这样共同倒台的三巨头，还有勒巴斯和小罗伯斯庇尔。他们被投入监狱，在那里听科洛·戴布瓦的说教。议会对自由得到拯救的保证表示赞同。实际上，谁也不知道发生了什么，也不知道有什么胜利。整个过程花了不到一小时。

治安委员会的工作人员把这些囚犯送到五个不同的监狱。但是巴黎的狱卒是由公社控制的。卢森堡花园的看守拒绝接收罗伯斯庇尔，因此他根本就没有被监禁。其他四人很快被释放。晚上，他们一个接一个地出现，聚集在市政厅。罗伯斯庇尔不愿承认，他不相信一场没有周密计划的暴动，仍然希望法律能支持他，而真正的爱国者不用害怕牧月二十二日法令。但到了大约晚上9点，国民公会将这五名被驱逐的代表和他们的追随者判定为非法者，罗伯斯庇尔诉诸法律的希望也落空了。非法者只需要被抓住并确认身份就可以被处死。一年前，圣茹斯特首次将非法化纳入政治策略，当时是用来反对吉伦特派的。

这一晚在公会和公社之间的一场混乱的争斗中过去了，前者是通过各委员会行事，后者则是通过反叛的委员会，包括帕扬和其他人。双方都试图控制四十八个区的武装分遣队。来自市政厅的勒巴斯试图召集"马尔斯学院"的学员；他失败了，因为他从来没有把这些年轻人训练成自己的追随者，而且这些学员无论如何都会被委员会击败。各区对相互冲突的命令作出了不同的含糊反应。救国委员会掌权的一年平息了他们过去的革命冲动。

即使是曾经在公社之前的暴动中发挥过作用的工人阶级区也没有表现出什么激动人心的情绪。罗伯斯庇尔当局不被拥戴。帕扬，这个自风月以来的国民代表支持清教徒式的警察法规，严格执行最高工资限额，镇压为争取劳动利益而发起的示威行为。就在这个时候，一些陶器工人正要去革命法庭要求增加工资。最近，在"市民饭"问题上出现了麻烦。"市民饭"是巴黎人以纵情的方式在街上吃饭，弗勒吕斯战役以后，就是在吃市民饭时许多人为和平祝酒。表达对和平的渴望引起了严重的怀疑，因为这意味着对革命独裁政权的厌恶。在这样的城市之父们的统治下，平民百姓倾向于把公社和公会之间的决裂看作是两派政客之间的决裂。

军队聚集在市政厅前保卫罗伯斯庇尔派，但他们优柔寡断，无精打采，随着夜幕的降临，他们陆续回家。凌晨两点，公会新集结的部队分成两队，汇入广场，几乎没有发生暴力事件就占领了大楼。

那些显赫的违法者与反叛委员会坐在楼上。卫兵突然闯进房间。奥古斯丁·罗伯斯庇尔从一扇窗户爬了出来，但摔在街上，奄奄一息。

无助的库东挣扎着要移动,从楼梯上跌下来,头受了伤。圣茹斯特依然还是那种奇怪的不行动,不加抵抗就屈服了。勒巴斯用手枪自杀,在这之前把另一支枪递给了罗伯斯庇尔,后者朝自己的下巴开了一枪。有人说罗伯斯庇尔并不想自杀,而是被一个名叫梅达的士兵打伤了,这名士兵后来吹嘘自己射杀了暴君。罗伯斯庇尔和梅达可能在后者冲进房间时同时开火。

圣茹斯特和库东被扣押在市政厅,直到第二天早上。罗伯斯庇尔立即被不省人事地抬到公会上,公会拒绝见他,认为"暴君的尸体只会带来瘟疫",因此抬担架的人最终把他放在救国委员会的前厅里。他被放在一张桌子上,头靠在一盒军粮上。过了一个小时,他睁开眼睛,疲倦地看了看好奇的旁观者,开始擦拭从他嘴里流出的血。一些旁观者无情地侮辱了他;因为没有亚麻布,有些人给了他几张纸包扎伤口。有一个奇怪的故事,也许不是真的,说的是罗伯斯庇尔在最后的半清醒的时刻,又恢复了童年时的习惯,忘记了法国人只应被当作公民来对待,他礼貌地低声说:"谢谢你,先生。"

库东和圣茹斯特大约 9 点钟到了杜伊勒里宫,库东被担架抬到通往绿房间的楼梯脚下,圣茹斯特被绑着双手允许登楼去看罗伯斯庇尔躺着的地方。我们从一个目击者那里得知,圣茹斯特带着悲伤和沉思的表情盯着他那痛苦的同事。然后,他又恢复了往日的自信,朝挂在墙上的《权利宣言》点点头,讽刺地说:"毕竟,这是我起草的。"一名外科医生走了进来,奉命为罗伯斯庇尔的死刑做准备。他把破碎的下巴包扎起来,拔下两三颗松动的牙齿。罗伯斯庇尔没有痛苦的迹象。过了一会儿,这个病人从桌子上坐起来,拉起袜子,摇摇晃晃地坐到椅子上,要水和干净的麻布。

那天下午晚些时候,在革命法庭经过迅速查证后,死刑犯队伍集合了。圣茹斯特在第一辆马车里站了起来,他高高地昂着头,脖子裸露，扣眼里插着一朵康乃馨，他的眼睛冷冷地注视着街道两旁的人群。圣茹斯特恢复了往日的样子，说道："我鄙视构成我又和你说话的尘土。"在他后面，是他的两个同事和罗伯斯庇尔的弟弟，他们站不起来，不太容易被人看见。和他们一起参加公社暴动的还有二十个左右的人，围观的人群欢快活跃，充满了残酷的嘲讽和讥笑，对阴谋家大喊着"去死"，对共和国喊着"万岁"。那天是个日十，许多普通市民都在场，但有人怀疑前排坐满的人都是断头台前的常客，他们同样乐于看到国王和王后、吉伦特派、埃贝尔和丹东走的是同一条路。

库东首先死去，死前状况很糟，因为刽子手花了十五分钟才把那具扭曲的身体推上断头台的直木板。在这段时间里，这个受尽折磨的人的惨叫与观众狂乱的嚎叫混杂在一起。圣茹斯特平静地接受了死刑。罗伯斯庇尔躺在那里等了半个小时，直到他和另外一个人一起被处决；彼时他被催促着走上平台并被绑在木板上，但在他的头被推出小窗口之前，绷带从他的伤口被扯了下来，所以他也像库东一样在一声痛苦的尖叫声中离开了世界。鼓声隆隆，人群怒吼；尽管还没有人知道这一点，但民主共和国的美好希望已经破灭。

1794年7月27日，罗伯斯庇尔在进入救国委员会整整一年零一天后倒台。他的老同事，或者他们中的大多数，认为没有罗伯斯庇尔他们会进展得更好。但他们的期望被证明是完全错误的。

大多数参与攻击罗伯斯庇尔的人也瞄准了救国委员会。救国委员会的独裁比罗伯斯庇尔的独裁更真实，它激起了一种同样真实的敌对情绪。许多代表在少数几个同级同事的控制下，总是很不安分。比约、科洛和其他人在接受塔利安、布尔东、富歇的联盟时，否认了他们过去一年为之奋斗的原则。他们很快就遭受了愚蠢行为的后果。

对救国委员会的攻击开始于罗伯斯庇尔死后的第二天，当时公会规定救国委员会四分之一的委员每个月必须退休,这样任何一个团体都不能长期行使公共权力。7月31日,六名新委员加入了旧委员的行列,代替四名死者和两名在外担任特派员而缺席的人。温和派大多把比约和科洛当作无助的少数派。在几周内,所有重要的权力都从救国委员会中抽走了,现在救国委员会已与公会的十几个其他委员会平等。一个名为救国委员会的机构继续存在了一年多,但它还不如其前身的影子有权威。

9月1日,比约、科洛和巴雷尔离开了委员会,他们是在调整后第一批出局的三人组。他们已经受到攻击,在公会上作为已故暴君的同谋被猛烈谴责。

就热月九日的最近事件而言,这一指控是荒唐的。但它有一个良好的理由。就在那致命的一天的前夕,巴雷尔很可能还想和罗伯斯庇尔妥协,而在热月初的时候,至少有人听到过比约和科洛说着和解之类的话。无论如何,在共和二年的大部分时间里,救国委员会是一个单位,它的责任是集体的。委员们站在一起太久了,一旦决裂发生,他们就会一起跌倒。这三个遭受谴责的人在8月首先成功为自己洗脱了罪名,方法是表达堪比救国委员会对罗伯斯庇尔的厌恶;但这个问题很快又重新被提出,并在1795年春天对这三人进行了审判。所有人都被判处驱逐出境。巴雷尔设法逃过了判决,但比约和科洛被用船送到了圭亚那,也就是后来被称为"干燥的断头台"的地方。

过去掌权的十二委员其余人员在不同时间被陆续排除。土伦的圣安德烈和身在布雷斯特的来自马恩的普里厄,在罗伯斯庇尔死后不久就不再是救国委员会的委员了,因为当时公会禁止特派员参加。10月6日,兰代、年轻的普里厄和卡诺按照正常程序退休了,尽管卡诺被通过特殊安排重新任命,在指挥军队的岗位上干了四个月。

这五人都加入了谴责罗伯斯庇尔的行列，但随着时间的推移，他们都发现自己和那些死去或被贬黜的人之间的老关系使他们受到了连累——先是罗伯斯庇尔、圣茹斯特和库东，然后是比约、科洛和巴雷尔。对于在共和二年的掌权者来说，共和三年的气氛是寒冷和不健康的。

因为热月引发了意想不到的反应。

从形式上看，正如胜利者目前所认为的那样，罗伯斯庇尔的下台像是革命的前一步。爱国者们又一次处决了一群阴谋家，自由再次得到拯救，真正的革命者又一次惩罚了偏离路线的人。这些死人依次被分类为怪物，他们的同情者被无情地追捕。恐怖统治并没有立即被否定；9月，为了扼杀保守派的希望，也为了显示严厉的政策仍然受到支持，公会下令将马拉的遗体移到万神殿。"永远的马拉"（促使罗伯斯庇尔被捕的那个人这么称呼马拉）比罗伯斯庇尔愤怒得多。

但事实上，令激进派震惊的是，热月九日从根本上改变了这场革命。激进派联合温和派推翻了罗伯斯庇尔。他们指责罗伯斯庇尔对恐怖统治的暴行负责，从而使其名誉扫地。在把牧月二十二日法令作为对暴君的主要指控后，他们不得不同意废除它。在热月之后鼓吹恐怖统治就是让自己暴露在罗伯斯庇尔主义的怀疑之下，而这种怀疑首先是必须避免的。共和二年的恐怖统治者把恐怖统治同一个人联系起来，他们希望通过表现出和平和人道的态度，赢得温和派的信任。巴雷尔揭露了事情的真相，当他自己被指控时，为了自卫，他写道："难道他的坟墓不够宽，不能容纳我们所有的仇恨吗？"这正是所发生的事情。生者同意谴责死者，以寻求新的和谐。而马克西米连·罗伯斯庇尔在他生前无法阻止恐怖统治，却以他的死促成了它的终结，通过成为人们唾弃和诋毁的记忆，他的坟墓成了人们仇恨他人的垃圾场。

此外，雅各宾派这次站在了失败的一方，他们公开声称信仰这个已故的魔鬼。热月之后，雅各宾派受到了各方的不信任。地方俱乐部逐渐消亡，巴黎俱乐部于11月关闭。雅各宾派一直声称自己是公众舆论的真实代言人。他们现在被另一种公众舆论取代，这种舆论更模糊和无组织，但总体上更公开，其实质是总体而言过去紧张的形势放松下来了，人们可以缓口气，因为美德的统治结束了；人们也可以怀疑所有那些过去一年被当作同谋者处死的人是否罪有应得，还产生出一种感觉，那就是不论如何，有了国外的这些胜利，国内的镇压不管过去多有用，现在都不再必要了。温和派（一个永远需要在相对意义上来理解的术语）发现他们的建议更容易被倾听，过去的煽动者和审讯者在可能的情况下悄悄地溜进了温和派的行列。正如比约、科洛和巴雷尔所发现的那样，这并不总是可能的，卡里耶和富吉耶-坦维尔也学到了这一点，他们在恐怖时期受到审判并被送上断头台。

对恐怖统治的厌恶强化了革命对强大的中央集权的原始偏见。大委员会建造的机器被拆除了。领导层几乎消失；现在统治这个国家的是议论，而这些议论往往沦为争吵；旧时的无政府状态和混乱又回来了，这次外国人远离国门，所以并没有那么危险，但已经够让人心烦意乱的了，因为这种状态持续了五年却仅有些许进步。经济控制被放松；供给委员会逐渐失势；商人们可以自由地经商赚钱，甚至通过不诚实的合同来欺骗政府。全面限价令被取消；指券失去了购买力，所以不得不加印；由此导致的通货膨胀给穷人带来了痛苦，给所有人带来了不确定性，只给少数人带来了易得的利润。最终于1795年制定的宪法诞生于对独裁者的恐惧之中。它承诺公民自由和议会政府，但未能确保政治秩序、经济稳定或宗教和平。与此同时，军队从共和二年的推动中获得了自己的动力，扩大了对莱茵兰和意大利的征服，继续进行战争，而这个国家没有足够的组织来维持战争。因此，正如罗伯斯庇尔所预言的那样，革命独裁的崩溃为一个军人的独裁铺平了道路，这个军人是一个有政治天赋的人，能暂时使这个动乱的国家感到满意。

那么，救国委员会取得了什么成就？委员会是第一个战时内阁，很明显就像20世纪的战时内阁一样。因此它非常成功。它调动了国家的全部资源，包括人力和物力资源，道德和科学资源。它保卫了革命，也很可能通过检查内部的无政府状态避免革命陷入毁灭，因为1793年法国的无政府状态使得欧洲君主得以入侵法国。1792年，它在法国边境以外对吉伦特派鼓吹的旧秩序发动了革命攻势。

救国委员会也是第一个以社会完全复兴为目标的独裁政权。在这个目标上，它失败了。救国委员会认为，对于民主共和国或美德共和国（在当时的政治哲学中二者等同）来说，军事成功只是必要的初步手段。它没有成功地建成永久共和国。委员会的政治活动远远超出了法国公众的意见。委员会的成员，以及山岳派的成员，都是最初的革命者的残余，他们是少数派，其思想是大多数法国人都没有准备好接受的。他们的少数派身份是他们诉诸恐怖的原因之一。反过来，恐怖虽然保护了革命，却伤害了本该建立的共和国。对于普通的法国人来说，在将近一百年的时间里，共和国意味着暴力和不和、镇压公民自由、拒绝议会自由、迫害宗教、被政客统治。这些想法使建立第三共和国变得困难，间接地促成了它的结束。恐怖统治之后，法国比以往任何时候都更分裂。无论现在的政治制度是什么，总是受到相当多的少数派的厌恶，因此，尽管在繁荣或光荣时期取得了足够的成功，但在紧张或屈辱时期，它也有可能被坚决的小集团推翻。从这个意义上看，1799年、1815年、1848年、1870年、

1940年有一些共同之处。

事态的发展与救国委员会的意图正好相反。该委员会的伟大目标是建立一个国家,一个只有一种信仰的共同体,在那里,所有地方、所有宗教、所有方言、所有教育程度、所有社会地位、享有所有各种个人利益的人都应该精诚合作,忠诚于共同一个国家。在这条道路上,除了英国人,18世纪的法国人比任何其他民族都走得更远。但是救国委员会知道民主(以及战争的胜利)依赖于国家的团结,于是把国家的控制权带到了在20世纪以前从没有达到过的水平,在这个水平上,按照我们的标准,它就不再是民主的了。当时的普通法国人想要的不是一个宗教国家,也不是强化的政治教育,不是由政府制定的道德准则,不是强制兵役,不是制定的物价和工资,不是财产征用,不是被一个远在巴黎的全国性政府消除本地的特色。其中一些在今天的民主社会很常见;所有这些都出现在现在的极权主义国家里,得益于从那以后发生的技术进步,这些比1794年更有效地实行了。

有一个长期趋势,特别是在英语世界,觉得法国大革命带来的重要和持久的变化是在1789年至1791年之间完成的,在更晚的1793年和1794年,革命者"走得太远",陷入痛苦的激进主义的疯狂发作中。然而,是1789年的"温和派"摧毁了法国人赖以生存的制度,是恐怖统治时期的"狂热分子",尤其是救国委员会,战胜了随之而来的混乱,创造了波拿巴所说的革命时期的唯一严肃的政府。早年开启的改革——议会规则、公民自由、法律平等、资本主义经济,都更加持久,这是事实。但认为救国委员会治下所提出的理念无足轻重并不准确。只有在1793年和1794年才是民主,因为实现了全民普选,扩大了经济平等,这是掌权者的理想之一。那些年提出了最危险的政治问题:这种意义上的民主与另一种意义上的民主的关系，个人自由和代议制政府的民主之间的关系。在同一时期，第一次展现了一个这样的国家：它完全由政府组织起大量民众进行全面战争，有组织有素的领导人深入参与其中，这些领导人则将创建这样的国家作为改造世界计划的一部分。

这些是 20 世纪能够理解的事情。在 19 世纪自由主义的辉煌中，法国革命的意义并没有穷尽；即使在自由主义的遮蔽下，革命依然存在，前者是现代世界的十字路口，我们这个时代的民主国家和反民主国家都可以回顾。反讽的是，我们肯定对此感到满意：现在用来推翻民主社会的革命方法曾被用来促成民主社会的形成，而在当时，这些方法并没有取得成功。

结束语

热月十日的夜幕降临时，曾经掌权的十二委员还有八位仍然在世。就所在的位置而言，他们的年龄算起来还都是年轻人；兰代是五十一岁，科多尔的普里厄只有三十一岁，总体的平均年龄（无论是平均数还是中位数）差不多就是他们两位的平均值。他们还有半辈子可以去做事，以政治来说，他们过完了的半生已经是平常人所能向往最圆满的了。

热月之后，他们的人生轨迹完全分离。在进入救国委员会之前，他们几乎互不相识，后来在最能暴露人心的环境下认识了对方，一起熬到半夜身心俱疲，讨论、报告、脾气火暴地争论，再压低嗓门讲和，直到最后，为了大家都理解的利益，又以某种方式携手合作，他们成了紧密的集团，不让外人知晓他们内部的秘密——在这一年共享无可逃避的隐私、互生嫌隙又达成一致之后，他们又回到了个人的生活当中去，这八个人再也没见过彼此，但是他们的思绪会忍不住回到那同一个地方，除了马恩的普里厄，共和二年他没在巴黎，还有圣安德烈，由于人在外地，他对绿房间的记忆也都不连贯。他们最终都变老了，成为了白发苍苍的历史幸存者。对于现在周围发生的大事，他们奇怪地漠然处之，与老朋友相聚谈旧事，或者以大时代的趣闻给年青一代开眼，心里回味的仍是他们的权力巅峰之日，思忖着各种假如和其他可能，而对早成过去的派系之争还是恨意不绝。随着人变老、衰颓下去，有一种新的东西开始获得了生机和力量，就是他们对罗伯斯庇尔的记忆，他们联手将他打倒，他的死在葬送了共和二年前景的同时，也将他们削平为局外人。

只有科洛·戴布瓦没有终老。他和比约于1795年的夏季来到了卡宴。常用的残酷手段，他们都受了，对于这两个绝望者，没人敢担保任何宽容都会没事，两人被分开直到都发烧倒下。这两个仇恨教会的人在烧得胡言乱语、神志不清之后，得到了修女们的照顾，她们在殖民地里有一家医院。科洛很快就去世了，而旁边的病床上，他的老同事也是奄奄一息。他们才离开法国一年。

在修女姐妹们的照顾下，比约恢复了过来，她们相当怜惜这位可怕的病人，不让那位无情的总督伤害到他。当局适时地变得不再那么严酷。作为永远的卢梭主义者，比约将自己调整到自然状态，种起了田，和一个女黑奴安下家来，还给她取了一个合适的名字叫"维尔日妮"，后者在他余生都对他忠诚不贰。他享受了某种和平，困扰他的只有一些政治回忆和偶尔爆发的怒火，而那位忠心的维尔日妮肯定是无法理解的。1800年传来消息，波拿巴赦免了所有的政治犯，但是比约拒绝了回去的机会。时间就这么过去了，维尔日妮教他如何在热带地区种庄稼，他也在沉思中为罗伯斯庇尔和丹东的死而痛心，而他所谓的"清教徒共和国"的失败常常将他拖入悲恸之中，让他写出了一些不可理解的回忆录，它们表明一个耽溺于自己美德的灵魂怎么在错误的道路上越走越远。比约改变了他的一些想法，但是自己这样一个特别善良的人遭受到了不公正的迫害，对于这一点，他毫不动摇。

在被英国海军长期与欧洲断绝了联系之后，圭亚那于1815年回到了波旁法国的手里，这位流亡的老人担心再来一轮惩罚，就和维尔日妮去了美利坚合众国。但这个国家并不合他意，1817年他去了海地定居。海地当局其时正开始一个独立的黑人共和国事业，他们热烈地欢迎他，但同时又提防他会把他们卷入和法国的纠纷当中。比约人还没到，就公开对波旁王朝和在巴黎得志的前吉伦特派分子大加挞伐，这让海地总统不得不对他提出了抗议。可是这样一位热忱的共和主义者，一个入籍的真正的老雅各宾派，对海地有很多用处。他成为了高等法院的顾问，就法律上的难解之处给公民们提一些建议，毕竟他都做过研究。比约于1819年去世，这位白发人享年六十三岁，留下维尔日妮和海地为他悼念，在一个离自然还不算太远的共和国悼念它的一位高官。

让邦·圣安德烈，这个迥然不同的人，他找到了另外一条活命的途径。党派狂热和他没有关系，热月阴谋他也没参与。在反对委员会的浪潮里幸存下来之后，他收到了新的行政任务，不久就被派驻阿尔及利亚。土耳其人俘虏了他，关了三年。1801年他回到了法国。波拿巴将他视为最有能力的共和主义者之一，给了他一个职位。

圣安德烈所面对的问题不是所有的老雅各宾派都会给出同样的答案——那就是加入不加入波拿巴所建立的独裁共和国政府，它将自由共和国政府取而代之。双方都有足够的话可说，诚实的人也会意见不同。圣茹斯特从未放弃他的革命原则，但是他讨厌低效和无序，在他眼中，波拿巴是革命之子，他的敌人也是革命的敌人。他接受了第一执政所提供的岗位。他成为美因茨的总督，这一个微妙的位置非常重要，牵涉具备战略意义的、对在莱茵前线上新兼并的日耳曼人的管理。

共和国渐渐成为了一个帝国，圣安德烈也随之改变着自己，或者说只是还原了他在共和国阶段一直潜藏着的深层人格，因为他从来不是一个激进派，之前一切不过是革命使然，在1789年之前（他当时已经四十岁了，思想已经成熟），只要王室朝着法律平等、新教徒有机会参与公职的方向改革重组，他也许就满意了——这两个方面，波拿巴都做到了。圣安德烈接受了基本以才具为标准的贵族身份。他成为了帝国的男爵和荣誉军团的军官。这个雅各宾俱乐部里曾经的演讲者，站在一群元帅、公爵、伯爵、保王党人、流亡贵族和教会高级人士中间接受了册封。然而有旁观者注意到，他的穿着较之旁人朴素，似乎隐隐地传达出一种不屑，表示他既没有后悔也没有掩饰他在救国委员会服务的经历，他要让所有人都不要忘记，当他们四处躲难或与敌人媾和，国家陷入革命的乱局，甚至皇帝本人也不过是一个炮兵上尉之时，为了让政府团结一心，他尽到了自己的职分。

1813年，从莫斯科撤出的大军残部涌入美因茨。医院里挤满了伤病员。霍乱在美因茨城里肆虐。总督在巡视医院的时候受了感染，然后就死了。他那一代人的惊天动地之事他都参与了，但上帝没让他看见滑铁卢的结局。

卡诺也接受了拿破仑。他有理由对共和国失望。他从热月里幸存了下来，继续在政治里活跃，但是在后面一场失败的政变里，他成为了受害者（这次是共和五年的果月），尽管身为主席，五位督政之一，但他差点被发配去圭亚那和比约待一起。他的财产被没收，学院里的坐席也被剥夺了，逃去瑞士才让自己免于一死，共和国政府到了那里还在无情地追捕他。波拿巴掌权之后，他回来了，当了几个月的军政部部长。尽管经历了这么多，卡诺仍然秉持他过去的信仰。他从部长一职上退下来，去做了护民官，在新政府中这一职位允许进行公众讨论。他反对波拿巴的一些政策，因其离共和国的理想甚至更远，他对此极为失望。1807年，护民官一职被废，他过上了退休后的个人生活，让自己忙于解决数学问题，总结军事防御理论和养育两个孩子。

帝国取得了之前想象不到的成功，但是过去的胜利组织者依旧无动于衷。大溃败发生时，卡诺赶去救援。1793年的威胁再次出现，外国的军队逼近国界线，与他们一起而来的还有波旁王室，在坚定的共和派眼里，他们是比波拿巴更糟糕的敌人。在百日王朝期间，卡诺想重复救国委员会的胜利却以失败告终。他担任了内政部长，也接受了帝国伯爵的册封，但毫不热心于此。当滑铁卢的消息传来之后，他是为数不多的不会丢脑袋的人。而法兰西在经历了一代人的你争我斗之后放下了武器。

起初，路易十八和他的顾问们制定了一个宽恕和赦免的方案。甚至那些1793年投票赞成处死路易十六的弑君者，刚开始也没有受到官方的骚扰。但是在经历了拿破仑从厄尔巴岛回来、百日王朝和滑铁卢之战这些事情之后，复辟的王朝认为有些老雅各宾派不可救药。1816年，那些在拿破仑从厄尔巴回来之后集结在他麾下的人遭到了驱逐。一百多位国民公会代表就此走上了流亡的道路，其中就有六十三岁的卡诺。

沙皇亚历山大允许他在华沙定居，但是他发现那边的气候太过苦寒。他迁居到普鲁士，漫无目的地漫游，不是作为一个民族英雄，而是一个老人，一个数学家，一个至死不悔的革命家，而他所生活的世界渴望和平和稳定。他与儿子作长谈以消解流亡的苦闷，这个男孩此时二十岁不到，记录下他的讲述，最后写成了一本回忆录，父亲在其笔下是一个伟人。卡诺的孙子后来成为了法兰西的总统。他自己于1823年寂寞地死于马格德堡。

罗贝尔·兰代和两个普里厄渐渐退回他们原先的中产生活当中。他们虽然不再有革命的激情，但是他们的革命信念还在。他们后来的生活看似平庸，其实意义耐人寻味。有成千上万人像他们一样，日常营营于俗务，是稳定可靠的公民、卓越不俗的布尔乔亚，但就是他们曾经让世界瞠目，现在仍不让政府知道其同情。大革命甚至恐怖统治获得了这些人的支持，复辟王朝回来后，一般也会允许他们重新回到社会中来，这些都是那个时代和我们今天的不同之处。

热月之后，兰代和马恩的普里厄又继续在公众生活里活跃了一阵，所持立场相当左。普里厄因为卷入1795年新雅各宾派的暴动还躲藏了好几年。兰代被指控参与谋划了1796年巴贝夫准社会主义运动；将卡诺拉下马来的果月派，他却接受了，1799年他还出任了财政部部长。兰代和马恩的普里厄都不认同拿破仑的雾月政变。两人之后在巴黎重操律师的旧业。普里厄在拿破仑时代销声匿迹，而兰代据说从五十七岁到七十三岁间积累下五万法郎的财产，他在通信里毫无顾忌地评论帝国的虚有其表和好大喜功。

拿破仑最后一搏时，路易十八眼看着就要回来，打破了两位退休的弑君者的平静生活。雅各宾派的朋友们招揽二人一起为皇帝效力。兰代年事已高，拒绝了；马恩的普里厄此时还不到五十岁，同意了。1815年之后兰代便不问世事了，1825年他平静地死去，享年八十二岁，葬于拉雪兹神父公墓，唯一一位葬于巴黎的十二委员。普里厄逃亡到比利时，尼德兰的新君接纳了一批国民公会的代表，他从此开始了十一年的流亡生活，直到1827年在布鲁塞尔贫穷地死去。

科多尔的普里厄在热月之后就没怎么参与公共事务。雾月之后他更少在政治舞台上露面。像他的朋友卡诺一样，他也重新醉心于科学当中。虽然是个无牵无挂的单身汉，但无所事事也叫人不得安心，他终于主动向帝国政府申请教育系统里的一个巡视员职位。未能如愿，四十出头的他又去做生意，在巴黎创办了一家墙纸厂。他的生活优渥，写了一本有关光的分解的书，还因为他工厂里所使用的色素而获得了一个奖。1811年，他获得了退役上校的抚恤金，他曾经做过军需部部长。帝国倒台时他袖手一旁没有出力，所以王朝复辟后他还继续待在法国，只是遭受了一些非正式的冷落，就像第戎学院在保王党人的情绪影响之下，把他和卡诺除了名。卡诺的儿子在其父去世之后返回法国找到了他，两人就救国委员会的光辉岁月做了详细的交谈。1832年，普里厄死于第戎，下葬时享受了工程兵上校的待遇，但是葬礼被低调处理，当局担心共和派示威闹事。1832年，共和国卷土重来的威胁日渐可能。

而在此时，巴雷尔还在继续活着。他被判处的罪罚和科洛、比约一样，与他们一起被押解出这个到处是讥讽挖苦的国家抵达出发的港口，却被一连串的琐事给耽搁了下来（"巴雷尔第一次没有顺风起航"），被投入监狱之后，他设法逃了出来，躲躲藏藏中终于熬到了这场政治风暴平息。巴雷尔慢慢地回到公众视野中来，努力让自己在公众生活中获得一个新位置。在公众心目中，现在的法兰西活着的人里面，没什么人能比他与恐怖统治的关系更紧密，死去的人里也数不出几个。他是断头台上的阿那克里翁，救国委员会的发言人，他口若悬河、加斯科涅人风格的煽动性演讲不止一次接近疯狂的边缘。因为生性灵活，他太过现实不会抓住失败的事业不放手，太过亲切未能成为党派的首领，太过忠诚于革命不能不去帮助掌权的革命派，最终落得"风向标、虚伪的朋友、只顾自己"的名声。

1798年，他出版了一本体量庞大的著作《海洋的自由，或者英国政府的真面目》(*The Freedom of the Sea*, or *The English Government Unmasked*)，试图以此重新获得官方的好感。在书里他延续了对公会的抨击，预见了大陆封锁体系的主要思想。成功的革命派系认为他出来露面已经放肆了，拒绝了他所递来的橄榄枝。因此他欢迎波拿巴的到来。他希望有更高的职位，比如像卡诺得到的那样，但他只接到了写几份宣传的委托任务。接下来的几年，他对拿破仑的态度一直在左右摇摆，这一点倒是和很多比他更为忠诚的人一样，但到最后，在百日王朝期间，他将他的命运与帝国捆绑在了一起，所以 1816 年也遭到了驱逐。

在比利时，巴雷尔和其他流亡贵族混在了一起，有段时间尤其是和邦纳罗蒂、瓦迪尔一起，后者现在是年老体衰了。这三位的重聚焕发出一种象征的意味。瓦迪尔是 18 世纪的象征。1736 年出生的他，说的是"哲人"们的语言。对于瓦迪尔来说，革命意味着镇压天主教。他之所以策划了著名的针对罗伯斯庇尔的提奥案，是因为他觉得罗伯斯庇尔太宗教了。巴雷尔反映了接下来的阶段，他是革命本身，敏感于其所包含的热情、希望和仇恨，虽然变化来变化去但有其不变的核心，对个人权利、民族权益抱有信仰。邦纳罗蒂是未来的革命。邦纳罗蒂不比巴雷尔小几岁，在 1793 年和他一样积极，尽管角色无足轻重，经历革命的他理解了什么是穷人与富人间的斗争。在巴贝夫的"平等派密谋"里，他是一个领袖。他是第一共和国和 19 世纪 30 年代社会主义作家之间的活纽带，在后者的圈子里，他是一个众所周知的人物。

这三个被流放者谈论最多的是过去。大家都哀叹热月，尽管他们对于真正的革命是什么持有不同看法，但他们都同意是热月使革命堕落至此。邦纳罗蒂斥责其他两位参与反对罗伯斯庇尔的阴谋是对事业的背叛。瓦迪尔和巴雷尔为了证明自己的正确，详细阐述了他们动机的纯粹；他们说，他们觉得有责任拉住独裁者的疯狂脚步。邦纳罗蒂认为如果罗伯斯庇尔还活着，革命将会到达真正的顶点，社会将朝劳工阶级利益的方向变革。所以有关罗伯斯庇尔的传说有两个截然不同的说法，描绘出来的一个罗伯斯庇尔不负责任、野心勃勃，最终导致了灾难，另一个罗伯斯庇尔则是无产者的早期朋友，正要启动经济革命之时却倒台了。这两幅肖像的生命力主要来自绘画者本人的心理需求。

巴雷尔在1830年革命之后回到了法国。新上台的"公民国王"喜欢和这位老人交谈，想从中了解革命的一些不为人知的事情，尤其是他的父亲奥尔良公爵"平等菲利普"的故事。这位八旬的弑君者经济条件不甚如意，每年一次从国王手中拿一张一千法郎的钞票，就这样持续了很多年。政府付钱给他，是把他当告密者。无从得知他揭发的是谁，奥尔良王朝和其他的法国王朝一样，左右两边都有不可调解的敌人。他的养老地塔布也是他的出生地，位于比利牛斯山山脚之下，在他成年之后就变成了陌生地。在此，他得到所有人敬畏的同时也受到了一些人的尊敬，这位和蔼的老人既有旧制度下的翩翩风度，也有现代的观念，激进派选他进了省议会，他谈起过去来没完没了，写下了厚厚的备忘录在他死后出版，里面的自我开脱和不实之词却使之成为笑柄。

19世纪30年代工业革命在法国发展迅速。薪酬低廉的工人起来反抗一个只被少数有钱阶级操纵的政权。他们相信四十年前，一个民主共和国曾经就在门口，差一点就成为现实。廉价的罗伯斯庇尔演讲和作品复印品在这些民众住地散播。人们饥渴地读着他的《人权宣言》，激起了热情的讨论。历史学者也在工作，勤劳的比谢，这位民主的神秘主义者，正在编纂多卷本文集（总共四十卷），不可腐蚀者由此成为了弥赛亚和革命的牺牲者。1840年，烈士的第一个作品全集出版。有了罗伯斯庇尔作为象征，大革命又酝酿起来，为1848年革命的爆发和第二共和国的出现做准备。

老年的巴雷尔对他所处的世界并无多深刻的理解。尽管他与公民国王过从甚密，但他还是对共和国的理想抱有梦想，希望出现一个这样的理想国，一个万物皆善的所在。这是一个进步正在发生，并被认为会遍及所有的时代，巴雷尔对未来有无限信心。这个遣词用句极为考究的所谓愤世嫉俗者讲述了他的愿景。

"共和国是，"他在晚年写道，"高尚心灵和自由意志的希望。这个乌托邦热忱和充沛的精神来自文明与独立的启蒙。这是常识、正义和经济的政府。这是不可避免的人类趋势。"他也修改了他对罗伯斯庇尔的看法，在政治激情的催动下，他曾经称其为魔鬼，而罗伯斯庇尔的坟墓，他也视之为政治仇恨的存放处。"他是一个纯粹而高尚的人，"他在将近临终时如是说，"一个忠诚而真挚的共和派。"

吐露完这段衷曲没多久，1841年，这个八十六岁的老人，救国委员会的最后一位委员，在他显赫之日将近五十年之后，带着对未来的憧憬，离开了他一直生活其中、纷扰不断、革命不断的世界。

索引

（以下数字表示的是原书页码，查阅时请参照本书边码）

Academy of Sciences（科学院），355

Acadia（阿卡迪亚），165

Achard（阿沙尔），171

Admiral（阿德米拉尔），328

Agriculture（农业），235—236，240，314

Aigueperse（艾格佩斯），149

Alexander I（亚历山大一世），392

Algeria（阿尔及利亚），390

Allier（阿利埃省），250

Allies（联军），1793年的进攻，24；瓜分法国计划，57；不和，87—88，336—339，351

Alsace（阿尔萨斯），4，57，116，177—199，320，350

Alvinzi（阿尔温奇），354

Amar（阿玛尔），295

Ambert（昂贝尔）131，134，138，140

America（美国），见United States，convoy词条

Andelys（莱桑德利），249

Angers（昂热），252

Antwerp（安特卫普）358

armaments（军备），见munitions词条

Arms Administration（军械管理处），241

Army（军），革命前，7—8；革命生乱，23—24，78及以后各页，212；重振，81及以后各页，96及以后各页，182—185，306；各种各样，46，74，124，339—340，384

Army of Condé（孔代军），179

Army of the Alps（阿尔卑斯军），103，153，251

Army of the Ardennes（阿登军）79，97，351，352

Army of the Côtes de Cherbourg（瑟堡海岸军），214

Army of the Eastern Pyrenees（东比利牛斯山军）103，251，341

Army of Italy（意大利军）245，251，341—342

Army of the Moselle（摩泽尔军）78，91，104，180及以后各页，341，350，351，352

Army of the North（北方军）78，80，82，91—105，183，212，245，341，350及以后各页

Army of the Rhine（莱茵军）79，87，91，104，180页及以后，341，350

Army of the Sambre-Meuse（桑布尔-默兹军），352及以后各页

Army of the West（西部军），103

Arras（阿拉斯）6，7，307

Artois, count of（阿图瓦伯爵），24，205

arts（艺术），317—320

Arts Commission（艺术委员会），295

Assignats（指券），61—62，239，284，359

Athens（雅典），19，315

Augereau（奥热罗），97

Aulard（奥拉尔），56—57，193，271—272

Austria（奥地利），5，22，57—58，80，87及以后各页，357及以后各页，351及以后各页

Austrian Netherlands（奥地利的尼德兰），见Belgium词条

autarky（自给自足），227—230

Auvergne（奥弗涅），13，118，130—152

aviation（航空），见balloons词条

Babeuf（巴贝夫），260—261，392，394

Baden, margrave of（巴登的大主教），178

Bailiff（贝利夫），249

Balloons（气球），82，236，354—356

Bank of Amsterdam（阿姆斯特丹银行），358

Bank of Discount（即 Caisse d'Escompte，贴现银行），114

Barbary coast（巴巴里海岸），250

Barère（巴雷尔），革命前 8—9，16，18，20；选入救国委员会，31，109；在救国委员会工作，31，109，364；6月2日，383，395—396；风月法令，286，313；文学艺术，318 页以后；教育，321；"复仇者"，346；牧月二十二日法令，366；热月，369，370—381；热月之后，382—384，393—396；性格和个人详情，8—9，31，108—109；其他，38，55，71，91，95，100，101，106，116，118，123，124，156，163，200，238，243，253，278，282，288，292，318，333，340

Barr（巴尔），191

Barras（巴拉斯）363；谈罗伯斯庇尔，370，376

Basel（巴塞尔），338

Basire（巴西尔），346

Basques（巴斯克语），320

Bastille（巴士底狱），293—294

Batz, baron de（巴茨男爵）114，295

Baudot（博多），188—189，191，198—199，256—257

Bavaria（巴伐利亚），57

Bay of Biscay（比斯开湾），343

Beaulieu（博利厄），354

Belgium（比利时），23，24，41，57，58，337 页及以后，350—360，393，394—395

Bengal（孟加拉国），211

Berlin（柏林），337，339

Bernay（博内），249

Berthelmy（巴泰勒米），94

Berthollet（贝托莱），100，234

Bignon，commission militaire,（比尼翁军事委员会），220

Billaud-Varenn（比约-瓦雷纳），革命前，12—13，17，21；选入救国委员会，54，108—109，125，364；作品，12，18，40，285；9月5日，43—55；霜月十四日法令，124—127；谈丹东，269，297，389；在圣马洛，280，341；谢尼埃，318；斯巴达，315；牧月二十二日法令，366；热月，285，369，374—378；热月之后，382—384，388—389；性格和个人详情，12，172；其他，40，71—73，101，103，118，123，172，200，239，278，292，295，313

Billom（比永），143，147，251

Bitche（比奇），187

blockade, British（英国的封锁），206，227，339—340，343—350

Bois de Boulogne（布洛涅森林），322

Bonaparte（波拿巴），成为准将，96；计划入侵意大利，342；谈罗伯斯庇尔，370；谈救国委员会，386；其他，3，33，87，127，214，227，304，318，334，341，356，384，389—394

Bordeaux（波尔多），15，37，174

Bouchotte（布硕特），82，84，86，93，96

Bourbons（波旁），24，87，338，389

Bourdon of the Oise（瓦兹的布尔东），256，258，262—263，295，367，376

Bourges(布尔日),250

Boyd(博伊德),114

Bréard(布雷亚尔),217—218

Brest(布雷斯特),203—209,217—219,251,343,349—350

Breton language(布列塔尼语),320

Brissot(布里索),52,53,117,268

Briez(布里耶),71,72

British(英国人),见 blockade,British,Allies 词条

Brittany(布列塔尼),4,23,204—205,320;圣安德烈和普里厄在此,202—204

Broteaux(柏蒂耶)169—171,174

Brune(布律纳),96

Brunswick(不伦瑞克),180

Brussels(布鲁塞尔),357,393

Brutus(布鲁图斯),19,112,119,325

Buchez(比谢),357,396

Buffon(布封),15,34,197

Bulletin des lois(《法律公告》),127

Buonarotti(邦纳罗蒂),394—395

Burgundy(勃艮第),7

Burke(伯克),338

cabinet(内阁),72,307,384

Caesar(恺撒),112,259

calendar, revolutionary(革命日历),111—113

Calvinism(加尔文教派),11,323

Cambacérès(康巴塞雷斯),262,370

Carnot, Hippolyte(伊波利特·卡诺),75,392,393

Carnot, Lazare(拉扎尔·卡诺),革命前,7—8,16,17,18;选入救国委员会,41;在救国委员会服务,108—109,364;战略思想,88—91;翁

斯科特，92 页及以后；瓦蒂尼，97—103；弗勒吕斯，350—360；论公共管理，226；关于制造武器的演说，238；关于行政重组的演说，307；风月法令，286；与罗伯斯庇尔、圣茹斯特决裂，309，364，369，372；气球，355；占领地的计划，358；热月之后，382，391—392；性格与个人详情，7，81，108；其他，55，63，78，81—83，163，200，237，288

Carrier（卡里耶），在南特，116，205，220—224，256；在巴黎，281，287，292，294，384

Carthage（迦太基），211，341，350

Catalonia（加泰罗尼亚），341

Catherine II（叶卡捷琳娜二世），5，339

Catholic and royal army（天主教和保王派的军队），205，213

Catholic church（天主教会），5，11，12—13，18，111，117—118，142 页及以后，208，324—326，358，368，388—389，394；见 Dechristianization, Religion 词条

Cato（加图），112

Cayenne（卡宴），388

Censorship（审查制度），283—284，290，317—318

Chabot（沙博），外国阴谋114—115，256；作为丹东派，257—258，269，295；其他，35，38，66，377

Chalier（沙利耶），147，153—154，164，166

Champ de Mars（马尔斯校场），330—332

Champs-Elysées（香榭丽舍大街），3，319

Channel Islands（海峡群岛），219，280，341

Chappe（沙普），236

Charleroi（沙勒罗伊），353

Chateauneuf-Randon（沙托纳德-朗东），133页及以后，151—153

Chaumette（肖梅特），27，43，45页及以后，257，288，294，316

Chénier，M. J.（谢尼埃），317—318，327，331

Cher（谢尔省），250—251

Cherbourg（瑟堡），205，256；圣安德烈在此，214—217

Chesapeake bay（切萨皮克湾），206，343

circumstance，thesis of（有关环境的论点），271—272

Clermont-Ferrand（克莱蒙费朗），13，130页及以后，147页及以后，249—251

Cloots，Anacharsis（阿纳卡西斯·克洛茨），114，120，123，257，261，292—293

Coblentz（科布伦茨），299

Coburg（科堡），64，87页及以后，100页及以后，339，350页及以后

codification of law（制定法律），111

Collot d'Herbois（科洛·戴布瓦），革命前，15—16，17，21；选入救国委员会，54；在救国委员会供职，55，108—109；忿激派，37；反囤积法，40，244；思想，157页及以后，164—166，285；在里昂，106，159—176；对于罗伯斯庇尔的态度，174，369；风月风波，266，281—292，294，313；谢尼埃，318；遭枪击，328，367；热月，364，374—378；热月之后，382—384，388—389；性格和个人详情，15—16，159—160；其他，43，68，101，114，118，123，129，200，261，278，364

Colmar（科尔马），197—198

Committee of General Security（治安委员会），根源，28；

重组，65—67；丹东派，297—298，300；去基督教化，365；与救国委员会竞争，308—310，363 页及以后，367 页及以后，371；其他，84，110，113，245，262，295，319，328

Committee of Public Instruction（公共教育委员会），321

Committee of Public Safety（救国委员会），根源，28；住处，3—4；处理事务的办法，3，108—110，309，364；丹东派阶段，31—38；委员们，31，38，39，42，261，381 页及以后；所遭受的攻讦，48，53，65，71，253，261—263，365 页及以后；权力，28，66，71—75，123—128，232 页及以后，305 页及以后；内部的不和谐，116，309，310，364，368 页及以后；十人委员会，201；对里昂的态度，154 页及以后，171—173，201；对溺刑的态度，220 页及以后；对于派系的态度，259 页及以后；对于战争的态度，278；每月的权力洗牌，75，262，289；失去权力，380 页及以后

Committee on Markets（市场委员会），65—66

committees of surveillance（监查委员会），27，28，66—67，127，233

Commune of Paris（巴黎公社），定义，26；影响，28，32；9 月 5 日的暴动，43 页及以后，69；军队，80，99；去基督教化，117 页及以后；救国委员会对其的攻讦，123，259；经济措施，240—241，245—246，281；风月风波，260，288，295；埃贝尔派被罗伯斯庇尔派取而代之，306；罗伯斯庇尔派的政策，315，324，371，377—381；见 Hébertists 词条

communes（公社），26，124

Condé（孔代），87，306，350

Condorcet（孔多塞），318

Constantinople（君士坦丁堡），104，200，266

Constituent Assembly（立宪会议），170

constituted authorities（合宪机关），26，72，74，124页及以后，185，192，306

constitution, theory of（宪法理论），18，264

constitution of 1791（1791年宪法），20，26，132

constitution of 1793（1793年宪法），根源和采用，15，34—38，42；中止，75，127；其他，86，261，297，319

constitution of 1795（1795年宪法），357，384

Continental System（大陆体系），227

Convention, national（国民公会），根源，20—21；国家统一，24；革命政府的成立，28页及以后，74—75；驱逐吉伦特派，32；驱逐吉伦特同情者，113；9月5日暴动，43—54；9月25日危机，71—72；丹东派，256，258，262—263，296，298，363，374；埃贝尔派，294页及以后；与救国委员会的关系，310，361；牧月二十二日法令，367；1816年判处弑君罪，391

convoy from America（赴美船队），206，219，343—350

Corday, Charlotte（夏洛特·科黛），38

Cordeliers club（科德利埃俱乐部），36，168，260，281；暴动，287—289，294；关闭，306

Corsica（科西嘉），320

corvée（强制劳役），243，245，314

Cotentin（科唐坦），109，214

Courtrai（科特赖克），341

Coutelle（库泰勒），355—356

Couthon（库东），革命前，13—14；入选救国委员会，32；在救国委员会服务，364；6月2日，32—33；对罗伯斯庇尔的态度，40，252，326；在多姆山省，133—151；在里昂，141，153—159；论基督，142页及以后，323，326—327；论旺代人，222；多姆山省的生存，249—251；生病，280页及以后；警察局，309；谢尼埃，318；马尔斯学院，323；崇拜上帝，144，326—327；牧月二十二日法令，365—366；热月，369—381；性格和个人详情，13—14，I42，158；其他，38，69，91，118，123，126，171，252，263，278，289，292，328，338，364

Créquy, duke of（克雷基公爵），38

Curtis, E. N.（柯蒂斯），180

Custine（屈斯蒂纳），41，80，84，95

Dagorne（达戈纳），217—218

Danton（丹东），论救国委员会，31—32，38，58；9月5日的暴动，45—55；返回巴黎，256，259；1793—1794年冬天的政策，257，278；倒台和死亡，295—303；身后的效应，363页及以后，374；其他，25，66，I15，125，333，377，389

Dantonists（丹东派），194，200，253，256—260，266—269，290，328，362，295—304

David（达维德），303，37，319—320，327—328

Davout（达武），96

debt, national（国债），62

Decemvirs（十人委员会），20，26，361

Dechristianization（去基督教化），117—122，270，323

页及以后，365；在奥弗涅，142—152；在里昂，164，168；在阿尔萨斯，188页及以后，197；在诺曼底，215—216

Declaration of the Rights of Man（《人权宣言》），128，288—289，319，320，380

Delacroix（德拉克洛瓦），297

Delbret（德布雷），92

democracy（民主），1793年宪法，34；罗伯斯庇尔论民主，275—276，334；和战争，277—278；建造的途径，306页及以后，311页及以后；热月，363，380，385—387

departments（省），26，33，61，124

Desfieux（德福），114，120，122

Desmoulins（卡米尔·德穆兰），258—260，263，266—269，287，295，297，303，316，333，377

Deux-Sèvres（德塞夫勒省），251

dictatorship, growth of（独裁的成长），66，69，72，75，127，181，209；经济控制，225—253；罗伯斯庇尔的理论，264页及以后；高潮，305页及以后，310页及以后，385；垮台，360—384；独裁者罗伯斯庇尔，333，370，372—373

Diderot（狄德罗），119

Dijon（第戎），393

Dinan（迪南），213

Dol（多尔），212

Dorfeuille（多尔弗勒），170

Dover, straits of（多佛海峡）6，18，354

Drouet（德鲁埃），65

Dubuisson（迪比松），120，122

Ducher（迪谢），228

Dumont（迪蒙），118，142，164

Dumouriez(迪穆里埃),24,25,95

Dunkirk(敦刻尔克),87页以及以后

Duplay(杜普莱),108,166,171

Duquesnoy(迪凯努瓦),95,100,104

Dutch Republic(荷兰共和国),见 Holland 词条

East India scandal(东印度公司丑闻),114—115,258,295

école normale(巴黎高等师范学院),321

economic regulation and control(经济调控),60—61,69—70,124,225—253;在奥弗涅,138,145;在阿尔萨斯,186—187,189;风月和之后,282,311—316

economic theory of Revolutionaries(革命的经济理论),40,61—62,70,149,166—167,226页及以后,239页及以后

Edelmann(埃德尔曼),185,197

Education(教育),117,148—149,208,283,312,

Egypt(埃及),334

Elba(厄尔巴岛),391

émigrés(流亡者),5,24,179—180,205页及以后,336,337—338,390

England(英国),法国的入侵计划,203,218—219,341,344;英国的入侵法国计划,205—206,209,214,219;反英的经济政策,228—229;捕英国臣民,230;雅各宾派谈英国政府,267,278;其他,5,14,22,57,80,86,126,165,328,337—354,360

English language(英语),320

Enragés(忿激派),28,34,36

Estates-General(三级会议),

20

evacuation agencies（疏散机构），341

Executive council（政务委员会），31，109，262，307

Fabre d'Eglantine（法布尔·德·埃格朗蒂纳），革命日历，111—113；外国阴谋，113页及以后，123，198，266；作为丹东派，257—259，269，281，295

factions（派系），266，290—291，299；见 Dantonists 和 Hebértists 词条

Fascism（法西斯主义），361

federalists（联邦党），定义，23；造反，33，37；在里昂，153页及以后；在布列塔尼，205；其他，26，126，132，320

feminism（女性主义），63，169

Femmes revolutionnaires（女性革命），63

Flanders（佛兰德斯），4，104，212

Fleurus（弗勒吕斯），354页及以后

Floral Games, Academy of the（花冠会）9，110

foreign policy（外交政策），丹东的政策，38，58；与波兰的关系，57；召回大使，59；在1794年，278，340—342，358

Foreign Plot（外国阴谋），113—115，120页及以后，173，256，265，269，289—290，295，299—300，328，368

foreign trade（对外贸易），227—234，311

Fouché（富歇），142，151，222，224；在里昂，159—176，284；思想，175—176；热月，363，367，371，376

Fouquier-Tinville（富吉耶-坦维

尔），366，368，384

Fourcroy（富克鲁瓦），234

Fox（福克斯），338

Francis Ⅱ（弗朗茨二世），341，350，351

freedom of the seas（海洋自由），229；见 blockade 词条

freedom of trade（自由贸易），228，246

Frei（弗雷），114

Fréron（弗雷龙），363，376—378

Frimaire law of 14（霜月十四日法令），127—128，132，151，197，199，224，245，306，308，326

Fromentin（弗洛芒坦），102

Fructidor（果月），391，392

Furnes（佛内），91—92

fusillades（枪决），169—170，281

Galicia（加利西亚），337

Gasparin（加斯帕兰），38

Geneva（日内瓦），16

Genoa（热那亚），233，342

George Ⅲ（乔治三世），92，206，231，317

Gerle, Dom（多姆·热尔勒），368

German language（德语），189，192，320

Germany（日耳曼），57，80，95，178 页及以后，199，337，350，351，390

Girondists（吉伦特派），定义，25；被逐出国民公会，32 页及以后，72；处死，113；在里昂，154，169；在布列塔尼，205，210；其他，38，52，281，293—294，316，328，362，378，389

"Glorious First of June",（光荣的 6 月 1 日），345—346

Gobel（戈贝尔），119—120

Gracchus（格拉古），119

Grand Army（大军），390

Granet（格拉内），54

Granville（格朗维尔），213

Gratien（格拉蒂安），102

Great Fear（大恐怖），56，305

Grégoire（格雷古瓦），324

Guiana（圭亚那），159，382，388—389，391

Guyardin（居亚丁），188

Guzmán（古斯曼），114

Haiti（海地），389

Halles（巴黎大堂），63

Hamel（阿梅尔），357

Hanoverians（汉诺威人），92页及以后

Hanriot（昂里奥），32，288，377

Hapsburg dominions（哈布斯堡领土），57，104，237

Hapsburgs（哈布斯堡），339，342

Hassenfratz（哈森弗拉兹），234

Hébert（埃贝尔），27，43，65，69，86，122，125，174；和忿激派，257；和德穆兰，266—267；经济思想，269—270；在风月，287，289；死亡，292—293；埃贝尔夫人之死，316；埃贝尔之死导致的结果，363页及以后

Hebértists（埃贝尔派），关于战争，58；外国阴谋，115，160—163；对于经济体制的影响，227，239，253；风月风波，253，281页及以后，287—295；倒台，292—294；其他，43，47，55，58—59，82，172，181，187页及以后，215—216，222，256—257，260—261，269—270，290，316，328，364

Helvétius（爱尔维修），197

Hentz（亨茨），93

Hérault-Séchelles（埃罗-塞谢勒），革命前，14—15，16，18；选入救国委员会，32；6月2日，32；1793年宪法，34；对罗伯斯庇尔的

态度，40；在外国阴谋当中，114，116；在阿尔萨斯，106，116，192—198；卡里耶，220—221；圣茹斯特谈其人，193，299；马蒂厄谈其人，194—197；被救国委员会开除，200—201；在革命法庭，269，292；关监狱，295；处死，303；性格和个人详情，14—15，193，201；其他，38，42，100，101，158，256，263

Hitler（希特勒），76，120

hoarding, law on (accaparement)（反囤积法），40—41，243—244，281，311

Hoche（沃煦），96，180，191，198

Hohenlohe（霍亨洛赫），95

Holbach（霍尔巴赫），197

Holland（荷兰），5，15，22，80，212，337，358

Holy Roman Empire（神圣罗马帝国），178，185

Hondschoote（翁斯科特），79，91—92

Hood（胡德），203

Hostages（人质），234，359

Hôtel de Toulouse（图卢兹酒店），245，251

Houchard（乌沙尔），78，84—85，91—97

Houdon（乌东），319

Howe（豪），209，343页及以后

Hungary（匈牙利），237

India（印度），见 East India 和 Bengal 词条

Indulgents（温和派），259页及以后，270，295

Inquisition（宗教法庭），320

Institute of France（法兰西学会），391

Institute of Music（音乐学院），319，330

Invalides（荣军院），237

Isambert（伊桑贝尔），183

Issoire（伊苏瓦尔），147

Italian language（意大利语），320

Italy（意大利），154，338—339，342

Jacobin club of Paris（巴黎雅各宾俱乐部），25，33，35—37，43，52，65—66，114，117—122，126，129，157，174，235，266—269，281，361，370 页及以后，374—375，383，390，392

Jacobin clubs（雅各宾俱乐部），12，25，33，79，125，325，383；在奥弗涅，134，141 页及以后，250；在里昂，156；在阿尔萨斯，85，186，376；在布列塔尼，210—212，215—218

Javogues（雅沃格），198

Jefferson（杰弗逊），283，310

Jesuits（耶稣会），11，130

Jourdan（儒尔当），96—106，184，350，352—354

Julien（朱利安），222—224，306，341

Karl，archduke（卡尔大公），354

Kaunitz（考尼茨），114，354

Kosciuzko（柯斯丘什科），337

labor policies（劳工政策），238，240—243，253，281，288，311，315

Lacoste, Elie（以利·拉科斯特），374

Lacoste, J. B.（J. B. 拉科斯特）189，191，198—199，256

Lafayette（拉法耶特），24，117

Lagrange（拉格朗日），7，235

Laignelot（莱涅洛），218—219

laissez-faire（自由放任政策），70，311

Lamarck（拉马克），235

Language（语言），320—321

Languedoc（郎格多克），23

La Rochelle（拉罗谢尔），12

Latour（拉图尔），354

Lavater（拉瓦特），15

Lavoisier（拉瓦锡），234

Law of Suspects（《嫌疑犯法》）67，115，146，365；见suspects词条

Le Bas（勒巴斯），在阿尔萨斯，177—201；在马尔斯学院，323；在北疆，352；死去，378—381

Le Carpentier（勒卡庞捷），213

Le Creusot（勒克鲁佐），17

Lefèvre（勒费弗尔），96

Legendre（勒让德尔），298

Legion of Honor（荣誉军团），390

Lémane（黎曼），190，191，197—198

Leo X（列奥十世），257

Le Quesnoy（勒凯努瓦），88，350

Levasseur（勒索瓦尔），82—83，92—93，370

Levy in Mass（《战时总动员令》），43，59页及以后，79，99，134页及以后，163，339；海军方面，208页及以后；经济方面，226页及以后，234页及以后，241页及以后，315

Lévy-Schneider（莱维-施奈德），218

Library of Congress（国会图书馆），303

Liege（列日），351

Lille（里尔），82，91，98，99，236

Limagne（利马涅），130

Limoges（利摩日），97，106，350

Lincoln（林肯），254

Lindet（兰代），革命前，14，16，17，18；选入救国委员会，31；在救国委员会供职，108—109，124，227，364；在里昂，31，37，163；风月

法令，286；和丹东派，227，300；疏散机构，341；热月，364，370，372；热月之后，382，388，392—393；个人详情，108；其他，250—251，253，254，292，340

Loire（卢瓦尔），205，213，217

Lombardy（伦巴第），338，342

London（伦敦），211，339，346

Lorient（洛里昂），210，211—212

Lorraine（洛林），57

Louis XIV（路易十四），23

Louis XV（路易十五），328

Louis XVI（路易十六），3，6，21—23，57，205，278，

Louis XVIII（路易十八），391，392；见 Provence 词条

Louis-Philippe（路易-菲利普），395

Low Countries（低地国家），见 Belgium 词条

Lower Rhine（下莱茵），178 页及以后

Luther（路德），323

Luxembourg（卢森堡花园），60，236—237，281，295，378

Lyons（里昂），16，17，31，33，100，129，133 页及以后，153—176，250，270，284，297，369

Machiavelli（马基雅维利），76

Mack（马克），351

Madagascar（马达加斯加），314

Magdeburg（马格德堡），392

Maignet（迈尼昂），133 页及以后，148，153，316

Maillard（梅拉德）15，261

Maintenon（曼特农），249

Mainz（美因茨），87，390

Malesherbes（马勒泽布），316

Mallet du Pan（马莱·杜庞），336

Manchester（曼彻斯特），153

Marat（马拉），25，38，119，188，287，325，382

Maréchal, Sylvain（西尔万·马雷夏尔），327

Marie-Antoinette（玛丽-安托万），10，24，53，113，303

Marly（马尔利），319

Marseilles（马赛），33，37，174，286

Marx（马克思），167

Masonic lodges（共济会），13

Masséna（马塞纳），96

Mathiez（马迪厄），116，117，193—197，271—272，284，357，367

Maubeuge（莫伯日），88，98页及以后

Maximum（限价令），第一次，32；第二次或者全面，69，163，184，208，233，239—241，244，253，314；第三次或者修正版的全面限价，239，253，282，311，314—315，359，384

Méda（梅达），379

Menin（梅嫩），91

mercantilism（重商主义），227

Merenveüe（梅亨弗），99

Mesmerism（催眠术），141

Metallurgy（冶金术），236—237，312

Métayage（对分佃耕制），314

metric system（公制），111，235

Metternich（梅特涅），293

Metz（梅斯），185

Meudon（默东），236，355

Meuse（默兹河），351

Mézières（梅济耶尔），235

Midi（米迪），8，251

Mignot（米格诺），141

Milhaud（米约），188

Ministry of the Interior（内政部），65，245

Ministry of War（军政部），见War Office词条

Mirabeau（米拉博），297

Moira（莫伊拉），214

Möllendorf（莫仑道夫），351

Monet（莫内），187，191，197—198

money policy（货币政策），见 assignats 词条

Monge（蒙日），8，100，234

Monopolies（垄断），见 hoarding 词条

Montauban（蒙托邦），10

Montesquieu（孟德斯鸠），15，197，276，283，307

Montgolfier（孟格菲），354

Montgerout（蒙格劳特），335

Morbihan（莫尔比昂），209—212

Moreau（莫罗），96

Morris，Gouverneur（古弗尼尔·莫里斯），310，333

Moscow（莫斯科），390

Mountain（山岳派），定义，25；分裂，201，255 页及以后，291

Müller（穆勒），194

munitions（军需品，军火），60，99，139，209，236—238，321，339

Muscadins（纨绔派），38

Museums（博物馆），319

Namur（那慕尔），351，358

Nantes，（南特）106，205，220—224

Napoleon（拿破仑），见 Bonaparte 词条

national agents（国民代表），127，327

Nationalism（民族主义），19，23，80—81，86，185，187 页及以后，192，216，225—232，320 页及以后，332，353—354，385

Navigation Act（《航海法案》），228，233

navy（海军），203—209，218，340，343—350，369

New England（新英格兰），326

Nicolas（尼古拉），171

Nièvre（涅夫勒），142，151，159—160

Nord（诺尔），58

Normandy（诺曼底），兰代，31；旺代人，213；圣安德烈，214—217

noyades（溺刑），220—223，281

Oise（瓦兹），41

Orange, commission of（奥兰治委员会）307，316，366

Orange, Prince of（奥兰治亲王），100，354

Organt（《奥尔冈》），10

Orléans（奥尔良派），395

Pache（帕什），45

Paine, Thomas（托马斯·潘恩），114，230

Palais-Royal（王家宫殿），38

Panthéon（先贤祠），310，382

Parein（帕兰），168—169

Paris（巴黎），见 Commune 词条

Pascal（帕斯卡尔），130

Payan（帕扬），315，317—318，370，379

Peasants（农民），131，146，168，179，204—205，217，240，246，281，312—314，319

people, idea of（有关人民的思想），33—34，47—48，75，126，166，276—277

Perdieu（佩尔迪厄），183

Pereira（佩雷拉），114，120，122

Père Lachaise（拉雪兹神父公墓），393

Périer（佩里耶），237，242

Pérignon（佩里尼翁），96

Péronne（佩罗讷），98，100

Philippeaux（菲利波），258，262，266—267，297

Philippe-Egalité（平等菲利普），395

philosophy-philosophes（哲学-启蒙哲学家），19，46—47，

119，143—144，197，276—277，331—332，395

Phipps（菲普斯），352

Picardy（皮卡第），9

Pichegru（皮什格鲁），96，105，180，191，198，350 页及以后

Piedmont（皮德蒙特），见 Sardinia 词条

Pitt（皮特），53，64，87，212，213，338

Place Bellecour（白莱果广场），159

Place de la Révolution（革命广场），3，303

plunder（打劫），234，341，358—359

Plymouth（普利茅斯），349

Poland（波兰），57，337—339，351

Police Bureau（警察局），见 General Police Bureau 词条

Polytechnic（理工学院），235

popular societies（大众俱乐部），见 Jacobin clubs 词条

Porte Saint-Denis（圣丹尼门），63

Prairial，law of 22（牧月二十二日法令），362，363，364—366，369，370，378，382

preemption（强制收购），226 页及以后

price control（价格调控），62—63，69—70，134，145；见 Maximum 词条

Prieur of the Cote-d'Or（科多尔的普里厄），革命前，14，16，17；入选救国委员会，41；在救国委员会服务，108—109，364；在南特，106，221；谈公共管理，226；和科学家在一起，234；谈菲利波，258；风月法令，286；语言，320；气球，355；热月，369，372；热月之后，382，388，392—293；个人详情，108；其他，56，100，237，253，288，364

Prieur of the Marne（马恩的普里厄），革命前，14，20；入选救国委员会，39；在布列塔尼，203—204，210—213，219—220，222—224；在布雷斯特，343，349—350；反对英国的演讲，211—212；热月之后，382，388，392—293；其他，71，85，106，341，369

prisons（监狱），67—68，221，300

Proli（普洛里），114，120，122，292—293

Propaganda, the（宣传），187页及以后

property, ideas for redistributing（重新分配财产的思想），284—286，312—315，372，395；见 laws of Ventôse 和 Temporary Commission 词条

Protestants（新教徒），10—11，17，204，323，390

Provence, count of（普罗旺斯伯爵），24，205

Provincial Assemblies（省议会），13

Prussia（普鲁士），22，57，80，278，337页及以后，350页及以后，392

purifying scrutiny（清洗审查），122—123，174，269，281

Puritanism（清教主义），54，193，324，389

Puy-de-Dôme（多姆山省），130—152，249—251

Pyrenees（比利牛斯山），8，18，395

Quasdanowich（夸斯达诺维希），354

Quiberon bay（基伯龙湾），203，343

Quimper（坎佩尔），217

Reason, worship of（崇拜理性），在巴黎，119；在斯特拉斯堡，188；在瑟堡，215—216；总

括，325；见 Dechristianization 词条

refugees（难民），198—200，341；见 émigrés 词条

Reims（兰斯），10

religion（宗教），革命前的革命者观念，11，12—13，18—19；对于其的态度，111，187 页及以后，211，317，326，368；革命作为宗教，323—334；见 Dechristianization，Supreme Being 和 Catholic church 词条

Renault（雷诺），328

Rennes（雷恩），213，221

representatives on mission（特派员），28，66，72 页及以后，86 页及以后，124，132—133，181—182，188，191，199—200，217，270，306，325

Republic（共和国），1792 年以前的理论，19，23，73；当代的思想，125，144—145，150，216，257，268，275—277，282—284，310，324，396

revolutionary army（革命军），47 页及以后，53，63，74，124，127，163，168，194，246，292，306

revolutionary government（革命政府），75，127，261，277，306—310，357；罗伯斯庇尔的相关理论，264

Revolutionary Tribunal of Paris（巴黎的革命法庭），起源，28，扩张，46，埃贝尔派，292—293；丹东派，300—303；罗伯斯庇尔派，370，380；劳工争议，315，379；牧月二十二日法令，365—366；其他，96，145，220，269，295，305，371

revolutionary tribunals (outside Paris)（巴黎之外的革命法庭），141，150，306—307；在里昂，155，165，169，

174；在阿尔萨斯，185，189；在布列塔尼，217—218，220

Rhine（莱茵河），357

Rhineland（莱茵兰），41，58，104，350

Richard（里夏尔），353

Riom（里永），131，251

Robespierre, Augustin（奥古斯丁·罗伯斯庇尔），266—267，284，341—342，377—381

Robespierre, Maximilien（马克西米连·罗伯斯庇尔），革命前，6—7，18，20；选入救国委员会，39；在救国委员会供职，108—109，364；1793年夏天的想法，39，58；谈布尔乔亚，34，68；9月5日，45页及以后；谈战争，58，342；9月25日的演讲，71；谈革命日历，112；外国阴谋，113页及以后，265—266；去基督教化，117—122，326；里昂，157，163页及以后，171；1793—1794年冬天的想法，257；谈丹东，58，269，296—297；谈德穆兰，259—260，267—268，271，288；谈革命政府，264；谈革命的目的，275—276；宽容，271，327，368；民主，276，279，311，381；疾病，280页以后；风月法令，284，313；派系，289—303；警察局，309；试图谋杀他，328，367；崇拜上帝，323—334；外国人眼中的他，327，337；热那亚，342；热月党人，362页及以后；牧月二十二日法令，366；退出救国委员会，369页及以后；1794年夏天的想法，370—371；热月，371—381；性格和个人详情，6，108，280—282，333，370；身后的名声，382—383，388，389，395—396；其他，4，35，98，

100，101，106，171，197，200，254，278，287，338，352

Rochambeau（罗尚博），18

Rome（罗马），19

Ronsin（龙森），168—169，171，173，261，269，281，292—293

Rossignol（罗西尼奥尔），214

Rousseau（卢梭），15，19—20，33，74 页及以后，143，197，268，291，295，310，319，323，332，389

Roussillon（鲁西永），37

Roux（鲁），36

Russia（俄国），5，57，337，339，392

Rutledge（拉特利奇），114

Saarbrücken（萨尔布吕肯），187

Sables d'Olonne（莱萨布勒多洛讷），251

Saint-André, Jeanbon（让邦·圣安德烈），革命前，10—12，17，18；选入救国委员会，38；在救国委员会供职，109；对于罗伯斯庇尔的态度，39—40，369；9 月 5 日，45，48 页及以后；在布列塔尼，106，203—209，213—219，221，280；宗教思想，215—216；到访巴黎，270，369；1794 年的海军远航，343—350；热月，369，389；热月之后，382，388，390—391；性格和个人详情，11，108；其他，36，63，66，85，91，234，263

Saint-Denis（圣丹尼），249

Sainte-Foy（圣富瓦），153

Saint-Hilaire, marquis of（圣伊莱尔侯爵），185，197

Saint-Just（圣茹斯特），革命前，9—10，16；选入救国委员会，32；在救国委员会供职，73，109，364；对于罗伯斯庇尔的态度，40，364，374；10

月10日法令，73—77；外国阴谋，113，116；在阿尔萨斯，104，177—201；经济思想，186，284；民族思想，230—232，353；派系，282，286页及以后，299—300，371；写作，10，73，282—284；风月法令，284—287，308，312—314；警察局，308—310；在北方前线，309，350—354；谢尼埃，318；在海外据传有关宣传的演讲，338；与卡诺失和，364；热月，285，371—381；个性与个人详情，9—10，74—74，108，180，190，282，367；其他，71，101，118，158，243，277，340

Saint-Malo（圣马洛），280，341

Saint-Quentin（圣康坦），87，105

Sambre（桑布尔河），98，351页及以后

Sané（萨内），209

Sardinia（撒丁），57，80，86，154，337—339，341—342

Sarrebourg（萨尔堡），85

Savenay（萨沃奈），219

Saverne（萨维尔纳），180，190

scarcity（短缺），27，36，40，46—47，64—64，145，146，226，251—252，290；见 economic regulation and control 和 hoarding 词条

Scheldt（斯凯尔特河），87

Schmertzing（施默策青），354

Schneider（施奈德），187，189，190，191，194

School of Mars（马尔斯学院），322—323，378

science（科学），234页及以后，354页及以后

sections of Paris（巴黎各区），26—27，43，51—52，120，124，237，294，378；见 Commune 和 Hébertism 词条

sections of Lyons（里昂各区），155

Serrurier（塞吕里耶），97

socialism（社会主义），46，157，226，260，304，394

social legislation（社会立法），312 页及以后；见 laws of Ventôse，labor policies，property，economic regulation and control，economic theory of Revolutionaries 等词条

Somme（索姆）

Sorel, A.（A. 索雷尔），56—57，337

Soulet（苏莱），65

Soult（苏尔特），356

Spain（西班牙），5，57，80，86，337—338，341

Sparta（斯巴达），19，54，180，190，252，276，282，315

Speir, bishop of（斯比尔的主教），178

Stalin（斯大林），120

Strasbourg（斯特拉斯堡），85，178 页及以后，270，376

Subsistence Commission（供给委员会），70，109—110，124，226，232 页及以后，245—252，270，282，307，311—312，340，343，384

Supreme Being（最高主宰），34，118，144，323，325；对其崇拜，327—333，363，364—365，368

suspects（嫌疑犯），66—67，305，314，340，371；见 Law of Suspects 词条

Switzerland（瑞士），11，59，116，237，391

Sybel, von（冯·西贝尔），352

Tacitus（塔西佗），259—260

Tallien（塔利安），363，367，376—377

Tarbes（塔布），9，395

telegraph（电报），82，103，

236

Temporary Commission（临时委员会），167—168，171

Terror（恐怖统治），开始，44页及以后；其本质，56页及以后，103，128—129，160，218，254—255，272，316，362，370—371，385，392；有关其的当代理论，75—77，129，259，276—277；罗伯斯庇尔谈其目的，264，272页及以后；在里昂，170—176；在阿尔萨斯，192，200；在南特，220—224；在比利时，359；大恐怖，305—306，316—317，362页及以后；热月之后，382

Texier（特谢尔），183

Théot（提奥），368，377，394

Thermidor（热月），285，312，361—384，395；热月八日，372—375；热月九日，375—379；热月十日，379—381

Thermidorians（热月党人），

362页及以后

Thévenard（泰弗纳尔），207

Thompson, J. M.（J. M. 汤普森）109，274

Thiers（蒂耶尔），131

Thorin, Mme（托兰夫人），74

Thuriot（蒂里奥），38，45，52，71

Timoléon（《蒂莫莱翁》），317

Toulon（土伦），43，86，154，158，174，203，369

Toulouse（图卢兹），8，10

Tours（图尔），212

Tribunate（护民官），391

Trotsky（托洛茨基），122

Tuileries（杜伊勒里宫），3，25，45，60，110，236，319，329

Turkish empire（土耳其帝国），104，339，390

Turreau（杜罗），220

Ulm（乌尔姆），351

United Provinces（联合省），见

Holland 词条

United States（美国），59，212，234，250，343，389

University of Paris（巴黎大学），6，65

Upper Rhine（上莱茵），116，192—198

Ushant（韦桑岛），343

Vadier（瓦迪尔），368—369，377，394—395

Valenciennes（瓦朗谢讷），41，87，306，350

Valmy（瓦尔米），24

Vandermonde（范德蒙德），234

Vannes（瓦讷），204，210，212，222

Van Stabel（范·斯塔贝尔），209，219，343 页及以后

Vendée（旺代），23，37，43，105，129，163，168，174，205—224，258；英国的干涉计划，205—206，209，214

Vengeur（复仇者），346

Venice（威尼斯），338

Ventôse, laws of（风月法令），187，284—287，288，296，308，312—314，371

Versailles（凡尔赛），115，319

Vienna（维也纳），337，339

Vieux Cordelier（《老科德利埃报》），259—260，263，267—268

Vieuzac（维厄扎卡），8，9

Villaret-Joyeuse（维拉雷-茹瓦约斯），207，209，344 页及以后

Vincent（樊尚），261—262，269，281，287，292—293

Virginie（维尔日妮），389

Volney（沃尔内），318

Voltaire（伏尔泰），112，119，197，368

wages（工资），见 labor policies 词条

War Office（陆军部），46，51，79，82，86，110，191，

236, 238, 262, 281

Warshaw(华沙), 58, 392

Waterloo(滑铁卢), 354, 391

Wattignies(瓦蒂尼), 101, 103, 350

West Indies(西印度群岛), 343

Whigs(辉格党), 338

Wight, isle of(怀特岛), 341

Wissembourg(维桑堡), 104, 178

Wordsworth(华兹华斯), 323

Wurmser(维尔姆塞), 179—180

York, duke of(约克公爵), 87页及以后, 100, 351

Ypres(伊普尔), 351, 353

Zopf(措普夫), 354

Zuider, Zee(须德海), 357

图书在版编目（CIP）数据

法国大革命的至暗时刻 /（美）R.R. 帕尔默著；曹雪峰，周自由译. — 上海：上海三联书店，2022.9
ISBN 978-7-5426-7807-2

Ⅰ.①法… Ⅱ.①R…②曹…③周… Ⅲ.①法国大革命-研究 Ⅳ.①K565.41

中国版本图书馆 CIP 数据核字 (2022) 第 147768 号

法国大革命的至暗时刻

著　　者 /〔美〕R.R. 帕尔默
译　　者 / 曹雪峰　周自由

责任编辑 / 职　烨
策划机构 / 雅众文化
策 划 人 / 方雨辰
特约策划 / 曹雪峰
特约编辑 / 傅小龙
装帧设计 / 山川制本 WORKSHOP
监　　制 / 姚　军
责任校对 / 王凌霄

出版发行 / 上海三联书店
　　　　　（200030）中国上海市漕溪北路 331 号 A 座 6 楼
邮购电话 / 021-22895540
印　　刷 / 山东临沂新华印刷物流集团有限责任公司

版　　次 / 2023 年 1 月第 1 版
印　　次 / 2023 年 1 月第 1 次印刷
开　　本 / 1194mm × 889mm　1/32
字　　数 / 341 千字
印　　张 / 14.25
书　　号 / ISBN 978-7-5426-7807-2 / K·681
定　　价 / 78.00 元

敬启读者，如发现本书有印装质量问题，请与印刷厂联系 0539-2925659

Twelve who Ruled : The Year of the Terror in the French Rovolution
by R.R. Palmer
Originally published with the subtitle:
The Committee of Public Safety during the Terror.
Copyright 1941, © renewed 1969 by Princeton University Press

Simplified Chinese edition copyright © 2023
Shanghai EP Books Co. Ltd.
All rights reserved.

No part of this book may be reproduced or transmitted in any form or by any means, electronic or mechanical, including photocopying, recording or by and information storage and retrival system, without permission in writing from the Publisher.